本书列入中国科学技术信息研究所学术著作出版计划

Analysis Report of Chinese Highly Cited Paper 2023-2024

中国高被引分析报告

2023—2024

杨代庆　翟丽华　主编

科学技术文献出版社
SCIENTIFIC AND TECHNICAL DOCUMENTATION PRESS
·北京·

图书在版编目（CIP）数据

中国高被引分析报告. 2023—2024 = Analysis Report of Chinese Highly Cited Paper: 2023-2024 / 杨代庆，翟丽华主编. -- 北京：科学技术文献出版社，2024. 12. -- ISBN 978-7-5235-2218-9

Ⅰ. G255.2；G350

中国国家版本馆 CIP 数据核字第 20248PC912 号

中国高被引分析报告2023—2024

策划编辑：张　丹　　责任编辑：李　鑫　邱晓春　　责任校对：宋红梅　　责任出版：张志平

出 版 者　科学技术文献出版社
地　　址　北京市复兴路15号　邮编 100038
出 版 部　(010) 58882952，58882087（传真）
发 行 部　(010) 58882868，58882870（传真）
官方网址　www.stdp.com.cn
发 行 者　科学技术文献出版社发行　全国各地新华书店经销
印 刷 者　北京厚诚则铭印刷科技有限公司
版　　次　2024 年 12 月第 1 版　2024 年 12 月第 1 次印刷
开　　本　787×1092　1/16
字　　数　632千
印　　张　26.75
书　　号　ISBN 978-7-5235-2218-9
定　　价　198.00元

《中国高被引分析报告（2023—2024）》
编 委 会

通信地址：北京市海淀区复兴路 15 号　100038

中国科学技术信息研究所　科学计量与评价研究中心

网　　址：www. istic. ac. cn

电　　话：010－8882369，58882537

传　　真：010－58882028

电子信箱：cstpcd@ istic. ac. cn

目　　录

第 0 章　编制说明 …… 1

0.1　论文概况 …… 1
0.2　高被引分析指数 …… 2
0.3　分析框架和方法 …… 2
0.4　其他说明 …… 3

第一篇　2023 年中国高被引分析报告

第 1 章　2023 年数学领域高被引分析 …… 7

1.1　领域论文概况 …… 7
1.2　高被引论文分析 …… 7
1.3　研究主题关联分析 …… 9
1.4　高被引作者分析 …… 9
1.5　高被引机构分析 …… 10

第 2 章　2023 年力学领域高被引分析 …… 12

2.1　领域论文概况 …… 12
2.2　高被引论文分析 …… 12
2.3　研究主题关联分析 …… 14
2.4　高被引作者分析 …… 14
2.5　高被引机构分析 …… 15

第 3 章　2023 年信息、系统科学领域高被引分析 …… 17

3.1　领域论文概况 …… 17
3.2　高被引论文分析 …… 17
3.3　研究主题关联分析 …… 19
3.4　高被引作者分析 …… 19
3.5　高被引机构分析 …… 20

第 4 章　2023 年物理学领域高被引分析 …… 22

4.1　领域论文概况 …… 22

4.2　高被引论文分析 …… 22
4.3　研究主题关联分析 …… 24
4.4　高被引作者分析 …… 24
4.5　高被引机构分析 …… 25

第 5 章　2023 年化学领域高被引分析 …… 27

5.1　领域论文概况 …… 27
5.2　高被引论文分析 …… 27
5.3　研究主题关联分析 …… 29
5.4　高被引作者分析 …… 30
5.5　高被引机构分析 …… 30

第 6 章　2023 年天文学领域高被引分析 …… 32

6.1　领域论文概况 …… 32
6.2　高被引论文分析 …… 32
6.3　研究主题关联分析 …… 34
6.4　高被引作者分析 …… 34
6.5　高被引机构分析 …… 35

第 7 章　2023 年地学领域高被引分析 …… 37

7.1　领域论文概况 …… 37
7.2　高被引论文分析 …… 37
7.3　研究主题关联分析 …… 39
7.4　高被引作者分析 …… 40
7.5　高被引机构分析 …… 40

第 8 章　2023 年生物领域高被引分析 …… 42

8.1　领域论文概况 …… 42
8.2　高被引论文分析 …… 42
8.3　研究主题关联分析 …… 44
8.4　高被引作者分析 …… 45
8.5　高被引机构分析 …… 46

第 9 章　2023 年预防医学与卫生学领域高被引分析 …… 47

9.1　领域论文概况 …… 47
9.2　高被引论文分析 …… 47
9.3　研究主题关联分析 …… 49
9.4　高被引作者分析 …… 49
9.5　高被引机构分析 …… 50

第 10 章　2023 年基础医学领域高被引分析 …… 53

10.1　领域论文概况 …… 53
10.2　高被引论文分析 …… 53
10.3　研究主题关联分析 …… 55
10.4　高被引作者分析 …… 55
10.5　高被引机构分析 …… 56

第 11 章　2023 年药物学领域高被引分析 …… 59

11.1　领域论文概况 …… 59
11.2　高被引论文分析 …… 59
11.3　研究主题关联分析 …… 61
11.4　高被引作者分析 …… 61
11.5　高被引机构分析 …… 62

第 12 章　2023 年临床医学领域高被引分析 …… 64

12.1　领域论文概况 …… 64
12.2　高被引论文分析 …… 64
12.3　研究主题关联分析 …… 66
12.4　高被引作者分析 …… 67
12.5　高被引机构分析 …… 67

第 13 章　2023 年中医学领域高被引分析 …… 70

13.1　领域论文概况 …… 70
13.2　高被引论文分析 …… 70
13.3　研究主题关联分析 …… 72
13.4　高被引作者分析 …… 72
13.5　高被引机构分析 …… 73

第 14 章　2023 年军事医学与特种医学领域高被引分析 …… 76

14.1　领域论文概况 …… 76
14.2　高被引论文分析 …… 76
14.3　研究主题关联分析 …… 78
14.4　高被引作者分析 …… 79
14.5　高被引机构分析 …… 79

第 15 章　2023 年农学领域高被引分析 …… 82

15.1　领域论文概况 …… 82
15.2　高被引论文分析 …… 82

15.3 研究主题关联分析 …… 84
15.4 高被引作者分析 …… 84
15.5 高被引机构分析 …… 85

第 16 章 2023 年林学领域高被引分析 …… 87

16.1 领域论文概况 …… 87
16.2 高被引论文分析 …… 87
16.3 研究主题关联分析 …… 89
16.4 高被引作者分析 …… 90
16.5 高被引机构分析 …… 90

第 17 章 2023 年畜牧兽医领域高被引分析 …… 92

17.1 领域论文概况 …… 92
17.2 高被引论文分析 …… 92
17.3 研究主题关联分析 …… 94
17.4 高被引作者分析 …… 95
17.5 高被引机构分析 …… 95

第 18 章 2023 年水产学领域高被引分析 …… 97

18.1 领域论文概况 …… 97
18.2 高被引论文分析 …… 97
18.3 研究主题关联分析 …… 99
18.4 高被引作者分析 …… 100
18.5 高被引机构分析 …… 100

第 19 章 2023 年测绘科学技术领域高被引分析 …… 102

19.1 领域论文概况 …… 102
19.2 高被引论文分析 …… 102
19.3 研究主题关联分析 …… 104
19.4 高被引作者分析 …… 104
19.5 高被引机构分析 …… 105

第 20 章 2023 年材料科学领域高被引分析 …… 107

20.1 领域论文概况 …… 107
20.2 高被引论文分析 …… 107
20.3 研究主题关联分析 …… 109
20.4 高被引作者分析 …… 110
20.5 高被引机构分析 …… 110

第 21 章　2023 年工程与技术基础学科领域高被引分析 …… 112

21.1　领域论文概况 …… 112
21.2　高被引论文分析 …… 112
21.3　研究主题关联分析 …… 114
21.4　高被引作者分析 …… 114
21.5　高被引机构分析 …… 115

第 22 章　2023 年矿业工程技术领域高被引分析 …… 117

22.1　领域论文概况 …… 117
22.2　高被引论文分析 …… 117
22.3　研究主题关联分析 …… 119
22.4　高被引作者分析 …… 119
22.5　高被引机构分析 …… 120

第 23 章　2023 年能源科学技术领域高被引分析 …… 121

23.1　领域论文概况 …… 121
23.2　高被引论文分析 …… 121
23.3　研究主题关联分析 …… 123
23.4　高被引作者分析 …… 123
23.5　高被引机构分析 …… 124

第 24 章　2023 年冶金、金属学领域高被引分析 …… 126

24.1　领域论文概况 …… 126
24.2　高被引论文分析 …… 126
24.3　研究主题关联分析 …… 128
24.4　高被引作者分析 …… 128
24.5　高被引机构分析 …… 129

第 25 章　2023 年机械、仪表领域高被引分析 …… 131

25.1　领域论文概况 …… 131
25.2　高被引论文分析 …… 131
25.3　研究主题关联分析 …… 133
25.4　高被引作者分析 …… 134
25.5　高被引机构分析 …… 134

第 26 章　2023 年动力与电气领域高被引分析 …… 136

26.1　领域论文概况 …… 136
26.2　高被引论文分析 …… 136

26.3 研究主题关联分析 …… 138
26.4 高被引作者分析 …… 138
26.5 高被引机构分析 …… 139

第 27 章 2023 年核科学技术领域高被引分析 …… 141

27.1 领域论文概况 …… 141
27.2 高被引论文分析 …… 141
27.3 研究主题关联分析 …… 143
27.4 高被引作者分析 …… 143
27.5 高被引机构分析 …… 144

第 28 章 2023 年电子、通信与自动控制领域高被引分析 …… 145

28.1 领域论文概况 …… 145
28.2 高被引论文分析 …… 145
28.3 研究主题关联分析 …… 147
28.4 高被引作者分析 …… 148
28.5 高被引机构分析 …… 148

第 29 章 2023 年计算技术领域高被引分析 …… 150

29.1 领域论文概况 …… 150
29.2 高被引论文分析 …… 150
29.3 研究主题关联分析 …… 152
29.4 高被引作者分析 …… 152
29.5 高被引机构分析 …… 153

第 30 章 2023 年化工领域高被引分析 …… 155

30.1 领域论文概况 …… 155
30.2 高被引论文分析 …… 155
30.3 研究主题关联分析 …… 156
30.4 高被引作者分析 …… 157
30.5 高被引机构分析 …… 158

第 31 章 2023 年轻工、纺织领域高被引分析 …… 160

31.1 领域论文概况 …… 160
31.2 高被引论文分析 …… 160
31.3 研究主题关联分析 …… 162
31.4 高被引作者分析 …… 162
31.5 高被引机构分析 …… 163

第 32 章　2023 年食品领域高被引分析 …… 165

32.1　领域论文概况 …… 165
32.2　高被引论文分析 …… 165
32.3　研究主题关联分析 …… 167
32.4　高被引作者分析 …… 168
32.5　高被引机构分析 …… 168

第 33 章　2023 年土木建筑领域高被引分析 …… 170

33.1　领域论文概况 …… 170
33.2　高被引论文分析 …… 170
33.3　研究主题关联分析 …… 172
33.4　高被引作者分析 …… 172
33.5　高被引机构分析 …… 173

第 34 章　2023 年水利领域高被引分析 …… 175

34.1　领域论文概况 …… 175
34.2　高被引论文分析 …… 175
34.3　研究主题关联分析 …… 177
34.4　高被引作者分析 …… 178
34.5　高被引机构分析 …… 178

第 35 章　2023 年交通运输领域高被引分析 …… 180

35.1　领域论文概况 …… 180
35.2　高被引论文分析 …… 180
35.3　研究主题关联分析 …… 182
35.4　高被引作者分析 …… 183
35.5　高被引机构分析 …… 183

第 36 章　2023 年航空航天领域高被引分析 …… 185

36.1　领域论文概况 …… 185
36.2　高被引论文分析 …… 185
36.3　研究主题关联分析 …… 187
36.4　高被引作者分析 …… 188
36.5　高被引机构分析 …… 188

第 37 章　2023 年安全科学技术领域高被引分析 …… 190

37.1　领域论文概况 …… 190
37.2　高被引论文分析 …… 190

37.3 研究主题关联分析 …… 192
37.4 高被引作者分析 …… 192
37.5 高被引机构分析 …… 193
第 38 章 2023 年环境科学领域高被引分析 …… 195
38.1 领域论文概况 …… 195
38.2 高被引论文分析 …… 195
38.3 研究主题关联分析 …… 197
38.4 高被引作者分析 …… 198
38.5 高被引机构分析 …… 198
第 39 章 2023 年管理学领域高被引分析 …… 200
39.1 领域论文概况 …… 200
39.2 高被引论文分析 …… 200
39.3 研究主题关联分析 …… 202
39.4 高被引作者分析 …… 202
39.5 高被引机构分析 …… 203

第二篇 2024 年中国高被引分析报告

第 40 章 2024 年数学领域高被引分析 …… 207
40.1 领域论文概况 …… 207
40.2 高被引论文分析 …… 207
40.3 研究主题关联分析 …… 209
40.4 高被引作者分析 …… 209
40.5 高被引机构分析 …… 210
第 41 章 2024 年力学领域高被引分析 …… 212
41.1 领域论文概况 …… 212
41.2 高被引论文分析 …… 212
41.3 研究主题关联分析 …… 214
41.4 高被引作者分析 …… 214
41.5 高被引机构分析 …… 215
第 42 章 2024 年信息、系统科学领域高被引分析 …… 217
42.1 领域论文概况 …… 217
42.2 高被引论文分析 …… 217
42.3 研究主题关联分析 …… 219

42.4 高被引作者分析 …… 219
42.5 高被引机构分析 …… 220

第 43 章 2024 年物理学领域高被引分析 …… 222

43.1 领域论文概况 …… 222
43.2 高被引论文分析 …… 222
43.3 研究主题关联分析 …… 224
43.4 高被引作者分析 …… 224
43.5 高被引机构分析 …… 225

第 44 章 2024 年化学领域高被引分析 …… 227

44.1 领域论文概况 …… 227
44.2 高被引论文分析 …… 227
44.3 研究主题关联分析 …… 229
44.4 高被引作者分析 …… 230
44.5 高被引机构分析 …… 230

第 45 章 2024 年天文学领域高被引分析 …… 232

45.1 领域论文概况 …… 232
45.2 高被引论文分析 …… 232
45.3 研究主题关联分析 …… 234
45.4 高被引作者分析 …… 234
45.5 高被引机构分析 …… 235

第 46 章 2024 年地学领域高被引分析 …… 237

46.1 领域论文概况 …… 237
46.2 高被引论文分析 …… 237
46.3 研究主题关联分析 …… 239
46.4 高被引作者分析 …… 239
46.5 高被引机构分析 …… 240

第 47 章 2024 年生物领域高被引分析 …… 242

47.1 领域论文概况 …… 242
47.2 高被引论文分析 …… 242
47.3 研究主题关联分析 …… 244
47.4 高被引作者分析 …… 244
47.5 高被引机构分析 …… 245

第 48 章 2024 年预防医学与卫生学领域高被引分析 …… 247

48.1 领域论文概况 …… 247

48.2 高被引论文分析 …… 247
48.3 研究主题关联分析 …… 249
48.4 高被引作者分析 …… 250
48.5 高被引机构分析 …… 250

第 49 章 2024 年基础医学领域高被引分析 …… 253

49.1 领域论文概况 …… 253
49.2 高被引论文分析 …… 253
49.3 研究主题关联分析 …… 255
49.4 高被引作者分析 …… 256
49.5 高被引机构分析 …… 256

第 50 章 2024 年药物学领域高被引分析 …… 259

50.1 领域论文概况 …… 259
50.2 高被引论文分析 …… 259
50.3 研究主题关联分析 …… 261
50.4 高被引作者分析 …… 262
50.5 高被引机构分析 …… 262

第 51 章 2024 年临床医学领域高被引分析 …… 265

51.1 领域论文概况 …… 265
51.2 高被引论文分析 …… 265
51.3 研究主题关联分析 …… 267
51.4 高被引作者分析 …… 268
51.5 高被引机构分析 …… 269

第 52 章 2024 年中医学领域高被引分析 …… 271

52.1 领域论文概况 …… 271
52.2 高被引论文分析 …… 271
52.3 研究主题关联分析 …… 273
52.4 高被引作者分析 …… 273
52.5 高被引机构分析 …… 274

第 53 章 2024 年军事医学与特种医学领域高被引分析 …… 277

53.1 领域论文概况 …… 277
53.2 高被引论文分析 …… 277
53.3 研究主题关联分析 …… 279
53.4 高被引作者分析 …… 280
53.5 高被引机构分析 …… 280

第 54 章　2024 年农学领域高被引分析 ······ 283

54. 1　领域论文概况 ······ 283
54. 2　高被引论文分析 ······ 283
54. 3　研究主题关联分析 ······ 285
54. 4　高被引作者分析 ······ 285
54. 5　高被引机构分析 ······ 286

第 55 章　2024 年林学领域高被引分析 ······ 287

55. 1　领域论文概况 ······ 287
55. 2　高被引论文分析 ······ 287
55. 3　研究主题关联分析 ······ 289
55. 4　高被引作者分析 ······ 290
55. 5　高被引机构分析 ······ 290

第 56 章　2024 年畜牧兽医领域高被引分析 ······ 292

56. 1　领域论文概况 ······ 292
56. 2　高被引论文分析 ······ 292
56. 3　研究主题关联分析 ······ 294
56. 4　高被引作者分析 ······ 295
56. 5　高被引机构分析 ······ 295

第 57 章　2024 年水产学领域高被引分析 ······ 297

57. 1　领域论文概况 ······ 297
57. 2　高被引论文分析 ······ 297
57. 3　研究主题关联分析 ······ 299
57. 4　高被引作者分析 ······ 299
57. 5　高被引机构分析 ······ 300

第 58 章　2024 年测绘科学技术领域高被引分析 ······ 302

58. 1　领域论文概况 ······ 302
58. 2　高被引论文分析 ······ 302
58. 3　研究主题关联分析 ······ 304
58. 4　高被引作者分析 ······ 304
58. 5　高被引机构分析 ······ 305

第 59 章　2024 年材料科学领域高被引分析 ······ 307

59. 1　领域论文概况 ······ 307
59. 2　高被引论文分析 ······ 307

59.3 研究主题关联分析 …… 309
59.4 高被引作者分析 …… 310
59.5 高被引机构分析 …… 310
第 60 章 2024 年工程与技术基础学科领域高被引分析 …… 312
60.1 领域论文概况 …… 312
60.2 高被引论文分析 …… 312
60.3 研究主题关联分析 …… 314
60.4 高被引作者分析 …… 314
60.5 高被引机构分析 …… 315
第 61 章 2024 年矿业工程技术领域高被引分析 …… 317
61.1 领域论文概况 …… 317
61.2 高被引论文分析 …… 317
61.3 研究主题关联分析 …… 319
61.4 高被引作者分析 …… 319
61.5 高被引机构分析 …… 320
第 62 章 2024 年能源科学技术领域高被引分析 …… 322
62.1 领域论文概况 …… 322
62.2 高被引论文分析 …… 322
62.3 研究主题关联分析 …… 324
62.4 高被引作者分析 …… 324
62.5 高被引机构分析 …… 325
第 63 章 2024 年冶金、金属学领域高被引分析 …… 326
63.1 领域论文概况 …… 326
63.2 高被引论文分析 …… 326
63.3 研究主题关联分析 …… 327
63.4 高被引作者分析 …… 328
63.5 高被引机构分析 …… 329
第 64 章 2024 年机械、仪表领域高被引分析 …… 331
64.1 领域论文概况 …… 331
64.2 高被引论文分析 …… 331
64.3 研究主题关联分析 …… 333
64.4 高被引作者分析 …… 333
64.5 高被引机构分析 …… 334

第 65 章　2024 年动力与电气领域高被引分析 …… 336

65.1　领域论文概况 …… 336
65.2　高被引论文分析 …… 336
65.3　研究主题关联分析 …… 338
65.4　高被引作者分析 …… 338
65.5　高被引机构分析 …… 339

第 66 章　2024 年核科学技术领域高被引分析 …… 341

66.1　领域论文概况 …… 341
66.2　高被引论文分析 …… 341
66.3　研究主题关联分析 …… 343
66.4　高被引作者分析 …… 343
66.5　高被引机构分析 …… 344

第 67 章　2024 年电子、通信与自动控制领域高被引分析 …… 346

67.1　领域论文概况 …… 346
67.2　高被引论文分析 …… 346
67.3　研究主题关联分析 …… 348
67.4　高被引作者分析 …… 349
67.5　高被引机构分析 …… 349

第 68 章　2024 年计算技术领域高被引分析 …… 351

68.1　领域论文概况 …… 351
68.2　高被引论文分析 …… 351
68.3　研究主题关联分析 …… 353
68.4　高被引作者分析 …… 353
68.5　高被引机构分析 …… 354

第 69 章　2024 年化工领域高被引分析 …… 356

69.1　领域论文概况 …… 356
69.2　高被引论文分析 …… 356
69.3　研究主题关联分析 …… 358
69.4　高被引作者分析 …… 358
69.5　高被引机构分析 …… 359

第 70 章　2024 年轻工、纺织领域高被引分析 …… 361

70.1　领域论文概况 …… 361
70.2　高被引论文分析 …… 361

70.3 研究主题关联分析 …… 363
70.4 高被引作者分析 …… 363
70.5 高被引机构分析 …… 364

第 71 章 2024 年食品领域高被引分析 …… 366

71.1 领域论文概况 …… 366
71.2 高被引论文分析 …… 366
71.3 研究主题关联分析 …… 368
71.4 高被引作者分析 …… 369
71.5 高被引机构分析 …… 369

第 72 章 2024 年土木建筑领域高被引分析 …… 371

72.1 领域论文概况 …… 371
72.2 高被引论文分析 …… 371
72.3 研究主题关联分析 …… 373
72.4 高被引作者分析 …… 373
72.5 高被引机构分析 …… 374

第 73 章 2024 年水利领域高被引分析 …… 376

73.1 领域论文概况 …… 376
73.2 高被引论文分析 …… 376
73.3 研究主题关联分析 …… 378
73.4 高被引作者分析 …… 378
73.5 高被引机构分析 …… 379

第 74 章 2024 年交通运输领域高被引分析 …… 381

74.1 领域论文概况 …… 381
74.2 高被引论文分析 …… 381
74.3 研究主题关联分析 …… 383
74.4 高被引作者分析 …… 383
74.5 高被引机构分析 …… 384

第 75 章 2024 年航空航天领域高被引分析 …… 386

75.1 领域论文概况 …… 386
75.2 高被引论文分析 …… 386
75.3 研究主题关联分析 …… 388
75.4 高被引作者分析 …… 388
75.5 高被引机构分析 …… 389

第 76 章　2024 年安全科学技术领域高被引分析 …… 391

76.1　领域论文概况 …… 391
76.2　高被引论文分析 …… 391
76.3　研究主题关联分析 …… 393
76.4　高被引作者分析 …… 393
76.5　高被引机构分析 …… 394

第 77 章　2024 年环境科学领域高被引分析 …… 396

77.1　领域论文概况 …… 396
77.2　高被引论文分析 …… 396
77.3　研究主题关联分析 …… 398
77.4　高被引作者分析 …… 398
77.5　高被引机构分析 …… 399

第 78 章　2024 年管理学领域高被引分析 …… 401

78.1　领域论文概况 …… 401
78.2　高被引论文分析 …… 401
78.3　研究主题关联分析 …… 403
78.4　高被引作者分析 …… 403
78.5　高被引机构分析 …… 404

第 0 章　编制说明

《中国高被引分析报告 2023—2024》基于中国科技论文与引文数据库（CSTPCD）中的自然科学领域的论文，对 2023 年度和 2024 年度的高被引论文进行数据统计。在统计论文被引情况时，以 5 年的时间为引用窗口，即 2023 年度高被引论文是对 2018—2022 年的论文及其引用数据进行统计；2024 年度高被引论文是对 2019—2023 年的论文及其引用数据进行统计。本书采用的学科分类为中国科技论文与引文数据库中的论文学科分类方法，该方法参考中国自然科学学科分类体系《学科分类与代码》（GB/T 13745—2009）中的学科分类，对每一篇论文进行学科的唯一归属。本书以表格和图谱的方式对各学科高被引论文、高被引作者、高被引机构进行分析，所提供的数据包括发文量/载文量、高被引论文数量、总被引频次、篇均被引频次等，可以直观地展现学术领域内各种学术主体的被引和主题关联情况。

0.1　论文概况

2018—2022 年自然科学领域共发表论文 220.77 万篇，其总被引频次为 395.53 万次，高被引论文数量合计为 28335 篇，2023 年被引频次为 163.34 万次（表 0–1）。

表 0–1　2018—2022 年发表的论文概况

年份	发文量/篇	2023 年被引频次/次	总被引频次/次	高被引论文数量/篇
2018	439453	280374	1267429	4964
2019	437313	401268	1227907	4775
2020	441465	483285	921653	4986
2021	446216	392584	462384	5588
2022	443223	75914	75914	8022
合计	2207670	1633425	3955287	28335

2019—2023 年自然科学领域共发表论文 219.85 万篇，其总被引频次为 436.64 万次，高被引论文数量合计为 27981 篇，2024 年被引频次为 167.85 万次（表 0–2）。

表 0–2　2019—2023 年发表的论文概况

年份	发文量/篇	2024 年被引频次/次	总被引频次/次	高被引论文数量/篇
2019	437313	305462	1533369	4631
2020	441465	406441	1328094	4927
2021	446216	503331	965715	5089
2022	443223	396031	471945	5680
2023	430289	67271	67271	7654
合计	2198506	1678536	4366394	27981

0.2 高被引分析指数

（1）发文量/载文量

总发文量：在数据统计的时间范围内，某学者或机构在国内正式期刊上发表的自然科学领域学术论文数量总和。学科发文量：在数据统计的时间范围内，某学者或机构在国内某学科的正式期刊上发表的自然科学领域的学术论文数量。

（2）被引频次

在文献计量学领域，被引频次常被用于体现学术论文受其他学者关注的程度，并进一步用于反映学术论文的影响力（被引频次并不必然是学术水平的直接体现）。一般情况下，“被引频次”指学术论文被其他学术论文引用的次数。本书在统计被引频次时不排除自引。篇均被引频次用来统计论文集合的平均被引次数。

（3）高被引论文

某学科同一年份被引用过的论文中，按论文被引频次从高到低排序，排在前 1% 的论文被定义为该年份“高被引论文”。

（4）高被引作者

5 年内发表过论文的作者中，将学科论文累计被引频次按从高到低的顺序排列，排在前列的作者定义为“高被引作者”。本书只统计论文的第一作者。

（5）高被引机构

本书将机构划分为高等院校、医院和科研院所 3 种类型。5 年内发表过论文的机构中，将学科论文累计被引频次排在前列的高等院校、医院和科研院所分别定义为“高被引高等院校”、“高被引医院”和“高被引科研院所”。

0.3 分析框架和方法

本书按照学科分别统计学术论文的发表和被引情况，不但从整体上展现学科内论文发表和被引的数量分布概况，还从作者、机构等侧面反映学科内学术影响力情况，更进一步利用共现、共被引等方法揭示各学术主体之间内在的主题关联。本书的分析框架如图 0–1 所示。

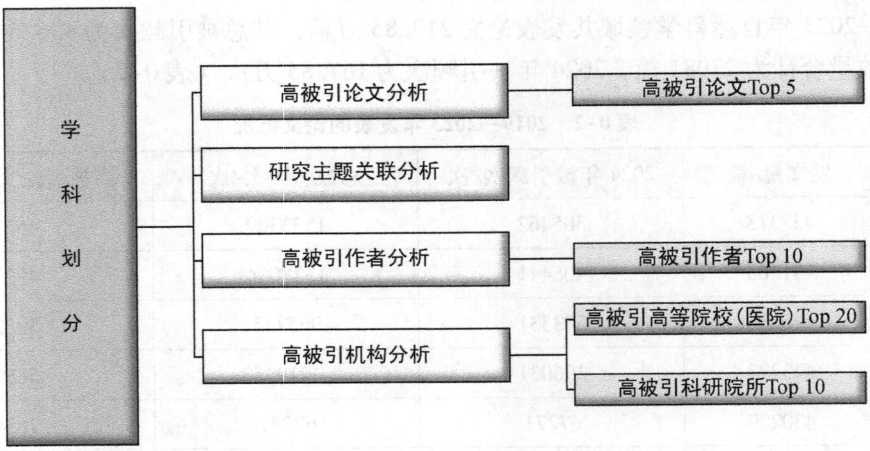

图 0–1 “中国高被引分析报告”分析框架

（1）高被引论文分析

①各年高被引论文 Top 5。列出学科内每年总被引频次排名居前 5 位的学术论文的题名、第一作者姓名、来源期刊名称、发表年份、总被引频次等指标。

②研究主题关联分析。分别抽取各学科高被引论文的施引文献，借助关键词共现分析来获得各学科的热点主题分布情况，并以知识图谱的形式加以展现。在热点主题关联图中，节点大小代表关键词文档词频的相对高低，连线粗细反映共现次数的多少。

共词分析是一种研究词语共现现象的计量分析方法，其原理是：具有概念内涵的两个词语在指定范围内多次共同出现，则假定它们之间存在着某种主题关联，共现频率越高则认为主题关联越紧密。

（2）高被引作者分析

高被引作者 Top 10。对于学科内 5 年发文总被引频次排名居前 10 位的作者，列出作者姓名、作者单位、发文量、5 年总被引频次、篇均被引频次等指标。

（3）高被引机构分析

高被引高等院校（医院）Top 20、高被引科研院所 Top 10。对于学科内论文总被引频次排名居前 20 位的高等院校、排名居前 10 位的科研院所（部分医学学科分别列出“医院”“高等院校/科研院所”），列出机构名称（第一作者单位）、发文量、5 年总被引频次、篇均被引频次等指标。

0.4　其他说明

①在统计中，同一机构的重名作者无法排重，只能按同一作者对待，并对有多个机构的高被引作者进行合并归一。

②为了便于统计，当第一作者有 2 个或 2 个以上的作者单位时，均按其第一单位名称进行统计。如果统计机构被引频次，则只计算第一作者的第一个单位名称。

第一篇　2023 年中国高被引分析报告

第 1 章　2023 年数学领域高被引分析

1.1　领域论文概况

2018—2022 年，数学领域共发表学术论文 21126 篇，由来自 1830 所机构的 16210 位学者作为第一作者发表。上述论文中，有 5697 篇被引用，整体被引率为 27.0%，总被引频次为 11555 次，篇均被引 0.55 次；其中，高被引论文有 342 篇，高被引论文篇均被引 6.41 次（表 1-1）。

表 1-1　2018—2022 年数学领域论文分布情况

年份	论文数量/篇	总被引频次/次	被引率/%	高被引论文数量/篇	高被引论文被引频次/次
2018	4592	4015	39.7	60	709
2019	4341	3548	37.9	43	523
2020	4332	2852	32.8	58	577
2021	4057	1002	17.0	63	245
2022	3804	138	3.1	118	138
合计	21126	11555	27.0	342	2192

1.2　高被引论文分析

2018—2022 年，数学领域总被引频次最高的论文为 2018 年王鑫发表的《基于 LSTM 循环神经网络的故障时间序列预测》（总被引频次为 152 次），刊载各年高被引论文 Top 5 数量最多的期刊为《中国科学（数学）》（3 篇），详见表 1-2。

表 1-2　2018—2022 年数学领域高被引论文 Top 5（按各年总被引频次排序）

序号	论文题名	第一作者	期刊名称	发表年份	总被引频次/次
1	基于 LSTM 循环神经网络的故障时间序列预测	王鑫	北京航空航天大学学报	2018	152
2	产业集聚减排效应的空间溢出与门槛特征	刘耀彬	数理统计与管理	2018	20
3	Robin 边界条件下更一般化的非线性抛物问题全局解的存在性和爆破	李远飞	应用数学学报	2018	19
4	基于峭度的 VMD 分解中 k 值的确定方法研究	吴文轩	机械传动	2018	19
5	毕达哥拉斯模糊 Hamacher 集成算子及其决策应用	刘卫锋	系统工程理论与实践	2018	17

续表

序号	论文题名	第一作者	期刊名称	发表年份	总被引频次/次
6	具有边界反应 Brinkman-Forchheimer 型多孔介质的结构稳定性	李远飞	高校应用数学学报	2019	28
7	缺失数据的处理方法及其发展趋势	邓建新	统计与决策	2019	25
8	大尺度海洋大气动力学三维黏性原始方程对边界参数的连续依赖性	李远飞	吉林大学学报（理学版）	2019	24
9	原始方程组对黏性系数的连续依赖性	李远飞	山东大学学报（理学版）	2019	22
10	基于加权网络链路预测的新兴技术主题识别研究	黄璐	情报学报	2019	22
11	基于一类时滞动力学系统对新型冠状病毒肺炎疫情的建模和预测	严阅	中国科学（数学）	2020	51
12	新型冠状病毒肺炎疫情下武汉及周边地区何时复工？数据驱动的网络模型分析	王霞	中国科学（数学）	2020	43
13	海洋动力学中二维黏性原始方程组解对热源的收敛性	李远飞	应用数学和力学	2020	29
14	基于鲁棒规划方法的农业水资源多目标优化配置模型	谭倩	水利学报	2020	19
15	新型冠状病毒肺炎疫情控制策略研究：效率评估及建议	黄森忠	中国科学（数学）	2020	16
16	非线性边界条件下具有变系数的热量方程解的存在性及爆破现象	李远飞	应用数学和力学	2021	9
17	证据推理理论及其应用	周志杰	自动化学报	2021	8
18	同阶交换子群个数之集为｛1，3｝的有限群	钱焱	西南大学学报（自然科学版）	2021	7
19	基于改进蚁群算法的立体仓库三维空间路径优化	徐兴	计算机集成制造系统	2021	6
20	有限群的 δ - 置换子群	高建玲	西南大学学报（自然科学版）	2021	6
21	基于改进统计矩点估计法和最大熵原理的结构整体可靠度分析	王涛	工程力学	2022	3

续表

序号	论文题名	第一作者	期刊名称	发表年份	总被引频次/次
22	无网格动力分析的循环卷积神经网络代理模型	陈健	力学学报	2022	3
23	一种修正三项 Hestenes-Stiefel 共轭梯度投影算法及其应用	李丹丹	吉林大学学报（理学版）	2022	3
24	知识和数据协同驱动的群体智能决策方法研究综述	蒲志强	自动化学报	2022	3
25	一类半线性退化 Schrödinger 方程的无穷多大能量解的存在性	冉玲	西南师范大学学报（自然科学版）	2022	2

1.3　研究主题关联分析

在数学领域，342 篇高被引论文共被引用了 2192 次。通过分析施引文献关键词的词频及关键词之间的共现关系，获得数学领域的热点主题和主题关联，如图 1–1 所示。由图可知："COVID-19""时间序列""交通工程"等关键词的文献词频较高，是数学领域的研究热点。本领域形成 8 个研究主题簇，分别以"COVID-19""数学模型"为中心；以"敏感性分析"为中心；以"K-Means 聚类"为中心；以"剔除误差""时间序列"为中心；以"空间传播速度""SARS"为中心；以"时间窗"为中心；以"GIS"为中心；以"交通工程"为中心。

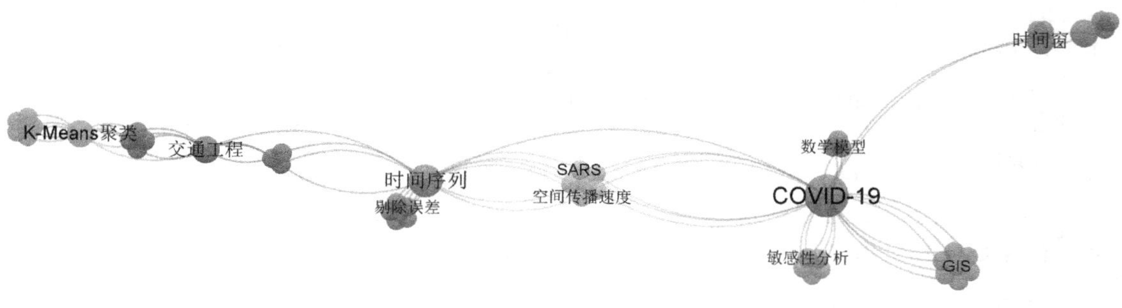

图 1–1　数学领域的热点主题和主题关联

1.4　高被引作者分析

2018—2022 年数学领域论文总被引频次 Top 10 的作者见表 1–3。其中发文 5 年总被引频次居前 3 位的作者分别是广东财经大学的李远飞（216 次）、北京航空航天大学的王鑫（152 次）、重庆大学的吴德根（80 次）。

表 1-3　数学领域高被引作者 Top 10（按 5 年总被引频次排序）

序号	作者	作者单位	发文量/篇	5 年总被引频次/次	篇均被引频次/次
1	李远飞	广东财经大学	26	216	8.31
2	王鑫	北京航空航天大学	1	152	152.00
3	吴德垠	重庆大学	22	80	3.64
4	严阅	上海财经大学	1	51	51.00
5	王霞	陕西师范大学	2	43	21.50
6	刘春辉	赤峰学院	40	42	1.05
7	冀占江	梧州学院	33	36	1.09
8	刘卫锋	郑州航空工业管理学院	9	35	3.89
9	张四保	喀什大学	24	30	1.25
10	于冬梅	辽宁工程技术大学	7	29	4.14

1.5　高被引机构分析

数学领域总被引频次 Top 20 高等院校、总被引频次 Top 10 科研院所的发文和被引情况分别见表 1-4 和表 1-5。

表 1-4　数学领域高被引高等院校 Top 20（按 5 年总被引频次排序）

序号	第一作者单位	发文量/篇	5 年总被引频次/次	篇均被引频次/次	序号	第一作者单位	发文量/篇	5 年总被引频次/次	篇均被引频次/次
1	广东财经大学	93	299	3.22	11	贵州师范大学	124	98	0.79
2	西北师范大学	480	243	0.51	12	山西大学	216	96	0.44
3	北京航空航天大学	64	181	2.83	13	四川大学	160	95	0.59
4	西南大学	212	180	0.85	14	西北大学	148	85	0.57
5	陕西师范大学	181	144	0.80	15	福州大学	90	84	0.93
6	四川师范大学	199	136	0.68	16	兰州交通大学	162	82	0.51
7	重庆师范大学	219	122	0.56	17	燕山大学	94	82	0.87
8	重庆大学	64	105	1.64	18	重庆工商大学	92	79	0.86
9	上海财经大学	74	102	1.38	19	北京理工大学	75	77	1.03
10	中国人民大学	117	102	0.87	20	西安工程大学	100	77	0.77

表 1–5　数学领域高被引科研院所 Top 10（按 5 年总被引频次排序）

序号	第一作者单位	发文量/篇	5 年总被引频次/次	篇均被引频次/次	序号	第一作者单位	发文量/篇	5 年总被引频次/次	篇均被引频次/次
1	中国科学院数学与系统科学研究院	85	52	0.61	6	中国社会科学院研究生院	4	5	1.25
2	中国科学院大学	78	32	0.41	7	中国科学院长春应用化学研究所	2	4	2.00
3	中国工程物理研究院	67	20	0.30	8	中国科学院自动化研究所	3	4	1.33
4	中国空气动力研究与发展中心	3	9	3.00	9	中国医学科学院医学信息研究所	1	4	4.00
5	中国科学院长春光学精密机械与物理研究所	3	5	1.67	10	中国科学院重庆绿色智能技术研究院	5	4	0.80

第2章　2023年力学领域高被引分析

2.1　领域论文概况

2018—2022年，力学领域共发表学术论文9799篇，由来自1122所机构的8208位学者作为第一作者发表。上述论文中，有4757篇被引用，整体被引率为48.5%，总被引频次为12163次，篇均被引1.24次；其中，高被引论文有116篇，高被引论文篇均被引10.48次（表2-1）。

表2-1　2018—2022年力学领域论文分布情况

年份	论文数量/篇	总被引频次/次	被引率/%	高被引论文数量/篇	高被引论文被引频次/次
2018	1962	4196	70.0	22	386
2019	2034	3915	66.9	20	341
2020	1884	2555	58.5	21	235
2021	1950	1305	38.9	27	199
2022	1969	192	8.3	26	55
合计	9799	12163	48.5	116	1216

2.2　高被引论文分析

2018—2022年，力学领域总被引频次最高的论文为2019年任鑫发表的《负泊松比材料和结构的研究进展》（总被引频次为40次），刊载各年高被引论文Top 5数量最多的期刊为《力学学报》（9篇），详见表2-2。

表2-2　2018—2022年力学领域高被引论文Top 5（按各年总被引频次排序）

序号	论文题名	第一作者	期刊名称	发表年份	总被引频次/次
1	基于小波变换降噪的声发射源定位方法	王宗炼	振动与冲击	2018	26
2	基于双向聚能拉张爆破理论的巷道顶板定向预裂	何满潮	爆炸与冲击	2018	24
3	高超声速边界层转捩研究现状与趋势	杨武兵	空气动力学学报	2018	24
4	聚脲涂覆钢板结构抗爆性能试验研究	赵鹏铎	北京理工大学学报	2018	23
5	高雷诺数下多柱绕流特性研究	李聪洲	力学学报	2018	22
6	负泊松比材料和结构的研究进展	任鑫	力学学报	2019	40
7	全膜双垄沟覆膜土壤离散元接触参数仿真标定	戴飞	农业机械学报	2019	31

续表

序号	论文题名	第一作者	期刊名称	发表年份	总被引频次/次
8	多柔体系统动力学建模与优化研究进展	孙加亮	力学学报	2019	23
9	船舶与海洋平台结构冰载荷的高性能扩展多面体离散元方法	刘璐	力学学报	2019	20
10	第三代涡识别方法及其应用综述	王义乾	水动力学研究与进展 A 辑	2019	18
11	超高性能纤维增强混凝土中纤维作用综述	陈宝春	福州大学学报（自然科学版）	2020	22
12	高熵合金的力学性能及变形行为研究进展	李建国	力学学报	2020	18
13	基于最小一乘拟合的非均匀应变的数字图像相关测量	王学滨	光学学报	2020	14
14	接触爆炸和近距离爆炸比冲量数值仿真研究	李臻	北京理工大学学报	2020	13
15	结构健康监测的传感器优化布置研究进展与展望	杨辰	振动与冲击	2020	12
16	基于 CEEMDAN－小波包分析的隧道爆破信号去噪方法	王海龙	爆炸与冲击	2021	18
17	基于人工神经网络的湍流大涡模拟方法	谢晨月	力学学报	2021	18
18	固体结构损伤破坏统一相场理论、算法和应用	吴建营	力学学报	2021	11
19	负泊松比结构力学设计、抗冲击性能及在车辆工程应用与展望	吴文旺	力学学报	2021	11
20	基于蚁狮算法的风电集群储能容量配置优化方法	刘颖明	太阳能学报	2021	11
21	折纸结构和折纸超材料动力学研究进展	方虹斌	力学学报	2022	3
22	下穿铁路隧道爆破振动衰减规律研究	单仁亮	爆炸与冲击	2022	3
23	多孔柱准静态压缩力学行为和吸能特性分析	李腾	塑性工程学报	2022	3

续表

序号	论文题名	第一作者	期刊名称	发表年份	总被引频次/次
24	柔性扑翼水动力特性试验研究	高鹏骋	华中科技大学学报（自然科学版）	2022	2
25	颅脑爆炸伤致伤机制及防护研究进展	柳占立	爆炸与冲击	2022	2

2.3 研究主题关联分析

在力学领域，116 篇高被引论文共被引用了 1216 次。通过分析施引文献关键词的词频及关键词之间的共现关系，获得力学领域的热点主题和主题关联，如图 2–1 所示。由图可知："数值模拟""偏心不耦合装药""冲击地压"等关键词的文献词频较高，是力学领域的研究热点。本领域形成 7 个研究主题簇，分别以"压力位差"为中心；以"不耦合系数"为中心；以"数值模拟""冲击波和破片群联合作用"为中心；以"战斗头盔""空气流场压力"为中心；以"孤岛煤柱""冲击地压"为中心；以"爆破工程""偏心不耦合装药"为中心；以"XPP 流体""非等温"为中心。

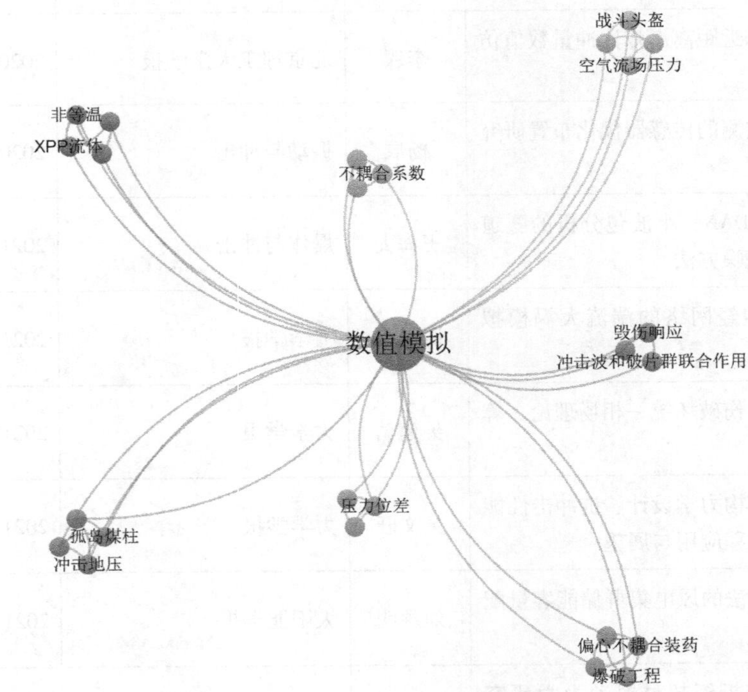

图 2–1 力学领域的热点主题和主题关联

2.4 高被引作者分析

2018—2022 年力学领域论文总被引频次 Top 10 的作者见表 2–3。其中发文 5 年总被引频次居前 3 位的作者分别是武汉理工大学的徐维铮（41 次）、南京工业大学的任鑫（40 次）、甘肃农业大学的戴飞（31 次）。

表 2-3　力学领域高被引作者 Top 10（按 5 年总被引频次排序）

序号	作者	作者单位	发文量/篇	5 年总被引频次/次	篇均被引频次/次
1	徐维铮	武汉理工大学	17	41	2.41
2	任鑫	南京工业大学	1	40	40.00
3	戴飞	甘肃农业大学	1	31	31.00
4	王宗炼	北京理工大学	1	26	26.00
5	张玉磊	西安近代化学研究所	3	26	8.67
6	滕兆春	兰州理工大学	17	26	1.53
7	何涛	上海师范大学	2	25	12.50
8	杨武兵	中国航天空气动力技术研究院	1	24	24.00
9	何满潮	中国矿业大学	1	24	24.00
10	王选	大连理工大学	2	24	12.00

2.5　高被引机构分析

力学领域总被引频次 Top 20 高等院校、总被引频次 Top 10 科研院所的发文和被引情况分别见表 2-4 和表 2-5。

表 2-4　力学领域高被引高等院校 Top 20（按 5 年总被引频次排序）

序号	第一作者单位	发文量/篇	5 年总被引频次/次	篇均被引频次/次	序号	第一作者单位	发文量/篇	5 年总被引频次/次	篇均被引频次/次
1	北京理工大学	298	444	1.49	11	哈尔滨工业大学	103	177	1.72
2	南京理工大学	282	420	1.49	12	武汉理工大学	114	176	1.54
3	大连理工大学	240	414	1.73	13	南京航空航天大学	151	160	1.06
4	上海交通大学	284	319	1.12	14	哈尔滨工程大学	120	146	1.22
5	清华大学	159	245	1.54	15	太原理工大学	134	144	1.07
6	西北工业大学	191	231	1.21	16	同济大学	132	137	1.04
7	中国矿业大学	79	209	2.65	17	北京工业大学	88	137	1.56
8	海军工程大学	140	209	1.49	18	浙江大学	127	129	1.02
9	西南交通大学	117	187	1.60	19	武汉大学	62	126	2.03
10	天津大学	170	186	1.09	20	合肥工业大学	60	123	2.05

表 2–5 力学领域高被引科研院所 Top 10（按 5 年总被引频次排序）

序号	第一作者单位	发文量/篇	5 年总被引频次/次	篇均被引频次/次	序号	第一作者单位	发文量/篇	5 年总被引频次/次	篇均被引频次/次
1	中国工程物理研究院	197	288	1.46	6	海军装备研究院	1	23	23.00
2	中国科学院力学研究所	108	141	1.31	7	中国科学院广州能源研究所	9	22	2.44
3	西北核技术研究所	53	63	1.19	8	长江水利委员会长江科学院	7	18	2.57
4	中国空气动力研究与发展中心	49	47	0.96	9	解放军军事科学院	17	18	1.06
5	中国科学院大学	33	25	0.76	10	中国科学院过程工程研究所	11	16	1.45

第3章　2023年信息、系统科学领域高被引分析

3.1　领域论文概况

2018—2022年，信息、系统科学领域共发表学术论文1529篇，由来自508所机构的1310位学者作为第一作者发表。上述论文中，有730篇被引用，整体被引率为47.7%，总被引频次为1998次，篇均被引1.31次；其中，高被引论文有15篇，高被引论文篇均被引11.20次（表3-1）。

表3-1　2018—2022年信息、系统科学领域论文分布情况

年份	论文数量/篇	总被引频次/次	被引率/%	高被引论文数量/篇	高被引论文被引频次/次
2018	359	682	58.5	3	53
2019	353	661	60.9	3	47
2020	315	478	61.0	5	45
2021	289	150	32.5	2	14
2022	213	27	8.9	2	9
合计	1529	1998	47.7	15	168

3.2　高被引论文分析

2018—2022年，信息、系统科学领域总被引频次最高的论文为2018年吕跃进发表的《区间粗糙数层次分析法》（总被引频次为20次），刊载各年高被引论文Top 5数量最多的期刊为《系统工程理论与实践》（7篇），详见表3-2。

表3-2　2018—2022年信息、系统科学领域高被引论文Top 5（按各年总被引频次排序）

序号	论文题名	第一作者	期刊名称	发表年份	总被引频次/次
1	区间粗糙数层次分析法	吕跃进	系统工程理论与实践	2018	20
2	分数阶二次非线性Sprott混沌系统的滑模同步控制	毛北行	数学杂志	2018	19
3	基于系统可靠性的组件综合重要度变化机理分析	兑红炎	运筹与管理	2018	14
4	基于序贯博弈谈判机制的分布式多项目调度	李飞飞	系统工程理论与实践	2018	13
5	特征自适应型GM（1，1）模型及对中国交通污染排放量的预测建模	徐宁	系统工程理论与实践	2018	13

续表

序号	论文题名	第一作者	期刊名称	发表年份	总被引频次/次
6	政府规制下企业绿色创新生态系统的演化博弈分析——基于初始意愿差异化视角	曲薪池	系统工程	2019	18
7	一类离散灰色预测模型的统一处理方法及应用	罗党	系统工程理论与实践	2019	14
8	一种基于节点间资源承载度的链路预测方法	王凯	电子与信息学报	2019	13
9	基于合作博弈协商机制的分布式资源受限多项目调度	刘东宁	系统工程理论与实践	2019	10
10	广义灰色关联分析模型的统一表述及性质	韦保磊	系统工程理论与实践	2019	10
11	灰色关联度模型研究综述	周文浩	统计与决策	2020	13
12	不确定性动态系统的估计、控制与博弈	郭雷	中国科学（信息科学）	2020	8
13	基于灰色系统建模技术的人体疾病早期预测预警研究	曾波	中国管理科学	2020	8
14	复杂网络上的流行病传播	阮中远	中国科学（物理学 力学 天文学）	2020	8
15	基于深度学习的花生高光谱图像分类方法研究	刘翠玲	计算机仿真	2020	8
16	物理－事理－人理系统方法论 25 周年回顾——溯源、释义、比较与前瞻	寇晓东	管理评论	2021	8
17	复杂系统维护策略最新研究进展：从视情维护到预测性维护	陆宁云	自动化学报	2021	6
18	基于系统动力学的装备体系贡献率评估方法	潘星	系统工程与电子技术	2021	4
19	基于杀伤网评估的装备组合多目标优化	夏博远	系统工程与电子技术	2021	4
20	基于单机作业的树枝形专用线非直达车流取送优化	李冰	系统工程	2021	4

续表

序号	论文题名	第一作者	期刊名称	发表年份	总被引频次/次
21	Mapping high resolution national soil information grids of China	Feng Liu	科学通报（英文版）	2022	5
22	考虑时变速度的多车场绿色车辆路径模型及优化算法	周鲜成	控制与决策	2022	4
23	基于多主体混合互补模型的天然气市场化改革模拟与评估	龚承柱	系统工程理论与实践	2022	2
24	基于系统思考的粮食生产科技创新因素分析	李炳军	科技管理研究	2022	1
25	基于 DCS 控制技术的造纸定量监测系统设计	淡海英	造纸科学与技术	2022	1

3.3　研究主题关联分析

在信息、系统科学领域，15 篇高被引论文共被引用了 168 次。通过分析施引文献关键词的词频及关键词之间的共现关系，获得信息、系统科学领域的热点主题和主题关联，如图 3–1 所示。由图可知：“指标体系”“专家咨询”“人的全面发展”等关键词的文献词频较高，是信息、系统科学领域的研究热点。本领域形成 2 个研究主题簇，分别以“专家咨询”“医院经营管理”为中心；以“人的全面发展”“指标体系”为中心。

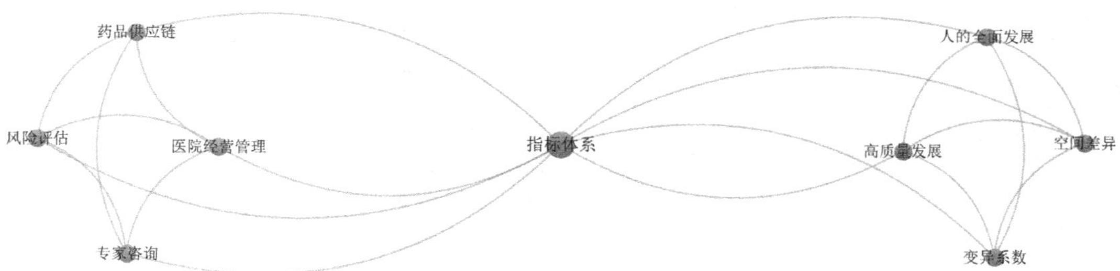

图 3–1　信息、系统科学领域的热点主题和主题关联

3.4　高被引作者分析

2018—2022 年信息、系统科学领域论文总被引频次 Top 10 的作者见表 3–3。其中发文 5 年总被引频次居前 3 位的作者分别是华北水利水电大学的罗党（33 次）、南京航空航天大学的丁松（30 次）、郑州航空工业管理学院的毛北行（27 次）。

表 3-3　信息、系统科学领域高被引作者 Top 10（按 5 年总被引频次排序）

序号	作者	作者单位	发文量/篇	5 年总被引频次/次	篇均被引频次/次
1	罗党	华北水利水电大学	9	33	3.67
2	丁松	南京航空航天大学	5	30	6.00
3	毛北行	郑州航空工业管理学院	4	27	6.75
4	吕跃进	广西大学	1	20	20.00
5	曲薪池	山东科技大学	1	18	18.00
6	王岩韬	中国民航大学	6	18	3.00
7	兑红炎	郑州大学	9	18	2.00
8	于晓辉	北京物资学院	4	17	4.25
9	王治莹	安徽工业大学	8	17	2.13
10	党耀国	南京航空航天大学	2	14	7.00

3.5　高被引机构分析

信息、系统科学领域总被引频次 Top 20 高等院校、总被引频次 Top 10 科研院所的发文和被引情况分别见表 3-4、表 3-5。

表 3-4　信息、系统科学领域高被引高等院校 Top 20（按 5 年总被引频次排序）

序号	第一作者单位	发文量/篇	5 年总被引频次/次	篇均被引频次/次	序号	第一作者单位	发文量/篇	5 年总被引频次/次	篇均被引频次/次
1	南京航空航天大学	45	110	2.44	11	郑州航空工业管理学院	5	29	5.80
2	大连海事大学	22	46	2.09	12	江南大学	15	28	1.87
3	国防科技大学	27	46	1.70	13	清华大学	15	27	1.80
4	北京航空航天大学	14	46	3.29	14	国防大学	6	25	4.17
5	华北水利水电大学	13	36	2.77	15	内蒙古大学	10	25	2.50
6	上海理工大学	13	35	2.69	16	郑州大学	13	25	1.92
7	重庆工商大学	11	33	3.00	17	北京物资学院	7	23	3.29
8	福州大学	17	33	1.94	18	海军航空工程学院	8	23	2.88
9	东北大学	24	32	1.33	19	空军工程大学	9	23	2.56
10	山东科技大学	16	30	1.88	20	南京理工大学	16	22	1.38

表 3-5　信息、系统科学领域高被引科研院所 Top 10（按 5 年总被引频次排序）

序号	第一作者单位	发文量/篇	5 年总被引频次/次	篇均被引频次/次	序号	第一作者单位	发文量/篇	5 年总被引频次/次	篇均被引频次/次
1	中国科学院数学与系统科学研究院	8	20	2.50	6	中国科学院沈阳自动化研究所	2	3	1.50
2	中国科学院合肥物质科学研究院	3	11	3.67	7	中国科学院科技战略咨询研究院	1	1	1.00
3	中国中医科学院	1	8	8.00	8	上海核工程研究设计院	1	1	1.00
4	中国科学院南京土壤研究所	1	5	5.00	9	中国科学技术信息研究所	1	1	1.00
5	解放军军事科学院	4	4	1.00	10	中国工程物理研究院	2	1	0.50

第 4 章　2023 年物理学领域高被引分析

4.1　领域论文概况

2018—2022 年，物理学领域共发表学术论文 24094 篇，由来自 2286 所机构的 21573 位学者作为第一作者发表。上述论文中，有 8237 篇被引用，整体被引率为 34.2%，总被引频次为 20899 次，篇均被引 0.87 次；其中，高被引论文有 306 篇，高被引论文篇均被引 10.71 次（表 4-1）。

表 4-1　2018—2022 年物理学领域论文分布情况

年份	论文数量/篇	总被引频次/次	被引率/%	高被引论文数量/篇	高被引论文被引频次/次
2018	4828	6421	50.0	65	925
2019	4444	5711	46.3	62	824
2020	4800	5456	41.0	51	867
2021	5117	2922	29.2	68	514
2022	4905	389	6.1	60	148
合计	24094	20899	34.2	306	3278

4.2　高被引论文分析

2018—2022 年，物理学领域总被引频次最高的论文为 2020 年梅丹华发表的《大气压低温等离子体特性与应用研究现状》（总被引频次为 62 次），刊载各年高被引论文 Top 5 数量最多的期刊为《光学学报》（10 篇），详见表 4-2。

表 4-2　2018—2022 年物理学领域高被引论文 Top 5（按各年总被引频次排序）

序号	论文题名	第一作者	期刊名称	发表年份	总被引频次/次
1	中国光纤传感 40 年	廖延彪	光学学报	2018	35
2	自适应光学发展综述	姜文汉	光电工程	2018	32
3	可调谐二极管激光吸收光谱技术的应用研究进展	聂伟	中国激光	2018	31
4	基于改进 SSD 的交通大场景多目标检测	华夏	光学学报	2018	27
5	“高分五号”卫星概况及应用前景展望	孙允珠	航天返回与遥感	2018	24
6	基于中红外光谱和化学计量学算法鉴别核桃产地及品种	何勇	光谱学与光谱分析	2019	34

续表

序号	论文题名	第一作者	期刊名称	发表年份	总被引频次/次
7	基于差分-主成分分析-支持向量机的有机化合物太赫兹吸收光谱识别方法	刘俊秀	中国激光	2019	22
8	基于多层感知器-Fisher 判别分析的车用保险杠红外光谱鉴别	何欣龙	中国测试	2019	20
9	神光Ⅱ激光装置研制	朱健强	中国激光	2019	19
10	高效率全国产化 10 kW 光纤激光器	陈晓龙	光学学报	2019	19
11	大气压低温等离子体特性与应用研究现状	梅丹华	中国电机工程学报	2020	62
12	农业信息成像感知与深度学习应用研究进展	孙红	农业机械学报	2020	41
13	(Au-Probe)@SiO_2 单层纳米粒子膜制备及表面增强拉曼光谱研究	刘恪	光谱学与光谱分析	2020	35
14	计算成像技术及应用最新进展	邵晓鹏	激光与光电子学进展	2020	33
15	深度学习下的计算成像：现状、挑战与未来	左超	光学学报	2020	29
16	选区激光熔化铝合金及其复合材料在航空航天领域的研究进展	秦艳利	中国激光	2021	18
17	光学自由曲面面形检测方法进展与展望	朱日宏	光学学报	2021	16
18	自由曲面成像光学系统设计：理论、发展与应用	杨通	光学学报	2021	14
19	中国半导体照明发展综述	李晋闽	光学学报	2021	12
20	光学移频超分辨成像技术进展	郝翔	光学学报	2021	11
21	我国光纤传感技术发展路线图	苑立波	光学学报	2022	8
22	基于边缘光抑制技术的双光束激光直写纳米光刻系统	周国尊	中国激光	2022	5
23	Lu_2O_3：Er^{3+}/Yb^{3+} 荧光材料的上转换发光及其温度传感特性	周慧丽	发光学报	2022	5
24	U-Net 模型改进及其在医学图像分割上的研究综述	张欢	激光与光电子学进展	2022	5

续表

序号	论文题名	第一作者	期刊名称	发表年份	总被引频次/次
25	基于双重体光栅的波导显示系统视场扩展研究	王闯	光学学报	2022	4

4.3 研究主题关联分析

在物理学领域，306 篇高被引论文共被引用了 3278 次。通过分析施引文献关键词的词频及关键词之间的共现关系，获得物理学领域的热点主题和主题关联，如图 4–1 所示。由图可知："成像系统""光谱学""测量"等关键词的文献词频较高，是物理学领域的研究热点。本领域形成 13 个研究主题簇，分别以"成像系统""计算成像"为中心；以"图像处理""卷积神经网络"为中心；以"滑模""分数阶"为中心；以"点扩展函数"为中心；以"偏振""散射"为中心；以"机器视觉""深度学习"为中心；以"发光二极管""光学设计"为中心；以"光谱学""光栅"为中心；以"测量""偏振成像"为中心；以"光谱成像"为中心；以"模型""支持向量机"为中心；以"主成分分析""分类"为中心；以"全息""增强现实"为中心。

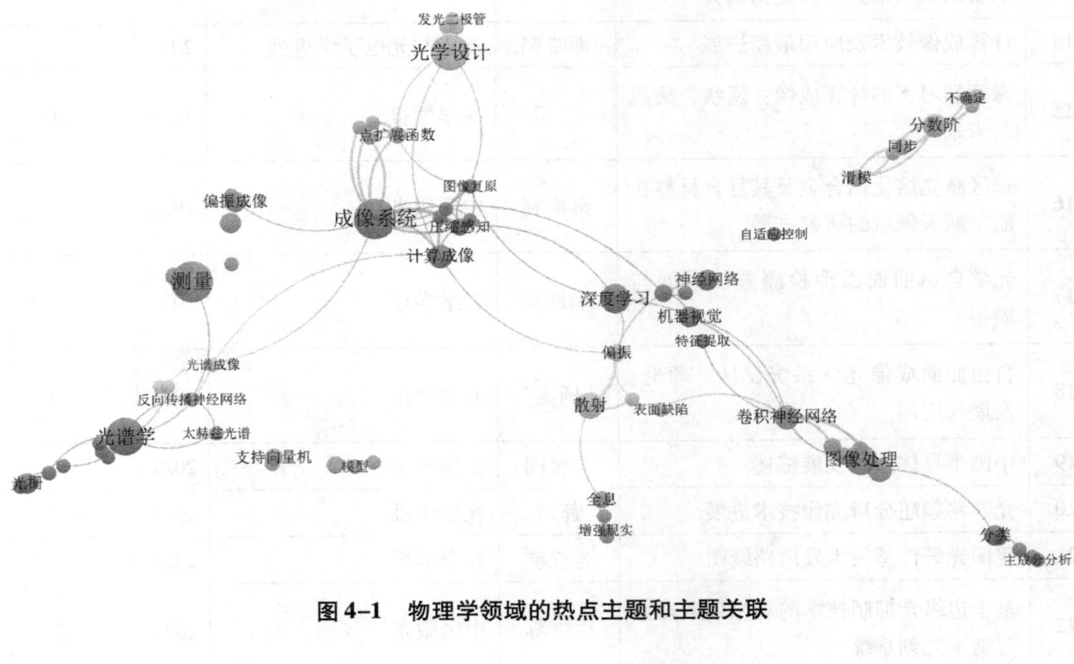

图 4–1　物理学领域的热点主题和主题关联

4.4 高被引作者分析

2018—2022 年物理学领域论文总被引频次 Top 10 的作者见表 4–3。其中发文 5 年总被引频次居前 3 位的作者分别是郑州航空工业管理学院的毛北行（89 次）、中国人民公安大学的何欣龙（64 次）、南京工业大学的梅丹华（62 次）。

表 4-3　物理学领域高被引作者 Top 10（按 5 年总被引频次排序）

序号	作者	作者单位	发文量/篇	5 年总被引频次/次	篇均被引频次/次
1	毛北行	郑州航空工业管理学院	19	89	4.68
2	何欣龙	中国人民公安大学	6	64	10.67
3	梅丹华	南京工业大学	1	62	62.00
4	陈颖	燕山大学	17	61	3.59
5	孙红	中国农业大学	5	59	11.80
6	左超	南京理工大学	4	51	12.75
7	刘立新	西安电子科技大学	5	47	9.40
8	聂伟	中国科学院合肥物质科学研究院	2	43	21.50
9	邵晓鹏	西安电子科技大学	3	43	14.33
10	廖延彪	清华大学	1	35	35.00

4.5　高被引机构分析

物理学领域总被引频次 Top 20 高等院校、总被引频次 Top 10 科研院所的发文和被引情况分别见表 4-4、表 4-5。

表 4-4　物理学领域高被引高等院校 Top 20（按 5 年总被引频次排序）

序号	第一作者单位	发文量/篇	5 年总被引频次/次	篇均被引频次/次	序号	第一作者单位	发文量/篇	5 年总被引频次/次	篇均被引频次/次
1	长春理工大学	452	723	1.60	11	中国科学技术大学	409	206	0.50
2	北京理工大学	242	331	1.37	12	中北大学	133	199	1.50
3	天津大学	223	296	1.33	13	西安交通大学	164	183	1.12
4	清华大学	283	285	1.01	14	大连理工大学	138	179	1.30
5	西安电子科技大学	159	271	1.70	15	中国农业大学	55	178	3.24
6	国防科技大学	224	249	1.11	16	南开大学	173	176	1.02
7	山西大学	325	238	0.73	17	北京大学	303	174	0.57
8	上海理工大学	200	237	1.19	18	燕山大学	104	172	1.65
9	浙江大学	217	222	1.02	19	四川大学	248	168	0.68
10	南京理工大学	153	214	1.40	20	西安工业大学	151	161	1.07

表 4–5　物理学领域高被引科研院所 Top 10（按 5 年总被引频次排序）

序号	第一作者单位	发文量/篇	5 年总被引频次/次	篇均被引频次/次	序号	第一作者单位	发文量/篇	5 年总被引频次/次	篇均被引频次/次
1	中国科学院合肥物质科学研究院	292	542	1.86	6	中国科学院声学研究所	155	183	1.18
2	中国科学院上海光学精密机械研究所	249	453	1.82	7	中国科学院西安光学精密机械研究所	91	149	1.64
3	中国工程物理研究院	377	333	0.88	8	中国科学院半导体研究所	127	94	0.74
4	中国科学院长春光学精密机械与物理研究所	153	262	1.71	9	中国科学院物理研究所	369	93	0.25
5	中国科学院光电技术研究所	87	193	2.22	10	中国科学院上海技术物理研究所	81	87	1.07

第 5 章　2023 年化学领域高被引分析

5.1　领域论文概况

2018—2022 年，化学领域共发表学术论文 40845 篇，由来自 5224 所机构的 35502 位学者作为第一作者发表。上述论文中，有 19340 篇被引用，整体被引率为 47.3%，总被引频次为 49207 次，篇均被引 1.20 次；其中，高被引论文有 548 篇，高被引论文篇均被引 10.48 次（表 5–1）。

表 5–1　2018—2022 年化学领域论文分布情况

年份	论文数量/篇	总被引频次/次	被引率/%	高被引论文数量/篇	高被引论文被引频次/次
2018	8557	15692	63.4	120	1714
2019	8618	15617	63.4	96	1617
2020	8214	10988	55.8	92	1233
2021	7930	6046	40.5	100	830
2022	7526	864	8.7	140	349
合计	40845	49207	47.3	548	5743

5.2　高被引论文分析

2018—2022 年，化学领域总被引频次最高的论文为 2021 年姜志民发表的《1D $Mn_{0.2}Cd_{0.8}S$ 纳米棒/2D Ti_3C_2 纳米片肖特基异质结的构建及光催化氢性能研究》（总被引频次为 63 次），刊载各年高被引论文 Top 5 数量最多的期刊为《物理化学学报》（4 篇），详见表 5–2。

表 5–2　2018—2022 年化学领域高被引论文 Top 5（按各年总被引频次排序）

序号	论文题名	第一作者	期刊名称	发表年份	总被引频次/次
1	QuEChERS－超高效液相色谱－串联质谱法测定鸡蛋中 125 种兽药残留	方从容	色谱	2018	33
2	叶绿素荧光技术在植物表型分析的研究进展	岑海燕	光谱学与光谱分析	2018	30
3	四氧化三铁基纳米材料制备及对放射性元素和重金属离子的去除	杨姗也	化学进展	2018	26
4	3 种人工结香方法所得沉香挥发性成分的 SPME/GC-MS 分析	张静斐	分析测试学报	2018	25

续表

序号	论文题名	第一作者	期刊名称	发表年份	总被引频次/次
5	对电感耦合等离子体发射光谱法中一些问题的认识	龚琦	冶金分析	2018	25
6	近五年我国近红外光谱分析技术研究与应用进展	褚小立	分析测试学报	2019	59
7	13 种易制毒化学品红外光谱快速定性分析	刘翠梅	光谱学与光谱分析	2019	49
8	Aerolysin 蛋白纳米孔道直接检测单个 DNA 碱基修饰	路瑶	分析测试学报	2019	38
9	团簇 Ni_3CoP 电子性质与磁性研究	李历红	江西师范大学学报（自然科学版）	2019	37
10	（±）– Parvistemonine A 的全合成	马开庆	有机化学	2019	36
11	2019 年毛细管电泳技术年度回顾	赵毅	色谱	2020	46
12	团簇 Co_3NiB 催化析氢活性研究	秦渝	江西师范大学学报（自然科学版）	2020	41
13	Ag（Ⅲ）配合物 – 鲁米诺流动注射化学发光法测定西维因	张亚莉	分析试验室	2020	39
14	1 – 烷基 – 3 – 甲基咪唑氯化物焓变的热重分析	刘璐	物理化学学报	2020	29
15	^{13}C 稳定同位素示踪技术在小硅藻光合膜脂合成途径中的应用	李双	分析化学	2020	28
16	1D $Mn_{0.2}Cd_{0.8}S$ 纳米棒/2D Ti_3C_2 纳米片肖特基异质结的构建及光催化氢性能研究	姜志民	物理化学学报	2021	63
17	团簇 Co_3NiB_2 异构化反应的动力学与热力学研究	秦渝	江西师范大学学报（自然科学版）	2021	20
18	15.4% Efficiency all-polymer solar cells	Long Zhang	中国科学：化学（英文版）	2021	19
19	2 –（2 – 羟基 – 3 – 甲氧基苯基）– C_{60} 的合成及在花椰菜花叶病毒启动子 DNA 传感检测中的应用	吴杨仪	高等学校化学学报	2021	16

续表

序号	论文题名	第一作者	期刊名称	发表年份	总被引频次/次
20	不同产地地参中 17 种氨基酸的测定与分析	黄小兰	食品科学	2021	13
21	石墨烯纤维：制备、性能与应用	蹇木强	物理化学学报	2022	10
22	团簇 Co_3NiB_2 极化率、偶极矩及态密度研究	方志刚	贵州大学学报（自然科学版）	2022	9
23	Recent progress in organic solar cells（Part Ⅰ material science）	Yahui Liu	中国科学：化学（英文版）	2022	7
24	Defect engineering for high-selection-performance of NO reduction to NH_3 over CeO_2（111）surface：a DFT study	Chaozheng He	中国化学快报（英文版）	2022	7
25	石墨烯纤维材料的化学气相沉积生长方法	程熠	物理化学学报	2022	6

5.3　研究主题关联分析

在化学领域，548 篇高被引论文共被引用了 5743 次。通过分析施引文献关键词的词频及关键词之间的共现关系，获得化学领域的热点主题和主题关联，如图 5-1 所示。由图可知："农药残留""主成分分析""QuEChERS"等关键词的文献词频较高，是化学领域的研究热点。本领域形成 6 个研究主题簇，分别以"农药残留""QuEChERS"为中心；以"主成分分析""电感耦合等离子体质谱法"为中心；以"抗生素""固相萃取"为中心；以"非法添加""真菌毒素"为中心；以"顶空固相微萃取""气相色谱－质谱法"为中心；以"茶叶""挥发性成分"为中心。

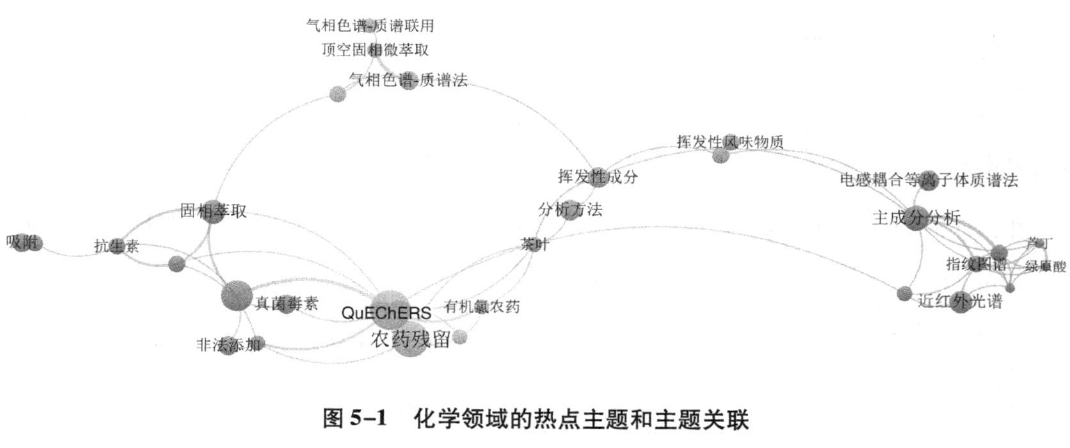

图 5-1　化学领域的热点主题和主题关联

5.4 高被引作者分析

2018—2022 年化学领域论文总被引频次 Top 10 的作者见表 5-3。其中发文 5 年总被引频次居前 3 位的作者分别是中国石化石油化工科学研究院的褚小立（85 次），华东交通大学的刘燕德（68 次），华南农业大学的姜志民（63 次）和辽宁科技大学的秦渝（63 次）。

表 5-3 化学领域高被引作者 Top 10（按 5 年总被引频次排序）

序号	作者	作者单位	发文量/篇	5 年总被引频次/次	篇均被引频次/次
1	褚小立	中国石化石油化工科学研究院	2	85	42.50
2	刘燕德	华东交通大学	21	68	3.24
3	姜志民	华南农业大学	1	63	63.00
4	秦渝	辽宁科技大学	3	63	21.00
5	何欣龙	中国人民公安大学	6	56	9.33
6	赵毅	北京理工大学	1	46	46.00
7	李历红	辽宁科技大学	2	42	21.00
8	张亚莉	河北科技大学	2	39	19.50
9	路瑶	华东理工大学	1	38	38.00
10	姜红	中国人民公安大学	8	38	4.75

5.5 高被引机构分析

化学领域总被引频次 Top 20 高等院校、总被引频次 Top 10 科研院所的发文和被引情况分别见表 5-4、表 5-5。

表 5-4 化学领域高被引高等院校 Top 20（按 5 年总被引频次排序）

序号	第一作者单位	发文量/篇	5 年总被引频次/次	篇均被引频次/次	序号	第一作者单位	发文量/篇	5 年总被引频次/次	篇均被引频次/次
1	浙江大学	347	492	1.42	11	贵州大学	240	297	1.24
2	华东理工大学	476	482	1.01	12	南开大学	285	296	1.04
3	吉林大学	393	414	1.05	13	北京理工大学	216	283	1.31
4	天津大学	402	414	1.03	14	北京化工大学	258	283	1.10
5	江南大学	266	352	1.32	15	厦门大学	327	283	0.87
6	中国石油大学	235	342	1.46	16	辽宁石油化工大学	201	278	1.38
7	四川大学	343	340	0.99	17	白城师范学院	63	265	4.21
8	中国人民公安大学	167	323	1.93	18	浙江工业大学	224	262	1.17
9	太原理工大学	305	313	1.03	19	大连理工大学	265	248	0.94
10	华南理工大学	207	301	1.45	20	北京大学	267	242	0.91

表 5–5　化学领域高被引科研院所 Top 10（按 5 年总被引频次排序）

序号	第一作者单位	发文量/篇	5 年总被引频次/次	篇均被引频次/次	序号	第一作者单位	发文量/篇	5 年总被引频次/次	篇均被引频次/次
1	中国科学院长春应用化学研究所	238	225	0.95	6	中国科学院兰州化学物理研究所	110	113	1.03
2	中国检验检疫科学研究院	85	208	2.45	7	中国食品药品检定研究院	55	101	1.84
3	中国科学院大连化学物理研究所	212	193	0.91	8	四川省农业科学院	27	92	3.41
4	中国科学院化学研究所	205	172	0.84	9	中国地质科学院国家地质实验测试中心	38	91	2.39
5	云南省农业科学院	36	119	3.31	10	中国地质调查局天津地质调查中心	24	87	3.63

第6章　2023年天文学领域高被引分析

6.1　领域论文概况

2018—2022年，天文学领域共发表学术论文2762篇，由来自444所机构的2544位学者作为第一作者发表。上述论文中，有524篇被引用，整体被引率为19.0%，总被引频次为1076次，篇均被引0.39次；其中，高被引论文有54篇，高被引论文篇均被引4.28次（表6-1）。

表6-1　2018—2022年天文学领域论文分布情况

年份	论文数量/篇	总被引频次/次	被引率/%	高被引论文数量/篇	高被引论文被引频次/次
2018	417	289	29.0	6	51
2019	476	373	35.5	6	56
2020	551	278	26.0	8	57
2021	663	106	10.0	9	37
2022	655	30	3.8	25	30
合计	2762	1076	19.0	54	231

6.2　高被引论文分析

2018—2022年，天文学领域总被引频次最高的论文为2019年吴伟仁发表的《太阳系边际探测研究》（总被引频次为13次），刊载各年高被引论文Top 5数量最多的期刊为《科学通报（英文版）》（3篇），详见表6-2。

表6-2　2018—2022年天文学领域高被引论文Top 5（按各年总被引频次排序）

序号	论文题名	第一作者	期刊名称	发表年份	总被引频次/次
1	鄂尔多斯盆地东南部本溪组—下石盒子组泥岩元素地球化学特征	陈晶	现代地质	2018	10
2	2.5 m级太阳望远镜主镜热控技术研究	朱冉	光学学报	2018	9
3	太阳自适应光学技术进展	饶长辉	光电工程	2018	8
4	全月球形貌类型分类方法初探	程维明	地球科学进展	2018	8
5	爱因斯坦探针：探索变幻多姿的X射线宇宙	袁为民	中国科学（物理学 力学 天文学）	2018	8
6	太阳系边际探测研究	吴伟仁	中国科学（信息科学）	2019	13

续表

序号	论文题名	第一作者	期刊名称	发表年份	总被引频次/次
7	导航卫星精密定轨与时间同步技术进展	周善石	天文学报	2019	10
8	天文大地测量的发展现状和展望	时春霖	测绘工程	2019	9
9	粤北大宝山矿区次英安斑岩与铜多金属矿之间关系研究	赵如意	大地构造与成矿学	2019	8
10	火星车行驶环境研究综述	赵静	载人航天	2019	8
11	小行星监测预警、安全防御和资源利用的前沿科学问题及关键技术	龚自正	科学通报	2020	11
12	Depositional characteristics and formation mechanisms of deep-water canyon systems along the northern South China Sea margin	Hui Chen	地球科学学刊（英文版）	2020	8
13	认知地球物质运动的大陆动力学方法	杨文采	地质论评	2020	7
14	深空探测发展战略研究	刘继忠	中国科学（技术科学）	2020	7
15	1∶250 万月球地质图符号库的设计与实现	许可娟	地球科学	2020	6
16	中国月球探测进展（2011—2020 年）	李春来	空间科学学报	2021	7
17	行星构造：寻求地球演化的踪迹	肖智勇	地质学报	2021	5
18	基于 Kittler 最小误差分割算法的小视场星图分割	时春霖	西南交通大学学报	2021	5
19	宣城地区龙潭组页岩沉积环境与有机质富集	丁江辉	沉积学报	2021	4
20	From finite nuclei to neutron stars: the essential role of high-order density dependence in effective forces	Chongji Jiang	中国物理快报（英文版）	2021	4
21	低轨巨型星座构型设计与控制研究进展与展望	阮永井	中国空间科学技术	2022	2
22	月表高程分布特征及其分级标准初探	刘樯漪	地理学报	2022	2
23	First result from the Jinping Underground Nuclear Astrophysics experiment JUNA: precise measurement of the 92 keV $^{25}Mg(p, \gamma)^{26}Al$ resonance	Jun Su	科学通报（英文版）	2022	2

续表

序号	论文题名	第一作者	期刊名称	发表年份	总被引频次/次
24	Translucent glass globules on the Moon	Zhiyong Xiao	科学通报（英文版）	2022	2
25	Mineral chemistry and 3D tomography of a Chang’E 5 high-Ti basalt：implication for the lunar thermal evolution history	Yun Jiang	科学通报（英文版）	2022	2

6.3 研究主题关联分析

在天文学领域，54 篇高被引论文共被引用了 231 次。通过分析施引文献关键词的词频及关键词之间的共现关系，获得天文学领域的热点主题和主题关联，如图 6-1 所示。由图可知："嫦娥五号""月壤""微撞击坑"等关键词的文献词频较高，是天文学领域的研究热点。本领域形成 3 个研究主题簇，分别以"嫦娥五号""火山活动"为中心；以"微撞击坑""微陨石"为中心；以"U-Pb 体系""月壤"为中心。

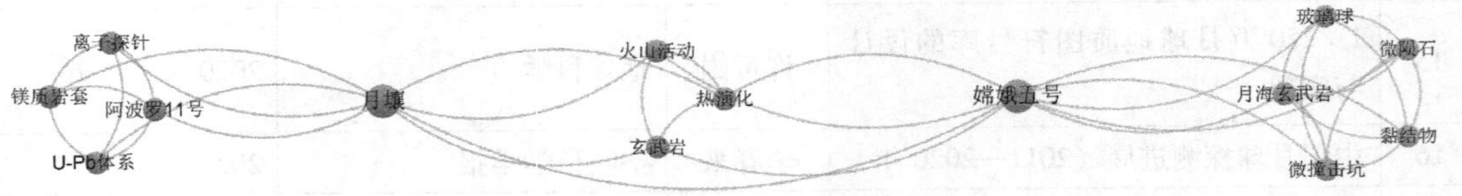

图 6-1 天文学领域的热点主题和主题关联

6.4 高被引作者分析

2018—2022 年天文学领域论文总被引频次 Top 10 的作者见表 6-3。其中发文 5 年总被引频次居前 3 位的作者分别是中国地质大学的陈晶（10 次），中国科学院上海天文台的周善石（10 次），中国科学院国家天文台南京天文光学技术研究所的朱冉（9 次）和桂林电子科技大学的李超（9 次）。

表 6-3 天文学领域高被引作者 Top 10（按 5 年总被引频次排序）

序号	作者	作者单位	发文量/篇	5 年总被引频次/次	篇均被引频次/次
1	陈晶	中国地质大学	1	10	10.00
2	周善石	中国科学院上海天文台	1	10	10.00
3	朱冉	中国科学院国家天文台南京天文光学技术研究所	1	9	9.00

续表

序号	作者	作者单位	发文量/篇	5年总被引频次/次	篇均被引频次/次
4	李超	桂林电子科技大学	2	9	4.50
5	赵如意	中国地质科学院	1	8	8.00
6	袁为民	中国科学院国家天文台	1	8	8.00
7	赵静	北京邮电大学	1	8	8.00
8	饶长辉	中国科学院光电技术研究所	1	8	8.00
9	程维明	中国科学院地理科学与资源研究所	1	8	8.00
10	毛亚	中国矿业大学	1	8	8.00

6.5 高被引机构分析

天文学领域总被引频次 Top 20 高等院校、总被引频次 Top 10 科研院所的发文和被引情况分别见表6-4、表6-5。

表6-4 天文学领域高被引高等院校 Top 20（按5年总被引频次排序）

序号	第一作者单位	发文量/篇	5年总被引频次/次	篇均被引频次/次	序号	第一作者单位	发文量/篇	5年总被引频次/次	篇均被引频次/次
1	中国地质大学	48	51	1.06	11	桂林电子科技大学	3	9	3.00
2	桂林理工大学	19	27	1.42	12	云南民族大学	5	9	1.80
3	山东大学	27	16	0.59	13	清华大学	21	9	0.43
4	中山大学	35	16	0.46	14	北京大学	35	9	0.26
5	南京大学	69	14	0.20	15	北京师范大学	90	9	0.10
6	中国矿业大学	8	13	1.63	16	中国科学技术大学	48	9	0.19
7	河北工业大学	9	11	1.22	17	北京邮电大学	1	8	8.00
8	吉林大学	14	11	0.79	18	陕西师范大学	6	8	1.33
9	浙江大学	7	10	1.43	19	昆明理工大学	15	7	0.47
10	大连理工大学	8	10	1.25	20	云南师范大学	21	7	0.33

表 6–5 天文学领域高被引科研院所 Top 10（按 5 年总被引频次排序）

序号	第一作者单位	发文量/篇	5 年总被引频次/次	篇均被引频次/次	序号	第一作者单位	发文量/篇	5 年总被引频次/次	篇均被引频次/次
1	中国科学院国家天文台	276	72	0.26	6	中国科学院地质与地球物理研究所	19	25	1.32
2	中国科学院紫金山天文台	152	69	0.45	7	中国科学院国家授时中心	39	24	0.62
3	中国科学院上海天文台	110	41	0.37	8	中国科学院国家空间科学中心	21	20	0.95
4	中国科学院高能物理研究所	36	30	0.83	9	中国科学院大学	41	20	0.49
5	中国科学院国家天文台南京天文光学技术研究所	27	29	1.07	10	中国科学院云南天文台	106	15	0.14

第 7 章　2023 年地学领域高被引分析

7.1　领域论文概况

2018—2022 年，地学领域共发表学术论文 72120 篇，由来自 6558 所机构的 57109 位学者作为第一作者发表。上述论文中，有 43155 篇被引用，整体被引率为 59.8%，总被引频次为 173370 次，篇均被引 2.40 次；其中，高被引论文有 774 篇，高被引论文篇均被引 23.84 次（表 7-1）。

表 7-1　2018—2022 年地学领域论文分布情况

年份	论文数量/篇	总被引频次/次	被引率/%	高被引论文数量/篇	高被引论文被引频次/次
2018	14235	58873	81.8	149	5580
2019	14471	52532	78.6	159	5420
2020	14458	37906	71.2	159	4040
2021	14571	20434	52.5	152	2558
2022	14385	3625	15.3	155	854
合计	72120	173370	59.8	774	18452

7.2　高被引论文分析

2018—2022 年，地学领域总被引频次最高的论文为 2019 年翟明国发表的《战略性关键金属矿产资源：现状与问题》（总被引频次为 138 次），刊载各年高被引论文 Top 5 数量最多的期刊是《煤炭学报》《岩石力学与工程学报》（均 3 篇），详见表 7-2。

表 7-2　2018—2022 年地学领域高被引论文 Top 5（按各年总被引频次排序）

序号	论文题名	第一作者	期刊名称	发表年份	总被引频次/次
1	2018 年 10 月和 11 月金沙江白格两次滑坡－堰塞堵江事件分析研究	许强	工程地质学报	2018	116
2	碎软低渗煤层顶板水平井分段压裂煤层气高效抽采模式	张群	煤炭学报	2018	83
3	基于聚类分析和支持向量机的滑坡易发性评价	黄发明	岩石力学与工程学报	2018	74
4	2005—2017 年北部太湖水体叶绿素 A 和营养盐变化及影响因素	朱广伟	湖泊科学	2018	73

续表

序号	论文题名	第一作者	期刊名称	发表年份	总被引频次/次
5	古太平洋板块在欧亚大陆下的俯冲历史：东北亚陆缘中生代－古近纪岩浆记录	唐杰	中国科学（地球科学）	2018	72
6	战略性关键金属矿产资源：现状与问题	翟明国	中国科学基金	2019	138
7	兴蒙造山带的基底属性与构造演化过程	许文良	地球科学	2019	96
8	2019 年 6 月 17 日四川长宁 M_s 6.0 地震序列震源机制解与发震构造分析	易桂喜	地球物理学报	2019	76
9	第六次国际耦合模式比较计划（CMIP6）评述	周天军	气候变化研究进展	2019	70
10	关键矿产——国际动向与思考	毛景文	矿床地质	2019	68
11	非常规油气沉积学：内涵与展望	邱振	沉积学报	2020	91
12	特提斯地球动力学	吴福元	岩石学报	2020	87
13	川藏铁路沿线主要不良地质条件与工程地质问题	薛翊国	岩石力学与工程学报	2020	75
14	川藏铁路对工程地质提出的挑战	彭建兵	岩石力学与工程学报	2020	71
15	中国页岩气勘探开发现状与优选方向	聂海宽	中国矿业大学学报	2020	66
16	2021 年 5 月 22 日青海玛多 M_s 7.4 地震深部环境及发震构造模式	詹艳	地球物理学报	2021	53
17	2021 年 5 月 22 日青海玛多 M_s 7.4 地震地表破裂带及发震构造	潘家伟	地质学报	2021	46
18	碳中和行动的国际趋势分析	张雅欣	气候变化研究进展	2021	40
19	2021 年青海玛多 M_s 7.4 地震序列精定位研究	王未来	中国科学（地球科学）	2021	39
20	新形势下中国煤层气勘探开发前景与对策思考	孙钦平	煤炭学报	2021	36
21	中国煤系气大产业建设战略价值与战略选择	秦勇	煤炭学报	2022	18
22	自然资源调查监测技术体系构建的方向与任务	陈军	地理学报	2022	16

续表

序号	论文题名	第一作者	期刊名称	发表年份	总被引频次/次
23	江南造山带深部边界及成矿制约：来自综合地球物理的认识	严加永	岩石学报	2022	14
24	“7·20”河南极端暴雨精细观测及热动力成因	齐道日娜	应用气象学报	2022	13
25	西太平洋俯冲带的演变：来自东北亚陆缘增生杂岩的制约	许文良	地质论评	2022	12

7.3　研究主题关联分析

在地学领域，774 篇高被引论文共被引用了 18452 次。通过分析施引文献关键词的词频及关键词之间的共现关系，获得地学领域的热点主题和主题关联，如图 7-1 所示。由图可知：“地球化学”“四川盆地”“页岩气”等关键词的文献词频较高，是地学领域的研究热点。本领域形成 9 个研究主题簇，分别以“四川盆地”“二叠系”为中心；以“地球化学”“锆石 U-Pb 定年”为中心；以“页岩油气”“致密油气”为中心；以“青藏高原”“中国”为中心；以“成矿规律”“地质特征”为中心；以“机器学习”为中心；以“滑坡”“地质灾害”为中心；以“遥感”为中心；以“珠江口盆地”“地球化学特征”为中心。

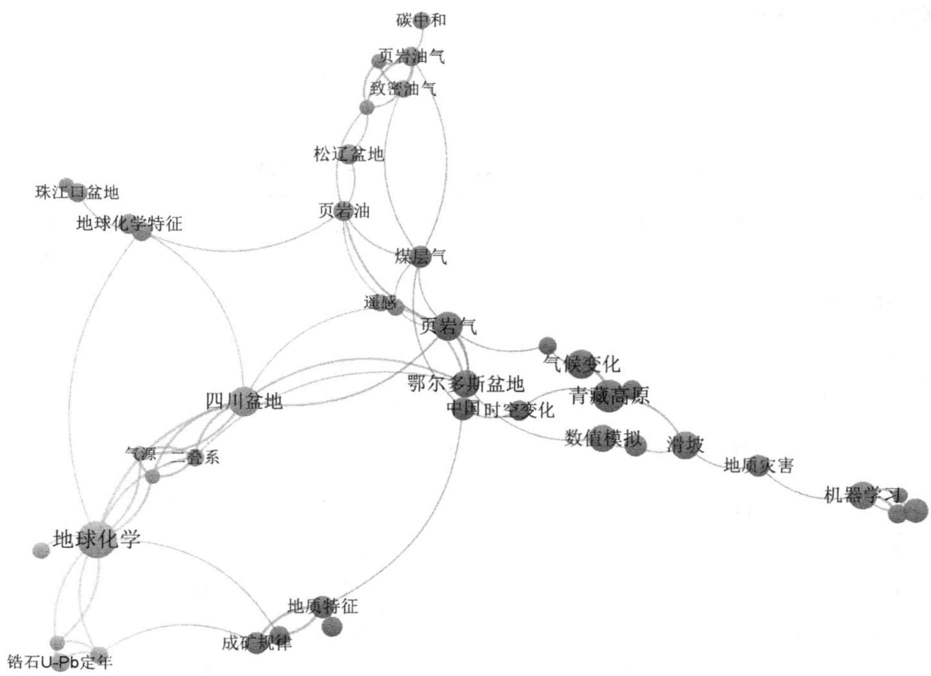

图 7-1　地学领域的热点主题和主题关联

7.4 高被引作者分析

2018—2022 年地学领域论文总被引频次 Top 10 的作者见表 7-3。其中发文 5 年总被引频次居前 3 位的作者分别是成都理工大学的许强（222 次）、中国科学院大气物理研究所的周天军（161 次）、中国科学院地质与地球物理研究所的翟明国（151 次）。

表 7-3 地学领域高被引作者 Top 10（按 5 年总被引频次排序）

序号	作者	作者单位	发文量/篇	5 年总被引频次/次	篇均被引频次/次
1	许强	成都理工大学	8	222	27.75
2	周天军	中国科学院大气物理研究所	13	161	12.38
3	翟明国	中国科学院地质与地球物理研究所	2	151	75.50
4	毛景文	中国地质科学院	3	148	49.33
5	邹才能	中国石油勘探开发研究院	9	144	16.00
6	杨文采	浙江大学	20	143	7.15
7	许志琴	南京大学	10	142	14.20
8	秦勇	中国矿业大学	10	126	12.60
9	吴福元	中国科学院地质与地球物理研究所	6	122	20.33
10	周永章	中山大学	5	119	23.80

7.5 高被引机构分析

地学领域总被引频次 Top 20 高等院校、总被引频次 Top 10 科研院所的发文和被引情况分别见表 7-4、表 7-5。

表 7-4 地学领域高被引高等院校 Top 20（按 5 年总被引频次排序）

序号	第一作者单位	发文量/篇	5 年总被引频次/次	篇均被引频次/次	序号	第一作者单位	发文量/篇	5 年总被引频次/次	篇均被引频次/次
1	中国地质大学	3152	9751	3.09	11	北京大学	609	1599	2.63
2	中国石油大学	1346	4109	3.05	12	河海大学	673	1568	2.33
3	成都理工大学	1272	3820	3.00	13	西北大学	510	1444	2.83
4	南京信息工程大学	1381	3476	2.52	14	北京师范大学	361	1307	3.62
5	吉林大学	993	2423	2.44	15	中山大学	492	1220	2.48
6	南京大学	750	2294	3.06	16	东华理工大学	474	1033	2.18
7	长安大学	754	2044	2.71	17	西南石油大学	344	868	2.52
8	中国矿业大学	514	1955	3.80	18	同济大学	382	849	2.22
9	中国海洋大学	1415	1815	1.28	19	中南大学	375	831	2.22
10	兰州大学	595	1694	2.85	20	长江大学	412	766	1.86

表 7–5　地学领域高被引科研院所 Top 10（按 5 年总被引频次排序）

序号	第一作者单位	发文量/篇	5 年总被引频次/次	篇均被引频次/次	序号	第一作者单位	发文量/篇	5 年总被引频次/次	篇均被引频次/次
1	中国地质科学院	974	3129	3.21	6	中国气象科学研究院	303	1048	3.46
2	中国科学院地质与地球物理研究所	687	2949	4.29	7	中国地质调查局西安地质调查中心	290	1031	3.56
3	中国科学院大气物理研究所	543	1652	3.04	8	中国地震局地球物理研究所	369	995	2.70
4	中国科学院地理科学与资源研究所	336	1606	4.78	9	中国地震局地质研究所	336	952	2.83
5	中国地质科学院矿产资源研究所	291	1426	4.90	10	中国地质调查局成都地质调查中心	272	951	3.50

第 8 章　2023 年生物领域高被引分析

8.1　领域论文概况

2018—2022 年，生物领域共发表学术论文 51166 篇，由来自 5350 所机构的 46215 位学者作为第一作者发表。上述论文中，有 27232 篇被引用，整体被引率为 53.2%，总被引频次为 91523 次，篇均被引 1.79 次；其中，高被引论文有 736 篇，高被引论文篇均被引 16.25 次（表 8-1）。

表 8-1　2018—2022 年生物领域论文分布情况

年份	论文数量/篇	总被引频次/次	被引率/%	高被引论文数量/篇	高被引论文被引频次/次
2018	10929	32625	73.2	121	3766
2019	10683	28180	69.0	123	3392
2020	10145	19555	62.3	120	2752
2021	9739	9576	44.4	124	1440
2022	9670	1587	12.6	248	613
合计	51166	91523	53.2	736	11963

8.2　高被引论文分析

2018—2022 年，生物领域总被引频次最高的论文为 2020 年 Manli Wang 发表的“Remdesivir and chloroquine effectively inhibit the recently emerged novel coronavirus (2019-nCoV) in vitro”（总被引频次为 251 次），刊载各年高被引论文 Top 5 数量最多的期刊为《生态学报》（4 篇），详见表 8-2。

表 8-2　2018—2022 年生物领域高被引论文 Top 5（按各年总被引频次排序）

序号	论文题名	第一作者	期刊名称	发表年份	总被引频次/次
1	中国糖尿病的流行特点及变化趋势	杨文英	中国科学（生命科学）	2018	167
2	中国人工林经营发展战略与对策：从追求木材产量的单一目标经营转向提升生态系统服务质量和效益的多目标经营	刘世荣	生态学报	2018	65
3	秦岭植被覆盖时空变化及其对气候变化与人类活动的双重响应	邓晨晖	自然资源学报	2018	61
4	植物叶片光合作用的气孔与非气孔限制研究综述	高冠龙	干旱区研究	2018	56

续表

序号	论文题名	第一作者	期刊名称	发表年份	总被引频次/次
5	青藏高原高寒草地生物多样性与生态系统功能的关系	张中华	生物多样性	2018	52
6	重大入侵害虫草地贪夜蛾发生危害、防控研究进展及防控策略探讨	王磊	环境昆虫学报	2019	97
7	新中国成立 70 年来植物激素研究进展	黎家	中国科学（生命科学）	2019	58
8	2006—2016 年岷江上游植被覆盖度时空变化及驱动力	祝聪	生态学报	2019	55
9	1982 – 2013 年中国植被 NDVI 空间异质性的气候影响分析	高江波	地理学报	2019	53
10	Sodium oligomannate therapeutically remodels gut microbiota and suppresses gut bacterial amino acids-shaped neuroinflammation to inhibit Alzheimer's disease progression	Xinyi Wang	细胞研究（英文版）	2019	51
11	Remdesivir and chloroquine effectively inhibit the recently emerged novel coronavirus（2019-nCoV）in vitro	Manli Wang	细胞研究（英文版）	2020	251
12	TBtools：an integrative toolkit developed for interactive analyses of big biological data	Chengjie Chen	分子植物（英文版）	2020	241
13	1982—2015 年中国气候变化和人类活动对植被 NDVI 变化的影响	金凯	地理学报	2020	93
14	黄土高原植被覆盖变化对生态系统服务影响及其阈值	张琨	地理学报	2020	50
15	黄土高原不同植被覆被类型 NDVI 对气候变化的响应	刘静	生态学报	2020	46
16	中国森林大型真菌重要类群多样性和系统学研究	戴玉成	菌物学报	2021	52

续表

序号	论文题名	第一作者	期刊名称	发表年份	总被引频次/次
17	2019 年全球生物技术/转基因作物商业化发展态势	国际农业生物技术应用服务组织	中国生物工程杂志	2021	48
18	Ferroptosis：molecular mechanisms and health implications	Daolin Tang	细胞研究（英文版）	2021	27
19	基于最小累积阻力模型的东北地区生态安全格局构建	于成龙	生态学报	2021	24
20	The genome sequence archive family：toward explosive data growth and diverse data types	Tingting Chen	基因组蛋白质组与生物信息学报（英文版）	2021	24
21	我国大陆红火蚁入侵扩张趋势长期预测	王磊	环境昆虫学报	2022	8
22	果胶的分类、功能及其在食品工业中应用的研究进展	任多多	食品工业科技	2022	8
23	植物种子老化的生理学研究进展	韩沛霖	生物工程学报	2022	7
24	贝莱斯芽孢杆菌对花生白绢病的防治效果	潘梦诗	生物学杂志	2022	7
25	Notes from the field：the first imported case of monkeypox in the mainland of China—Chongqing Municipality，China，September 16，2022	Hua Zhao	中国疾病预防控制中心周报（英文）	2022	6

8.3 研究主题关联分析

在生物领域，736 篇高被引论文共被引用了 11963 次。通过分析施引文献关键词的词频及关键词之间的共现关系，获得生物领域的热点主题和主题关联，如图 8-1 所示。由图可知："时空变化""气候变化""环境因子""植被覆盖度"等关键词的文献词频较高，是生物领域的研究热点。本领域形成 9 个研究主题簇，分别以"时空变化""遥感"为中心；以"Hurst 指数""NDVI"为中心；以"环境因子""群落结构"为中心；以"植被覆盖度"为中心；以"人类活动""气候因子"为中心；以"InVEST 模型""地理探测器"为中心；以"青藏高原""气候变化"为中心；以"相关性分析""喀斯特"为中心；以"种子萌发""干旱胁迫"为中心。

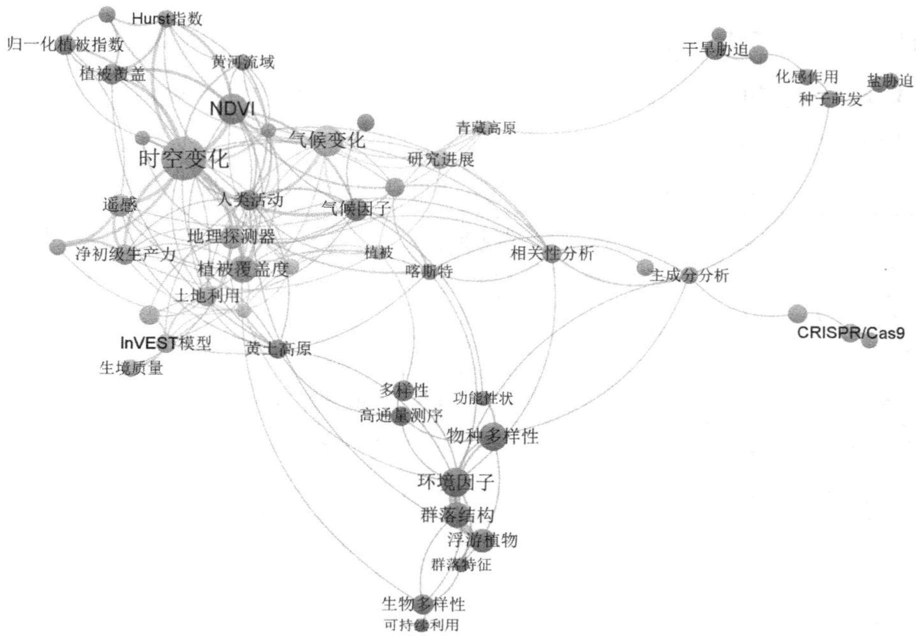

图 8-1　生物领域的热点主题和主题关联

8.4 高被引作者分析

2018—2022 年生物领域论文总被引频次 Top 10 的作者见表 8-3。其中发文 5 年总被引频次居前 3 位的作者分别是华南农业大学的王磊（191 次）、中日友好医院的杨文英（167 次）、西北农林科技大学的金凯（93 次）。

表 8-3　生物领域高被引作者 Top 10（按 5 年总被引频次排序）

序号	作者	作者单位	发文量/篇	5 年总被引频次/次	篇均被引频次/次
1	王磊	华南农业大学	9	191	21.22
2	杨文英	中日友好医院	1	167	167.00
3	金凯	西北农林科技大学	1	93	93.00
4	邓晨晖	西北大学	2	85	42.50
5	段义忠	榆林学院	11	73	6.64
6	刘世荣	中国林业科学研究院	1	65	65.00
7	李传华	西北师范大学	5	59	11.80
8	黎家	兰州大学	1	58	58.00
9	高冠龙	山西大学	1	56	56.00
10	齐国君	广东省农业科学院	4	55	13.75

8.5 高被引机构分析

生物领域总被引频次 Top 20 高等院校、总被引频次 Top 10 科研院所的发文和被引情况分别见表 8-4、表 8-5。

表 8-4 生物领域高被引高等院校 Top 20（按 5 年总被引频次排序）

序号	第一作者单位	发文量/篇	5 年总被引频次/次	篇均被引频次/次	序号	第一作者单位	发文量/篇	5 年总被引频次/次	篇均被引频次/次
1	西北农林科技大学	534	1398	2.62	11	南京农业大学	427	819	1.92
2	福建农林大学	543	1246	2.29	12	上海海洋大学	427	807	1.89
3	北京林业大学	471	1172	2.49	13	华中农业大学	380	790	2.08
4	西北师范大学	238	1030	4.33	14	南京林业大学	266	779	2.93
5	贵州大学	534	991	1.86	15	内蒙古农业大学	366	751	2.05
6	华南农业大学	414	960	2.32	16	北京大学	416	736	1.77
7	甘肃农业大学	318	933	2.93	17	北京师范大学	215	721	3.35
8	四川农业大学	294	889	3.02	18	西南大学	336	710	2.11
9	中国农业大学	340	882	2.59	19	浙江大学	456	684	1.50
10	东北林业大学	396	873	2.20	20	江南大学	530	674	1.27

表 8-5 生物领域高被引科研院所 Top 10（按 5 年总被引频次排序）

序号	第一作者单位	发文量/篇	5 年总被引频次/次	篇均被引频次/次	序号	第一作者单位	发文量/篇	5 年总被引频次/次	篇均被引频次/次
1	中国林业科学研究院	354	1172	3.31	6	中国科学院动物研究所	235	507	2.16
2	中国科学院地理科学与资源研究所	156	889	5.70	7	中国科学院上海生命科学研究院	187	500	2.67
3	中国水产科学研究院	316	643	2.03	8	中国科学院新疆生态与地理研究所	131	403	3.08
4	中国科学院植物研究所	208	608	2.92	9	中国科学院遗传与发育生物学研究所	102	401	3.93
5	中国科学院生态环境研究中心	69	543	7.87	10	中国热带农业科学院	183	380	2.08

第 9 章　2023 年预防医学与卫生学领域高被引分析

9. 1　领域论文概况

2018—2022 年，预防医学与卫生学领域共发表学术论文 73165 篇，由来自 9539 所机构的 57004 位学者作为第一作者发表。上述论文中，有 43211 篇被引用，整体被引率为 59. 1%，总被引频次为 145678 次，篇均被引 1. 99 次；其中，高被引论文有 794 篇，高被引论文篇均被引 20. 25 次（表 9–1）。

表 9–1　2018—2022 年预防医学与卫生学领域论文分布情况

年份	论文数量/篇	总被引频次/次	被引率/%	高被引论文数量/篇	高被引论文被引频次/次
2018	14154	44912	78. 1	154	4604
2019	15197	44909	77. 4	151	3994
2020	15270	36187	70. 0	169	4939
2021	15329	17038	51. 2	169	1914
2022	13215	2632	14. 0	151	630
合计	73165	145678	59. 1	794	16081

9. 2　高被引论文分析

2018—2022 年，预防医学与卫生学领域总被引频次最高的论文为 2020 年李六亿发表的《新型冠状病毒医院感染防控常见困惑探讨》（总被引频次为 164 次），刊载各年高被引论文 Top 5 数量最多的期刊为《中华流行病学杂志》（6 篇），详见表 9–2。

表 9–2　2018—2022 年预防医学与卫生学领域高被引论文 Top 5（按各年总被引频次排序）

序号	论文题名	第一作者	期刊名称	发表年份	总被引频次/次
1	我国艾滋病经性传播新特征与防治面临的挑战	吴尊友	中华流行病学杂志	2018	132
2	我国近 5 年来骨质疏松症流行病学研究现状	白璧辉	中国骨质疏松杂志	2018	106
3	中国结直肠癌 1988—2009 年发病率和死亡率趋势分析	郭天安	中华胃肠外科杂志	2018	102
4	新时期职业病防治形势分析及对策建议	李涛	中国职业医学	2018	93
5	2000—2014 年中国肿瘤登记地区癌症发病趋势及年龄变化分析	郑荣寿	中华预防医学杂志	2018	79

续表

序号	论文题名	第一作者	期刊名称	发表年份	总被引频次/次
6	中国老年人群慢性病患病状况和疾病负担研究	王丽敏	中华流行病学杂志	2019	129
7	健康中国行动（2019—2030年）：总体要求、重大行动及主要指标	健康中国行动推进委员会	中国循环杂志	2019	107
8	2015年中国大陆食源性疾病暴发事件监测资料分析	付萍	中国食品卫生杂志	2019	91
9	2008—2017年中国手足口病流行趋势和病原变化动态数列分析	张静	中华流行病学杂志	2019	74
10	2015年中国胃癌流行特征分析	王少明	中华流行病学杂志	2019	66
11	新型冠状病毒医院感染防控常见困惑探讨	李六亿	中国感染控制杂志	2020	164
12	2019新型冠状病毒感染的肺炎疫源地消毒措施	魏秋华	中国消毒学杂志	2020	141
13	新型冠状病毒感染医院内防控的华西紧急推荐	李舍予	中国循证医学杂志	2020	119
14	全面提高依法防控依法治理能力健全国家公共卫生应急管理体系	习近平	求是	2020	89
15	新型冠状病毒肺炎流行期间医院感染防控难点与对策	姚宏武	中华医院感染学杂志	2020	86
16	全国细菌耐药监测网2014—2019年细菌耐药性监测报告	全国细菌耐药监测网	中国感染控制杂志	2021	90
17	多组学在慢性病病因学研究中的应用及其进展	庞元捷	中华流行病学杂志	2021	35
18	全国细菌耐药监测网2014—2019年耐碳青霉烯类肺炎克雷伯菌流行病学变迁	全国细菌耐药监测网	中国感染控制杂志	2021	34
19	全国细菌耐药监测网2014—2019年血标本病原菌耐药性变迁	全国细菌耐药监测网	中国感染控制杂志	2021	33

续表

序号	论文题名	第一作者	期刊名称	发表年份	总被引频次/次
20	全国细菌耐药监测网 2014—2019 年不同等级医院细菌耐药监测报告	全国细菌耐药监测网	中国感染控制杂志	2021	27
21	后疫情时代职业健康工作思考	孙新	中国职业医学	2022	39
22	新型冠状病毒肺炎疫情后我国疾控机构改革发展需要思考的几个问题	沈洪兵	中华流行病学杂志	2022	12
23	公立医院高质量发展的探索实践及实现路径	邓清文	中国医院管理	2022	11
24	新型冠状病毒 Omicron 变异株的流行病学特征及其科学防控建议	吴俣	中华疾病控制杂志	2022	10
25	我国医学科研人员对科研伦理的认知和态度——基于一项全国性抽样调查结果	何光喜	中国医学伦理学	2022	9

9.3　研究主题关联分析

在预防医学与卫生学领域，794 篇高被引论文共被引用了 16081 次。通过分析施引文献关键词的词频及关键词之间的共现关系，获得预防医学与卫生学领域的热点主题和主题关联，如图 9-1 所示。由图可知："新型冠状病毒肺炎""影响因素""新型冠状病毒"等关键词的文献词频较高，是预防医学与卫生学领域的研究热点。本领域形成 8 个研究主题簇，分别以"新型冠状病毒肺炎""需求"为中心；以"肺炎""新型冠状病毒"为中心；以"疫苗""影响因素"为中心；以"慢性病""老年人"为中心；以"死亡率""患病率"为中心；以"抑郁""护理管理"为中心；以"护士""德尔菲法"为中心；以"公立医院"为中心。

9.4　高被引作者分析

2018—2022 年预防医学与卫生学领域论文总被引频次 Top 10 的作者见表 9-3。其中发文 5 年总被引频次居前 3 位的作者分别是北京大学第一医院的李六亿（205 次）、中国疾病预防控制中心的李涛（155 次）、中国疾病预防控制中心的王丽敏（136 次）。

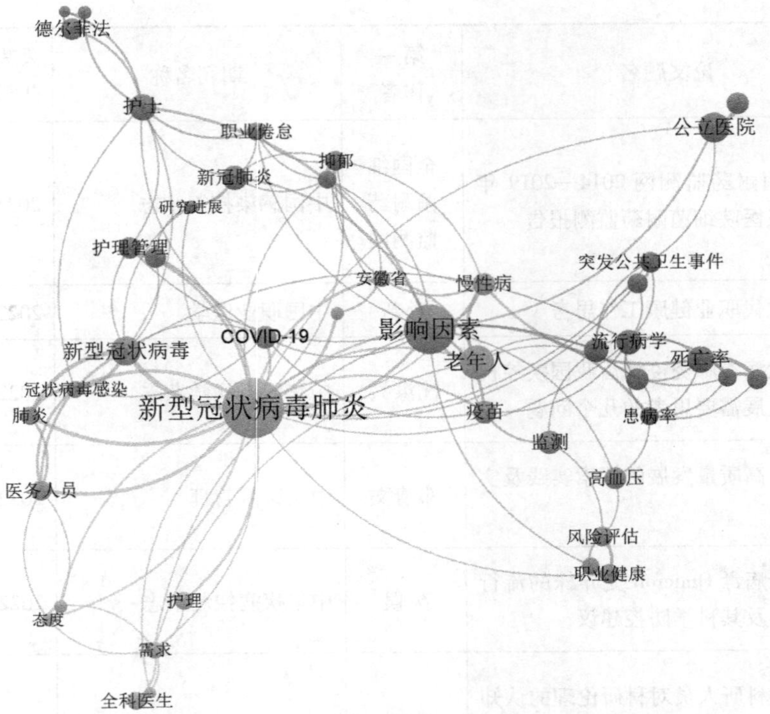

图 9–1　预防医学与卫生学领域的热点主题和主题关联

表 9–3　预防医学与卫生学领域高被引作者 Top 10（按 5 年总被引频次排序）

序号	作者	作者单位	发文量/篇	5 年总被引频次/次	篇均被引频次/次
1	李六亿	北京大学第一医院	3	205	68.33
2	李涛	中国疾病预防控制中心	5	155	31.00
3	王丽敏	中国疾病预防控制中心	2	136	68.00
4	吴尊友	中国疾病预防控制中心	1	132	132.00
5	顾秀瑛	新疆医科大学医学院附属肿瘤医院	2	125	62.50
6	李舍予	四川大学华西医院	1	119	119.00
7	白璧辉	甘肃中医药大学	2	119	59.50
8	丁贤彬	重庆市疾病预防控制中心	26	116	4.46
9	吴凡	复旦大学	19	107	5.63
10	方鹏骞	华中科技大学	14	106	7.57

9.5　高被引机构分析

预防医学与卫生学领域总被引频次 Top 20 医院、总被引频次 Top 10 高等院校、总被引频次 Top 10 科研院所的发文和被引情况分别见表 9–4、表 9–5 和表 9–6。

表 9–4　预防医学与卫生学领域高被引医院 Top 20（按 5 年总被引频次排序）

序号	第一作者单位	发文量/篇	5 年总被引频次/次	篇均被引频次/次	序号	第一作者单位	发文量/篇	5 年总被引频次/次	篇均被引频次/次
1	四川大学华西医院	645	1658	2. 57	11	中南大学湘雅医院	128	481	3. 76
2	华中科技大学同济医学院附属同济医院	361	931	2. 58	12	南方医科大学南方医院	155	426	2. 75
3	北京协和医院	418	832	1. 99	13	郑州大学第一附属医院	181	398	2. 20
4	华中科技大学同济医学院附属协和医院	249	781	3. 14	14	重庆医科大学附属第一医院	190	390	2. 05
5	首都医科大学宣武医院	389	768	1. 97	15	西安交通大学医学院第一附属医院	240	375	1. 56
6	北京大学第一医院	177	741	4. 19	16	四川大学医学院附属华西第四医院	266	366	1. 38
7	中国医学科学院肿瘤研究所	162	586	3. 62	17	武汉大学人民医院	161	340	2. 11
8	北京大学第三医院	317	555	1. 75	18	首都医科大学附属北京友谊医院	209	337	1. 61
9	解放军总医院	328	545	1. 66	19	中国医科大学附属盛京医院	153	324	2. 12
10	武汉大学中南医院	206	495	2. 40	20	中日友好医院	148	321	2. 17

表 9–5　预防医学与卫生学领域高被引高等院校 Top 10（按 5 年总被引频次排序）

序号	第一作者单位	发文量/篇	5 年总被引频次/次	篇均被引频次/次	序号	第一作者单位	发文量/篇	5 年总被引频次/次	篇均被引频次/次
1	北京大学	2167	5324	2. 46	6	上海交通大学	1329	2400	1. 81
2	首都医科大学	2350	4531	1. 93	7	武汉大学	646	1687	2. 61
3	华中科技大学	1403	3854	2. 75	8	哈尔滨医科大学	783	1581	2. 02
4	四川大学	1459	3321	2. 28	9	南方医科大学	682	1553	2. 28
5	复旦大学	1390	2889	2. 08	10	南京医科大学	847	1535	1. 81

表 9-6　预防医学与卫生学领域高被引科研院所 Top 10（按 5 年总被引频次排序）

序号	第一作者单位	发文量/篇	5 年总被引频次/次	篇均被引频次/次	序号	第一作者单位	发文量/篇	5 年总被引频次/次	篇均被引频次/次
1	中国疾病预防控制中心	1719	5672	3. 30	6	天津市疾病预防控制中心	317	621	1. 96
2	中国医学科学院北京协和医学院	468	1040	2. 22	7	中国医学科学院医学信息研究所	219	603	2. 75
3	浙江省疾病预防控制中心	245	799	3. 26	8	湖北省疾病预防控制中心	189	596	3. 15
4	北京市疾病预防控制中心	371	661	1. 78	9	江苏省疾病预防控制中心	250	595	2. 38
5	上海市疾病预防控制中心	302	660	2. 19	10	四川省疾病预防控制中心	270	476	1. 76

第 10 章　2023 年基础医学领域高被引分析

10.1　领域论文概况

2018—2022 年，基础医学领域共发表学术论文 55217 篇，由来自 8260 所机构的 50436 位学者作为第一作者发表。上述论文中，有 28579 篇被引用，整体被引率为 51.8%，总被引频次为 82534 次，篇均被引 1.49 次；其中，高被引论文有 718 篇，高被引论文篇均被引 14.23 次（表 10–1）。

表 10–1　2018—2022 年基础医学领域论文分布情况

年份	论文数量/篇	总被引频次/次	被引率/%	高被引论文数量/篇	高被引论文被引频次/次
2018	11546	27354	71.3	132	3116
2019	11548	26557	70.8	116	2557
2020	10869	18827	62.2	122	2675
2021	10619	8505	41.8	156	1364
2022	10635	1291	9.2	192	502
合计	55217	82534	51.8	718	10214

10.2　高被引论文分析

2018—2022 年，基础医学领域总被引频次最高的论文为 2018 年胡付品发表的《2017 年 CHINET 中国细菌耐药性监测》（总被引频次为 458 次），刊载各年高被引论文 Top 5 数量最多的期刊为《中国感染与化疗杂志》（4 篇），详见表 10–2。

表 10–2　2018—2022 年基础医学领域高被引论文 Top 5（按各年总被引频次排序）

序号	论文题名	第一作者	期刊名称	发表年份	总被引频次/次
1	2017 年 CHINET 中国细菌耐药性监测	胡付品	中国感染与化疗杂志	2018	458
2	中国中老年人膝关节骨关节炎患病率的 Meta 分析	帖小佳	中国组织工程研究	2018	96
3	Caspase 家族与细胞凋亡的研究进展	杨涛	浙江医学	2018	55
4	知识图谱研究综述及其在医疗领域的应用	侯梦薇	计算机研究与发展	2018	55
5	绝经后骨质疏松症发病机制研究进展	智信	中国骨质疏松杂志	2018	52

续表

序号	论文题名	第一作者	期刊名称	发表年份	总被引频次/次
6	中国血液透析用血管通路专家共识（第 2 版）	中国医院协会血液净化中心分会血管通路工作组	中国血液净化	2019	245
7	新时代媒介生物传染病形势及防控对策	刘起勇	中国媒介生物学及控制杂志	2019	73
8	磁外科学体系的探索与建立	Xiaopeng Yan	科学通报	2019	68
9	骨代谢生化指标临床应用专家共识（2019）	张萌萌	中国骨质疏松杂志	2019	54
10	Nrf2/HO-1 信号轴在氧化应激性疾病中的机制	王甜甜	中南大学学报（医学版）	2019	44
11	2018 年 CHINET 中国细菌耐药性监测	胡付品	中国感染与化疗杂志	2020	245
12	2019 年 CHINET 三级医院细菌耐药监测	胡付品	中国感染与化疗杂志	2020	214
13	我国登革热流行新趋势、防控挑战及策略分析	刘起勇	中国媒介生物学及控制杂志	2020	84
14	2019 新型冠状病毒感染的肺炎 79 例临床特征及治疗分析	房晓伟	中国药理学通报	2020	65
15	基于新冠肺炎病理生理机制的治疗策略	高钰琪	中国病理生理杂志	2020	58
16	2020 年 CHINET 中国细菌耐药监测	胡付品	中国感染与化疗杂志	2021	109
17	Delta 新冠病毒变异株的特性及流行现状与防控研究进展	史庆丰	中华医院感染学杂志	2021	28
18	围手术期多模式镇痛低阿片方案是加速老年患者术后康复的关键	王天龙	中华医学杂志	2021	21
19	细胞凋亡及细胞程序性坏死和细胞焦亡的研究进展	郭双	中华实用诊断与治疗杂志	2021	18
20	全球新型冠状病毒变异株研究进展	冯晔囡	病毒学报	2021	17

续表

序号	论文题名	第一作者	期刊名称	发表年份	总被引频次/次
21	新型冠状病毒 Omicron 变异株的流行病学特征及防控研究	吴俣	中国全科医学	2022	28
22	2020 年中国 13 省份登革热媒介白纹伊蚊抗药性监测及分析研究	赵春春	中国媒介生物学及控制杂志	2022	8
23	TGF-β1 介导的 Smad 和 ERK 信号通路在肾纤维化中的研究进展	郭帅	中国免疫学杂志	2022	8
24	炎症因子在类风湿关节炎中的研究进展	罗帅	中国药理学通报	2022	7
25	补阳还五汤通过 AMPK/mTOR/ULK1 信号通路调控自噬减轻大鼠脑缺血/再灌注损伤	马秀娟	中国药理学通报	2022	6

10.3　研究主题关联分析

在基础医学领域，718 篇高被引论文共被引用了 10214 次。通过分析施引文献关键词的词频及关键词之间的共现关系，获得基础医学领域的热点主题和主题关联，如图 10-1 所示。由图可知："新型冠状病毒肺炎""登革热""肠道菌群"等关键词的文献词频较高，是基础医学领域的研究热点。本领域形成 7 个研究主题簇，分别以"研究进展""综述"为中心；以"登革热""白纹伊蚊"为中心；以"新型冠状病毒肺炎""耐药性"为中心；以"细胞凋亡""自噬"为中心；以"肠道菌群""大鼠"为中心；以"SARS-CoV-2""疫苗"为中心；以"儿童""中介效应"为中心。

10.4　高被引作者分析

2018—2022 年基础医学领域论文总被引频次 Top 10 的作者见表 10-3。其中发文 5 年总被引频次居前 3 位的作者分别是复旦大学附属华山医院的胡付品（1032 次）、中国疾病预防控制中心的刘起勇（177 次）、保定市第二中心医院的帖小佳（96 次）。

表 10-3　基础医学领域高被引作者 Top 10（按 5 年总被引频次排序）

序号	作者	作者单位	发文量/篇	5 年总被引频次/次	篇均被引频次/次
1	胡付品	复旦大学附属华山医院	6	1032	172.00
2	刘起勇	中国疾病预防控制中心	6	177	29.50
3	帖小佳	保定市第二中心医院	1	96	96.00

续表

序号	作者	作者单位	发文量/篇	5 年总被引频次/次	篇均被引频次/次
4	侯梦薇	西安交通大学医学院第一附属医院	11	68	6.18
5	房晓伟	安徽省立医院	1	65	65.00
6	吴海霞	中国疾病预防控制中心	5	65	13.00
7	刘小波	中国疾病预防控制中心	5	65	13.00
8	高钰琪	陆军军医大学	1	58	58.00
9	杨涛	湖州市第一人民医院	1	55	55.00
10	张亚利	中国人民大学	7	52	7.43

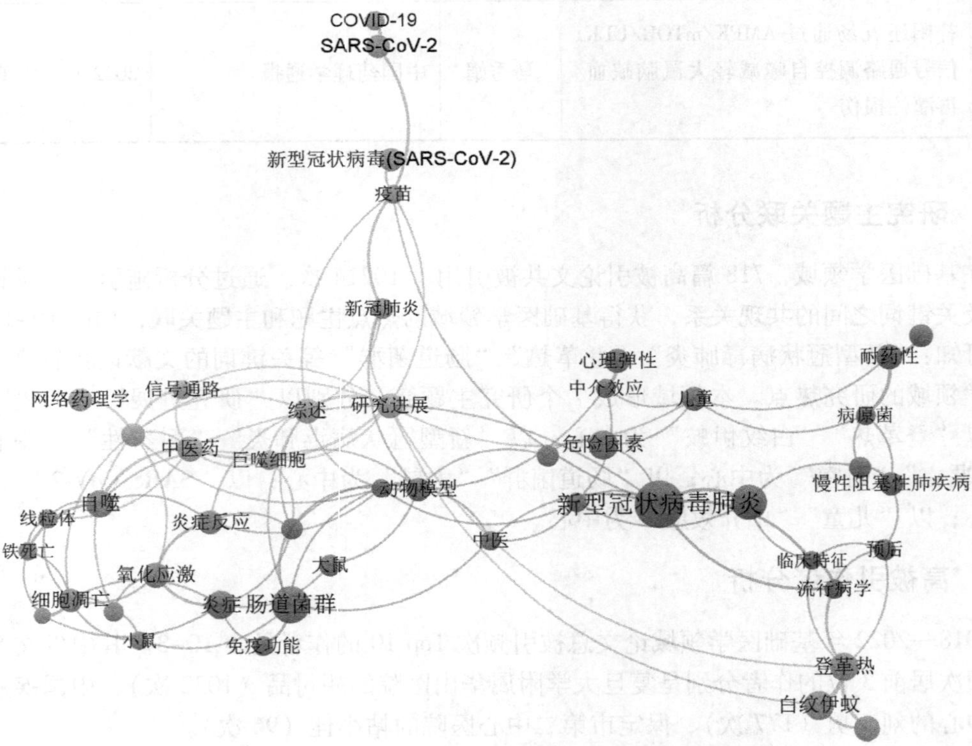

图 10-1 基础医学领域的热点主题和主题关联

10.5 高被引机构分析

基础医学领域总被引频次 Top 20 医院、总被引频次 Top 10 高等院校和总被引频次 Top 10 科研院所的发文和被引情况分别见表 10-4、表 10-5 和表 10-6。

表 10-4　基础医学领域高被引医院 Top 20（按 5 年总被引频次排序）

序号	第一作者单位	发文量/篇	5 年总被引频次/次	篇均被引频次/次	序号	第一作者单位	发文量/篇	5 年总被引频次/次	篇均被引频次/次
1	复旦大学附属华山医院	108	1267	11. 73	11	新疆医科大学第一附属医院	170	281	1. 65
2	解放军总医院	331	496	1. 50	12	江苏省人民医院	203	281	1. 38
3	武汉大学人民医院	280	452	1. 61	13	西南医科大学附属医院	142	267	1. 88
4	四川大学华西医院	307	432	1. 41	14	中南大学湘雅二医院	115	259	2. 25
5	北京大学第三医院	150	316	2. 11	15	安徽医科大学第一附属医院	145	249	1. 72
6	北京协和医院	242	316	1. 31	16	华中科技大学同济医学院附属同济医院	151	249	1. 65
7	西安交通大学医学院第一附属医院	158	314	1. 99	17	哈尔滨医科大学附属第一医院	149	220	1. 48
8	重庆医科大学附属第一医院	265	308	1. 16	18	首都医科大学宣武医院	107	217	2. 03
9	郑州大学第一附属医院	222	285	1. 28	19	哈尔滨医科大学附属第二医院	126	198	1. 57
10	中国医科大学附属盛京医院	177	284	1. 60	20	北京大学第一医院	101	197	1. 95

表 10-5　基础医学领域高被引高等院校 Top 10（按 5 年总被引频次排序）

序号	第一作者单位	发文量/篇	5 年总被引频次/次	篇均被引频次/次	序号	第一作者单位	发文量/篇	5 年总被引频次/次	篇均被引频次/次
1	复旦大学	646	1984	3. 07	6	南京医科大学	665	849	1. 28
2	首都医科大学	1249	1890	1. 51	7	重庆医科大学	732	843	1. 15
3	上海交通大学	1132	1489	1. 32	8	中南大学	386	841	2. 18
4	北京大学	736	1329	1. 81	9	安徽医科大学	545	824	1. 51
5	中山大学	581	880	1. 51	10	武汉大学	515	793	1. 54

表 10–6 基础医学领域高被引科研院所 Top 10（按 5 年总被引频次排序）

序号	第一作者单位	发文量/篇	5 年总被引频次/次	篇均被引频次/次	序号	第一作者单位	发文量/篇	5 年总被引频次/次	篇均被引频次/次
1	中国疾病预防控制中心	599	1542	2. 57	6	中国科学院心理研究所	76	176	2. 32
2	中国食品药品检定研究院	297	335	1. 13	7	北京市疾病预防控制中心	78	171	2. 19
3	福建省疾病预防控制中心	93	300	3. 23	8	浙江省疾病预防控制中心	56	151	2. 70
4	中国中医科学院	158	294	1. 86	9	中国医学科学院北京协和医学院	201	131	0. 65
5	江苏省血吸虫病防治研究所	48	192	4. 00	10	解放军军事科学院	161	128	0. 80

第 11 章　2023 年药物学领域高被引分析

11.1　领域论文概况

2018—2022 年，药物学领域共发表学术论文 58367 篇，由来自 8486 所机构的 48378 位学者作为第一作者发表。上述论文中，有 31550 篇被引用，整体被引率为 54.1%，总被引频次为 87649 次，篇均被引 1.50 次；其中，高被引论文有 814 篇，高被引论文篇均被引 11.21 次（表 11-1）。

表 11-1　2018—2022 年药物学领域论文分布情况

年份	论文数量/篇	总被引频次/次	被引率/%	高被引论文数量/篇	高被引论文被引频次/次
2018	12956	30977	72.3	130	2685
2019	11719	26284	72.7	149	2679
2020	11374	19052	64.4	116	1861
2021	11151	9733	45.8	153	1254
2022	11167	1603	11.0	266	643
合计	58367	87649	54.1	814	9122

11.2　高被引论文分析

2018—2022 年，药物学领域总被引频次最高的论文为 2019 年张铁军发表的《中药质量标志物的概念、核心理论与研究方法》（总被引频次为 76 次），刊载各年高被引论文 Top 5 数量最多的期刊为《药学学报》（4 篇），详见表 11-2。

表 11-2　2018—2022 年药物学领域高被引论文 Top 5（按各年总被引频次排序）

序号	论文题名	第一作者	期刊名称	发表年份	总被引频次/次
1	川芎有效成分药理作用的研究进展	罗仁书	中国医院用药评价与分析	2018	60
2	代谢组学数据处理——主成分分析十个要点问题	阿基业	药学学报	2018	51
3	网络药理学在中药作用机制中的研究进展	邢心睿	药学实践杂志	2018	49
4	基于网络药理学研究二至丸防治骨质疏松症的物质基础与作用机制	徐森楠	中国药学杂志	2018	43
5	基于网络药理学的柴胡抗抑郁作用机制研究	吴丹	药学学报	2018	41

续表

序号	论文题名	第一作者	期刊名称	发表年份	总被引频次/次
6	中药质量标志物的概念、核心理论与研究方法	张铁军	药学学报	2019	76
7	豆甾醇的研究进展概述	汪帅	中国药业	2019	54
8	《严重过敏反应急救指南》推荐意见	李晓桐	药物不良反应杂志	2019	49
9	中药中外源性有害残留物安全风险评估技术指导原则	左甜甜	药物分析杂志	2019	43
10	阿比多尔抗呼吸道病毒的药理作用与体外和体内疗效研究现状	李洋	中国临床药理学杂志	2019	41
11	绿原酸的药理作用及机制研究进展	王庆华	药学学报	2020	73
12	新型冠状病毒引起的细胞因子风暴及其药物治疗	张竞文	中国药学杂志	2020	48
13	认识新型冠状病毒肺炎，关注疫情防控药物研发	刘昌孝	中国抗生素杂志	2020	41
14	药品不良反应监测年度报告十年趋势分析	王丹	中国药物警戒	2020	31
15	丹参化学成分、药理作用及质量控制研究进展	王云龙	中国药业	2020	29
16	β-谷甾醇药理作用研究进展	陈元堃	广东药科大学学报	2021	43
17	赤芍的药理作用研究进展	张石凯	药学实践杂志	2021	24
18	抑郁症的发病机制及抗抑郁药物的研究进展	高贵元	中国医药导报	2021	19
19	中药党参药效活性成分的质量控制研究进展	王超楠	中国药师	2021	18
20	TCM network pharmacology: a new trend towards combining computational, experimental and clinical approaches	Wang Xin	中国天然药物	2021	17
21	基于美国FAERS数据库的司美格鲁肽不良事件信号挖掘	蒋王艳	药物流行病学杂志	2022	7
22	司美格鲁肽在治疗肥胖症中的作用机制及临床应用进展	韩美芬	中国新药杂志	2022	7
23	大黄属药用植物化学成分及药理作用研究进展	张开弦	中国新药杂志	2022	7
24	卡瑞利珠单抗致严重免疫性心肌炎1例	杨翠	中国医院药学杂志	2022	6

续表

序号	论文题名	第一作者	期刊名称	发表年份	总被引频次/次
25	铁死亡调控信号通路以及在相关疾病中的研究进展	张亮	中国临床药理学与治疗学	2022	5

11.3　研究主题关联分析

在药物学领域，814 篇高被引论文共被引用了 9122 次。通过分析施引文献关键词的词频及关键词之间的共现关系，获得药物学领域的热点主题和主题关联，如图 11–1 所示。由图可知："网络药理学""合理用药""新型冠状病毒肺炎"等关键词的文献词频较高，是药物学领域的研究热点。本领域形成 8 个研究主题簇，分别以"网络药理学""分子对接"为中心；以"中医药""新型冠状病毒肺炎"为中心；以"指纹图谱""高效液相色谱法"为中心；以"药物警戒""问卷调查"为中心；以"合理用药""药学服务"为中心；以"不良反应""肺部感染"为中心；以"氧化应激"为中心；以"儿童""耐药性"为中心。

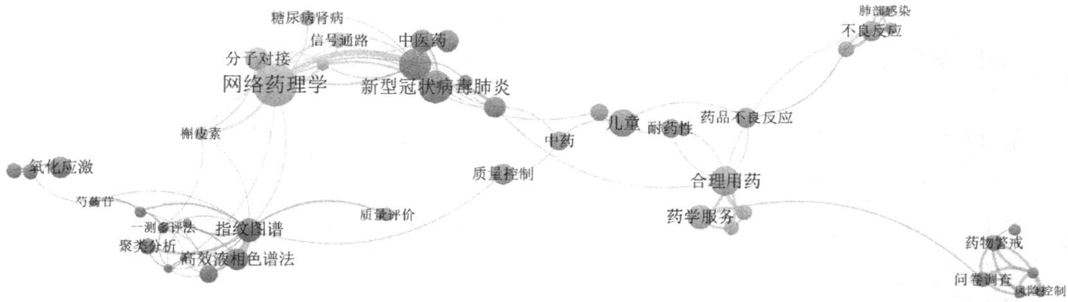

图 11–1　药物学领域的热点主题和主题关联

11.4　高被引作者分析

2018—2022 年药物学领域论文总被引频次 Top 10 的作者见表 11–3。其中发文 5 年总被引频次居前 3 位的作者分别是中国食品药品检定研究院的左甜甜（101 次）、中国食品药品检定研究院的李进（86 次）、北京大学第一医院的李耘（76 次）。

表 11–3　药物学领域高被引作者 Top 10（按 5 年总被引频次排序）

序号	作者	作者单位	发文量/篇	5 年总被引频次/次	篇均被引频次/次
1	左甜甜	中国食品药品检定研究院	22	101	4. 59
2	李进	中国食品药品检定研究院	19	86	4. 53
3	李耘	北京大学第一医院	10	76	7. 60
4	王庆华	中国医学科学院药物研究所	1	73	73. 00
5	胡昌勤	中国食品药品检定研究院	11	72	6. 55

续表

序号	作者	作者单位	发文量/篇	5 年总被引频次/次	篇均被引频次/次
6	徐硕	北京医院	19	70	3.68
7	汪祺	中国食品药品检定研究院	19	66	3.47
8	张婷	中国医学科学院医学信息研究所	10	57	5.70
9	宋佳伟	安徽省亳州市人民医院	12	55	4.58
10	汪帅	广东药科大学	1	54	54.00

11.5 高被引机构分析

药物学领域总被引频次 Top 20 医院、总被引频次 Top 10 高等院校和总被引频次 Top 10 科研院所的发文和被引情况分别见表 11-4、表 11-5 和表 11-6。

表 11-4 药物学领域高被引医院 Top 20（按 5 年总被引频次排序）

序号	第一作者单位	发文量/篇	5 年总被引频次/次	篇均被引频次/次	序号	第一作者单位	发文量/篇	5 年总被引频次/次	篇均被引频次/次
1	四川大学华西医院	355	589	1.66	11	武汉大学人民医院	202	333	1.65
2	解放军总医院	333	583	1.75	12	安徽省立医院	161	321	1.99
3	南京鼓楼医院	300	490	1.63	13	北京协和医院	207	295	1.43
4	北京大学第三医院	223	484	2.17	14	吉林大学白求恩第一医院	222	295	1.33
5	华中科技大学同济医学院附属同济医院	243	428	1.76	15	浙江大学医学院附属第一医院	89	266	2.99
6	北京医院	280	413	1.48	16	首都医科大学附属北京天坛医院	126	249	1.98
7	郑州大学第一附属医院	202	410	2.03	17	四川省医学科学院·四川省人民医院	132	240	1.82
8	北京大学第一医院	192	402	2.09	18	河北省人民医院	163	240	1.47
9	中国医科大学附属盛京医院	186	379	2.04	19	首都医科大学附属北京世纪坛医院	137	231	1.69
10	首都医科大学宣武医院	192	362	1.89	20	华中科技大学同济医学院附属协和医院	130	221	1.70

表 11-5　药物学领域高被引高等院校 Top 10（按5年总被引频次排序）

序号	第一作者单位	发文量/篇	5年总被引频次/次	篇均被引频次/次	序号	第一作者单位	发文量/篇	5年总被引频次/次	篇均被引频次/次
1	首都医科大学	1409	2128	1.51	6	北京中医药大学	514	1067	2.08
2	中国药科大学	1168	1955	1.67	7	沈阳药科大学	868	998	1.15
3	北京大学	1127	1925	1.71	8	复旦大学	651	972	1.49
4	四川大学	812	1266	1.56	9	华中科技大学	542	936	1.73
5	上海交通大学	817	1152	1.41	10	南京中医药大学	385	912	2.37

表 11-6　药物学领域高被引科研院所 Top 10（按5年总被引频次排序）

序号	第一作者单位	发文量/篇	5年总被引频次/次	篇均被引频次/次	序号	第一作者单位	发文量/篇	5年总被引频次/次	篇均被引频次/次
1	中国食品药品检定研究院	1109	2059	1.86	6	中国医学科学院药用植物研究所	61	230	3.77
2	中国医学科学院药物研究所	346	804	2.32	7	中国医学科学院医药生物技术研究所	99	169	1.71
3	中国中医科学院	261	497	1.90	8	军事医学研究院	142	111	0.78
4	中国医学科学院北京协和医学院	243	334	1.37	9	中国疾病预防控制中心	47	102	2.17
5	中国科学院上海药物研究所	131	251	1.92	10	浙江省医学科学院	55	95	1.73

第 12 章　2023 年临床医学领域高被引分析

12.1　领域论文概况

2018—2022 年，临床医学领域共发表学术论文 605438 篇，由来自 33083 所机构的 464221 位学者作为第一作者发表。上述论文中，有 335116 篇被引用，整体被引率为 55.4%，总被引频次为 986418 次，篇均被引 1.63 次；其中，高被引论文有 8545 篇，高被引论文篇均被引 13.02 次（表 12-1）。

表 12-1　2018—2022 年临床医学领域论文分布情况

年份	论文数量/篇	总被引频次/次	被引率/%	高被引论文数量/篇	高被引论文被引频次/次
2018	123264	324846	76.3	1502	32514
2019	118502	311465	76.9	1292	31167
2020	122232	227352	67.1	1386	25880
2021	121811	105762	45.3	1670	14633
2022	119629	16993	10.6	2695	7050
合计	605438	986418	55.4	8545	111244

12.2　高被引论文分析

2018—2022 年，临床医学领域总被引频次最高的论文为 2019 年胡盛寿发表的《〈中国心血管病报告 2018〉概要》（总被引频次为 2008 次），刊载各年高被引论文 Top 5 数量最多的期刊为《中国循环杂志》《中华肿瘤杂志》（均 3 篇），详见表 12-2。

表 12-2　2018—2022 年临床医学领域高被引论文 Top 5（按各年总被引频次排序）

序号	论文题名	第一作者	期刊名称	发表年份	总被引频次/次
1	2014 年中国分地区恶性肿瘤发病和死亡分析	陈万青	中国肿瘤	2018	579
2	Cancer incidence and mortality in China，2014	Wanqing Chen	中国癌症研究（英文版）	2018	528
3	2014 年中国恶性肿瘤发病和死亡分析	陈万青	中华肿瘤杂志	2018	394
4	心房颤动：目前的认识和治疗的建议 -2018	黄从新	中国心脏起搏与心电生理杂志	2018	304
5	心房颤动：目前的认识和治疗建议（2018）	黄从新	中华心律失常学杂志	2018	193

续表

序号	论文题名	第一作者	期刊名称	发表年份	总被引频次/次
6	《中国心血管病报告2018》概要	胡盛寿	中国循环杂志	2019	2008
7	miR-1231在胰腺癌患者血浆和胰腺癌细胞外泌体中的表达及临床意义	陈石林	中华肿瘤杂志	2019	1678
8	2015年中国分地区恶性肿瘤发病和死亡分析	孙可欣	中国肿瘤	2019	665
9	2015年中国恶性肿瘤流行情况分析	郑荣寿	中华肿瘤杂志	2019	310
10	mRNA疗法在肿瘤免疫治疗中的应用	潘燕平	中国肿瘤临床	2019	265
11	从“寒湿疫”角度探讨新型冠状病毒肺炎的中医药防治策略	仝小林	中医杂志	2020	272
12	首批抗击新型冠状病毒感染肺炎的临床一线支援护士的心理状况调查	徐明川	护理研究	2020	148
13	中西医结合治疗新型冠状病毒肺炎34例临床研究	夏文广	中医杂志	2020	145
14	新型冠状病毒（2019-nCoV）感染患者肺损伤相关的临床及生化指标研究	刘映霞	中国科学（生命科学）	2020	145
15	2019新型冠状病毒肺炎29例临床特征分析	陈蕾	中华结核和呼吸杂志	2020	141
16	中国心血管健康与疾病报告2020概要	中国心血管健康与疾病报告编写组	中国循环杂志	2021	468
17	2020全球癌症统计报告解读	刘宗超	肿瘤综合治疗电子杂志	2021	289
18	GLOBOCAN 2020全球癌症统计数据解读	曹毛毛	中国医学前沿杂志（电子版）	2021	114
19	多学科协同推进我国肺动脉高压规范化诊治体系建设	翟振国	中华医学杂志	2021	87
20	2020年全国血吸虫病疫情通报	张利娟	中国血吸虫病防治杂志	2021	74
21	《中国脑卒中防治报告2020》概要	《中国脑卒中防治报告》编写组	中国脑血管病杂志	2022	71

续表

序号	论文题名	第一作者	期刊名称	发表年份	总被引频次/次
22	中国心血管健康与疾病报告 2021 概要	中国心血管健康与疾病报告编写组	中国循环杂志	2022	51
23	方舱医院建设与运行管理探索	杨之涛	内科理论与实践	2022	25
24	我国新型冠状病毒肺炎疫情防控的“动态清零”策略	梁万年	中华医学杂志	2022	23
25	2020 年全国细菌耐药监测报告	全国细菌耐药监测网	中华检验医学杂志	2022	19

12.3 研究主题关联分析

在临床医学领域，8545 篇高被引论文共被引用了 111244 次。通过分析施引文献关键词的词频及关键词之间的共现关系，获得临床医学领域的热点主题和主题关联，如图 12–1 所

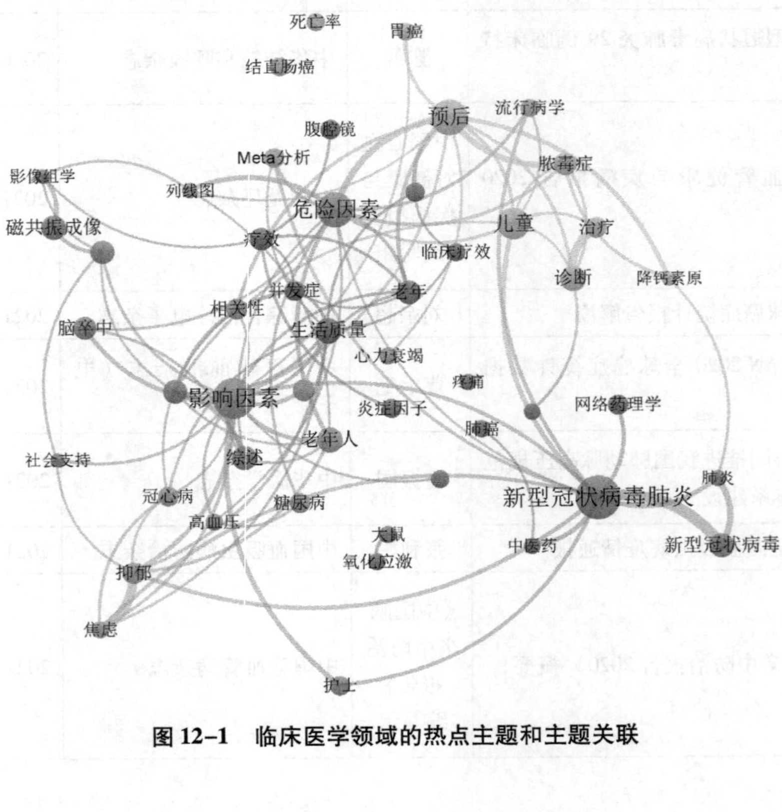

图 12–1 临床医学领域的热点主题和主题关联

示。由图可知："新型冠状病毒肺炎""影响因素""危险因素"等关键词的文献词频较高，是临床医学领域的研究热点。本领域形成 7 个研究主题簇，分别以"危险因素""影响因素"为中心；以"新型冠状病毒""新型冠状病毒肺炎"为中心；以"诊断""预后"为中心；以"焦虑""抑郁"为中心；以"生活质量""老年"为中心；以"综述""脑卒中"为中心；以"流行病学""Meta 分析"为中心。

12.4　高被引作者分析

2018—2022 年临床医学领域论文总被引频次 Top 10 的作者见表 12-3。其中发文 5 年总被引频次居前 3 位的作者分别是中国医学科学院阜外心血管病医院的胡盛寿（2012 次）、湖南省肿瘤医院的陈石林（1678 次）、中国医学科学院肿瘤研究所的陈万青（1083 次）。

表 12-3　临床医学领域高被引作者 Top 10（按 5 年总被引频次排序）

序号	作者	作者单位	发文量/篇	5 年总被引频次/次	篇均被引频次/次
1	胡盛寿	中国医学科学院阜外心血管病医院	9	2012	223.56
2	陈石林	湖南省肿瘤医院	1	1678	1678.00
3	陈万青	中国医学科学院肿瘤研究所	4	1083	270.75
4	孙可欣	中国医学科学院肿瘤研究所	3	738	246.00
5	黄从新	武汉大学人民医院	5	502	100.40
6	张丽	中国疾病预防控制中心	8	340	42.50
7	郑荣寿	中国医学科学院肿瘤研究所	2	310	155.00
8	刘宗超	北京大学肿瘤医院	1	289	289.00
9	仝小林	中国中医科学院广安门医院	1	272	272.00
10	潘燕平	中国科学院深圳先进技术研究院	1	265	265.00

12.5　高被引机构分析

临床医学领域总被引频次 Top 20 医院、总被引频次 Top 10 高等院校和总被引频次 Top 10 科研院所的发文和被引情况分别见表 12-4、表 12-5 和表 12-6。

表 12-4　临床医学领域高被引医院 Top 20（按 5 年总被引频次排序）

序号	第一作者单位	发文量/篇	5 年总被引频次/次	篇均被引频次/次	序号	第一作者单位	发文量/篇	5 年总被引频次/次	篇均被引频次/次
1	四川大学华西医院	6112	10054	1.64	2	北京协和医院	4593	9167	2.00

续表

序号	第一作者单位	发文量/篇	5 年总被引频次/次	篇均被引频次/次	序号	第一作者单位	发文量/篇	5 年总被引频次/次	篇均被引频次/次
3	郑州大学第一附属医院	4787	7647	1.60	12	河南省人民医院	2968	5216	1.76
4	武汉大学人民医院	4456	7422	1.67	13	华中科技大学同济医学院附属协和医院	2213	4639	2.10
5	解放军总医院	4352	7217	1.66	14	首都医科大学附属北京安贞医院	2517	4487	1.78
6	中国医学科学院肿瘤研究所	1692	6853	4.05	15	复旦大学附属中山医院	2496	4400	1.76
7	中国医科大学附属盛京医院	3713	6466	1.74	16	北京大学第一医院	2182	4371	2.00
8	中国医学科学院阜外心血管病医院	1988	5989	3.01	17	哈尔滨医科大学附属第一医院	2727	4313	1.58
9	华中科技大学同济医学院附属同济医院	3109	5971	1.92	18	北京大学人民医院	2267	4256	1.88
10	北京大学第三医院	2866	5482	1.91	19	西安交通大学医学院第一附属医院	2589	4227	1.63
11	江苏省人民医院	3724	5434	1.46	20	安徽医科大学第一附属医院	2454	4191	1.71

表 12–5 临床医学领域高被引高等院校 Top 10（按 5 年总被引频次排序）

序号	第一作者单位	发文量/篇	5 年总被引频次/次	篇均被引频次/次	序号	第一作者单位	发文量/篇	5 年总被引频次/次	篇均被引频次/次
1	首都医科大学	22716	37986	1.67	6	四川大学	8760	14547	1.66
2	北京大学	11474	22642	1.97	7	华中科技大学	6943	13514	1.95
3	上海交通大学	14541	22320	1.53	8	郑州大学	7172	12633	1.76
4	复旦大学	9468	17384	1.84	9	中山大学	7046	12198	1.73
5	南京医科大学	10057	14806	1.47	10	中国医科大学	7154	11891	1.66

表 12–6　临床医学领域高被引科研院所 Top 10（按 5 年总被引频次排序）

序号	第一作者单位	发文量/篇	5 年总被引频次/次	篇均被引频次/次	序号	第一作者单位	发文量/篇	5 年总被引频次/次	篇均被引频次/次
1	中国疾病预防控制中心	1182	5635	4.77	6	四川省疾病预防控制中心	233	557	2.39
2	中国中医科学院	2258	5062	2.24	7	上海市疾病预防控制中心	99	541	5.46
3	中国医学科学院北京协和医学院	1215	2813	2.32	8	天津市疾病预防控制中心	119	507	4.26
4	首都儿科研究所	768	1021	1.33	9	江苏省疾病预防控制中心	98	412	4.20
5	北京市疾病预防控制中心	212	627	2.96	10	浙江省疾病预防控制中心	125	404	3.23

第 13 章　2023 年中医学领域高被引分析

13.1　领域论文概况

2018—2022 年，中医学领域共发表学术论文 111813 篇，由来自 9350 所机构的 85045 位学者作为第一作者发表。上述论文中，有 72482 篇被引用，整体被引率为 64.8%，总被引频次为 273724 次，篇均被引 2.45 次；其中，高被引论文有 1373 篇，高被引论文篇均被引 21.66 次（表 13–1）。

表 13–1　2018—2022 年中医学领域论文分布情况

年份	论文数量/篇	总被引频次/次	被引率/%	高被引论文数量/篇	高被引论文被引频次/次
2018	22110	83521	84.2	233	7989
2019	21712	82187	84.6	233	7487
2020	22619	68007	78.7	244	8662
2021	23308	34136	59.7	238	3774
2022	22064	5873	17.1	425	1824
合计	111813	273724	64.8	1373	29736

13.2　高被引论文分析

2018—2022 年，中医学领域总被引频次最高的论文为 2020 年王玉光发表的《新型冠状病毒肺炎中医临床特征与辨证治疗初探》（总被引频次为 406 次），刊载各年高被引论文 Top 5 数量最多的期刊为《中草药》（9 篇），详见表 13–2。

表 13–2　2018—2022 年中医学领域高被引论文 Top 5（按各年总被引频次排序）

序号	论文题名	第一作者	期刊名称	发表年份	总被引频次/次
1	黄连的化学成分及药理作用研究进展	盖晓红	中草药	2018	146
2	麦冬化学成分及药理作用研究进展	彭婉	中草药	2018	145
3	脾胃病从“肝”论治十六法	李军祥	中国中西医结合消化杂志	2018	115
4	黄芪的化学成分及药理作用研究进展	吴娇	新乡医学院学报	2018	115
5	基于“五原则”的复方中药质量标志物（Q-marker）研究路径	张铁军	中草药	2018	112
6	网络药理学在中药领域中的研究进展与应用策略	解静	中草药	2019	182
7	茯苓的化学成分、药理作用及临床应用研究进展	崔鹤蓉	西北药学杂志	2019	153

续表

序号	论文题名	第一作者	期刊名称	发表年份	总被引频次/次
8	金银花中的化学成分及其药理作用研究进展	吴娇	中国实验方剂学杂志	2019	119
9	大黄化学成分、药理作用研究进展及质量标志物的预测分析	王玉	中草药	2019	97
10	甘草提取物活性成分药理作用研究进展	李想	江苏中医药	2019	97
11	新型冠状病毒肺炎中医临床特征与辨证治疗初探	王玉光	中医杂志	2020	406
12	新型冠状病毒肺炎的中医认识与思考	苗青	中医杂志	2020	201
13	试析从寒疫论治新型冠状病毒肺炎	范逸品	中医杂志	2020	195
14	中医药防治新型冠状病毒肺炎各地诊疗方案综合分析	郑文科	中医杂志	2020	180
15	丹参化学成分及其药理作用研究进展	万新焕	中草药	2020	176
16	《网络药理学评价方法指南》解读	牛明	中草药	2021	101
17	地黄化学成分和药理作用的研究进展	陈金鹏	中草药	2021	71
18	黄连化学成分及药理作用研究进展	付琳	中医药学报	2021	61
19	甘草化学成分和药理作用研究进展及质量标志物的探讨	邓桃妹	中国中药杂志	2021	45
20	甘草中新发现化学成分和药理作用的研究进展	李葆林	中草药	2021	43
21	Cancer statistics in China and United States，2022：profiles，trends，and determinants	Changfa Xia	中华医学杂志（英文版）	2022	106
22	当归的化学成分及药理作用研究进展	马艳春	中医药学报	2022	25
23	黄芪化学成分及药理作用研究进展	马艳春	中医药学报	2022	19
24	黄芪的现代研究进展及其质量标志物的预测分析	戴瑜婷	中国中药杂志	2022	15
25	中医药网络药理学：《指南》引领下的新时代发展	王子怡	中国中药杂志	2022	14

13.3　研究主题关联分析

在中医学领域，1373 篇高被引论文共被引用了 29736 次。通过分析施引文献关键词的词频及关键词之间的共现关系，获得中医学领域的热点主题和主题关联，如图 13–1 所示。由图可知：“网络药理学”“新型冠状病毒肺炎”“分子对接”等关键词的文献词频较高，是中医学领域的研究热点。本领域形成 6 个研究主题簇，分别以“作用机制”“网络药理学”为中心；以“综述”“新型冠状病毒肺炎”为中心；以“药理作用”“化学成分”为中心；以“质量控制”“指纹图谱”为中心；以“数据挖掘”“名医经验”为中心；以“大鼠”“炎症”为中心。

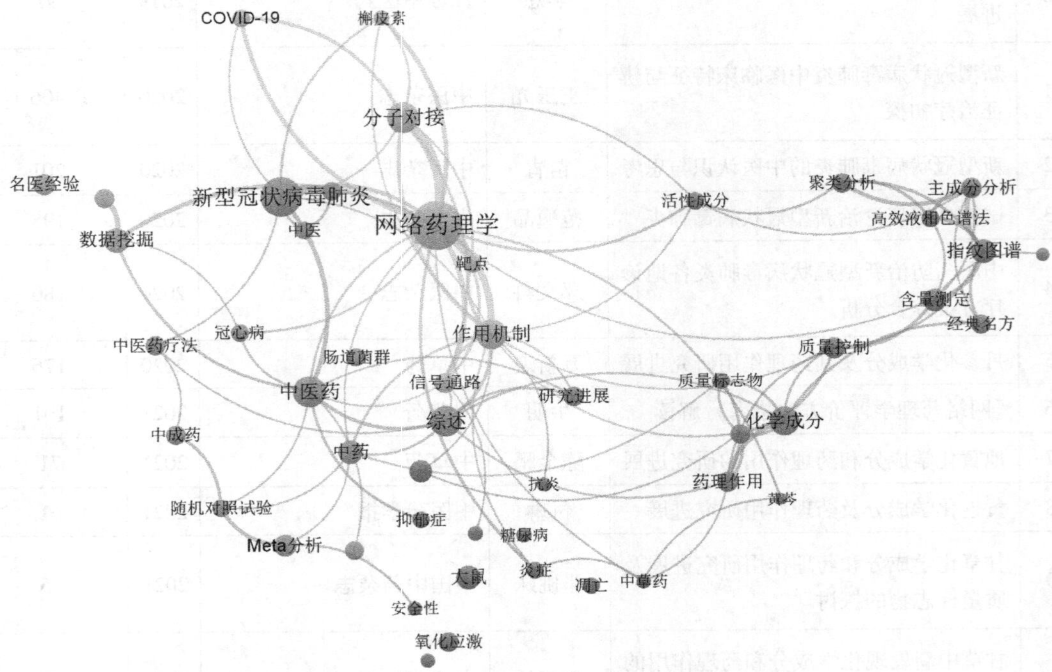

图 13–1　中医学领域的热点主题和主题关联

13.4　高被引作者分析

2018—2022 年中医学领域论文总被引频次 Top 10 的作者见表 13–3。其中发文 5 年总被引频次居前 3 位的作者分别是首都医科大学附属北京中医医院的王玉光（414 次）、中国中医科学院的范逸品（247 次）、新乡医学院的吴娇（234 次）。

表 13–3　中医学领域高被引作者 Top 10（按 5 年总被引频次排序）

序号	作者	作者单位	发文量/篇	5 年总被引频次/次	篇均被引频次/次
1	王玉光	首都医科大学附属北京中医医院	4	414	103.50
2	范逸品	中国中医科学院	6	247	41.17

续表

序号	作者	作者单位	发文量/篇	5 年总被引频次/次	篇均被引频次/次
3	吴娇	新乡医学院	2	234	117.00
4	李冀	黑龙江中医药大学	44	218	4.95
5	苗青	中国中医科学院西苑医院	7	213	30.43
6	万新焕	山东中医药大学	2	189	94.50
7	郑文科	天津中医药大学	4	188	47.00
8	解静	天津中医药大学	1	182	182.00
9	左军	黑龙江中医药大学	6	171	28.50
10	邓桃妹	安徽中医药大学	2	159	79.50

13.5 高被引机构分析

中医学领域总被引频次 Top 20 医院、总被引频次 Top 10 高等院校和总被引频次 Top 10 科研院所的发文和被引情况分别见表 13-4、表 13-5 和表 13-6。

表 13-4 中医学领域高被引医院 Top 20（按 5 年总被引频次排序）

序号	第一作者单位	发文量/篇	5 年总被引频次/次	篇均被引频次/次	序号	第一作者单位	发文量/篇	5 年总被引频次/次	篇均被引频次/次
1	中国中医科学院广安门医院	1508	3896	2.58	7	广东省中医院	1043	1991	1.91
2	北京中医药大学东直门医院	1534	3359	2.19	8	天津中医药大学第一附属医院	795	1859	2.34
3	江苏省中医院	1216	2858	2.35	9	上海中医药大学附属曙光医院	758	1652	2.18
4	首都医科大学附属北京中医医院	960	2511	2.62	10	上海中医药大学附属龙华医院	653	1536	2.35
5	广州中医药大学第一附属医院	930	2175	2.34	11	北京中医药大学东方医院	537	1518	2.83
6	中国中医科学院西苑医院	804	2145	2.67	12	湖南中医药大学第一附属医院	716	1516	2.12

续表

序号	第一作者单位	发文量/篇	5年总被引频次/次	篇均被引频次/次	序号	第一作者单位	发文量/篇	5年总被引频次/次	篇均被引频次/次
13	河南中医药大学第一附属医院	512	1287	2.51	17	上海中医药大学附属岳阳中西医结合医院	441	1054	2.39
14	黑龙江中医药大学附属第一医院	542	1190	2.20	18	河南省中医院	375	1020	2.72
15	中国中医科学院望京医院	393	1082	2.75	19	山东中医药大学附属医院	491	967	1.97
16	辽宁中医药大学附属医院	481	1080	2.25	20	北京中医药大学第三附属医院	419	795	1.90

表 13-5　中医学领域高被引高等院校 Top 10（按 5 年总被引频次排序）

序号	第一作者单位	发文量/篇	5年总被引频次/次	篇均被引频次/次	序号	第一作者单位	发文量/篇	5年总被引频次/次	篇均被引频次/次
1	北京中医药大学	8173	19384	2.37	6	天津中医药大学	2689	7714	2.87
2	南京中医药大学	3659	10170	2.78	7	山东中医药大学	3322	7542	2.27
3	广州中医药大学	4493	9716	2.16	8	黑龙江中医药大学	2902	7373	2.54
4	上海中医药大学	3371	8712	2.58	9	河南中医药大学	2748	7026	2.56
5	湖南中医药大学	3162	8192	2.59	10	成都中医药大学	2057	6028	2.93

表 13-6　中医学领域高被引科研院所 Top 10（按 5 年总被引频次排序）

序号	第一作者单位	发文量/篇	5 年总被引频次/次	篇均被引频次/次	序号	第一作者单位	发文量/篇	5 年总被引频次/次	篇均被引频次/次
1	中国中医科学院	5093	14999	2. 95	6	中国医学科学院药物研究所	76	203	2. 67
2	中国医学科学院药用植物研究所	238	776	3. 26	7	山西省中医药研究院	65	195	3. 00
3	中国食品药品检定研究院	163	569	3. 49	8	中国疾病预防控制中心	150	186	1. 24
4	黑龙江省中医药科学院	148	361	2. 44	9	中国农业科学院特产研究所	70	177	2. 53
5	中国医学科学院北京协和医学院	155	276	1. 78	10	湖南省中医药研究院	75	168	2. 24

第 14 章　2023 年军事医学与特种医学领域高被引分析

14.1　领域论文概况

2018—2022 年，军事医学与特种医学领域共发表学术论文 9550 篇，由来自 2890 所机构的 8798 位学者作为第一作者发表。上述论文中，有 5265 篇被引用，整体被引率为 55.1%，总被引频次为 15534 次，篇均被引 1.63 次；其中，高被引论文有 122 篇，高被引论文篇均被引 16.22 次（表 14–1）。

表 14–1　2018—2022 年军事医学与特种医学领域论文分布情况

年份	论文数量/篇	总被引频次/次	被引率/%	高被引论文数量/篇	高被引论文被引频次/次
2018	2089	5177	73.8	30	514
2019	2011	4753	73.7	23	378
2020	2143	4111	63.0	21	888
2021	1632	1307	45.5	22	135
2022	1675	186	8.8	26	64
合计	9550	15534	55.1	122	1979

14.2　高被引论文分析

2018—2022 年，军事医学与特种医学领域总被引频次最高的论文为 2020 年史河水发表的《新型冠状病毒（2019-nCoV）感染的肺炎临床特征及影像学表现》（总被引频次为 188 次），刊载各年高被引论文 Top 5 数量最多的期刊为《中华放射学杂志》（7 篇），详见表 14–2。

表 14–2　2018—2022 年军事医学与特种医学领域高被引论文 Top 5（按各年总被引频次排序）

序号	论文题名	第一作者	期刊名称	发表年份	总被引频次/次
1	中国 NOSES 面临的挑战与展望	王锡山	中华结直肠疾病电子杂志	2018	56
2	ASIR 算法联合自动管电流技术在胸部低剂量 CT 扫描中的应用	唐慧	实用放射学杂志	2018	23
3	影像组学在临床精确诊疗中的研究进展	史张	中华放射学杂志	2018	22
4	湿热气候军事训练预防中暑保障体会	宁波	空军医学杂志	2018	21
5	利用深度反卷积神经网络自动勾画放疗危及器官	门阚	中国医学物理学杂志	2018	20

续表

序号	论文题名	第一作者	期刊名称	发表年份	总被引频次/次
6	肺康复运动训练对肺癌患者呼吸运动功能、生活质量及总生存期的影响	陈瑞英	中华物理医学与康复杂志	2019	21
7	基于体素的空气潴留定量测量方法的建立及初步临床应用	金晨望	中华放射学杂志	2019	20
8	肺部单发微小磨玻璃结节（＜10 mm）MSCT 特征对肺腺癌病理亚型的诊断价值	陈琦	放射学实践	2019	19
9	医学影像人工智能进入深水区后的思考	萧毅	中华放射学杂志	2019	19
10	全国医疗照射频度估算方法研究	牛亚婷	中华放射医学与防护杂志	2019	19
11	新型冠状病毒（2019-nCoV）感染的肺炎临床特征及影像学表现	史河水	临床放射学杂志	2020	188
12	新型冠状病毒肺炎（COVID-19）临床影像学特征	管汉雄	放射学实践	2020	175
13	新型冠状病毒肺炎不同临床分型间 CT 和临床表现的相关性研究	黄璐	中华放射学杂志	2020	88
14	新型冠状病毒肺炎初诊临床特征及高分辨率 CT 影像表现	陆雪芳	中华放射学杂志	2020	57
15	新型冠状病毒肺炎首次胸部高分辨率 CT 影像分析	刘海峰	中华放射学杂志	2020	42
16	基于新冠病毒特征及防控措施的传播动力学模型	桑茂盛	系统工程理论与实践	2021	10
17	基于深度学习的图像重建算法在胸部薄层 CT 中的降噪效果评估	曾文	四川大学学报（医学版）	2021	9
18	冬奥会雪场医疗站和近地医疗保障医院在滑雪运动伤救治体系中的作用	杨渝平	北京大学学报（医学版）	2021	9
19	高原肺水肿防治研究进展	马四清	解放军医学杂志	2021	8
20	全国医疗机构放射诊断资源基本情况分析	安晶刚	中华放射医学与防护杂志	2021	8
21	双层探测器光谱 CT 单能量图像及电子云密度图鉴别诊断肺磨玻璃结节良性与恶性的价值	邱建升	中华放射学杂志	2022	5

续表

序号	论文题名	第一作者	期刊名称	发表年份	总被引频次/次
22	全身 PET/CT 临床研究的现况与展望	蔡丹杰	中华核医学与分子影像杂志	2022	4
23	超低管电压联合 DLIR-H 算法在冠脉 CT 血管成像“双低”扫描中的应用价值	文雨婷	中国医疗设备	2022	4
24	局部晚期食管癌放射治疗两种固定方式的锁骨上区动度比较分析	万宝	基础医学与临床	2022	4
25	3D 打印截骨导板在重度膝骨性关节炎患者多半径假体全膝关节置换术中的应用效果	吴迪	实用医学杂志	2022	3

14.3 研究主题关联分析

在军事医学与特种医学领域，122 篇高被引论文共被引用了 1979 次。通过分析施引文献关键词的词频及关键词之间的共现关系，获得军事医学与特种医学领域的热点主题和主题关联，如图 14–1 所示。由图可知：“新型冠状病毒肺炎”“人工智能”“磁共振成像”等关

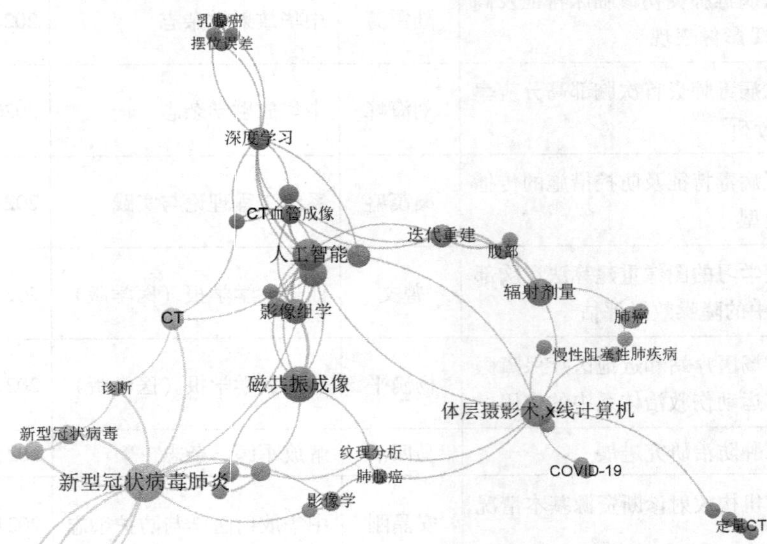

图 14–1　军事医学与特种医学领域的热点主题和主题关联

键词的文献词频较高，是军事医学与特种医学领域的研究热点。本领域形成 9 个研究主题簇，分别以"新型冠状病毒""新型冠状病毒肺炎"为中心；以"磁共振成像""人工智能"为中心；以"辐射剂量""迭代重建"为中心；以"CT 血管成像""深度学习"为中心；以"灵敏度"为中心；以"电子计算机断层扫描""鉴别诊断"为中心；以"体层摄影术，X 线计算机""纹理分析"为中心；以"定量 CT"为中心；以"肺癌""慢性阻塞性肺疾病"为中心。

14.4　高被引作者分析

2018—2022 年军事医学与特种医学领域论文总被引频次 Top 10 的作者见表 14-3。其中发文 5 年总被引频次居前 3 位的作者分别是华中科技大学同济医学院附属协和医院的史河水（188 次）、华中科技大学同济医学院附属同济医院的管汉雄（175 次）、华中科技大学同济医学院附属同济医院的黄璐（88 次）。

表 14-3　军事医学与特种医学领域高被引作者 Top 10（按 5 年总被引频次排序）

序号	作者	作者单位	发文量/篇	5 年总被引频次/次	篇均被引频次/次
1	史河水	华中科技大学同济医学院附属协和医院	1	188	188.00
2	管汉雄	华中科技大学同济医学院附属同济医院	1	175	175.00
3	黄璐	华中科技大学同济医学院附属同济医院	1	88	88.00
4	陆雪芳	武汉大学人民医院	1	57	57.00
5	王锡山	中国医学科学院肿瘤研究所	1	56	56.00
6	刘海峰	武汉市中西医结合医院	2	45	22.50
7	龚晓明	武汉大学中南医院	1	42	42.00
8	郭栋	军事医学研究院	7	41	5.86
9	蒋南川	华中科技大学同济医学院附属协和医院	1	40	40.00
10	金晨望	西安交通大学医学院第一附属医院	2	33	16.50

14.5　高被引机构分析

军事医学与特种医学领域总被引频次 Top 20 医院、总被引频次 Top 10 高等院校和总被引频次 Top 10 科研院所的发文和被引情况分别见表 14-4、表 14-5 和表 14-6。

表 14-4 军事医学与特种医学领域高被引医院 Top 20（按 5 年总被引频次排序）

序号	第一作者单位	发文量/篇	5 年总被引频次/次	篇均被引频次/次	序号	第一作者单位	发文量/篇	5 年总被引频次/次	篇均被引频次/次
1	华中科技大学同济医学院附属同济医院	56	417	7.45	11	北京大学第三医院	53	101	1.91
2	华中科技大学同济医学院附属协和医院	50	328	6.56	12	上海交通大学医学院附属瑞金医院	34	99	2.91
3	空军总医院	197	246	1.25	13	武汉大学中南医院	19	92	4.84
4	中国医学科学院肿瘤研究所	60	194	3.23	14	昆明医科大学第一附属医院	38	91	2.39
5	四川大学华西医院	81	191	2.36	15	西安交通大学医学院第一附属医院	38	88	2.32
6	郑州大学第一附属医院	72	186	2.58	16	北京协和医院	67	85	1.27
7	解放军总医院	140	142	1.01	17	苏州大学附属第一医院	32	79	2.47
8	首都医科大学附属北京友谊医院	61	133	2.18	18	武汉市中西医结合医院	11	72	6.55
9	空军航空医学研究所附属医院	56	123	2.20	19	首都医科大学附属北京同仁医院	20	68	3.40
10	武汉大学人民医院	24	102	4.25	20	中国医学科学院阜外心血管病医院	24	64	2.67

表 14–5　军事医学与特种医学领域高被引高等院校 Top 10（按 5 年总被引频次排序）

序号	第一作者单位	发文量/篇	5 年总被引频次/次	篇均被引频次/次	序号	第一作者单位	发文量/篇	5 年总被引频次/次	篇均被引频次/次
1	华中科技大学	124	795	6.41	6	四川大学	107	247	2.31
2	首都医科大学	263	495	1.88	7	复旦大学	130	231	1.78
3	空军军医大学	345	361	1.05	8	郑州大学	88	215	2.44
4	北京大学	171	343	2.01	9	海军军医大学	281	210	0.75
5	上海交通大学	134	256	1.91	10	武汉大学	51	202	3.96

表 14–6　军事医学与特种医学领域高被引科研院所 Top 10（按 5 年总被引频次排序）

序号	第一作者单位	发文量/篇	5 年总被引频次/次	篇均被引频次/次	序号	第一作者单位	发文量/篇	5 年总被引频次/次	篇均被引频次/次
1	中国疾病预防控制中心	62	172	2.77	6	中国中医科学院	18	29	1.61
2	中国航天员科研训练中心	79	156	1.97	7	中国医学科学院放射医学研究所	33	25	0.76
3	空军航空医学研究所	56	123	2.20	8	上海市疾病预防控制中心	4	23	5.75
4	军事医学研究院	56	101	1.80	9	江苏省疾病预防控制中心	4	19	4.75
5	解放军军事科学院	36	30	0.83	10	天津市疾病预防控制中心	4	19	4.75

第 15 章　2023 年农学领域高被引分析

15.1　领域论文概况

2018—2022 年，农学领域共发表学术论文 108472 篇，由来自 8572 所机构的 80074 位学者作为第一作者发表。上述论文中，有 66900 篇被引用，整体被引率为 61.7%，总被引频次为 255522 次，篇均被引 2.36 次；其中，高被引论文有 1223 篇，高被引论文篇均被引 20.05 次（表 15-1）。

表 15-1　2018—2022 年农学领域论文分布情况

年份	论文数量/篇	总被引频次/次	被引率/%	高被引论文数量/篇	高被引论文被引频次/次
2018	21142	84543	81.6	233	7825
2019	21753	79670	80.4	224	7569
2020	21525	57054	75.1	262	5360
2021	21853	29454	57.8	222	2674
2022	22199	4801	15.3	282	1098
合计	108472	255522	61.7	1223	24526

15.2　高被引论文分析

2018—2022 年，农学领域总被引频次最高的论文为 2019 年姜玉英发表的《2019 年我国草地贪夜蛾扩散为害规律观测》（总被引频次为 189 次），刊载各年高被引论文 Top 5 数量最多的期刊为《植物保护》（6 篇），详见表 15-2。

表 15-2　2018—2022 年农学领域高被引论文 Top 5（按各年总被引频次排序）

序号	论文题名	第一作者	期刊名称	发表年份	总被引频次/次
1	中国秸秆养分资源数量及替代化肥潜力	宋大利	植物营养与肥料学报	2018	136
2	警惕危险性害虫草地贪夜蛾入侵中国	郭井菲	植物保护	2018	112
3	中国小麦产业发展与科技进步	何中虎	农学学报	2018	102
4	以新需求为导向的油菜产业发展战略	王汉中	中国油料作物学报	2018	96
5	化肥减量配施生物有机肥对油菜生长及土壤微生物和酶活性影响	宋以玲	水土保持学报	2018	85
6	2019 年我国草地贪夜蛾扩散为害规律观测	姜玉英	植物保护	2019	189

续表

序号	论文题名	第一作者	期刊名称	发表年份	总被引频次/次
7	草地贪夜蛾缅甸虫源迁入中国的路径分析	吴秋琳	植物保护	2019	118
8	我国油菜产业发展现状、潜力及对策	刘成	中国油料作物学报	2019	114
9	中国热带和南亚热带地区草地贪夜蛾春夏两季迁飞轨迹的分析	吴秋琳	植物保护	2019	103
10	常用化学杀虫剂对草地贪夜蛾防效的室内测定	赵胜园	植物保护	2019	99
11	中国草地贪夜蛾的防控策略	吴孔明	植物保护	2020	116
12	农业机械导航技术研究进展	张漫	农业机械学报	2020	75
13	农业装备智能控制技术研究现状与发展趋势分析	刘成良	农业机械学报	2020	52
14	辣椒在中国的传播与产业发展	邹学校	园艺学报	2020	52
15	植物根际分泌物与土壤微生物互作关系的机制研究进展	袁仁文	中国农学通报	2020	45
16	土壤微生物组与土壤健康	朱永官	中国科学（生命科学）	2021	53
17	离散元法在农业工程研究中的应用现状和展望	曾智伟	农业机械学报	2021	39
18	Case study on the first immigration of fall armyworm, Spodoptera frugiperda invading into China	Xiao-xu Sun	农业科学学报（英文）	2021	29
19	2020中国蓝莓产业年度报告	李亚东	吉林农业大学学报	2021	28
20	论合理施氮的原则和指标	巨晓棠	土壤学报	2021	27
21	中国盐渍土研究：历程、现状与展望	杨劲松	土壤学报	2022	23
22	作物种质资源表型性状鉴定评价：现状与趋势	王晓鸣	植物遗传资源学报	2022	13
23	Rice functional genomics: decades' efforts and roads ahead	Rongzhi Chen	中国科学：生命科学（英文版）	2022	10
24	利用电加热自动消毒修枝剪阻断梨火疫病田间传播	王俊	植物检疫	2022	9
25	高寒地区燕麦与豌豆不同混播组合和比例对饲草产量及品质的影响	冯廷旭	草地学报	2022	9

15.3 研究主题关联分析

在农学领域，1223 篇高被引论文共被引用了 24526 次。通过分析施引文献关键词的词频及关键词之间的共现关系，获得农学领域的热点主题和主题关联，如图 15-1 所示。由图可知："产量""草地贪夜蛾""玉米" 等关键词的文献词频较高，是农学领域的研究热点。本领域形成 7 个研究主题簇，分别以"品质""产量"为中心；以"天敌昆虫""生物防治"为中心；以"绿色防控""草地贪夜蛾"为中心；以"主成分分析""农艺性状"为中心；以"致病力""室内生物测定"为中心；以"土壤养分""营养品质"为中心；以"盐胁迫""小麦"为中心。

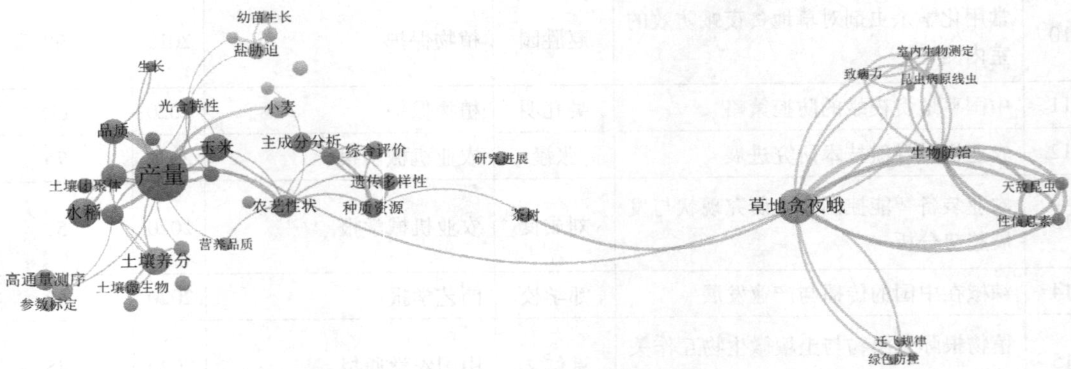

图 15-1 农学领域的热点主题和主题关联

15.4 高被引作者分析

2018—2022 年农学领域论文总被引频次 Top 10 的作者见表 15-3。其中发文 5 年总被引频次居前 3 位的作者分别是中国农业科学院机关的吴秋琳（221 次）、中国农业科学院机关的赵胜园（194 次）、西北农林科技大学的张智韬（169 次）。

表 15-3 农学领域高被引作者 Top 10（按 5 年总被引频次排序）

序号	作者	作者单位	发文量/篇	5 年总被引频次/次	篇均被引频次/次
1	吴秋琳	中国农业科学院机关	2	221	110.50
2	赵胜园	中国农业科学院机关	4	194	48.50
3	张智韬	西北农林科技大学	20	169	8.45
4	成臣	江西农业大学	10	167	16.70
5	魏永霞	东北农业大学	22	156	7.09
6	侯云鹏	吉林省农业科学院	12	152	12.67
7	韩晓增	中国科学院东北地理与农业生态研究所	4	136	34.00
8	郭井菲	中国农业科学院机关	2	133	66.50

续表

序号	作者	作者单位	发文量/篇	5 年总被引频次/次	篇均被引频次/次
9	王立军	东北农业大学	15	124	8.27
10	吴孔明	中国农业科学院植物保护研究所	1	116	116.00

15.5　高被引机构分析

农学领域总被引频次 Top 20 高等院校、总被引频次 Top 10 科研院所的发文和被引情况分别见表 15-4、表 15-5。

表 15-4　农学领域高被引高等院校 Top 20（按 5 年总被引频次排序）

序号	第一作者单位	发文量/篇	5 年总被引频次/次	篇均被引频次/次	序号	第一作者单位	发文量/篇	5 年总被引频次/次	篇均被引频次/次
1	西北农林科技大学	2793	8934	3.20	11	贵州大学	1362	3032	2.23
2	中国农业大学	1987	7038	3.54	12	福建农林大学	1434	3021	2.11
3	甘肃农业大学	1714	4983	2.91	13	沈阳农业大学	916	2984	3.26
4	山东农业大学	1460	4856	3.33	14	宁夏大学	985	2973	3.02
5	山西农业大学	2184	4440	2.03	15	内蒙古农业大学	1013	2882	2.85
6	南京农业大学	1526	4153	2.72	16	四川农业大学	1033	2807	2.72
7	湖南农业大学	1527	4022	2.63	17	石河子大学	1085	2793	2.57
8	河南农业大学	1393	3968	2.85	18	西南大学	986	2743	2.78
9	华中农业大学	1231	3712	3.02	19	新疆农业大学	1404	2740	1.95
10	东北农业大学	1154	3533	3.06	20	河北农业大学	1245	2738	2.20

表 15-5　农学领域高被引科研院所 Top 10（按 5 年总被引频次排序）

序号	第一作者单位	发文量/篇	5 年总被引频次/次	篇均被引频次/次	序号	第一作者单位	发文量/篇	5 年总被引频次/次	篇均被引频次/次
1	中国农业科学院机关	562	3490	6.21	4	广西农业科学院	1039	2033	1.96
2	中国热带农业科学院	1148	2228	1.94	5	江苏省农业科学院	790	2014	2.55
3	河南省农业科学院	820	2085	2.54	6	云南省农业科学院	936	1965	2.10

续表

序号	第一作者单位	发文量/篇	5 年总被引频次/次	篇均被引频次/次	序号	第一作者单位	发文量/篇	5 年总被引频次/次	篇均被引频次/次
7	山东省农业科学院	770	1896	2. 46	9	广东省农业科学院	820	1777	2. 17
8	福建省农业科学院	806	1827	2. 27	10	甘肃省农业科学院	499	1605	3. 22

第 16 章　2023 年林学领域高被引分析

16.1　领域论文概况

2018—2022 年，林学领域共发表学术论文 19426 篇，由来自 2180 所机构的 15593 位学者作为第一作者发表。上述论文中，有 11988 篇被引用，整体被引率为 61.7%，总被引频次为 45524 次，篇均被引 2.34 次；其中，高被引论文有 215 篇，高被引论文篇均被引 16.96 次（表 16-1）。

表 16-1　2018—2022 年林学领域论文分布情况

年份	论文数量/篇	总被引频次/次	被引率/%	高被引论文数量/篇	高被引论文被引频次/次
2018	3663	14478	82.4	36	1012
2019	4045	14631	81.4	47	1148
2020	3829	10329	75.4	45	804
2021	4097	5311	54.8	42	498
2022	3792	775	14.4	45	184
合计	19426	45524	61.7	215	3646

16.2　高被引论文分析

2018—2022 年，林学领域总被引频次最高的论文为 2019 年叶建仁发表的《松材线虫病在中国的流行现状、防治技术与对策分析》（总被引频次为 72 次），刊载各年高被引论文 Top 5 数量最多的期刊为《生态学报》（7 篇），详见表 16-2。

表 16-2　2018—2022 年林学领域高被引论文 Top 5（按各年总被引频次排序）

序号	论文题名	第一作者	期刊名称	发表年份	总被引频次/次
1	不同林龄杉木人工林植物 - 凋落叶 - 土壤 C、N、P 化学计量特征及互作关系	李明军	生态学报	2018	47
2	黄土丘陵区不同森林类型叶片 - 凋落物 - 土壤生态化学计量特征	张萍	生态学报	2018	43
3	关于我国人工林长期生产力的保持	盛炜彤	林业科学研究	2018	40
4	结构化森林经营研究进展	惠刚盈	林业科学研究	2018	39
5	漓江河岸带枫杨群落主要木本植物种间联结与相关分析	刘润红	生态学报	2018	36

续表

序号	论文题名	第一作者	期刊名称	发表年份	总被引频次/次
6	松材线虫病在中国的流行现状、防治技术与对策分析	叶建仁	林业科学	2019	72
7	不同林龄杉木人工林土壤 C：N：P 化学计量特征及其与土壤理化性质的关系	张芸	生态学报	2019	36
8	基于 Sentinel-2A 影像特征优选的随机森林土地覆盖分类	何云	资源科学	2019	35
9	中国自然保护地空间重叠分析与保护地体系优化整合对策	马童慧	生物多样性	2019	33
10	基于主成分分析的茶油品质综合评价研究	王彦花	中南林业科技大学学报	2019	32
11	林分密度对杉木人工林下物种多样性和土壤养分的影响	张勇强	土壤学报	2020	42
12	桂林岩溶石山青冈群落灌木层主要物种生态位与种间联结	刘润红	生态学报	2020	39
13	油茶产业发展新论	陈永忠	南京林业大学学报（自然科学版）	2020	36
14	伏牛山地区森林生态系统服务权衡/协同效应多尺度分析	张静静	地理学报	2020	27
15	滇中退化山地不同植被恢复下土壤碳氮磷储量与生态化学计量特征	何高迅	生态学报	2020	21
16	油茶果实主要数量性状分析及育种指标体系筛选	陈永忠	中南林业科技大学学报	2021	26
17	木材科学与技术研究新进展	吴义强	中南林业科技大学学报	2021	25
18	林分密度对杉木人工林林下植被和土壤性质的影响	舒韦维	生态学报	2021	21
19	高通量测序分析大兴安岭典型森林土壤细菌和真菌群落特征	姜雪薇	微生物学通报	2021	17
20	长白山群落交错带长白松和鱼鳞云杉径向生长对气候变暖的响应	于健	应用生态学报	2021	15

续表

序号	论文题名	第一作者	期刊名称	发表年份	总被引频次/次
21	碳达峰碳中和背景下中国森林碳汇潜力分析研究	张颖	北京林业大学学报	2022	15
22	2021 年全国主要林业有害生物发生情况及 2022 年发生趋势预测	李硕	中国森林病虫	2022	11
23	基于高通量测序技术的松材线虫研究进展	丁晓磊	南京林业大学学报（自然科学版）	2022	8
24	基于 MODIS 和 CASA 模型的伊春市森林植被 NPP 变化特征及其影响因子分析	刘文瑞	生态学杂志	2022	8
25	优质轻简高效生产技术（一）——白菜类蔬菜集约化育苗技术规程	尚庆茂	中国蔬菜	2022	6

16.3 研究主题关联分析

在林学领域，215 篇高被引论文共被引用了 3646 次。通过分析施引文献关键词的词频及关键词之间的共现关系，获得林学领域的热点主题和主题关联，如图 16–1 所示。由图可知："土壤养分""物种多样性""林龄"等关键词的文献词频较高，是林学领域的研究热点。本领域形成 14 个研究主题簇，分别以"林分结构""物种多样性"为中心；以"杉木人工林""化学计量比"为中心；以"土壤养分"为中心；以"土壤理化性质"为中心；以"林龄""人工林"为中心；以"自然保护地""群落结构"为中心；以"物种多样性""巨龙竹"为中心；以"碳储量"为中心；以"叶片""凋落物"为中心；以"云南松""化学计量特征"为中心；以"种群""生态位"为中心；以"地形""主成分分析"为中心；以"土壤酶活性"为中心；以"气候变化"为中心。

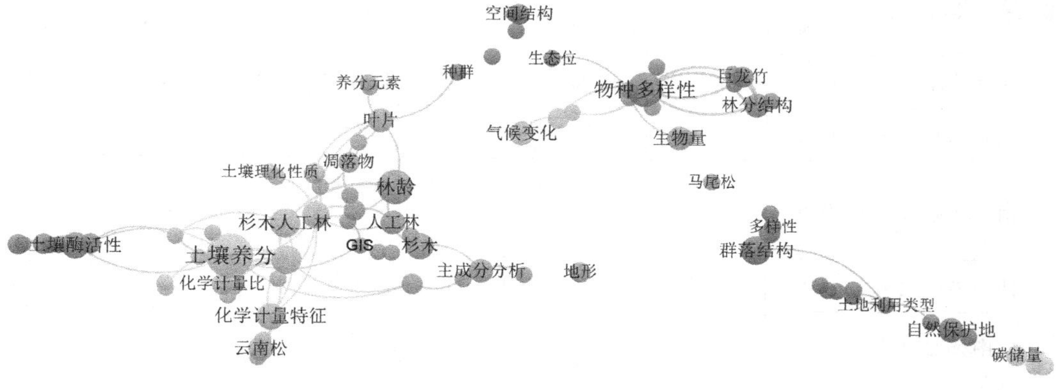

图 16–1　林学领域的热点主题和主题关联

16.4 高被引作者分析

2018—2022 年林学领域论文总被引频次 Top 10 的作者见表 16-3。其中发文 5 年总被引频次居前 3 位的作者分别是辽宁工程技术大学的王凯（108 次）、广西师范大学的刘润红（85 次）、东北林业大学的胡海清（76 次）。

表 16-3 林学领域高被引作者 Top 10（按 5 年总被引频次排序）

序号	作者	作者单位	发文量/篇	5 年总被引频次/次	篇均被引频次/次
1	王凯	辽宁工程技术大学	17	108	6.35
2	刘润红	广西师范大学	3	85	28.33
3	胡海清	东北林业大学	10	76	7.60
4	叶建仁	南京林业大学	2	72	36.00
5	李洪果	中国林业科学研究院	6	59	9.83
6	庞圣江	中国林业科学研究院	8	58	7.25
7	李明军	贵州大学	1	47	47.00
8	张勇强	中国林业科学研究院	3	45	15.00
9	曹小玉	中南林业科技大学	6	45	7.50
10	赵盼盼	福建师范大学	3	44	14.67

16.5 高被引机构分析

林学领域总被引频次 Top 20 高等院校、总被引频次 Top 10 科研院所的发文和被引情况分别见表 16-4、表 16-5。

表 16-4 林学领域高被引高等院校 Top 20（按 5 年总被引频次排序）

序号	第一作者单位	发文量/篇	5 年总被引频次/次	篇均被引频次/次	序号	第一作者单位	发文量/篇	5 年总被引频次/次	篇均被引频次/次
1	北京林业大学	1321	3914	2.96	6	福建农林大学	593	1513	2.55
2	东北林业大学	1336	3116	2.33	7	浙江农林大学	457	1079	2.36
3	南京林业大学	965	2632	2.73	8	西北农林科技大学	346	1053	3.04
4	西南林业大学	745	1628	2.19	9	四川农业大学	192	827	4.31
5	中南林业科技大学	494	1542	3.12	10	福建师范大学	199	788	3.96

续表

序号	第一作者单位	发文量/篇	5 年总被引频次/次	篇均被引频次/次	序号	第一作者单位	发文量/篇	5 年总被引频次/次	篇均被引频次/次
11	内蒙古农业大学	309	621	2.01	16	河北农业大学	174	374	2.15
12	华南农业大学	196	609	3.11	17	海南大学	254	362	1.43
13	贵州大学	237	587	2.48	18	山西农业大学	171	334	1.95
14	江西农业大学	205	560	2.73	19	贵州师范大学	61	325	5.33
15	广西大学	252	465	1.85	20	甘肃农业大学	101	311	3.08

表 16–5　林学领域高被引科研院所 Top 10（按 5 年总被引频次排序）

序号	第一作者单位	发文量/篇	5 年总被引频次/次	篇均被引频次/次	序号	第一作者单位	发文量/篇	5 年总被引频次/次	篇均被引频次/次
1	中国林业科学研究院	1596	4431	2.78	6	中国科学院华南植物园	58	198	3.41
2	广西壮族自治区林业科学研究院	369	734	1.99	7	云南省林业科学院	64	166	2.59
3	中国热带农业科学院	262	364	1.39	8	中国科学院新疆生态与地理研究所	36	131	3.64
4	中国科学院地理科学与资源研究所	80	335	4.19	9	中国科学院成都生物研究所	32	98	3.06
5	中国科学院沈阳应用生态研究所	79	229	2.90	10	中国科学院生态环境研究中心	24	89	3.71

第 17 章　2023 年畜牧兽医领域高被引分析

17.1　领域论文概况

2018—2022 年，畜牧兽医领域共发表学术论文 34667 篇，由来自 2829 所机构的 26131 位学者作为第一作者发表。上述论文中，有 19209 篇被引用，整体被引率为 55.4%，总被引频次为 59964 次，篇均被引 1.73 次；其中，高被引论文有 428 篇，高被引论文篇均被引 13.60 次（表 17–1）。

表 17–1　2018—2022 年畜牧兽医领域论文分布情况

年份	论文数量/篇	总被引频次/次	被引率/%	高被引论文数量/篇	高被引论文被引频次/次
2018	6264	17678	75.1	70	1584
2019	6390	17584	75.2	71	1541
2020	6731	14119	68.4	78	1332
2021	7307	8906	53.7	95	939
2022	7975	1677	14.7	114	423
合计	34667	59964	55.4	428	5819

17.2　高被引论文分析

2018—2022 年，畜牧兽医领域总被引频次最高的论文为 2018 年尚占环发表的《青藏高原“黑土滩”退化草地及其生态恢复近 10 年研究进展——兼论三江源生态恢复问题》（总被引频次为 65 次），刊载各年高被引论文 Top 5 数量最多的期刊为《动物营养学报》（9 篇），详见表 17–2。

表 17–2　2018—2022 年畜牧兽医领域高被引论文 Top 5（按各年总被引频次排序）

序号	论文题名	第一作者	期刊名称	发表年份	总被引频次/次
1	青藏高原“黑土滩”退化草地及其生态恢复近 10 年研究进展——兼论三江源生态恢复问题	尚占环	草地学报	2018	65
2	我国首次非洲猪瘟疫情的发现和流行分析	陈腾	中国兽医学报	2018	39
3	非洲猪瘟防控及疫苗研发：挑战与对策	王涛	生物工程学报	2018	37
4	基于 TM NDVI 的武功山山地草甸植被覆盖度时空变化研究	张学玲	生态学报	2018	35

续表

序号	论文题名	第一作者	期刊名称	发表年份	总被引频次/次
5	中国北方草原退化现状与恢复技术	潘庆民	科学通报	2018	35
6	6 个紫花苜蓿品种氨基酸组成分析及营养价值评价	孙娟娟	中国农业科学	2019	41
7	青藏高寒区退化草地生态恢复：退化现状、恢复措施、效应与展望	张骞	生态学报	2019	40
8	沙化草地土壤碳氮磷化学计量特征及其对植被生产力和多样性的影响	宁志英	生态学报	2019	37
9	不同退化程度高寒草甸土壤理化性质及酶活性分析	王玉琴	生态环境学报	2019	35
10	豆科与禾本科牧草混播改良土壤的研究进展	芦奕晓	中国草地学报	2019	31
11	中国北方草地生态系统服务评估和功能区划助力生态安全屏障建设	白永飞	中国科学院院刊	2020	34
12	不同青贮添加剂对全株玉米青贮营养价值、发酵品质和瘤胃降解率的影响	王亚芳	动物营养学报	2020	33
13	抗生素替代物在畜禽养殖中的研究及应用进展	田志梅	动物营养学报	2020	28
14	青藏高原典型草地植被退化与土壤退化研究	郝爱华	生态学报	2020	28
15	青藏高原区退化高寒草甸植被和土壤特征	李军豪	应用生态学报	2020	27
16	不同添加剂对构树青贮饲料发酵品质及微生物多样性的影响	黄媛	动物营养学报	2021	20
17	动物营养学科发展在战略方向上的重大突破：构建动物健康营养理论和技术体系及其实际应用	卢德勋	动物营养学报	2021	16
18	不同类型酸化剂对断奶仔猪生长性能和免疫功能的影响	程远之	动物营养学报	2021	16
19	添加乳酸菌、糖蜜和无机酸对羊草青贮饲料发酵品质及体外干物质消失率的影响	黄秋连	动物营养学报	2021	15

续表

序号	论文题名	第一作者	期刊名称	发表年份	总被引频次/次
20	发酵构树饲料对断奶仔猪生长性能、养分表观消化率和血清生化指标的影响	邓铭	动物营养学报	2021	14
21	复合乳酸菌发酵饲料对生长猪生长性能、粪便菌群、血清免疫和抗氧化指标的影响	刘辉	动物营养学报	2022	9
22	不同青贮添加剂对去油芳樟枝叶青贮饲料营养成分、青贮发酵品质和瘤胃体外发酵特性的影响	王隆	动物营养学报	2022	7
23	中草药添加剂在畜禽生产中的应用	黄元元	饲料研究	2022	7
24	放牧对草原植物功能性状影响研究进展	王晓芳	应用生态学报	2022	6
25	香芹酚和百里香酚对畜禽肠道健康的调控	闫世雄	饲料研究	2022	6

17.3 研究主题关联分析

在畜牧兽医领域，428 篇高被引论文共被引用了 5819 次。通过分析施引文献关键词的词频及关键词之间的共现关系，获得畜牧兽医领域的热点主题和主题关联，如图 17-1 所示。由图可知："生长性能""血清生化指标""免疫功能"等关键词的文献词频较高，是畜牧

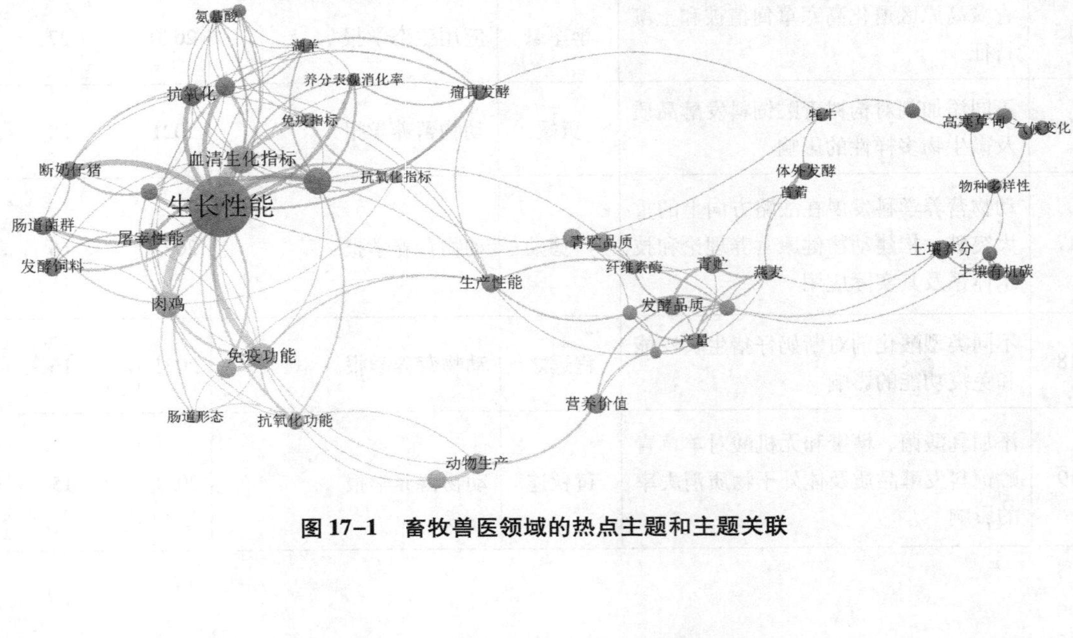

图 17-1　畜牧兽医领域的热点主题和主题关联

兽医领域的研究热点。本领域形成 6 个研究主题簇，分别以“屠宰性能”“生长性能”为中心；以“免疫功能”“肉鸡”为中心；以“氨基酸”“湖羊”为中心；以“免疫指标”“血清生化指标”为中心；以“发酵品质”“营养价值”为中心；以“土壤有机碳”“高寒草甸”为中心。

17.4　高被引作者分析

2018—2022 年畜牧兽医领域论文总被引频次 Top 10 的作者见表 17–3。其中发文 5 年总被引频次居前 3 位的作者分别是福建农林大学的郭睿（93 次）、江西省农业科学院的占今舜（79 次）、内蒙古农业大学的张峰（75 次）。

表 17–3　畜牧兽医领域高被引作者 Top 10（按 5 年总被引频次排序）

序号	作者	作者单位	发文量/篇	5 年总被引频次/次	篇均被引频次/次
1	郭睿	福建农林大学	12	93	7. 75
2	占今舜	江西省农业科学院	13	79	6. 08
3	张峰	内蒙古农业大学	12	75	6. 25
4	白永飞	中国科学院植物研究所	3	73	24. 33
5	崔艺燕	广东省农业科学院	23	68	2. 96
6	尚占环	兰州大学	1	65	65. 00
7	田志梅	广东省农业科学院	8	61	7. 63
8	王玉琴	青海大学	6	57	9. 50
9	陈浩	内蒙古农业大学	11	52	4. 73
10	周力	青海大学	31	52	1. 68

17.5　高被引机构分析

畜牧兽医领域总被引频次 Top 20 高等院校、总被引频次 Top 10 科研院所的发文和被引情况分别见表 17–4、表 17–5。

表 17–4　畜牧兽医领域高被引高等院校 Top 20（按 5 年总被引频次排序）

序号	第一作者单位	发文量/篇	5 年总被引频次/次	篇均被引频次/次	序号	第一作者单位	发文量/篇	5 年总被引频次/次	篇均被引频次/次
1	内蒙古农业大学	905	2087	2. 31	5	南京农业大学	791	1265	1. 60
2	中国农业大学	929	1738	1. 87	6	四川农业大学	603	1240	2. 06
3	甘肃农业大学	798	1620	2. 03	7	西北农林科技大学	838	1221	1. 46
4	湖南农业大学	589	1464	2. 49	8	宁夏大学	479	1215	2. 54

续表

序号	第一作者单位	发文量/篇	5 年总被引频次/次	篇均被引频次/次	序号	第一作者单位	发文量/篇	5 年总被引频次/次	篇均被引频次/次
9	扬州大学	873	1110	1. 27	15	山西农业大学	473	867	1. 83
10	华南农业大学	629	1084	1. 72	16	贵州大学	565	832	1. 47
11	河北农业大学	648	1031	1. 59	17	东北农业大学	496	801	1. 61
12	兰州大学	243	998	4. 11	18	青海大学	340	783	2. 30
13	新疆农业大学	696	998	1. 43	19	吉林农业大学	494	778	1. 57
14	河南农业大学	519	932	1. 80	20	西南民族大学	447	767	1. 72

表 17–5　畜牧兽医领域高被引科研院所 Top 10（按 5 年总被引频次排序）

序号	第一作者单位	发文量/篇	5 年总被引频次/次	篇均被引频次/次	序号	第一作者单位	发文量/篇	5 年总被引频次/次	篇均被引频次/次
1	广东省农业科学院	328	771	2. 35	6	中国农业科学院特产研究所	279	377	1. 35
2	中国农业科学院机关	208	716	3. 44	7	江苏省农业科学院	264	355	1. 34
3	中国农业科学院北京畜牧兽医研究所	361	514	1. 42	8	中国农业科学院兰州畜牧与兽药研究所	180	353	1. 96
4	中国农业科学院哈尔滨兽医研究所	303	407	1. 34	9	中国科学院地理科学与资源研究所	73	342	4. 68
5	山东省农业科学院	174	395	2. 27	10	中国农业科学院兰州兽医研究所	252	331	1. 31

第 18 章　2023 年水产学领域高被引分析

18.1　领域论文概况

2018—2022 年，水产学领域共发表学术论文 10173 篇，由来自 962 所机构的 8286 位学者作为第一作者发表。上述论文中，有 5913 篇被引用，整体被引率为 58.1%，总被引频次为 18844 次，篇均被引 1.85 次；其中，高被引论文有 152 篇，高被引论文篇均被引 9.86 次（表 18-1）。

表 18-1　2018—2022 年水产学领域论文分布情况

年份	论文数量/篇	总被引频次/次	被引率/%	高被引论文数量/篇	高被引论文被引频次/次
2018	1770	6081	82.9	20	432
2019	1938	5667	79.8	22	424
2020	2104	4535	71.7	21	273
2021	2142	2179	50.8	26	228
2022	2219	382	13.7	63	142
合计	10173	18844	58.1	152	1499

18.2　高被引论文分析

2018—2022 年，水产学领域总被引频次最高的论文为 2019 年陈新军发表的《世界头足类资源开发现状及我国远洋鱿钓渔业发展对策》（总被引频次为 38 次），刊载各年高被引论文 Top 5 数量最多的期刊是《草地学报》《动物营养学报》（均 3 篇），详见表 18-2。

表 18-2　2018—2022 年水产学领域高被引论文 Top 5（按各年总被引频次排序）

序号	论文题名	第一作者	期刊名称	发表年份	总被引频次/次
1	猪粪与牛粪有机肥对水稻产量、养分利用和土壤肥力的影响	陈贵	土壤	2018	34
2	中国典型湖泊富营养化现状与区域性差异分析	李娜	水生生物学报	2018	32
3	深远海养殖装备技术研究现状与发展趋势	闫国琦	大连海洋大学学报	2018	28
4	黑水虻幼虫粉替代鱼粉对鲈鱼幼鱼生长性能、体组成、血浆生化指标和组织结构的影响	胡俊茹	动物营养学报	2018	26

续表

序号	论文题名	第一作者	期刊名称	发表年份	总被引频次/次
5	中国水产养殖环境氮磷污染现状及未来发展思路	刘国锋	江苏农业学报	2018	26
6	世界头足类资源开发现状及我国远洋鱿钓渔业发展对策	陈新军	上海海洋大学学报	2019	38
7	黑水虻幼虫粉替代鱼粉对黄颡鱼幼鱼生长性能、肌肉品质及血清生化指标的影响	陈晓瑛	动物营养学报	2019	35
8	中国现代化海洋牧场建设的战略思考	杨红生	水产学报	2019	31
9	不同月龄大泷六线鱼形态性状与体质量的相关性及通径分析	李莉	上海海洋大学学报	2019	24
10	低氧和复氧对日本沼虾抗氧化酶活力及组织结构的影响	杨明	中国水产科学	2019	23
11	中国海洋渔业转型与深蓝渔业战略性新兴产业	徐皓	渔业现代化	2020	17
12	长江安庆新洲水域鱼类群落结构及多样性	王银平	生态学报	2020	17
13	单进水管结构对单通道矩形圆弧角养殖池水动力特性的影响研究	于林平	大连海洋大学学报	2020	14
14	县域乡村振兴指标体系构建及其评价——以广东德庆县为例	易小燕	中国农业资源与区划	2020	14
15	不同投喂率和投喂频率对大杂交鲟幼鱼生长、体成分和生化指标的影响	褚志鹏	中国水产科学	2020	14
16	不同盐分处理对黑果枸杞种子萌发和幼苗生长的影响	潘平新	草地学报	2021	13
17	水产动物保活运输中环境胁迫应激及生理调控机制的研究进展	谢晶	食品科学	2021	13
18	海水养殖践行“海洋负排放”的途径	张继红	中国科学院院刊	2021	12
19	菌根真菌和根瘤菌接种对紫花苜蓿和无芒雀麦混播牧草生物量的影响	谢开云	草地学报	2021	11

续表

序号	论文题名	第一作者	期刊名称	发表年份	总被引频次/次
20	两种独行菜种子萌发对不同浓度 NaCl 胁迫的响应	李天永	草地学报	2021	11
21	温度梯度对四大家鱼临界游泳速度的影响	王晓	渔业科学进展	2022	4
22	罗氏沼虾性成熟前后形态性状对体质量的通径分析	邢钱钱	水产学报	2022	4
23	发酵豆粕替代鱼粉对大口黑鲈幼鱼生长、脂质代谢、血清非特异性免疫及肠道菌群的影响	黄河	水生生物学报	2022	3
24	滇池金线鲃肠道产细菌素细菌的筛选鉴定及细菌素 LSP01 的抑菌作用	辛维岗	微生物学通报	2022	3
25	豆粕发酵工艺优化及发酵豆粕替代部分鱼粉对大黄鱼的饲喂效果	李春梅	动物营养学报	2022	3

18.3　研究主题关联分析

在水产学领域，152 篇高被引论文共被引用了 1499 次。通过分析施引文献关键词的词频及关键词之间的共现关系，获得水产学领域的热点主题和主题关联，如图 18-1 所示。由图可知："生长性能""群落结构""虹鳟"等关键词的文献词频较高，是水产学领域的研究热点。本领域形成 8 个研究主题簇，分别以"生长性能"为中心；以"品质评价""营养组分"为中心；以"投喂频率""规格"为中心；以"肠道微生物菌群""克氏原螯虾"为中心；以"卵形鲳鲹""形态性状"为中心；以"群落结构""环境因子"为中心；以"水质""大口黑鲈"为中心；以"抗氧化功能"为中心。

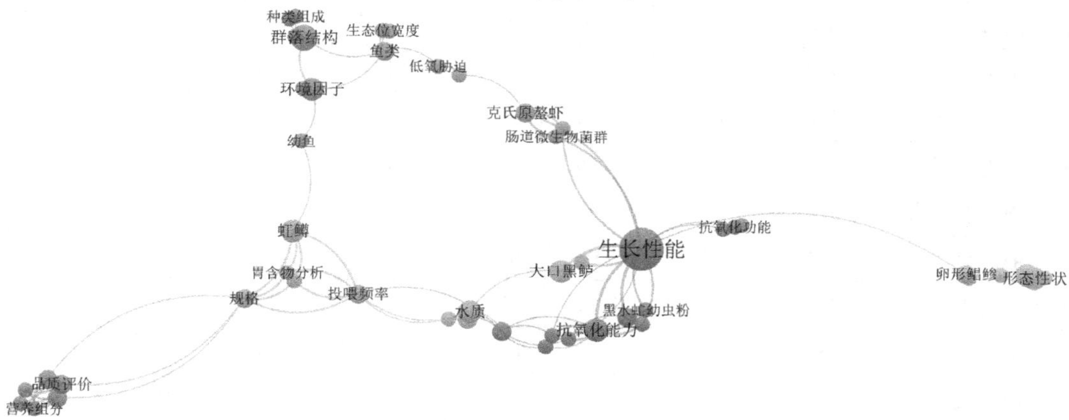

图 18-1　水产学领域的热点主题和主题关联

18.4 高被引作者分析

2018—2022 年水产学领域论文总被引频次 Top 10 的作者见表 18-3。其中发文 5 年总被引频次居前 3 位的作者分别是上海海洋大学的蓝蔚青（67 次）、上海海洋大学的陈新军（56 次）、中国科学院海洋研究所的杨红生（50 次）。

表 18-3 水产学领域高被引作者 Top 10（按 5 年总被引频次排序）

序号	作者	作者单位	发文量/篇	5 年总被引频次/次	篇均被引频次/次
1	蓝蔚青	上海海洋大学	13	67	5.15
2	陈新军	上海海洋大学	3	56	18.67
3	杨红生	中国科学院海洋研究所	6	50	8.33
4	陈晓瑛	广东省农业科学院	4	44	11.00
5	胡俊茹	广东省农业科学院	6	44	7.33
6	李娜	武汉理工大学	1	32	32.00
7	方舟	上海海洋大学	6	32	5.33
8	周胜杰	中国水产科学研究院	11	30	2.73
9	张云雷	中国海洋大学	4	29	7.25
10	李忠义	中国水产科学研究院	6	29	4.83

18.5 高被引机构分析

水产学领域总被引频次 Top 20 高等院校、总被引频次 Top 10 科研院所的发文和被引情况分别见表 18-4、表 18-5。

表 18-4 水产学领域高被引高等院校 Top 20（按 5 年总被引频次排序）

序号	第一作者单位	发文量/篇	5 年总被引频次/次	篇均被引频次/次	序号	第一作者单位	发文量/篇	5 年总被引频次/次	篇均被引频次/次
1	上海海洋大学	1699	3331	1.96	11	天津农学院	148	164	1.11
2	中国海洋大学	485	899	1.85	12	湖南农业大学	63	150	2.38
3	广东海洋大学	338	603	1.78	13	广西大学	80	143	1.79
4	大连海洋大学	351	548	1.56	14	中国农业大学	49	125	2.55
5	南京农业大学	181	424	2.34	15	河南师范大学	77	112	1.45
6	浙江海洋大学	181	377	2.08	16	三峡大学	34	109	3.21
7	宁波大学	181	347	1.92	17	海南大学	87	108	1.24
8	华中农业大学	185	314	1.70	18	四川农业大学	71	100	1.41
9	西南大学	124	304	2.45	19	甘肃农业大学	42	97	2.31
10	集美大学	111	176	1.59	20	吉林农业大学	56	96	1.71

表 18-5　水产学领域高被引科研院所 Top 10（按 5 年总被引频次排序）

序号	第一作者单位	发文量/篇	5 年总被引频次/次	篇均被引频次/次	序号	第一作者单位	发文量/篇	5 年总被引频次/次	篇均被引频次/次
1	中国水产科学研究院	1495	3585	2. 40	6	安徽省农业科学院	37	69	1. 86
2	广东省农业科学院	43	196	4. 56	7	中国科学院南海海洋研究所	31	50	1. 61
3	中国科学院水生生物研究所	86	153	1. 78	8	江苏省农业科学院	19	33	1. 74
4	中国科学院海洋研究所	88	129	1. 47	9	福建省农业科学院	25	32	1. 28
5	西藏自治区农牧科学院	36	74	2. 06	10	中国热带农业科学院	18	29	1. 61

第 19 章　2023 年测绘科学技术领域高被引分析

19. 1　领域论文概况

2018—2022 年，测绘科学技术领域共发表学术论文 14903 篇，由来自 2240 所机构的 11748 位学者作为第一作者发表。上述论文中，有 8034 篇被引用，整体被引率为 53. 9%，总被引频次为 27624 次，篇均被引 1. 85 次；其中，高被引论文有 202 篇，高被引论文篇均被引 17. 41 次（表 19–1）。

表 19–1　2018—2022 年测绘科学技术领域论文分布情况

年份	论文数量/篇	总被引频次/次	被引率/%	高被引论文数量/篇	高被引论文被引频次/次
2018	2977	8978	75. 1	30	1086
2019	2937	8890	74. 2	32	1176
2020	2842	6072	66. 4	29	605
2021	3081	3210	45. 8	31	420
2022	3066	474	10. 6	80	230
合计	14903	27624	53. 9	202	3517

19. 2　高被引论文分析

2018—2022 年，测绘科学技术领域总被引频次最高的论文为 2019 年许强发表的《基于天 – 空 – 地一体化的重大地质灾害隐患早期识别与监测预警》（总被引频次为 127 次），刊载各年高被引论文 Top 5 数量最多的期刊为《武汉大学学报（信息科学版）》（9 篇），详见表 19–2。

表 19–2　2018—2022 年测绘科学技术领域高被引论文 Top 5（按各年总被引频次排序）

序号	论文题名	第一作者	期刊名称	发表年份	总被引频次/次
1	北斗三号系统进展及性能预测——试验验证数据分析	杨元喜	中国科学（地球科学）	2018	91
2	基于时间序列 InSAR 分析的西部山区滑坡灾害隐患早期识别——以四川丹巴为例	张路	武汉大学学报（信息科学版）	2018	70
3	遥感大数据时代与智能信息提取	张兵	武汉大学学报（信息科学版）	2018	50
4	数字土壤制图研究综述与展望	朱阿兴	地理科学进展	2018	49

续表

序号	论文题名	第一作者	期刊名称	发表年份	总被引频次/次
5	多时相遥感影像变化检测方法综述	眭海刚	武汉大学学报（信息科学版）	2018	46
6	基于天-空-地一体化的重大地质灾害隐患早期识别与监测预警	许强	武汉大学学报（信息科学版）	2019	127
7	北斗三号导航定位技术体制与服务性能	郭树人	测绘学报	2019	65
8	光学遥感与InSAR结合的金沙江白格滑坡上下游滑坡隐患早期识别	陆会燕	武汉大学学报（信息科学版）	2019	60
9	卫星雷达遥感在滑坡灾害探测和监测中的应用：挑战与对策	李振洪	武汉大学学报（信息科学版）	2019	54
10	自然因子对四川植被NDVI变化的地理探测	彭文甫	地理学报	2019	51
11	对地质灾害隐患早期识别相关问题的认识与思考	许强	武汉大学学报（信息科学版）	2020	39
12	中国地球观测遥感卫星发展现状及文献分析	孙伟伟	遥感学报	2020	37
13	PPP/PPP-RTK新进展与北斗/GNSS PPP定位性能比较	张小红	测绘学报	2020	30
14	天绘二号卫星工程设计与实现	楼良盛	测绘学报	2020	25
15	黄河流域人地耦合与可持续人居环境	汪芳	地理研究	2020	25
16	2021年5月21日M_s 6.4漾濞地震GNSS同震变形场及其约束反演的破裂滑动分布	张克亮	地球物理学报	2021	22
17	1982—2015年气候变化和人类活动对内蒙古草地净初级生产力的影响	李辉	应用生态学报	2021	20
18	GNSS观测的2021年青海玛多地震（M_w 7.4）同震形变及其滑动分布	李志才	武汉大学学报（信息科学版）	2021	19
19	北斗三号全球导航卫星系统服务性能评估：定位导航授时、星基增强、精密单点定位、短报文通信与国际搜救	蔡洪亮	测绘学报	2021	18

续表

序号	论文题名	第一作者	期刊名称	发表年份	总被引频次/次
20	遥感云计算平台发展及地球科学应用	付东杰	遥感学报	2021	18
21	InSAR 数据约束下 2016 年和 2022 年青海门源地震震源参数及其滑动分布	李振洪	武汉大学学报（信息科学版）	2022	11
22	航天测绘发展现状与展望	杨元喜	中国空间科学技术	2022	10
23	多源遥感地质灾害早期识别技术进展与发展趋势	张勤	测绘学报	2022	10
24	“天–空–地”协同滑坡监测技术进展	许强	测绘学报	2022	9
25	大变化时代的地图学	王家耀	测绘学报	2022	8

19.3 研究主题关联分析

在测绘科学技术领域，202 篇高被引论文共被引用了 3517 次。通过分析施引文献关键词的词频及关键词之间的共现关系，获得测绘科学技术领域的热点主题和主题关联，如图 19–1 所示。由图可知：“深度学习”“遥感”“遥感影像”等关键词的文献词频较高，是测绘科学技术领域的研究热点。本领域形成 9 个研究主题簇，分别以“目标检测”“深度学习”为中心；以“平山造城”“地面沉降”为中心；以“注意力机制”“遥感影像”为中心；以“地理大数据”“地理空间人工智能”为中心；以“精度分析”“遥感”为中心；以“支持向量机”“随机森林”为中心；以“全球导航卫星系统”“InSAR”为中心；以“大数据”“地图综合”为中心；以“气候变化”为中心。

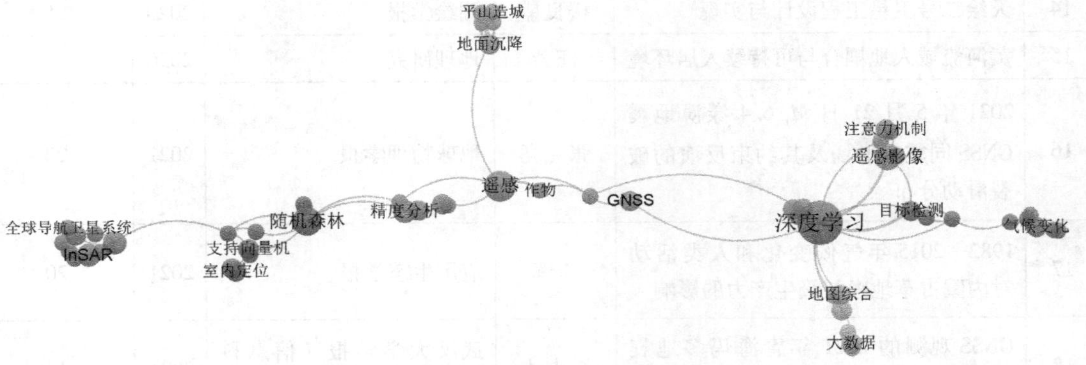

图 19–1 测绘科学技术领域的热点主题和主题关联

19.4 高被引作者分析

2018—2022 年测绘科学技术领域论文总被引频次 Top 10 的作者见表 19–3。其中发文

5 年总被引频次居前 3 位的作者分别是成都理工大学的许强（192 次）、武汉大学的李德仁（159 次）、武汉大学的龚健雅（109 次）。

表 19-3　测绘科学技术领域高被引作者 Top 10（按 5 年总被引频次排序）

序号	作者	作者单位	发文量/篇	5 年总被引频次/次	篇均被引频次/次
1	许强	成都理工大学	7	192	27.43
2	李德仁	武汉大学	13	159	12.23
3	龚健雅	武汉大学	6	109	18.17
4	崔立鲁	成都大学	21	89	4.24
5	刘经南	武汉大学	7	78	11.14
6	季顺平	武汉大学	4	74	18.50
7	张路	武汉大学	1	70	70.00
8	张小红	武汉大学	7	70	10.00
9	郭仁忠	武汉大学	3	68	22.67
10	郭树人	北京跟踪与通信技术研究所	3	66	22.00

19.5　高被引机构分析

测绘科学技术领域总被引频次 Top 20 高等院校、总被引频次 Top 10 科研院所的发文和被引情况分别见表 19-4、表 19-5。

表 19-4　测绘科学技术领域高被引高等院校 Top 20（按 5 年总被引频次排序）

序号	第一作者单位	发文量/篇	5 年总被引频次/次	篇均被引频次/次	序号	第一作者单位	发文量/篇	5 年总被引频次/次	篇均被引频次/次
1	武汉大学	1276	3471	2.72	11	西南交通大学	158	349	2.21
2	山东科技大学	383	677	1.77	12	兰州交通大学	211	329	1.56
3	辽宁工程技术大学	268	623	2.32	13	河南理工大学	171	302	1.77
4	中国地质大学	224	573	2.56	14	中南大学	133	294	2.21
5	长安大学	220	561	2.55	15	南京师范大学	73	268	3.67
6	中国矿业大学	237	557	2.35	16	首都师范大学	73	256	3.51
7	成都理工大学	92	552	6.00	17	同济大学	129	245	1.90
8	东华理工大学	168	383	2.28	18	北京建筑大学	119	235	1.97
9	河海大学	227	382	1.68	19	昆明理工大学	120	214	1.78
10	桂林理工大学	177	374	2.11	20	北京大学	55	178	3.24

表 19–5　测绘科学技术领域高被引科研院所 Top 10（按 5 年总被引频次排序）

序号	第一作者单位	发文量/篇	5 年总被引频次/次	篇均被引频次/次	序号	第一作者单位	发文量/篇	5 年总被引频次/次	篇均被引频次/次
1	中国测绘科学研究院	185	536	2.90	6	中国地震局地震研究所	41	61	1.49
2	中国科学院地理科学与资源研究所	82	340	4.15	7	自然资源部第一海洋研究所	24	45	1.88
3	中国科学院上海天文台	72	130	1.81	8	中国科学院大学	31	39	1.26
4	中国科学院空天信息创新研究院	58	115	1.98	9	中国科学院国家授时中心	27	38	1.41
5	北京跟踪与通信技术研究所	12	92	7.67	10	中国地震局第二监测中心	19	32	1.68

第 20 章　2023 年材料科学领域高被引分析

20.1　领域论文概况

2018—2022 年，材料科学领域共发表学术论文 33442 篇，由来自 3682 所机构的 29637 位学者作为第一作者发表。上述论文中，有 15383 篇被引用，整体被引率为 46.0%，总被引频次为 39243 次，篇均被引 1.17 次；其中，高被引论文有 464 篇，高被引论文篇均被引 8.76 次（表 20-1）。

表 20-1　2018—2022 年材料科学领域论文分布情况

年份	论文数量/篇	总被引频次/次	被引率/%	高被引论文数量/篇	高被引论文被引频次/次
2018	6076	12627	68.4	62	1029
2019	6140	11795	66.5	66	1009
2020	6294	8878	57.2	75	899
2021	7220	5062	39.7	122	784
2022	7712	881	8.8	139	345
合计	33442	39243	46.0	464	4066

20.2　高被引论文分析

2018—2022 年，材料科学领域总被引频次最高的论文为 2019 年池汝安发表的《风化壳淋积型稀土矿开发的现状及展望》（总被引频次为 49 次），刊载各年高被引论文 Top 5 数量最多的期刊是《材料导报》《材料科学技术（英文版）》《复合材料学报》（均 4 篇），详见表 20-2。

表 20-2　2018—2022 年材料科学领域高被引论文 Top 5（按各年总被引频次排序）

序号	论文题名	第一作者	期刊名称	发表年份	总被引频次/次
1	What is going on in magnesium alloys?	X. J. Wang	材料科学技术（英文版）	2018	39
2	0Cr25Ni7Mo4N 双相不锈钢高温热塑性及组织演变	卢成壮	材料导报	2018	29
3	钢纤维对超高性能混凝土抗弯力学性能的影响	梁兴文	复合材料学报	2018	27
4	离子吸附型稀土开采工艺与理论研究现状	郭钟群	稀土	2018	26
5	稻壳/高密度聚乙烯复合材料与稻壳炭/高密度聚乙烯复合材料性能对比	张庆法	复合材料学报	2018	22

续表

序号	论文题名	第一作者	期刊名称	发表年份	总被引频次/次
6	风化壳淋积型稀土矿开发的现状及展望	池汝安	中国稀土学报	2019	49
7	碳化硅陶瓷基复合材料在航空发动机上的应用需求及挑战	刘巧沐	材料工程	2019	25
8	Recent advances in solid-state LED phosphors with thermally stable luminescence	Jianwei Qiao	稀土学报（英文版）	2019	24
9	相变储能材料及其应用研究进展	陈颖	材料工程	2019	24
10	Progress in additive manufacturing on new materials: a review	Neng Li	材料科学技术（英文版）	2019	23
11	1－乙基－3－甲基咪唑硫酸乙酯盐离子液体中采用电化学法合成聚苯胺薄膜及其耐蚀性	周婉秋	材料导报	2020	38
12	汽车轻量化技术的研究现状综述	李光霁	材料科学与工艺	2020	25
13	Modulating the local coordination environment of single-atom catalysts for enhanced catalytic performance	Xinyuan Li	纳米研究（英文版）	2020	22
14	Single-atom catalysis enables long-life, high-energy lithium-sulfur batteries	Zechao Zhuang	纳米研究（英文版）	2020	22
15	陶瓷光固化 3D 打印技术研究进展	刘雨	材料工程	2020	20
16	铁尾矿制备新型建筑材料的国内外进展	路畅	材料导报	2021	20
17	Cobalt single atom site catalysts with ultrahigh metal loading for enhanced aerobic oxidation of ethylbenzene	Xiong Yu	纳米研究（英文版）	2021	15
18	基于响应面法的复合充填料浆配比优化及微观结构影响机制	刘树龙	复合材料学报	2021	14
19	Pd 单原子整体催化剂：功能化的三维结构和优异的化学加氢选择性	张泽栋	中国科学：材料科学（英文）	2021	13
20	Fe_1N_3 结构单原子 Fe 催化剂在硝基苯加氢和转移加氢中的优异性能	田书博	中国科学：材料科学（英文）	2021	12

续表

序号	论文题名	第一作者	期刊名称	发表年份	总被引频次/次
21	金属增材制造技术发展趋势综述	张立浩	材料科学与工艺	2022	7
22	Additive manufacturing of metals：microstructure evolution and multistage control	Zhiyuan Liu	材料科学技术（英文版）	2022	6
23	A mini-review of MXene porous films：preparation，mechanism and application	Yali Zhang	材料科学技术（英文版）	2022	5
24	玄武岩纤维对再生混凝土抗碳化性能的影响	丁亚红	复合材料学报	2022	5
25	磁化水的特性、机理及应用研究进展	戎鑫	材料导报	2022	5

20.3　研究主题关联分析

在材料科学领域，464 篇高被引论文共被引用了 4066 次。通过分析施引文献关键词的词频及关键词之间的共现关系，获得材料科学领域的热点主题和主题关联，如图 20–1 所示。

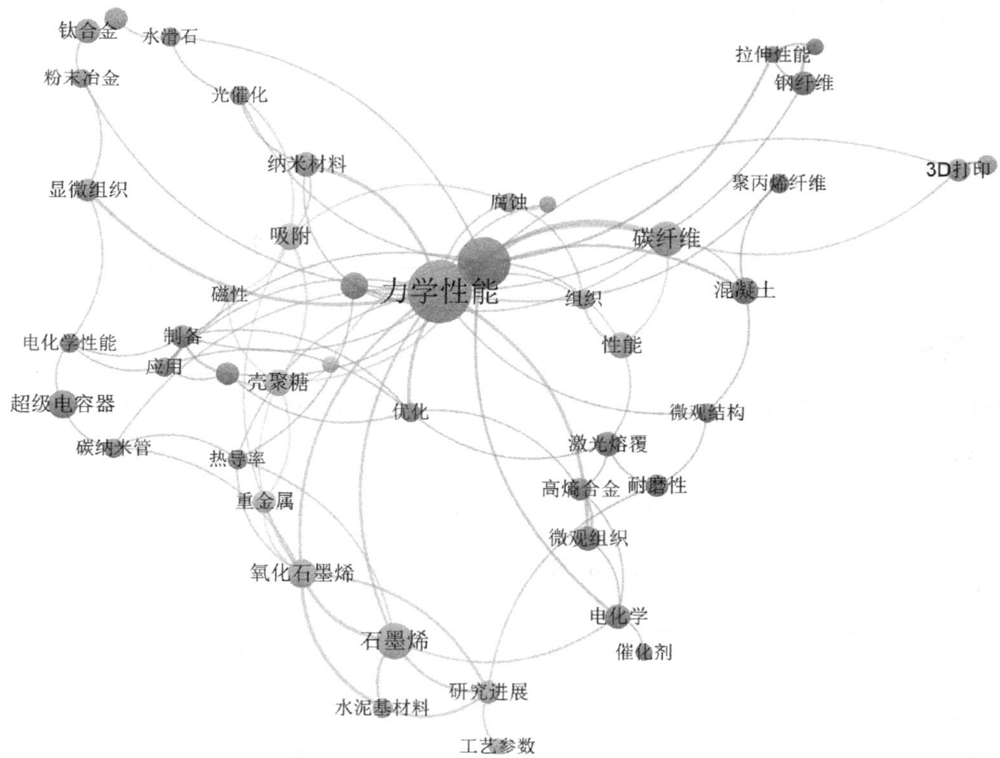

图 20–1　材料科学领域的热点主题和主题关联

由图可知："力学性能""碳纤维""石墨烯"等关键词的文献词频较高，是材料科学领域的研究热点。本领域形成9个研究主题簇，分别以"纳米材料""力学性能"为中心；以"制备""应用"为中心；以"石墨烯""氧化石墨烯"为中心；以"3D 打印""碳纤维"为中心；以"吸附""壳聚糖"为中心；以"电化学""微观组织"为中心；以"性能""组织"为中心；以"热导率""超级电容器"为中心；以"混凝土""钢纤维"为中心。

20.4 高被引作者分析

2018—2022 年材料科学领域论文总被引频次 Top 10 的作者见表 20-3。其中发文 5 年总被引频次居前 3 位的作者分别是江西理工大学的郭钟群（58 次）、武汉工程大学的池汝安（49 次）、山东理工大学的张庆法（42 次）。

表 20-3 材料科学领域高被引作者 Top 10（按 5 年总被引频次排序）

序号	作者	作者单位	发文量/篇	5 年总被引频次/次	篇均被引频次/次
1	郭钟群	江西理工大学	7	58	8.29
2	池汝安	武汉工程大学	1	49	49.00
3	张庆法	山东理工大学	5	42	8.40
4	周婉秋	沈阳师范大学	1	38	38.00
5	巩桂芬	哈尔滨理工大学	11	37	3.36
6	左迎峰	中南林业科技大学	7	35	5.00
7	刘培生	北京师范大学	3	34	11.33
8	卢成壮	北京科技大学	1	29	29.00
9	张明艳	哈尔滨理工大学	6	29	4.83
10	王爱国	安徽建筑大学	8	28	3.50

20.5 高被引机构分析

材料科学领域总被引频次 Top 20 高等院校、总被引频次 Top 10 科研院所的发文和被引情况分别见表 20-4、表 20-5。

表 20-4 材料科学领域高被引高等院校 Top 20（按 5 年总被引频次排序）

序号	第一作者单位	发文量/篇	5 年总被引频次/次	篇均被引频次/次	序号	第一作者单位	发文量/篇	5 年总被引频次/次	篇均被引频次/次
1	北京科技大学	551	655	1.19	4	四川大学	385	462	1.20
2	大连理工大学	324	490	1.51	5	河南科技大学	269	459	1.71
3	西北工业大学	393	476	1.21	6	昆明理工大学	374	442	1.18

续表

序号	第一作者单位	发文量/篇	5年总被引频次/次	篇均被引频次/次	序号	第一作者单位	发文量/篇	5年总被引频次/次	篇均被引频次/次
7	西安建筑科技大学	277	440	1.59	14	兰州理工大学	270	365	1.35
8	中南大学	327	439	1.34	15	上海交通大学	287	363	1.26
9	清华大学	217	402	1.85	16	太原理工大学	297	355	1.20
10	武汉理工大学	420	395	0.94	17	东北大学	373	345	0.92
11	哈尔滨工业大学	291	394	1.35	18	中国石油大学	215	324	1.51
12	天津工业大学	212	371	1.75	19	南昌航空大学	227	317	1.40
13	江西理工大学	209	367	1.76	20	华南理工大学	260	300	1.15

表20-5 材料科学领域高被引科研院所Top 10（按5年总被引频次排序）

序号	第一作者单位	发文量/篇	5年总被引频次/次	篇均被引频次/次	序号	第一作者单位	发文量/篇	5年总被引频次/次	篇均被引频次/次
1	中国科学院金属研究所	429	421	0.98	6	中国科学院宁波材料技术与工程研究所	83	93	1.12
2	中国科学院上海硅酸盐研究所	158	178	1.13	7	西北有色金属研究院	36	86	2.39
3	中国工程物理研究院	105	134	1.28	8	中国科学院海洋研究所	38	54	1.42
4	中国科学院长春应用化学研究所	72	110	1.53	9	中国科学院合肥物质科学研究院	46	52	1.13
5	包头稀土研究院	92	100	1.09	10	中国科学院山西煤炭化学研究所	30	45	1.50

第 21 章　2023 年工程与技术基础学科领域高被引分析

21.1　领域论文概况

2018—2022 年，工程与技术基础学科领域共发表学术论文 21876 篇，由来自 3180 所机构的 19381 位学者作为第一作者发表。上述论文中，有 9853 篇被引用，整体被引率为 45.0%，总被引频次为 25111 次，篇均被引 1.15 次；其中，高被引论文有 284 篇，高被引论文篇均被引 10.17 次（表 21-1）。

表 21-1　2018—2022 年工程与技术基础学科领域论文分布情况

年份	论文数量/篇	总被引频次/次	被引率/%	高被引论文数量/篇	高被引论文被引频次/次
2018	3874	7742	66.4	47	829
2019	3974	7741	65.8	54	839
2020	4252	5967	57.8	42	559
2021	4859	3195	37.6	80	518
2022	4917	466	7.8	61	144
合计	21876	25111	45.0	284	2889

21.2　高被引论文分析

2018—2022 年，工程与技术基础学科领域总被引频次最高的论文为 2019 年陈学思发表的《生态环境高分子的研究进展》（总被引频次为 46 次），刊载各年高被引论文 Top 5 数量最多的期刊为《计量学报》（5 篇），详见表 21-2。

表 21-2　2018—2022 年工程与技术基础学科领域高被引论文 Top 5（按各年总被引频次排序）

序号	论文题名	第一作者	期刊名称	发表年份	总被引频次/次
1	GUM 法和 MCM 法评定测量不确定度对比分析	刘园园	计量学报	2018	43
2	航空碳纤维树脂基复合材料的发展现状和趋势	包建文	科技导报	2018	31
3	我国腐蚀成本及其防控策略	侯保荣	中国科学院院刊	2018	29
4	VMD 样本熵特征提取方法及其在行星变速箱故障诊断中的应用	杨大为	振动与冲击	2018	28
5	中国荒漠与沙地生物土壤结皮研究	李新荣	科学通报	2018	27
6	生态环境高分子的研究进展	陈学思	高分子学报	2019	46

续表

序号	论文题名	第一作者	期刊名称	发表年份	总被引频次/次
7	水声定位导航技术的发展与展望	孙大军	中国科学院院刊	2019	28
8	含冰蓄冷空调的冷热电联供型微网多时间尺度优化调度	程杉	电力系统自动化	2019	27
9	标准不确定度 A 类评定中极差法的深入讨论	陈凌峰	计量学报	2019	22
10	基于快速傅里叶变换和互相关的多频微弱信号重构法	白旭	电子测量与仪器学报	2019	21
11	（CuO，Fe_2O_3）掺杂 Ag/SnO_2 电接触材料的物理性能	郑晓华	稀有金属材料与工程	2020	46
12	630～700 ℃超超临界燃煤电站耐热管及其制造技术进展	刘正东	金属学报	2020	25
13	基于机器视觉的航空铆钉尺寸检测技术	邢雪亮	计量学报	2020	19
14	基于混合石墨烯－二氧化钒超材料的太赫兹可调宽带吸收器	李辉	中国激光	2020	17
15	稀土永磁体的前景展望	J. M. D. Coey	工程（英文）	2020	17
16	我国碳捕集利用与封存技术发展研究	张贤	中国工程科学	2021	15
17	包装机械自动化技术研究进展	李晓刚	包装与食品机械	2021	13
18	Smart manufacturing and intelligent manufacturing：a comparative review	Baicun Wang	工程（英文）	2021	11
19	激光干涉精密测量与应用	谈宜东	中国激光	2021	10
20	基于机器视觉的丝网印刷样板尺寸测量方法	刘斌	计量学报	2021	10
21	基于内积矩阵及深度学习的结构健康监测研究	王慧	工程力学	2022	5
22	温室气体浓度监测的光腔衰荡光谱研究进展	马路遥	计量学报	2022	4
23	ATP 改性 UHMWPE 水润滑轴承材料的摩擦学特性研究	周新聪	摩擦学学报	2022	4

续表

序号	论文题名	第一作者	期刊名称	发表年份	总被引频次/次
24	纤维素纳米晶体手性复合材料：结构色的调控与应用	安邦	高分子学报	2022	3
25	Dynamic mechanical characteristics and application of constant resistance energy-absorbing supporting material	Qi Wang	矿业科学技术学报（英文版）	2022	3

21.3 研究主题关联分析

在工程与技术基础学科领域，284 篇高被引论文共被引用了 2889 次。通过分析施引文献关键词的词频及关键词之间的共现关系，获得工程与技术基础学科领域的热点主题和主题关联，如图 21-1 所示。由图可知："计量学""90 国际温标""不确定度"等关键词的文献词频较高，是工程与技术基础学科领域的研究热点。本领域形成 16 个研究主题簇，分别以"计量学"为中心；以"90 国际温标"为中心；以"在片散射参数"为中心；以"不确定度"为中心；以"2019 新型冠状病毒"为中心；以"机器视觉""缺陷检测"为中心；以"深度学习"为中心；以"参数辨识"为中心；以"积分法"为中心；以"特征提取"为中心；以"故障诊断"为中心；以"烟道流量"为中心；以"误差界""量化"为中心；以"积分光谱法""紫外吸收光谱"为中心；以"霍尔大电流传感器""直流大电流"为中心；以"蒙特卡洛模拟"为中心。

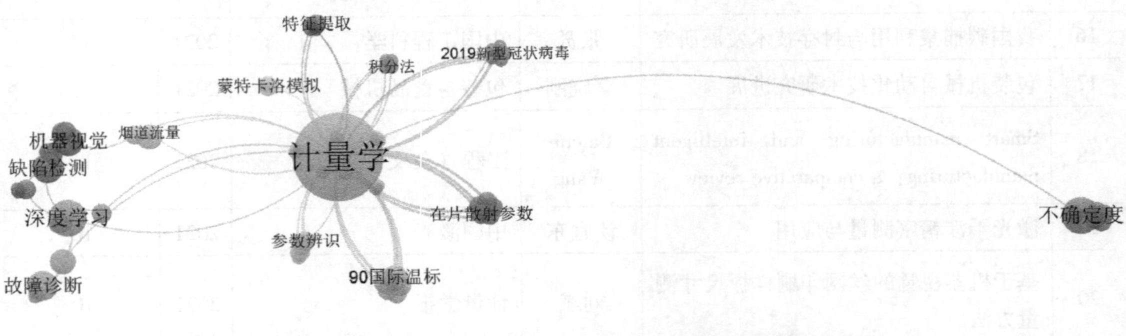

图 21-1 工程与技术基础学科领域的热点主题和主题关联

21.4 高被引作者分析

2018—2022 年工程与技术基础学科领域论文总被引频次 Top 10 的作者见表 21-3。其中发文 5 年总被引频次居前 3 位的作者分别是燕山大学的程淑红（62 次）、河北工业大学的刘素贞（55 次）、燕山大学的刘彬（53 次）。

表 21-3　工程与技术基础学科领域高被引作者 Top 10（按 5 年总被引频次排序）

序号	作者	作者单位	发文量/篇	5 年总被引频次/次	篇均被引频次/次
1	程淑红	燕山大学	11	62	5. 64
2	刘素贞	河北工业大学	11	55	5. 00
3	刘彬	燕山大学	13	53	4. 08
4	时培明	燕山大学	10	50	5. 00
5	郑晓华	浙江工业大学	2	47	23. 50
6	陈学思	中国科学院长春应用化学研究所	1	46	46. 00
7	杨理践	沈阳工业大学	5	40	8. 00
8	蔡忠义	空军工程大学	7	39	5. 57
9	张立峰	华北电力大学	22	36	1. 64
10	胡银生	南昌航空大学	5	36	7. 20

21. 5　高被引机构分析

工程与技术基础学科领域总被引频次 Top 20 高等院校、总被引频次 Top 10 科研院所的发文和被引情况分别见表 21-4、表 21-5。

表 21-4　工程与技术基础学科领域高被引高等院校 Top 20（按 5 年总被引频次排序）

序号	第一作者单位	发文量/篇	5 年总被引频次/次	篇均被引频次/次	序号	第一作者单位	发文量/篇	5 年总被引频次/次	篇均被引频次/次
1	燕山大学	278	741	2. 67	11	浙江大学	204	259	1. 27
2	上海交通大学	329	411	1. 25	12	合肥工业大学	177	246	1. 39
3	西安交通大学	227	348	1. 53	13	华南理工大学	149	243	1. 63
4	中国计量大学	187	311	1. 66	14	河北工业大学	143	229	1. 60
5	中南大学	251	308	1. 23	15	东北大学	193	219	1. 13
6	南京航空航天大学	299	306	1. 02	16	清华大学	190	214	1. 13
7	天津大学	212	300	1. 42	17	南昌航空大学	132	212	1. 61
8	上海理工大学	266	286	1. 08	18	哈尔滨工业大学	137	210	1. 53
9	大连理工大学	187	277	1. 48	19	华中科技大学	177	210	1. 19
10	西北工业大学	238	275	1. 16	20	北京工业大学	171	210	1. 23

表 21-5 工程与技术基础学科领域高被引科研院所 Top 10（按 5 年总被引频次排序）

序号	第一作者单位	发文量/篇	5 年总被引频次/次	篇均被引频次/次	序号	第一作者单位	发文量/篇	5 年总被引频次/次	篇均被引频次/次
1	中国计量科学研究院	152	358	2.36	6	中国科学院理化技术研究所	89	55	0.62
2	中国科学院声学研究所	208	266	1.28	7	中国科学院化学研究所	39	42	1.08
3	中国科学院金属研究所	49	75	1.53	8	中国科学院大学	25	37	1.48
4	中国工程物理研究院	73	68	0.93	9	中国科学院海洋研究所	1	29	29.00
5	中国科学院长春应用化学研究所	19	67	3.53	10	中国科学院长春光学精密机械与物理研究所	15	28	1.87

第 22 章　2023 年矿业工程技术领域高被引分析

22.1　领域论文概况

2018—2022 年，矿业工程技术领域共发表学术论文 31219 篇，由来自 4537 所机构的 21895 位学者作为第一作者发表。上述论文中，有 18480 篇被引用，整体被引率为 59.2%，总被引频次为 68728 次，篇均被引 2.20 次；其中，高被引论文有 355 篇，高被引论文篇均被引 26.87 次（表 22-1）。

表 22-1　2018—2022 年矿业工程技术领域论文分布情况

年份	论文数量/篇	总被引频次/次	被引率/%	高被引论文数量/篇	高被引论文被引频次/次
2018	6089	19976	75.3	62	2637
2019	6077	20943	79.3	61	2843
2020	6293	16943	72.2	64	2271
2021	6428	9402	56.0	71	1349
2022	6332	1464	14.7	97	440
合计	31219	68728	59.2	355	9540

22.2　高被引论文分析

2018—2022 年，矿业工程技术领域总被引频次最高的论文为 2018 年王国法发表的《智慧煤矿 2025 情景目标和发展路径》（总被引频次为 205 次），刊载各年高被引论文 Top 5 数量最多的期刊为《煤炭学报》（12 篇），详见表 22-2。

表 22-2　2018—2022 年矿业工程技术领域高被引论文 Top 5（按各年总被引频次排序）

序号	论文题名	第一作者	期刊名称	发表年份	总被引频次/次
1	智慧煤矿 2025 情景目标和发展路径	王国法	煤炭学报	2018	205
2	再论煤炭的科学开采	钱鸣高	煤炭学报	2018	127
3	煤炭智能化综采技术创新实践与发展展望	王国法	中国矿业大学学报	2018	110
4	中国膏体技术发展现状与趋势	吴爱祥	工程科学学报	2018	91
5	煤炭革命新理念与煤炭科技发展构想	谢和平	煤炭学报	2018	85
6	煤矿智能化（初级阶段）研究与实践	王国法	煤炭科学技术	2019	202
7	智慧煤矿与智能化开采关键核心技术分析	王国法	煤炭学报	2019	173

续表

序号	论文题名	第一作者	期刊名称	发表年份	总被引频次/次
8	煤矿智能化——煤炭工业高质量发展的核心技术支撑	王国法	煤炭学报	2019	163
9	深部岩体力学与开采理论研究进展	谢和平	煤炭学报	2019	162
10	我国煤矿冲击地压发展 70 年：理论与技术体系的建立与思考	齐庆新	煤炭科学技术	2019	122
11	黄河流域煤矿区生态环境修复关键技术与战略思考	彭苏萍	煤炭学报	2020	100
12	煤矿智能化（初级阶段）技术体系研究与工程进展	王国法	煤炭科学技术	2020	69
13	煤矿智能化标准体系框架与建设思路	王国法	煤炭科学技术	2020	65
14	煤矿千米深井巷道围岩支护－改性－卸压协同控制技术	康红普	煤炭学报	2020	65
15	我国煤矿粉尘防治理论与技术 20 年研究进展及展望	程卫民	煤炭科学技术	2020	58
16	碳中和目标下煤炭行业发展机遇	谢和平	煤炭学报	2021	73
17	我国煤炭工业科技创新进展及“十四五”发展方向	刘峰	煤炭学报	2021	67
18	我国煤矿巷道围岩控制技术发展 70 年及展望	康红普	岩石力学与工程学报	2021	62
19	煤矿智能化开采新进展	王国法	煤炭科学技术	2021	44
20	煤炭工业“十三五”发展成效与“双碳”目标实施路径	王国法	煤炭科学技术	2021	35
21	煤矿智能化最新技术进展与问题探讨	王国法	煤炭科学技术	2022	26
22	金属矿山固废充填研究现状与发展趋势	程海勇	工程科学学报	2022	16
23	无煤柱开采围岩控制技术及应用	康红普	煤炭学报	2022	13
24	我国煤与瓦斯突出防治理论技术研究进展与展望	王恩元	煤炭学报	2022	11
25	多策略融合的改进麻雀搜索算法及其应用	付华	控制与决策	2022	11

22.3 研究主题关联分析

在矿业工程技术领域，355 篇高被引论文共被引用了 9540 次。通过分析施引文献关键词的词频及关键词之间的共现关系，获得矿业工程技术领域的热点主题和主题关联，如图 22-1 所示。由图可知："冲击地压""数值模拟""煤矿智能化"等关键词的文献词频较高，是矿业工程技术领域的研究热点。本领域形成 4 个研究主题簇，分别以"深部矿山""冲击地压"为中心；以"碳中和""煤矿智能化"为中心；以"围岩变形""煤炭开采"为中心；以"深部开采""数字孪生"为中心。

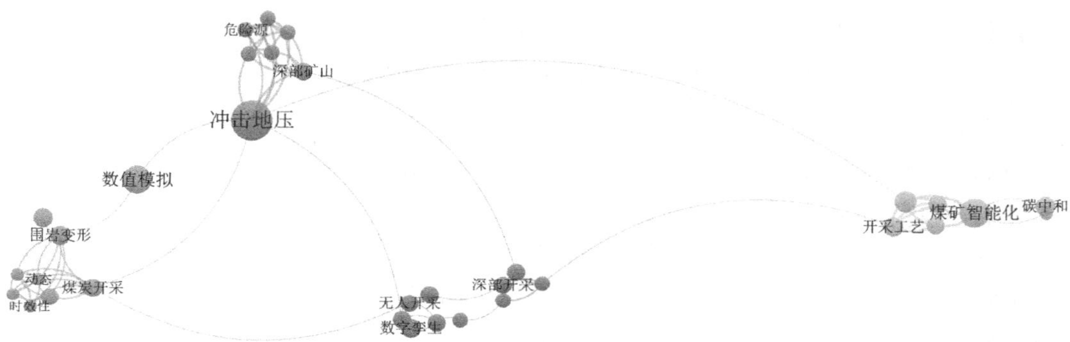

图 22-1　矿业工程技术领域的热点主题和主题关联

22.4 高被引作者分析

2018—2022 年矿业工程技术领域论文总被引频次 Top 10 的作者见表 22-3。其中发文 5 年总被引频次居前 3 位的作者分别是深圳大学的谢和平（362 次）、安徽理工大学的袁亮（236 次）、中国矿业大学的孙继平（224 次）。

表 22-3　矿业工程技术领域高被引作者 Top 10（按 5 年总被引频次排序）

序号	作者	作者单位	发文量/篇	5 年总被引频次/次	篇均被引频次/次
1	谢和平	深圳大学	7	362	51.71
2	袁亮	安徽理工大学	10	236	23.60
3	孙继平	中国矿业大学	34	224	6.59
4	钱鸣高	中国矿业大学	2	201	100.50
5	吴爱祥	北京科技大学	9	200	22.22
6	何满潮	中国矿业大学	12	165	13.75
7	彭苏萍	中国矿业大学	4	148	37.00
8	王家臣	中国矿业大学	16	143	8.94
9	李树刚	西安科技大学	28	138	4.93
10	窦林名	中国矿业大学	10	134	13.40

22.5 高被引机构分析

矿业工程技术领域总被引频次Top 20高等院校、总被引频次Top 10科研院所的发文和被引情况分别见表22-4、表22-5。

表22-4 矿业工程技术领域高被引高等院校Top 20（按5年总被引频次排序）

序号	第一作者单位	发文量/篇	5年总被引频次/次	篇均被引频次/次	序号	第一作者单位	发文量/篇	5年总被引频次/次	篇均被引频次/次
1	中国矿业大学	2429	9184	3.78	11	昆明理工大学	502	899	1.79
2	西安科技大学	1197	3580	2.99	12	江西理工大学	322	737	2.29
3	北京科技大学	652	2404	3.69	13	华北理工大学	333	582	1.75
4	安徽理工大学	636	1749	2.75	14	重庆大学	184	523	2.84
5	山东科技大学	702	1697	2.42	15	贵州大学	270	494	1.83
6	辽宁工程技术大学	617	1571	2.55	16	华北科技学院	182	473	2.60
7	太原理工大学	855	1568	1.83	17	武汉科技大学	239	410	1.72
8	中南大学	509	1413	2.78	18	深圳大学	13	395	30.38
9	河南理工大学	528	1344	2.55	19	内蒙古科技大学	225	372	1.65
10	东北大学	558	1331	2.39	20	武汉理工大学	202	370	1.83

表22-5 矿业工程技术领域高被引科研院所Top 10（按5年总被引频次排序）

序号	第一作者单位	发文量/篇	5年总被引频次/次	篇均被引频次/次	序号	第一作者单位	发文量/篇	5年总被引频次/次	篇均被引频次/次
1	中国地质科学院矿产综合利用研究所	81	197	2.43	6	广东省科学院	79	99	1.25
2	中国地质科学院郑州矿产综合利用研究所	54	173	3.20	7	中国地质调查局机关	17	47	2.76
3	湖南长沙矿山研究院有限责任公司	79	144	1.82	8	南京水利科学研究院	5	41	8.20
4	中国科学院武汉岩土力学研究所	32	128	4.00	9	中国地质科学院	37	39	1.05
5	中国地质科学院矿产资源研究所	6	118	19.67	10	包头稀土研究院	23	36	1.57

第 23 章　2023 年能源科学技术领域高被引分析

23.1　领域论文概况

2018—2022 年，能源科学技术领域共发表学术论文 25753 篇，由来自 2963 所机构的 19605 位学者作为第一作者发表。上述论文中，有 15830 篇被引用，整体被引率为 61.5%，总被引频次为 70932 次，篇均被引 2.75 次；其中，高被引论文有 262 篇，高被引论文篇均被引 34.95 次（表 23-1）。

表 23-1　2018—2022 年能源科学技术领域论文分布情况

年份	论文数量/篇	总被引频次/次	被引率/%	高被引论文数量/篇	高被引论文被引频次/次
2018	5083	22301	81.6	51	2649
2019	5166	21536	79.7	51	2534
2020	5032	16871	74.9	53	2360
2021	5080	8904	59.1	52	1297
2022	5392	1320	14.6	55	317
合计	25753	70932	61.5	262	9157

23.2　高被引论文分析

2018—2022 年，能源科学技术领域总被引频次最高的论文为 2018 年马永生发表的《中国页岩气勘探开发理论认识与实践》（总被引频次为 179 次），刊载各年高被引论文 Top 5 数量最多的期刊为《石油勘探与开发》（9 篇），详见表 23-2。

表 23-2　2018—2022 年能源科学技术领域高被引论文 Top 5（按各年总被引频次排序）

序号	论文题名	第一作者	期刊名称	发表年份	总被引频次/次
1	中国页岩气勘探开发理论认识与实践	马永生	石油勘探与开发	2018	179
2	川南地区页岩气勘探开发进展及发展前景	马新华	石油勘探与开发	2018	146
3	塔里木盆地顺北特深碳酸盐岩断溶体油气藏发现意义与前景	焦方正	石油与天然气地质	2018	130
4	常规-非常规天然气理论、技术及前景	邹才能	石油勘探与开发	2018	93
5	塔里木盆地顺北及邻区主干走滑断裂带差异活动特征及其与油气富集的关系	邓尚	石油与天然气地质	2018	83

续表

序号	论文题名	第一作者	期刊名称	发表年份	总被引频次/次
6	中国迎来页岩油气革命了吗?	金之钧	石油与天然气地质	2019	113
7	中国致密油气发展特征与方向	孙龙德	石油勘探与开发	2019	94
8	中国陆相页岩油类型、潜力及前景	杜金虎	中国石油勘探	2019	91
9	鄂尔多斯盆地中生界延长组长 7 段页岩油地质特征及勘探开发进展	付金华	中国石油勘探	2019	89
10	准噶尔盆地吉木萨尔凹陷陆相页岩油地质特征与聚集机理	支东明	石油与天然气地质	2019	80
11	页岩油气革命及影响	邹才能	石油学报	2020	142
12	中国陆相页岩油类型、资源潜力及与致密油的边界	赵文智	石油勘探与开发	2020	114
13	中国石油非常规油气发展现状、挑战与关注问题	李国欣	中国石油勘探	2020	94
14	中国页岩气勘探开发进展及发展展望	赵文智	中国石油勘探	2020	84
15	中国陆相页岩油发展潜力与技术对策	胡素云	石油勘探与开发	2020	78
16	中国页岩气开发进展、潜力及前景	邹才能	天然气工业	2021	113
17	新能源在碳中和中的地位与作用	邹才能	石油勘探与开发	2021	67
18	世界能源转型内涵、路径及其对碳中和的意义	邹才能	石油学报	2021	54
19	准噶尔盆地玛湖凹陷风城组常规－非常规油气有序共生与全油气系统成藏模式	支东明	石油勘探与开发	2021	47
20	陆相页岩油储层评价关键参数及方法	匡立春	石油学报	2021	42
21	我国煤层气高效开发关键技术研究进展与发展方向	徐凤银	煤田地质与勘探	2022	17
22	塔里木盆地顺北超深层碳酸盐岩油气田勘探开发实践与理论技术进展	马永生	石油勘探与开发	2022	12
23	碳中和战略下的中国地下储气库发展前景	丁国生	油气储运	2022	12
24	中国油公司海外油气勘探进展和发展对策	窦立荣	中国石油勘探	2022	11

续表

序号	论文题名	第一作者	期刊名称	发表年份	总被引频次/次
25	中国海、陆相页岩层系岩相组合多样性与非常规油气勘探意义	黎茂稳	石油与天然气地质	2022	10

23.3　研究主题关联分析

在能源科学技术领域，262 篇高被引论文共被引用了 9157 次。通过分析施引文献关键词的词频及关键词之间的共现关系，获得能源科学技术领域的热点主题和主题关联，如图 23-1 所示。由图可知："页岩油""页岩气""四川盆地"等关键词的文献词频较高，是能源科学技术领域的研究热点。本领域形成 8 个研究主题簇，分别以"甜点区段""页岩油气"为中心；以"致密油气""地质事件"为中心；以"页岩油""资源潜力"为中心；以"四川盆地""页岩气"为中心；以"风城组""准噶尔盆地"为中心；以"塔里木盆地""顺北地区"为中心；以"煤层气""非常规油气沉积学"为中心；以"鄂尔多斯盆地""沉积环境"为中心。

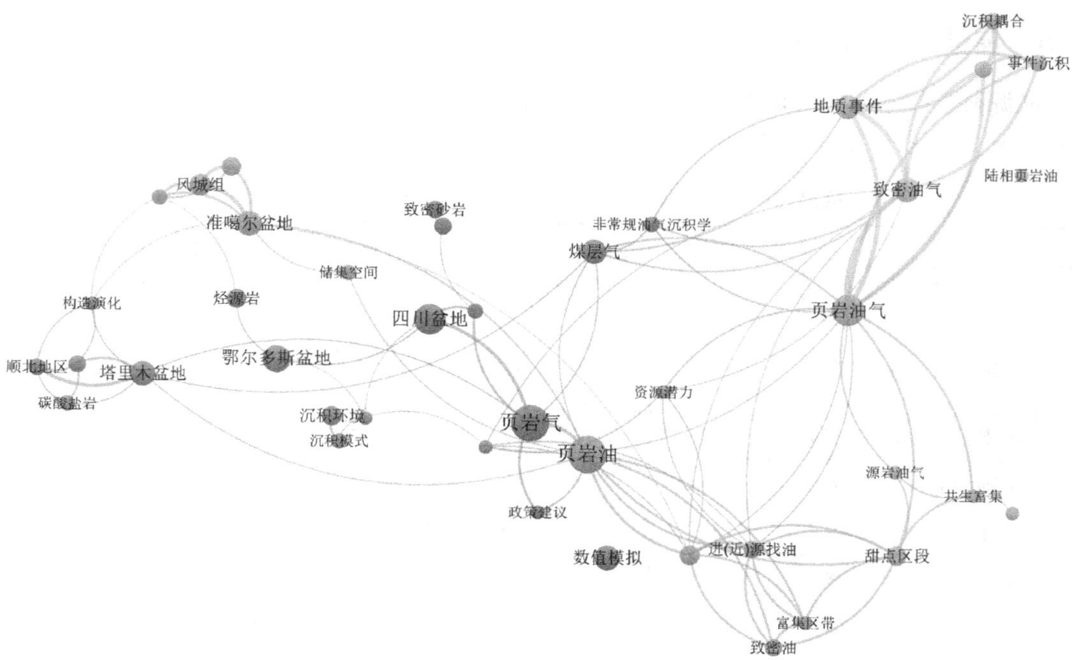

图 23-1　能源科学技术领域的热点主题和主题关联

23.4　高被引作者分析

2018—2022 年能源科学技术领域论文总被引频次 Top 10 的作者见表 23-3。其中发文

5 年总被引频次居前 3 位的作者分别是中国石油勘探开发研究院的邹才能（607 次）、中国石油勘探开发研究院的赵文智（383 次）、中国石油天然气集团公司的杜金虎（219 次）。

表 23-3　能源科学技术领域高被引作者 Top 10（按 5 年总被引频次排序）

序号	作者	作者单位	发文量/篇	5 年总被引频次/次	篇均被引频次/次
1	邹才能	中国石油勘探开发研究院	16	607	37.94
2	赵文智	中国石油勘探开发研究院	15	383	25.53
3	杜金虎	中国石油天然气集团公司	5	219	43.80
4	何登发	中国地质大学	11	212	19.27
5	胡素云	中国石油勘探开发研究院	7	184	26.29
6	杨智	中国石油勘探开发研究院	4	171	42.75
7	付金华	中国石油天然气集团公司	6	169	28.17
8	焦方正	中国石油天然气集团公司	4	165	41.25
9	支东明	中国石油天然气集团公司	8	162	20.25
10	金之钧	中国石化石油勘探开发研究院	3	150	50.00

23.5　高被引机构分析

能源科学技术领域总被引频次 Top 20 高等院校、总被引频次 Top 10 科研院所的发文和被引情况分别见表 23-4、表 23-5。

表 23-4　能源科学技术领域高被引高等院校 Top 20（按 5 年总被引频次排序）

序号	第一作者单位	发文量/篇	5 年总被引频次/次	篇均被引频次/次	序号	第一作者单位	发文量/篇	5 年总被引频次/次	篇均被引频次/次
1	中国石油大学	3266	9072	2.78	11	辽宁石油化工大学	237	309	1.30
2	西南石油大学	1292	3333	2.58	12	华东理工大学	115	154	1.34
3	中国地质大学	473	2067	4.37	13	重庆科技学院	75	136	1.81
4	长江大学	920	1831	1.99	14	吉林大学	50	125	2.50
5	东北石油大学	873	1639	1.88	15	天津大学	107	125	1.17
6	西安石油大学	546	1224	2.24	16	常州大学	84	119	1.42
7	成都理工大学	252	740	2.94	17	清华大学	42	110	2.62
8	西北大学	158	642	4.06	18	大连理工大学	73	104	1.42
9	中国矿业大学	121	486	4.02	19	北京石油化工学院	48	100	2.08
10	北京大学	67	476	7.10	20	中南大学	31	98	3.16

表 23–5　能源科学技术领域高被引科研院所 Top 10（按 5 年总被引频次排序）

序号	第一作者单位	发文量/篇	5 年总被引频次/次	篇均被引频次/次	序号	第一作者单位	发文量/篇	5 年总被引频次/次	篇均被引频次/次
1	中国地质调查局油气资源调查中心	47	264	5.62	6	中国科学院地质与地球物理研究所	13	82	6.31
2	中国地质调查局机关	25	188	7.52	7	中国科学院广州地球化学研究所	16	81	5.06
3	中国科学院大学	60	176	2.93	8	中国地质调查局武汉地质调查中心	11	78	7.09
4	中国地质调查局青岛海洋地质研究所	19	106	5.58	9	中国科学院广州能源研究所	37	65	1.76
5	中国地质科学院	23	89	3.87	10	中国科学院西北生态环境资源研究院	33	56	1.70

第 24 章 2023 年冶金、金属学领域高被引分析

24.1 领域论文概况

2018—2022 年，冶金、金属学领域共发表学术论文 53925 篇，由来自 5953 所机构的 41741 位学者作为第一作者发表。上述论文中，有 26467 篇被引用，整体被引率为 49.1%，总被引频次为 70327 次，篇均被引 1.30 次；其中，高被引论文有 709 篇，高被引论文篇均被引 10.91 次（表 24-1）。

表 24-1 2018—2022 年冶金、金属学领域论文分布情况

年份	论文数量/篇	总被引频次/次	被引率/%	高被引论文数量/篇	高被引论文被引频次/次
2018	11322	22388	66.1	124	2054
2019	11056	21967	66.6	147	2304
2020	10512	16460	59.9	134	1894
2021	10591	8380	41.8	142	1085
2022	10444	1132	8.6	162	398
合计	53925	70327	49.1	709	7735

24.2 高被引论文分析

2018—2022 年，冶金、金属学领域总被引频次最高的论文为 2019 年邓运来发表的《铝及铝合金材料进展》（总被引频次为 67 次），刊载各年高被引论文 Top 5 数量最多的期刊为《机械工程学报》（5 篇），详见表 24-2。

表 24-2 2018—2022 年冶金、金属学领域高被引论文 Top 5（按各年总被引频次排序）

序号	论文题名	第一作者	期刊名称	发表年份	总被引频次/次
1	2060 铝锂合金填充 ER4047 焊丝激光焊接接头组织性能研究	周宝升	稀有金属材料与工程	2018	53
2	产品装配技术的研究现状、技术内涵及发展趋势	刘检华	机械工程学报	2018	47
3	高熵合金的变形行为及强韧化	吕昭平	金属学报	2018	42
4	基于改进堆叠降噪自编码的滚动轴承故障分类	侯文擎	机械工程学报	2018	34
5	炼铁系统节能减排技术的现状和发展	孙敏敏	中国冶金	2018	33
6	铝及铝合金材料进展	邓运来	中国有色金属学报	2019	67

续表

序号	论文题名	第一作者	期刊名称	发表年份	总被引频次/次
7	基于深度学习的飞行器智能故障诊断方法	姜洪开	机械工程学报	2019	34
8	镍基单晶高温合金的研发进展	张健	金属学报	2019	29
9	轻质高性能镁合金开发及其在航天航空领域的应用	丁文江	上海航天	2019	29
10	基于遗传算法优化小波神经网络数控机床热误差建模	李彬	机械工程学报	2019	27
11	钛合金及钛基复合材料在航空航天的应用和发展	刘世锋	航空材料学报	2020	55
12	激光熔覆技术研究进展	张津超	表面技术	2020	43
13	钢铁耐磨材料研究进展	魏世忠	金属学报	2020	33
14	国内外稀土矿产资源及其分布概述	张苏江	无机盐工业	2020	28
15	先进高强度汽车用钢研究进展及展望	赵征志	钢铁研究学报	2020	28
16	高炉使用高比例球团的战略思考与球团生产的试验研究	王新东	钢铁	2021	18
17	基于机器视觉的孔类零件尺寸在线检测	谢俊	电子测量技术	2021	16
18	数控机床进给轴热误差补偿技术研究综述	刘阔	机械工程学报	2021	16
19	气候变化与钢铁工业脱碳化发展	上官方钦	钢铁	2021	14
20	现代炼铁工艺及低碳发展方向分析	王新东	中国冶金	2021	14
21	元宇宙技术综述	王文喜	工程科学学报	2022	18
22	中国钢铁工业低碳绿色生产氢源思考与探索	周颖	化工进展	2022	6
23	高氮奥氏体不锈钢强韧化及抗弹性能研究进展	王宇	钢铁	2022	5
24	数字孪生驱动的高精密产品智能化装配方法	孙学民	计算机集成制造系统	2022	5
25	镧对高碳硬线钢中 Al_2O_3 夹杂物改性的晶体学分析	陈璐	钢铁	2022	4

24.3 研究主题关联分析

在冶金、金属学领域，709 篇高被引论文共被引用了 7735 次。通过分析施引文献关键词的词频及关键词之间的共现关系，获得冶金、金属学领域的热点主题和主题关联，如图 24-1 所示。由图可知："力学性能""显微组织""激光熔覆"等关键词的文献词频较高，是冶金、金属学领域的研究热点。本领域形成 7 个研究主题簇，分别以"微观组织""力学性能"为中心；以"激光熔覆""耐磨性"为中心；以"耐蚀性""显微组织"为中心；以"摩擦磨损性能""显微硬度"为中心；以"拉伸性能""耐腐蚀性能"为中心；以"激光技术""钛合金"为中心；以"非金属夹杂物""温度场"为中心。

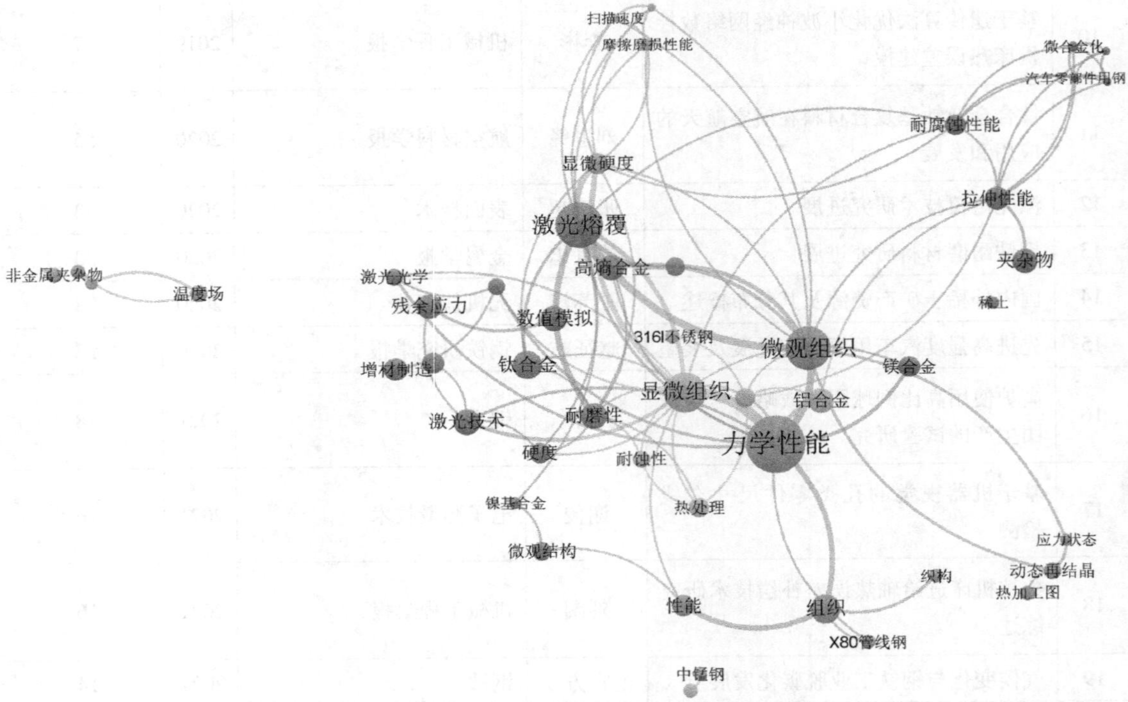

图 24-1 冶金、金属学领域的热点主题和主题关联

24.4 高被引作者分析

2018—2022 年冶金、金属学领域论文总被引频次 Top 10 的作者见表 24-3。其中发文 5 年总被引频次居前 3 位的作者分别是中南大学的邓运来（78 次），西安建筑科技大学的刘世锋（56 次），西安科技大学的宗学文（55 次）和中国民航大学的庞铭（55 次）。

表 24-3 冶金、金属学领域高被引作者 Top 10（按 5 年总被引频次排序）

序号	作者	作者单位	发文量/篇	5 年总被引频次/次	篇均被引频次/次
1	邓运来	中南大学	5	78	15.60
2	刘世锋	西安建筑科技大学	4	56	14.00

续表

序号	作者	作者单位	发文量/篇	5年总被引频次/次	篇均被引频次/次
3	宗学文	西安科技大学	23	55	2.39
4	庞铭	中国民航大学	24	55	2.29
5	田亚强	华北理工大学	23	53	2.30
6	周宝升	南昌航空大学	1	53	53.00
7	王国栋	东北大学	4	52	13.00
8	郭学益	中南大学	18	51	2.83
9	上官方钦	中国钢研科技集团有限公司钢铁研究总院	3	50	16.67
10	白振华	燕山大学	15	48	3.20

24.5 高被引机构分析

冶金、金属学领域总被引频次 Top 20 高等院校、总被引频次 Top 10 科研院所的发文和被引情况分别见表 24-4、表 24-5。

表 24-4 冶金、金属学领域高被引高等院校 Top 20（按5年总被引频次排序）

序号	第一作者单位	发文量/篇	5年总被引频次/次	篇均被引频次/次	序号	第一作者单位	发文量/篇	5年总被引频次/次	篇均被引频次/次
1	北京科技大学	1488	3046	2.05	11	上海大学	544	698	1.28
2	中南大学	1158	2139	1.85	12	西安建筑科技大学	442	689	1.56
3	东北大学	1269	1810	1.43	13	重庆大学	422	686	1.63
4	昆明理工大学	771	1081	1.40	14	大连理工大学	455	683	1.50
5	哈尔滨工业大学	528	953	1.80	15	西北工业大学	410	679	1.66
6	兰州理工大学	662	837	1.26	16	华北理工大学	466	678	1.45
7	上海交通大学	544	816	1.50	17	南京航空航天大学	469	575	1.23
8	南昌航空大学	508	807	1.59	18	西安交通大学	308	565	1.83
9	燕山大学	506	762	1.51	19	北京工业大学	348	555	1.59
10	武汉科技大学	572	753	1.32	20	江西理工大学	344	544	1.58

表 24-5 冶金、金属学领域高被引科研院所 Top 10（按 5 年总被引频次排序）

序号	第一作者单位	发文量/篇	5 年总被引频次/次	篇均被引频次/次	序号	第一作者单位	发文量/篇	5 年总被引频次/次	篇均被引频次/次
1	中国科学院金属研究所	381	666	1.75	6	昆明贵金属研究所	58	62	1.07
2	西北有色金属研究院	166	150	0.90	7	中国地质科学院郑州矿产综合利用研究所	18	60	3.33
3	中国工程物理研究院	174	132	0.76	8	中国科学院沈阳自动化研究所	35	58	1.66
4	中国科学院兰州化学物理研究所	36	90	2.50	9	中国科学院宁波材料技术与工程研究所	46	55	1.20
5	中国科学院海洋研究所	38	76	2.00	10	广东省科学院	62	51	0.82

第 25 章　2023 年机械、仪表领域高被引分析

25.1　领域论文概况

2018—2022 年，机械、仪表领域共发表学术论文 51813 篇，由来自 5500 所机构的 40183 位学者作为第一作者发表。上述论文中，有 26549 篇被引用，整体被引率为 51.2%，总被引频次为 76224 次，篇均被引 1.47 次；其中，高被引论文有 626 篇，高被引论文篇均被引 13.61 次（表 25-1）。

表 25-1　2018—2022 年机械、仪表领域论文分布情况

年份	论文数量/篇	总被引频次/次	被引率/%	高被引论文数量/篇	高被引论文被引频次/次
2018	10499	24582	71.2	106	2600
2019	10450	23205	69.8	111	2318
2020	10313	18634	63.5	118	2003
2021	10306	8737	42.8	128	1185
2022	10245	1066	8.0	163	413
合计	51813	76224	51.2	626	8519

25.2　高被引论文分析

2018—2022 年，机械、仪表领域总被引频次最高的论文为 2018 年雷亚国发表的《大数据下机械智能故障诊断的机遇与挑战》（总被引频次为 165 次），刊载各年高被引论文 Top 5 数量最多的期刊是《机械工程学报》《仪器仪表学报》《振动与冲击》（均 4 篇），详见表 25-2。

表 25-2　2018—2022 年机械、仪表领域高被引论文 Top 5（按各年总被引频次排序）

序号	论文题名	第一作者	期刊名称	发表年份	总被引频次/次
1	大数据下机械智能故障诊断的机遇与挑战	雷亚国	机械工程学报	2018	165
2	基于短时傅里叶变换和卷积神经网络的轴承故障诊断方法	李恒	振动与冲击	2018	138
3	基于一维卷积神经网络的滚动轴承自适应故障诊断算法	曲建岭	仪器仪表学报	2018	125
4	基于卷积神经网络和离散小波变换的滚动轴承故障诊断	陈仁祥	振动工程学报	2018	63
5	混合灰狼优化算法求解柔性作业车间调度问题	姜天华	控制与决策	2018	63

续表

序号	论文题名	第一作者	期刊名称	发表年份	总被引频次/次
6	基于经验模态分解和深度卷积神经网络的行星齿轮箱故障诊断方法	胡莺庆	机械工程学报	2019	98
7	大数据下机械装备故障的深度迁移诊断方法	雷亚国	机械工程学报	2019	76
8	基于改进蚁群算法的移动机器人路径规划研究	江明	仪器仪表学报	2019	63
9	XJTU-SY 滚动轴承加速寿命试验数据集解读	雷亚国	机械工程学报	2019	58
10	基于 CNN-SVM 的深度卷积神经网络轴承故障识别研究	胡晓依	振动与冲击	2019	41
11	航空航天高性能金属材料构件激光增材制造	顾冬冬	中国激光	2020	104
12	基于深度学习的电机轴承微小故障智能诊断方法	宫文峰	仪器仪表学报	2020	55
13	增材制造技术——现状与未来	卢秉恒	中国机械工程	2020	52
14	基于改进卷积神经网络的滚动轴承智能故障诊断研究	宫文峰	振动工程学报	2020	40
15	智能制造理论体系架构研究	刘强	中国机械工程	2020	31
16	基于麻雀搜索算法优化支持向量机的滚动轴承故障诊断	马晨佩	科学技术与工程	2021	22
17	一种基于遗传算法的 VMD 参数优化轴承故障诊断新方法	何勇	振动与冲击	2021	21
18	基于特征优选和 GA-SVM 的滚动轴承智能评估方法	周建民	振动与冲击	2021	21
19	CNN-LSTM 深度神经网络在滚动轴承故障诊断中的应用	陈保家	西安交通大学学报	2021	20
20	基于视觉的采摘机器人目标识别与定位方法研究综述	郑太雄	仪器仪表学报	2021	18
21	基于表面织构技术改善摩擦学性能的研究进展	赵立新	摩擦学学报	2022	10

续表

序号	论文题名	第一作者	期刊名称	发表年份	总被引频次/次
22	基于参数优化 VMD 和样本熵的滚动轴承故障诊断	刘建昌	自动化学报	2022	7
23	基于深度置信网络的旋转机械迁移故障诊断	廖玉波	机电工程	2022	6
24	基于深度学习与混沌特征融合的滚动轴承故障诊断	金江涛	控制理论与应用	2022	6
25	墨水直写增材制造技术及其在含能材料领域的研究进展	姜一帆	火炸药学报	2022	5

25. 3　研究主题关联分析

在机械、仪表领域，626 篇高被引论文共被引用了 8519 次。通过分析施引文献关键词的词频及关键词之间的共现关系，获得机械、仪表领域的热点主题和主题关联，如图 25-1 所示。由图可知："故障诊断""滚动轴承""卷积神经网络"等关键词的文献词频较高，是机械、仪表领域的研究热点。本领域形成 7 个研究主题簇，分别以"故障诊断""液压系统"为中心；以"变分模态分解""滚动轴承"为中心；以"长短期记忆神经网络""卷积神经网络"为中心；以"深度学习""迁移学习"为中心；以"支持向量机""轴承"为中心；以"神经网络""轴承故障诊断"为中心；以"液压控制阀""磨损"为中心。

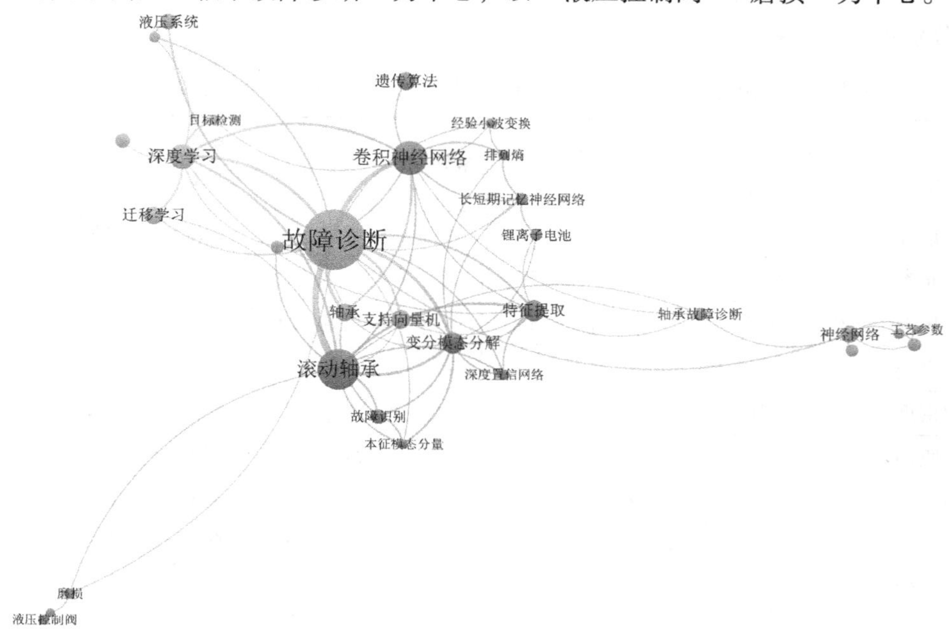

图 25-1　机械、仪表领域的热点主题和主题关联

25.4 高被引作者分析

2018—2022 年机械、仪表领域论文总被引频次 Top 10 的作者见表 25-3。其中发文 5 年总被引频次居前 3 位的作者分别是西安交通大学的雷亚国（300 次）、同济大学的李恒（138 次）、西安交通大学的张西宁（120 次）。

表 25-3 机械、仪表领域高被引作者 Top 10（按 5 年总被引频次排序）

序号	作者	作者单位	发文量/篇	5 年总被引频次/次	篇均被引频次/次
1	雷亚国	西安交通大学	5	300	60.00
2	李恒	同济大学	1	138	138.00
3	张西宁	西安交通大学	14	120	8.57
4	陈仁祥	重庆交通大学	22	106	4.82
5	顾冬冬	南京航空航天大学	1	104	104.00
6	宫文峰	武汉理工大学	6	101	16.83
7	胡茑庆	国防科技大学	1	98	98.00
8	沈惠平	常州大学	24	96	4.00
9	姜天华	鲁东大学	4	95	23.75
10	张淑清	燕山大学	6	87	14.50

25.5 高被引机构分析

机械、仪表领域总被引频次 Top 20 高等院校、总被引频次 Top 10 科研院所的发文和被引情况分别见表 25-4、表 25-5。

表 25-4 机械、仪表领域高被引高等院校 Top 20（按 5 年总被引频次排序）

序号	第一作者单位	发文量/篇	5 年总被引频次/次	篇均被引频次/次	序号	第一作者单位	发文量/篇	5 年总被引频次/次	篇均被引频次/次
1	南京理工大学	1494	1986	1.33	11	浙江大学	342	906	2.65
2	中北大学	958	1457	1.52	12	合肥工业大学	447	770	1.72
3	兰州理工大学	762	1409	1.85	13	上海交通大学	478	757	1.58
4	西安交通大学	452	1368	3.03	14	江苏大学	411	725	1.76
5	北京理工大学	730	1108	1.52	15	同济大学	235	692	2.94
6	太原理工大学	591	1094	1.85	16	武汉理工大学	379	654	1.73
7	西南交通大学	597	1060	1.78	17	天津大学	345	641	1.86
8	燕山大学	430	1052	2.45	18	武汉科技大学	490	629	1.28
9	南京航空航天大学	543	1020	1.88	19	昆明理工大学	254	604	2.38
10	重庆大学	441	956	2.17	20	西北工业大学	365	603	1.65

表 25-5　机械、仪表领域高被引科研院所 Top 10（按 5 年总被引频次排序）

序号	第一作者单位	发文量/篇	5 年总被引频次/次	篇均被引频次/次	序号	第一作者单位	发文量/篇	5 年总被引频次/次	篇均被引频次/次
1	中国工程物理研究院	363	421	1. 16	6	中国科学院沈阳自动化研究所	84	112	1. 33
2	中国科学院长春光学精密机械与物理研究所	176	297	1. 69	7	中国科学院光电技术研究所	39	69	1. 77
3	中国科学院兰州化学物理研究所	87	176	2. 02	8	中国铁道科学研究院	15	63	4. 20
4	中国科学院大学	52	127	2. 44	9	中国科学院上海技术物理研究所	22	53	2. 41
5	中国科学院合肥物质科学研究院	52	121	2. 33	10	解放军军事科学院	54	51	0. 94

第 26 章　2023 年动力与电气领域高被引分析

26.1　领域论文概况

2018—2022 年，动力与电气领域共发表学术论文 19339 篇，由来自 2668 所机构的 15520 位学者作为第一作者发表。上述论文中，有 9674 篇被引用，整体被引率为 50.0%，总被引频次为 27665 次，篇均被引 1.43 次；其中，高被引论文有 222 篇，高被引论文篇均被引 16.77 次（表 26-1）。

表 26-1　2018—2022 年动力与电气领域论文分布情况

年份	论文数量/篇	总被引频次/次	被引率/%	高被引论文数量/篇	高被引论文被引频次/次
2018	3724	9101	71.6	40	1301
2019	3693	8353	69.2	38	987
2020	3544	5782	64.3	47	618
2021	3978	3675	42.8	43	549
2022	4400	754	10.6	54	268
合计	19339	27665	50.0	222	3723

26.2　高被引论文分析

2018—2022 年，动力与电气领域总被引频次最高的论文为 2018 年杨经纬发表的《面向可再生能源消纳的多能源系统：述评与展望》（总被引频次为 114 次），刊载各年高被引论文 Top 5 数量最多的期刊为《电力系统自动化》（8 篇），详见表 26-2。

表 26-2　2018—2022 年动力与电气领域高被引论文 Top 5（按各年总被引频次排序）

序号	论文题名	第一作者	期刊名称	发表年份	总被引频次/次
1	面向可再生能源消纳的多能源系统：述评与展望	杨经纬	电力系统自动化	2018	114
2	多能互补、集成优化能源系统关键技术及挑战	艾芊	电力系统自动化	2018	96
3	含冷热电联供及储能的区域综合能源系统运行优化	刘涤尘	电力系统自动化	2018	93
4	区域综合能源系统的综合评估指标与方法	陈柏森	电力系统自动化	2018	61
5	多能源互联系统优化运行与控制技术研究现状与前景展望	滕云	可再生能源	2018	54

续表

序号	论文题名	第一作者	期刊名称	发表年份	总被引频次/次
6	氢能与燃料电池发展现状及展望	邵志刚	中国科学院院刊	2019	72
7	区域综合能源系统规划研究综述	程浩忠	电力系统自动化	2019	62
8	中国农作物秸秆综合利用潜力研究	霍丽丽	农业工程学报	2019	60
9	生物质能研究现状及未来发展策略	马隆龙	中国科学院院刊	2019	40
10	含电转气的热电联产微网电/热综合储能优化配置	赵冬梅	电力系统自动化	2019	37
11	储能的应用现状和发展趋势分析	孙玉树	高电压技术	2020	51
12	电池储能技术研究进展及展望	缪平	储能科学与技术	2020	30
13	超临界二氧化碳动力循环研究进展及展望	徐进良	热力发电	2020	23
14	区域综合能源系统的能效定义及其相关性分析	刘晓鸥	电力系统自动化	2020	20
15	面向智慧能源系统的数字孪生技术及其应用	唐文虎	中国工程科学	2020	18
16	碳中和背景下全球能源互联网构建的关键技术及展望	申洪	发电技术	2021	27
17	考虑综合需求响应的园区综合能源系统优化配置	高强	高压电器	2021	25
18	考虑储能的工业园区综合能源系统日前优化调度	张淑婷	高电压技术	2021	21
19	掺氢天然气管道输送研究进展和挑战	尚娟	化工进展	2021	20
20	“双碳”目标下我国能源低碳转型路径及建议	李政	动力工程学报	2021	20
21	双碳目标下低碳综合能源系统规划关键技术及挑战	张沈习	电力系统自动化	2022	21
22	碳达峰、碳中和背景下“十四五”时期发电技术趋势分析	姜红丽	发电技术	2022	17
23	2021 年中国储能技术研究进展	陈海生	储能科学与技术	2022	14
24	“双碳”目标下我国低碳清洁氢能进展与展望	刘玮	储能科学与技术	2022	11
25	我国氢能产业发展现状与思考	孟照鑫	现代化工	2022	10

26.3 研究主题关联分析

在动力与电气领域，222 篇高被引论文共被引用了 3723 次。通过分析施引文献关键词的词频及关键词之间的共现关系，获得动力与电气领域的热点主题和主题关联，如图 26-1 所示。由图可知："综合能源系统""碳中和""储能"等关键词的文献词频较高，是动力与电气领域的研究热点。本领域形成 8 个研究主题簇，分别以"不确定性""综合能源系统"为中心；以"生物质""碳中和"为中心；以"碳达峰""可再生能源"为中心；以"容量配置""氢能"为中心；以"规划""优化调度"为中心；以"储能""大规模新能源"为中心；以"燃煤发电""CCUS"为中心；以"综合需求响应""光伏功率预测"为中心。

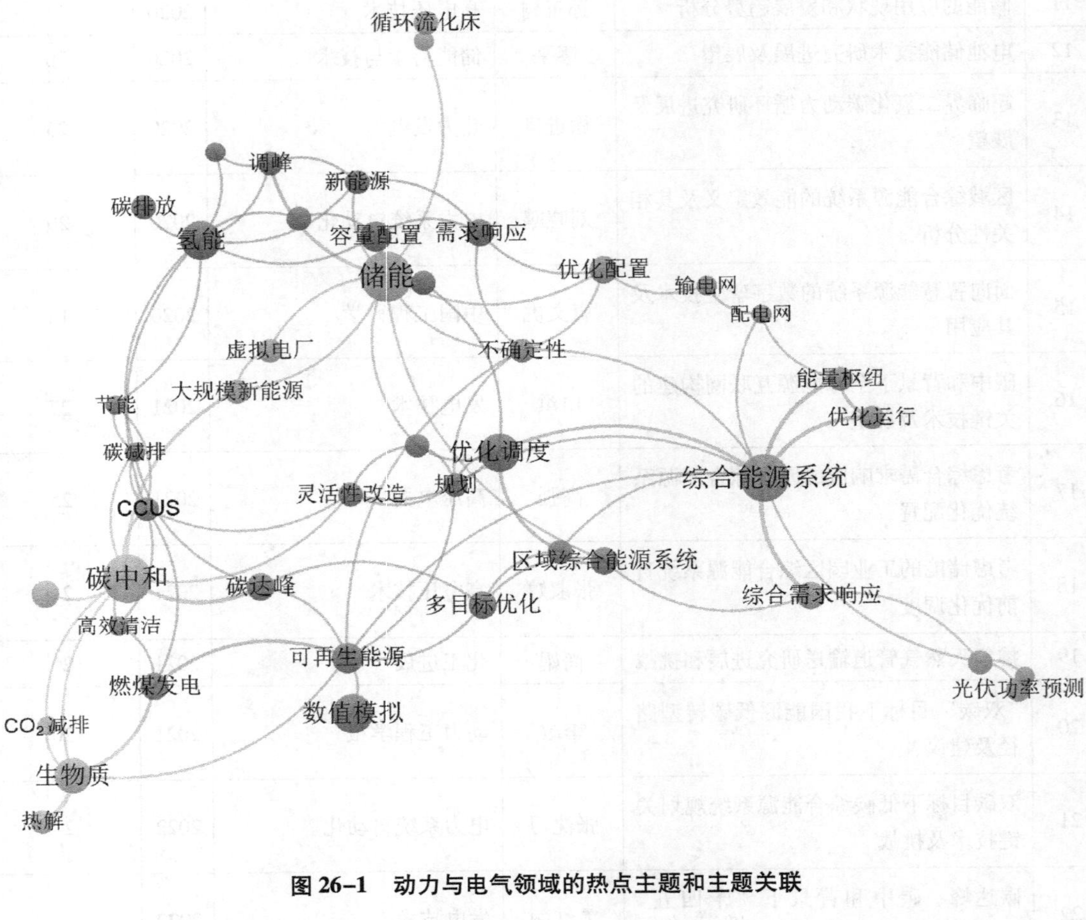

图 26-1 动力与电气领域的热点主题和主题关联

26.4 高被引作者分析

2018—2022 年动力与电气领域论文总被引频次 Top 10 的作者见表 26-3。其中发文 5 年总被引频次居前 3 位的作者分别是清华大学的杨经纬（114 次）、上海交通大学的艾芊（96 次）、武汉大学的刘涤尘（93 次）。

表 26-3　动力与电气领域高被引作者 Top 10（按 5 年总被引频次排序）

序号	作者	作者单位	发文量/篇	5 年总被引频次/次	篇均被引频次/次
1	杨经纬	清华大学	1	114	114.00
2	艾芊	上海交通大学	1	96	96.00
3	刘涤尘	武汉大学	1	93	93.00
4	邵志刚	中国科学院大连化学物理研究所	1	72	72.00
5	滕云	沈阳工业大学	4	70	17.50
6	牟春华	西安热工研究院有限公司	5	70	14.00
7	柯希玮	清华大学	7	64	9.14
8	程浩忠	上海交通大学	1	62	62.00
9	韩中合	华北电力大学	32	62	1.94
10	陈柏森	武汉大学	1	61	61.00

26.5　高被引机构分析

动力与电气领域总被引频次 Top 20 高等院校、总被引频次 Top 10 科研院所的发文和被引情况分别见表 26-4、表 26-5。

表 26-4　动力与电气领域高被引高等院校 Top 20（按 5 年总被引频次排序）

序号	第一作者单位	发文量/篇	5 年总被引频次/次	篇均被引频次/次	序号	第一作者单位	发文量/篇	5 年总被引频次/次	篇均被引频次/次
1	华北电力大学	884	1781	2.01	11	东南大学	302	400	1.32
2	上海理工大学	699	1042	1.49	12	江苏大学	302	376	1.25
3	西安交通大学	641	941	1.47	13	东北电力大学	162	315	1.94
4	清华大学	414	916	2.21	14	内蒙古工业大学	195	299	1.53
5	天津大学	578	848	1.47	15	河海大学	139	265	1.91
6	上海交通大学	437	714	1.63	16	兰州理工大学	187	256	1.37
7	上海电力大学	175	587	3.35	17	昆明理工大学	174	250	1.44
8	华中科技大学	279	438	1.57	18	武汉大学	60	241	4.02
9	华南理工大学	162	420	2.59	19	太原理工大学	155	227	1.46
10	浙江大学	303	415	1.37	20	西安理工大学	73	204	2.79

表 26–5　动力与电气领域高被引科研院所 Top 10（按 5 年总被引频次排序）

序号	第一作者单位	发文量/篇	5 年总被引频次/次	篇均被引频次/次	序号	第一作者单位	发文量/篇	5 年总被引频次/次	篇均被引频次/次
1	中国科学院广州能源研究所	155	241	1.55	6	中国科学院大学	38	31	0.82
2	中国科学院工程热物理研究所	138	210	1.52	7	中国科学院过程工程研究所	10	26	2.60
3	中国科学院大连化学物理研究所	30	108	3.60	8	中国水利水电科学研究院	13	26	2.00
4	中国科学院电工研究所	29	69	2.38	9	中国科学院上海技术物理研究所	20	21	1.05
5	中国科学院理化技术研究所	58	59	1.02	10	中国林业科学研究院	6	18	3.00

第 27 章　2023 年核科学技术领域高被引分析

27.1　领域论文概况

2018—2022 年，核科学技术领域共发表学术论文 6908 篇，由来自 784 所机构的 5736 位学者作为第一作者发表。上述论文中，有 2496 篇被引用，整体被引率为 36.1%，总被引频次为 4877 次，篇均被引 0.71 次；其中，高被引论文有 161 篇，高被引论文篇均被引 4.55 次（表 27–1）。

表 27–1　2018—2022 年核科学技术领域论文分布情况

年份	论文数量/篇	总被引频次/次	被引率/%	高被引论文数量/篇	高被引论文被引频次/次
2018	1283	1523	55.7	15	175
2019	1239	1555	56.3	15	216
2020	1247	1017	43.9	15	116
2021	1482	662	29.6	18	105
2022	1657	120	5.9	98	120
合计	6908	4877	36.1	161	732

27.2　高被引论文分析

2018—2022 年，核科学技术领域总被引频次最高的论文为 2018 年 Ju Wang 发表的“The Beishan underground research laboratory for geological disposal of high-level radioactive waste in China: planning, site selection, site characterization and in situ tests”（总被引频次为 38 次），刊载各年高被引论文 Top 5 数量最多的期刊为《有色金属（冶炼部分）》（7 篇），详见表 27–2。

表 27–2　2018—2022 年核科学技术领域高被引论文 Top 5（按各年总被引频次排序）

序号	论文题名	第一作者	期刊名称	发表年份	总被引频次/次
1	The Beishan underground research laboratory for geological disposal of high-level radioactive waste in China: planning, site selection, site characterization and in situ tests	Ju Wang	岩石力学与岩土工程学报（英文版）	2018	38
2	蒙其古尔铀矿床 CO_2+O_2 地浸浸出过程分析与探讨	吉宏斌	有色金属（冶炼部分）	2018	17
3	中国核电发展现状与展望	赵成昆	核动力工程	2018	13
4	中国核技术应用发展现状与趋势	杜静玲	同位素	2018	12

续表

序号	论文题名	第一作者	期刊名称	发表年份	总被引频次/次
5	纳米铁镍双金属去除溶液中 U（Ⅵ）的性能研究	刘晴晴	有色金属（冶炼部分）	2018	11
6	核能综合利用研究现状与展望	王建强	中国科学院院刊	2019	25
7	砂岩型铀矿浸出研究进展	赵凯	有色金属（冶炼部分）	2019	21
8	全国核辐射突发事件卫生应急能力现状分析	袁龙	中国辐射卫生	2019	20
9	中国高放废物地质处置 21 世纪进展	王驹	原子能科学技术	2019	19
10	我国高温气冷堆发展战略研究	张作义	中国工程科学	2019	18
11	浸铀微生物及其应用	徐玲玲	有色金属（冶炼部分）	2020	10
12	基于 BEPCⅡ数字束流位置测量系统电子学系统的设计与实现	随艳峰	原子能科学技术	2020	9
13	高温钾热管稳态运行传热特性研究	田智星	原子能科学技术	2020	9
14	基于自适应 BP 神经网络的压水堆堆芯换料关键参数的预测方法	王端	原子能科学技术	2020	8
15	热管冷却反应堆核热力耦合研究	马誉高	核动力工程	2020	8
16	中国铀矿采冶回顾与展望	孙占学	有色金属（冶炼部分）	2021	14
17	砂岩型铀矿浸出矿物工艺学研究进展	黎广荣	有色金属（冶炼部分）	2021	9
18	高温气冷堆示范工程螺旋管式直流蒸汽发生器工程验证试验	李晓伟	清华大学学报（自然科学版）	2021	7
19	一种压水堆 CIPS 风险评估方法	蒙舒祺	核技术	2021	7
20	CO_2+O_2 地浸采铀工艺对含矿层渗透性的影响	袁新	有色金属（冶炼部分）	2021	7
21	Precise machine learning models for fragment production in projectile fragmentation reactions using Bayesian neural networks	Chun-Wang Ma	中国物理 C（英文版）	2022	8
22	砂岩型铀矿 CO_2+O_2 地浸采铀的反应运移数值模拟	邱文杰	中国科学（技术科学）	2022	3
23	放射性治疗药物的发展现状与展望	高洁	同位素	2022	2
24	辐照对冷冻肉类食品品质影响的研究现状	董娟聪	核技术	2022	2

续表

序号	论文题名	第一作者	期刊名称	发表年份	总被引频次/次
25	5 MeV 电子加速器辐照对甲酸循环分离南荻木质纤维素的影响	武小芬	辐射研究与辐射工艺学报	2022	2

27.3　研究主题关联分析

在核科学技术领域，161 篇高被引论文共被引用了 732 次。通过分析施引文献关键词的词频及关键词之间的共现关系，获得核科学技术领域的热点主题和主题关联，如图 27–1 所示。由图可知："地下水""地质处置""核素铀"等关键词的文献词频较高，是核科学技术领域的研究热点。本领域形成 4 个研究主题簇，分别以"PHREEQC""地质处置"为中心；以"地下水""铀"为中心；以"砂岩型铀矿""地浸采铀"为中心；以"放射性废物管理""数值模拟"为中心。

图 27–1　核科学技术领域的热点主题和主题关联

27.4　高被引作者分析

2018—2022 年核科学技术领域论文总被引频次 Top 10 的作者见表 27–3。其中发文 5 年总被引频次居前 3 位的作者分别是中国科学院上海应用物理研究所的王建强（25 次）、东华理工大学的赵凯（22 次）、中国核动力研究设计院的余红星（22 次）。

表 27–3　核科学技术领域高被引作者 Top 10（按 5 年总被引频次排序）

序号	作者	作者单位	发文量/篇	5 年总被引频次/次	篇均被引频次/次
1	王建强	中国科学院上海应用物理研究所	1	25	25.00
2	赵凯	东华理工大学	3	22	7.33
3	余红星	中国核动力研究设计院	3	22	7.33
4	袁龙	中国疾病预防控制中心	2	21	10.50
5	吉宏斌	东华理工大学	2	21	10.50
6	王驹	中核集团核工业北京地质研究院	2	20	10.00
7	张作义	清华大学	1	18	18.00
8	徐玲玲	东北大学	2	15	7.50
9	钱虹	上海电力大学	6	15	2.50
10	高翔	中国科学院合肥物质科学研究院	1	14	14.00

27.5 高被引机构分析

核科学技术领域总被引频次 Top 20 高等院校、总被引频次 Top 10 科研院所的发文和被引情况分别见表 27–4、表 27–5。

表 27–4 核科学技术领域高被引高等院校 Top 20（按 5 年总被引频次排序）

序号	第一作者单位	发文量/篇	5 年总被引频次/次	篇均被引频次/次	序号	第一作者单位	发文量/篇	5 年总被引频次/次	篇均被引频次/次
1	东华理工大学	107	227	2.12	11	四川大学	57	38	0.67
2	清华大学	224	197	0.88	12	北京大学	48	37	0.77
3	西安交通大学	209	158	0.76	13	成都理工大学	55	36	0.65
4	哈尔滨工程大学	147	144	0.98	14	重庆大学	50	31	0.62
5	南华大学	158	107	0.68	15	上海电力大学	23	29	1.26
6	上海交通大学	187	99	0.53	16	兰州大学	45	28	0.62
7	华北电力大学	138	67	0.49	17	合肥工业大学	19	22	1.16
8	中国科学技术大学	135	61	0.45	18	复旦大学	15	20	1.33
9	西南科技大学	49	58	1.18	19	大连理工大学	26	18	0.69
10	海军工程大学	87	57	0.66	20	北京科技大学	16	16	1.00

表 27–5 核科学技术领域高被引科研院所 Top 10（按 5 年总被引频次排序）

序号	第一作者单位	发文量/篇	5 年总被引频次/次	篇均被引频次/次	序号	第一作者单位	发文量/篇	5 年总被引频次/次	篇均被引频次/次
1	中国科学院上海应用物理研究所	270	312	1.16	6	西北核技术研究所	82	50	0.61
2	中国工程物理研究院	203	120	0.59	7	中国疾病预防控制中心	22	48	2.18
3	中国科学院高能物理研究所	128	106	0.83	8	上海核工程研究设计院	92	48	0.52
4	中国科学院合肥物质科学研究院	141	91	0.65	9	中国科学院大学	23	22	0.96
5	中国科学院近代物理研究所	115	57	0.50	10	湖南省农业科学院	6	15	2.50

第 28 章　2023 年电子、通信与自动控制领域高被引分析

28.1　领域论文概况

2018—2022 年，电子、通信与自动控制领域共发表学术论文 126092 篇，由来自 9522 所机构的 96386 位学者作为第一作者发表。上述论文中，有 69706 篇被引用，整体被引率为 55.3%，总被引频次为 289274 次，篇均被引 2.29 次；其中，高被引论文有 1352 篇，高被引论文篇均被引 26.88 次（表 28–1）。

表 28–1　2018—2022 年电子、通信与自动控制领域论文分布情况

年份	论文数量/篇	总被引频次/次	被引率/%	高被引论文数量/篇	高被引论文被引频次/次
2018	24659	87110	73.0	258	11480
2019	25027	90017	73.8	270	10365
2020	25138	70930	68.1	270	7832
2021	25495	35044	48.9	286	5112
2022	25773	6173	14.2	268	1552
合计	126092	289274	55.3	1352	36341

28.2　高被引论文分析

2018—2022 年，电子、通信与自动控制领域总被引频次最高的论文为 2018 年周孝信发表的《能源转型中我国新一代电力系统的技术特征》（总被引频次为 278 次），刊载各年高被引论文 Top 5 数量最多的期刊为《中国电机工程学报》（10 篇），详见表 28–2。

表 28–2　2018—2022 年电子、通信与自动控制领域高被引论文 Top 5（按各年总被引频次排序）

序号	论文题名	第一作者	期刊名称	发表年份	总被引频次/次
1	能源转型中我国新一代电力系统的技术特征	周孝信	中国电机工程学报	2018	278
2	电力电子变压器技术研究综述	李子欣	中国电机工程学报	2018	142
3	基于深度信念网络的短期负荷预测方法	孔祥玉	电力系统自动化	2018	111
4	张北 500kV 直流电网关键技术与设备研究	汤广福	高电压技术	2018	108
5	基于全面感知和软件定义的配电物联网体系架构	吕军	电网技术	2018	99

续表

序号	论文题名	第一作者	期刊名称	发表年份	总被引频次/次
6	基于 CNN-LSTM 混合神经网络模型的短期负荷预测方法	陆继翔	电力系统自动化	2019	149
7	5G 通信与泛在电力物联网的融合：应用分析与研究展望	王毅	电网技术	2019	141
8	人工智能在电力系统及综合能源系统中的应用综述	杨挺	电力系统自动化	2019	111
9	深度学习在智能电网中的应用现状分析与展望	周念成	电力系统自动化	2019	101
10	基于 GRU-NN 模型的短期负荷预测方法	王增平	电力系统自动化	2019	88
11	能源转型中的中国特色新能源高质量发展分析与思考	陈国平	中国电机工程学报	2020	99
12	基于 LSTM 与 XGBoost 组合模型的超短期电力负荷预测	陈振宇	电网技术	2020	94
13	利用储能系统实现可再生能源微电网灵活安全运行的研究综述	刘畅	中国电机工程学报	2020	87
14	构建 100% 可再生能源电力系统述评与展望	文云峰	中国电机工程学报	2020	76
15	高比例电力电子电力系统频率响应的惯量体系研究	孙华东	中国电机工程学报	2020	69
16	高比例可再生能源电力系统关键技术及发展挑战	卓振宇	电力系统自动化	2021	107
17	“双高”电力系统稳定性的新问题及分类探讨	谢小荣	中国电机工程学报	2021	89
18	直流双极闭锁故障下送端系统暂态过电压计算方法	李欣悦	电力系统保护与控制	2021	58
19	无线电能传输技术应用研究现状与关键问题	薛明	电工技术学报	2021	57
20	双碳目标下的新型电力系统规划新问题及关键技术	韩肖清	高电压技术	2021	52

续表

序号	论文题名	第一作者	期刊名称	发表年份	总被引频次/次
21	碳中和目标下构建新型电力系统的挑战与展望	张智刚	中国电机工程学报	2022	20
22	虚拟电厂参与调峰调频服务的市场机制与国外经验借鉴	李嘉媚	中国电机工程学报	2022	19
23	新能源侧储能配置技术研究综述	李相俊	中国电力	2022	18
24	考虑冷热电需求耦合响应特性的园区综合能源系统优化运行策略研究	赵海彭	中国电机工程学报	2022	14
25	新型电力系统的“碳视角”：科学问题与研究框架	康重庆	电网技术	2022	13

28.3　研究主题关联分析

在电子、通信与自动控制领域，1352 篇高被引论文共被引用了 36341 次。通过分析施引文献关键词的词频及关键词之间的共现关系，获得电子、通信与自动控制领域的热点主题和主题关联，如图 28–1 所示。由图可知：“配电网”“电动汽车”“综合能源系统”等关键词的文献词频较高，是电子、通信与自动控制领域的研究热点。本领域形成 7 个研究主题簇，分别以“电力系统”“能源互联网”为中心；以“不确定性”“需求响应”为中心；以

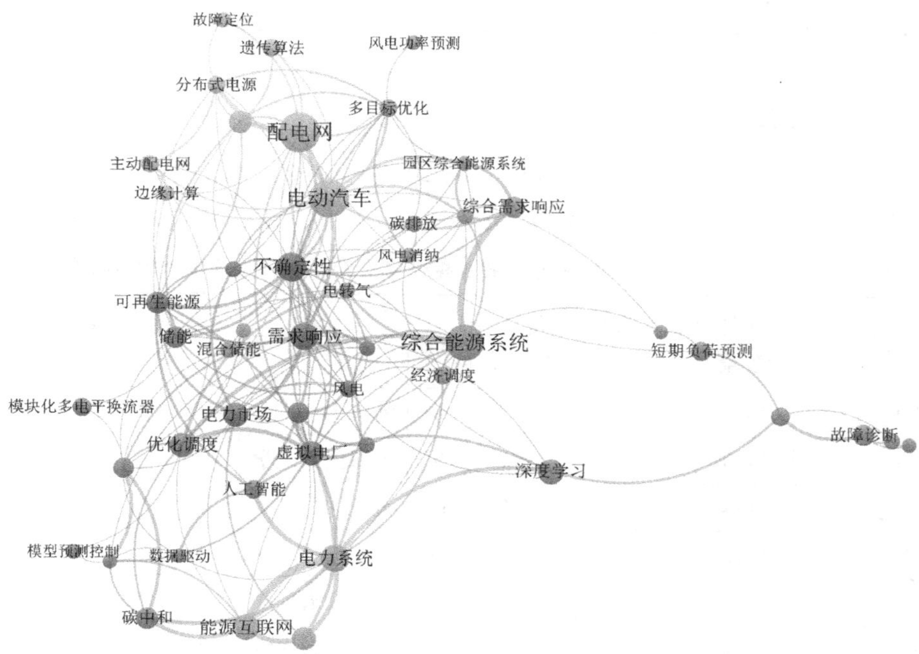

图 28–1　电子、通信与自动控制领域的热点主题和主题关联

“电动汽车”“配电网”为中心；以“综合能源系统”“综合需求响应”为中心；以“人工智能”“优化调度”为中心；以“故障诊断”“深度学习”为中心；以“混合储能”为中心。

28.4 高被引作者分析

2018—2022 年电子、通信与自动控制领域论文总被引频次 Top 10 的作者见表 28-3。其中发文 5 年总被引频次居前 3 位的作者分别是东北电力大学的崔杨（535 次）、华北电力大学的刘云鹏（321 次）、华北电力大学的颜湘武（299 次）。

表 28-3 电子、通信与自动控制领域高被引作者 Top 10（按 5 年总被引频次排序）

序号	作者	作者单位	发文量/篇	5 年总被引频次/次	篇均被引频次/次
1	崔杨	东北电力大学	49	535	10.92
2	刘云鹏	华北电力大学	46	321	6.98
3	颜湘武	华北电力大学	39	299	7.67
4	戴志辉	华北电力大学	55	292	5.31
5	李军徽	东北电力大学	26	285	10.96
6	李彬	华北电力大学	35	278	7.94
7	周孝信	中国电力科学研究院	1	278	278.00
8	李耀华	长安大学	53	258	4.87
9	王守相	天津大学	23	255	11.09
10	孔祥玉	天津大学	16	252	15.75

28.5 高被引机构分析

电子、通信与自动控制领域总被引频次 Top 20 高等院校、总被引频次 Top 10 科研院所的发文和被引情况分别见表 28-4、表 28-5。

表 28-4 电子、通信与自动控制领域高被引高等院校 Top 20（按 5 年总被引频次排序）

序号	第一作者单位	发文量/篇	5 年总被引频次/次	篇均被引频次/次	序号	第一作者单位	发文量/篇	5 年总被引频次/次	篇均被引频次/次
1	华北电力大学	3612	19386	5.37	8	浙江大学	1059	4310	4.07
2	上海交通大学	1420	5856	4.12	9	上海电力大学	1221	4297	3.52
3	清华大学	1124	5795	5.16	10	重庆大学	953	4207	4.41
4	天津大学	1312	5377	4.10	11	华中科技大学	1095	4167	3.81
5	四川大学	1318	5224	3.96	12	西安交通大学	1115	4085	3.66
6	华南理工大学	1242	4935	3.97	13	东北电力大学	701	4065	5.80
7	武汉大学	1162	4441	3.82	14	东南大学	866	3626	4.19

续表

序号	第一作者单位	发文量/篇	5 年总被引频次/次	篇均被引频次/次	序号	第一作者单位	发文量/篇	5 年总被引频次/次	篇均被引频次/次
15	西南交通大学	918	3130	3.41	18	三峡大学	746	2611	3.50
16	湖南大学	672	2968	4.42	19	河海大学	649	2446	3.77
17	合肥工业大学	1160	2935	2.53	20	北京交通大学	689	2371	3.44

表 28-5　电子、通信与自动控制领域高被引科研院所 Top 10（按 5 年总被引频次排序）

序号	第一作者单位	发文量/篇	5 年总被引频次/次	篇均被引频次/次	序号	第一作者单位	发文量/篇	5 年总被引频次/次	篇均被引频次/次
1	中国科学院电工研究所	329	1236	3.76	6	中国科学院上海技术物理研究所	212	395	1.86
2	中国科学院大学	326	629	1.93	7	中国科学院半导体研究所	277	348	1.26
3	中国工程物理研究院	479	489	1.02	8	中国科学院上海光学精密机械研究所	183	333	1.82
4	中国科学院长春光学精密机械与物理研究所	226	476	2.11	9	中国科学院合肥物质科学研究院	188	290	1.54
5	南京电子技术研究所	484	474	0.98	10	中国科学院声学研究所	227	262	1.15

第 29 章　2023 年计算技术领域高被引分析

29.1　领域论文概况

2018—2022 年，计算技术领域共发表学术论文 139197 篇，由来自 9614 所机构的 107884 位学者作为第一作者发表。上述论文中，有 75114 篇被引用，整体被引率为 54.0%，总被引频次为 255230 次，篇均被引 1.83 次；其中，高被引论文有 1553 篇，高被引论文篇均被引 21.01 次（表 29-1）。

表 29-1　2018—2022 年计算技术领域论文分布情况

年份	论文数量/篇	总被引频次/次	被引率/%	高被引论文数量/篇	高被引论文被引频次/次
2018	27885	80371	73.1	307	10474
2019	28176	83773	74.0	308	10131
2020	27652	58919	65.9	314	6864
2021	27863	27698	44.8	340	4069
2022	27621	4469	11.4	284	1091
合计	139197	255230	54.0	1553	32629

29.2　高被引论文分析

2018—2022 年，计算技术领域总被引频次最高的论文为 2018 年陶飞发表的《数字孪生及其应用探索》（总被引频次为 272 次），刊载各年高被引论文 Top 5 数量最多的期刊为《计算机学报》（5 篇），详见表 29-2。

表 29-2　2018—2022 年计算技术领域高被引论文 Top 5（按各年总被引频次排序）

序号	论文题名	第一作者	期刊名称	发表年份	总被引频次/次
1	数字孪生及其应用探索	陶飞	计算机集成制造系统	2018	272
2	区块链技术：架构及进展	邵奇峰	计算机学报	2018	257
3	深度强化学习综述	刘全	计算机学报	2018	202
4	基于深度学习的推荐系统研究综述	黄立威	计算机学报	2018	194
5	基于改进 A^* 算法的移动机器人路径规划	赵晓	机器人	2018	118
6	数字孪生五维模型及十大领域应用	陶飞	计算机集成制造系统	2019	200
7	边缘计算：现状与展望	施巍松	计算机研究与发展	2019	133
8	泛在电力物联网释义与研究展望	杨挺	电力系统自动化	2019	129

续表

序号	论文题名	第一作者	期刊名称	发表年份	总被引频次/次
9	深度学习在图像识别中的应用研究综述	郑远攀	计算机工程与应用	2019	123
10	深度卷积神经网络的发展及其在计算机视觉领域的应用	张顺	计算机学报	2019	121
11	深度学习目标检测方法综述	赵永强	中国图象图形学报	2020	81
12	图卷积神经网络综述	徐冰冰	计算机学报	2020	79
13	基于 SEIR 的新冠肺炎传播模型及拐点预测分析	范如国	电子科技大学学报	2020	68
14	基于改进的 A* 算法与动态窗口法的移动机器人路径规划	王洪斌	机器人	2020	63
15	基于迁移学习的卷积神经网络玉米病害图像识别	许景辉	农业机械学报	2020	58
16	混沌麻雀搜索优化算法	吕鑫	北京航空航天大学学报	2021	58
17	基于深度学习的表面缺陷检测方法综述	陶显	自动化学报	2021	47
18	深度学习的典型目标检测算法研究综述	许德刚	计算机工程与应用	2021	39
19	融合柯西变异和反向学习的改进麻雀算法	毛清华	计算机科学与探索	2021	39
20	基于改进麻雀搜索算法的多阈值图像分割	吕鑫	系统工程与电子技术	2021	37
21	数智赋能：信息系统研究的新跃迁	陈国青	管理世界	2022	10
22	基于 YOLOv5 增强模型的口罩佩戴检测方法研究	彭成	计算机工程	2022	9
23	基于改进 EfficientNet 模型的作物害虫识别	甘雨	农业工程学报	2022	9
24	基于深度学习的作物长势监测和产量估测研究进展	王鹏新	农业机械学报	2022	8
25	基于改进 YOLOv5 的小目标检测算法	郭磊	电子科技大学学报	2022	8

29.3 研究主题关联分析

在计算技术领域，1553 篇高被引论文共被引用了 32629 次。通过分析施引文献关键词的词频及关键词之间的共现关系，获得计算技术领域的热点主题和主题关联，如图 29–1 所示。由图可知："深度学习""目标检测""卷积神经网络"等关键词的文献词频较高，是计算技术领域的研究热点。本领域形成 8 个研究主题簇，分别以"卷积神经网络""深度学习"为中心；以"目标检测""语义分割"为中心；以"移动机器人""路径规划"为中心；以"机器人""特征提取"为中心；以"区块链""机器学习"为中心；以"YOLOv3"为中心；以"遗传算法""无人机"为中心；以"随机森林""人工智能"为中心。

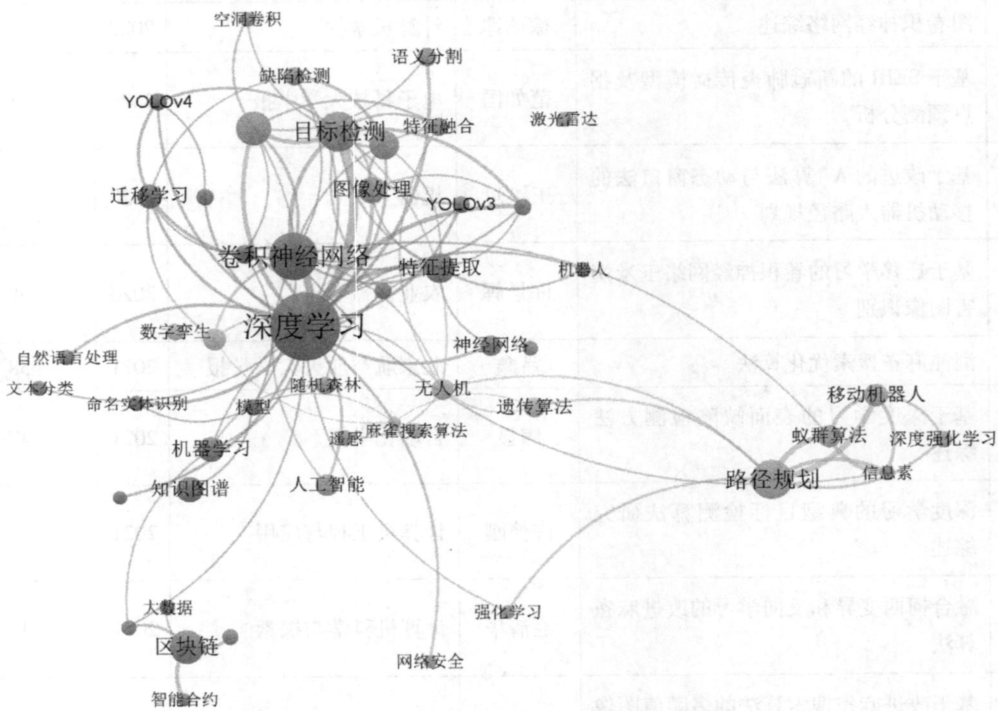

图 29–1 计算技术领域的热点主题和主题关联

29.4 高被引作者分析

2018—2022 年计算技术领域论文总被引频次 Top 10 的作者见表 29–3。其中发文 5 年总被引频次居前 3 位的作者分别是北京航空航天大学的陶飞（598 次）、华东师范大学的邵奇峰（277 次）、苏州大学的刘全（233 次）。

表 29–3 计算技术领域高被引作者 Top 10（按 5 年总被引频次排序）

序号	作者	作者单位	发文量/篇	5 年总被引频次/次	篇均被引频次/次
1	陶飞	北京航空航天大学	8	598	74.75
2	邵奇峰	华东师范大学	3	277	92.33

续表

序号	作者	作者单位	发文量/篇	5年总被引频次/次	篇均被引频次/次
3	刘全	苏州大学	4	233	58.25
4	罗会兰	江西理工大学	20	171	8.55
5	丁锋	江南大学	28	158	5.64
6	孟琭	东北大学	12	147	12.25
7	杨挺	天津大学	5	145	29.00
8	刘颖	西安邮电大学	34	142	4.18
9	王万良	浙江工业大学	21	138	6.57
10	何庆	贵州大学	9	132	14.67

29.5　高被引机构分析

计算技术领域总被引频次Top 20高等院校、总被引频次Top 10科研院所的发文和被引情况分别见表29-4、表29-5。

表29-4　计算技术领域高被引高等院校Top 20（按5年总被引频次排序）

序号	第一作者单位	发文量/篇	5年总被引频次/次	篇均被引频次/次	序号	第一作者单位	发文量/篇	5年总被引频次/次	篇均被引频次/次
1	江南大学	1503	3277	2.18	11	清华大学	826	2087	2.53
2	天津大学	973	2584	2.66	12	贵州大学	829	2087	2.52
3	南京航空航天大学	1657	2548	1.54	13	南京邮电大学	1098	1991	1.81
4	武汉大学	1022	2541	2.49	14	国防科技大学	1029	1950	1.90
5	浙江工业大学	1047	2487	2.38	15	昆明理工大学	1003	1894	1.89
6	重庆邮电大学	1033	2436	2.36	16	四川大学	1003	1882	1.88
7	合肥工业大学	1086	2331	2.15	17	上海理工大学	1033	1879	1.82
8	东北大学	1013	2280	2.25	18	南京理工大学	1061	1867	1.76
9	北京航空航天大学	774	2220	2.87	19	辽宁工程技术大学	703	1797	2.56
10	中北大学	1152	2123	1.84	20	上海交通大学	1065	1792	1.68

表 29–5　计算技术领域高被引科研院所 Top 10（按 5 年总被引频次排序）

序号	第一作者单位	发文量/篇	5 年总被引频次/次	篇均被引频次/次	序号	第一作者单位	发文量/篇	5 年总被引频次/次	篇均被引频次/次
1	中国科学院大学	484	1204	2.49	6	中国科学院信息工程研究所	197	493	2.50
2	中国科学院沈阳自动化研究所	318	908	2.86	7	中国科学院合肥物质科学研究院	179	469	2.62
3	中国科学院计算技术研究所	378	876	2.32	8	中国科学院软件研究所	168	414	2.46
4	中国科学院长春光学精密机械与物理研究所	270	809	3.00	9	中国科学院上海技术物理研究所	131	368	2.81
5	中国科学院自动化研究所	149	731	4.91	10	中国科学院地理科学与资源研究所	66	367	5.56

第 30 章 2023 年化工领域高被引分析

30.1 领域论文概况

2018—2022 年，化工领域共发表学术论文 60995 篇，由来自 8325 所机构的 51619 位学者作为第一作者发表。上述论文中，有 28684 篇被引用，整体被引率为 47.0%，总被引频次为 68788 次，篇均被引 1.13 次；其中，高被引论文有 867 篇，高被引论文篇均被引 8.85 次（表 30-1）。

表 30-1 2018—2022 年化工领域论文分布情况

年份	论文数量/篇	总被引频次/次	被引率/%	高被引论文数量/篇	高被引论文被引频次/次
2018	12137	21869	65.7	138	2040
2019	11965	20087	63.5	135	1796
2020	11755	15694	57.3	173	1915
2021	12376	9406	41.1	141	1189
2022	12762	1732	10.1	280	729
合计	60995	68788	47.0	867	7669

30.2 高被引论文分析

2018—2022 年，化工领域总被引频次最高的论文为 2019 年张静文发表的《$(Ca_{0.96}D_{0.04})MnO_3$（D = Ca，Sr，Rb，Sm）氧化物的制备和热电性能》（总被引频次为 68 次），刊载各年高被引论文 Top 5 数量最多的期刊为《化工进展》（4 篇），详见表 30-2。

表 30-2 2018—2022 年化工领域高被引论文 Top 5（按各年总被引频次排序）

序号	论文题名	第一作者	期刊名称	发表年份	总被引频次/次
1	基于可再生能源的水电解制氢技术	迟军	催化学报	2018	40
2	电解制氢与氢储能	俞红梅	中国工程科学	2018	39
3	储氢技术研究现状及展望	李璐伶	储能科学与技术	2018	31
4	盐湖卤水提锂技术研究与发展	刘东帆	化工学报	2018	31
5	制氢技术的生命周期评价研究进展	谢欣烁	化工进展	2018	29
6	$(Ca_{0.96}D_{0.04})MnO_3$（D = Ca，Sr，Rb，Sm）氧化物的制备和热电性能	张静文	稀有金属材料与工程	2019	68
7	基于压汞、低温 N_2 吸附和 CO_2 吸附的构造煤孔隙结构表征	李阳	煤炭学报	2019	32

续表

序号	论文题名	第一作者	期刊名称	发表年份	总被引频次/次
8	2，2′，4，5，5′－五氯联苯在小鼠体内代谢产物的鉴定	王帅	分析化学	2019	29
9	真菌漆酶的性质、生产、纯化及固定化研究进展	吴怡	生物技术通报	2019	25
10	塑料复合材料在体育设施和健身器材中的应用	江伟	塑料工业	2019	24
11	煤气化渣综合利用研究进展	曲江山	洁净煤技术	2020	43
12	浅析中国粉煤灰的综合利用现状	张祥成	无机盐工业	2020	33
13	中国现代煤化工近 25 年发展回顾 · 反思 · 展望	徐振刚	煤炭科学技术	2020	30
14	草莓酵素发酵过程中代谢产物及抗氧化性的变化研究	陈小伟	中国食品学报	2020	23
15	含风电制氢装置的综合能源系统优化运行	郭梦婕	中国电力	2020	23
16	电解水制氢技术研究进展与发展建议	俞红梅	中国工程科学	2021	33
17	可再生能源电解制氢技术及催化剂的研究进展	郭博文	化工进展	2021	31
18	煤气化技术在中国：回顾与展望	王辅臣	洁净煤技术	2021	27
19	全球 CCUS 技术和应用现状分析	赵志强	现代化工	2021	22
20	中国锂资源供需现状分析	韩佳欢	无机盐工业	2021	20
21	氢气制备和储运的状况与发展	李星国	科学通报	2022	9
22	聚酰胺/碳纤维复合材料中纤维表面改性研究进展	夏礼栋	合成树脂及塑料	2022	9
23	燃煤锅炉氨煤混合燃烧工业尺度试验研究	牛涛	洁净煤技术	2022	8
24	氢能供应链成本分析及建议	张轩	化工进展	2022	7
25	碳中和目标下的煤化工变革与发展	相宏伟	化工进展	2022	7

30.3 研究主题关联分析

在化工领域，867 篇高被引论文共被引用了 7669 次。通过分析施引文献关键词的词频及关键词之间的共现关系，获得化工领域的热点主题和主题关联，如图 30-1 所示。由图可知："力学性能""聚乳酸""吸附"等关键词的文献词频较高，是化工领域的研究热点。本领域形成 9 个研究主题簇，分别以"力学性能""碳纤维"为中心；以"3D 打印""聚乳酸"为中心；以"环氧树脂""复合材料"为中心；以"石墨烯""吸附"为中心；以"工艺参数""正交试验"为中心；以"催化剂""残留"为中心；以"结晶""分离"为中心；以"优化""多酚"为中心；以"抗压强度""聚丙烯"为中心。

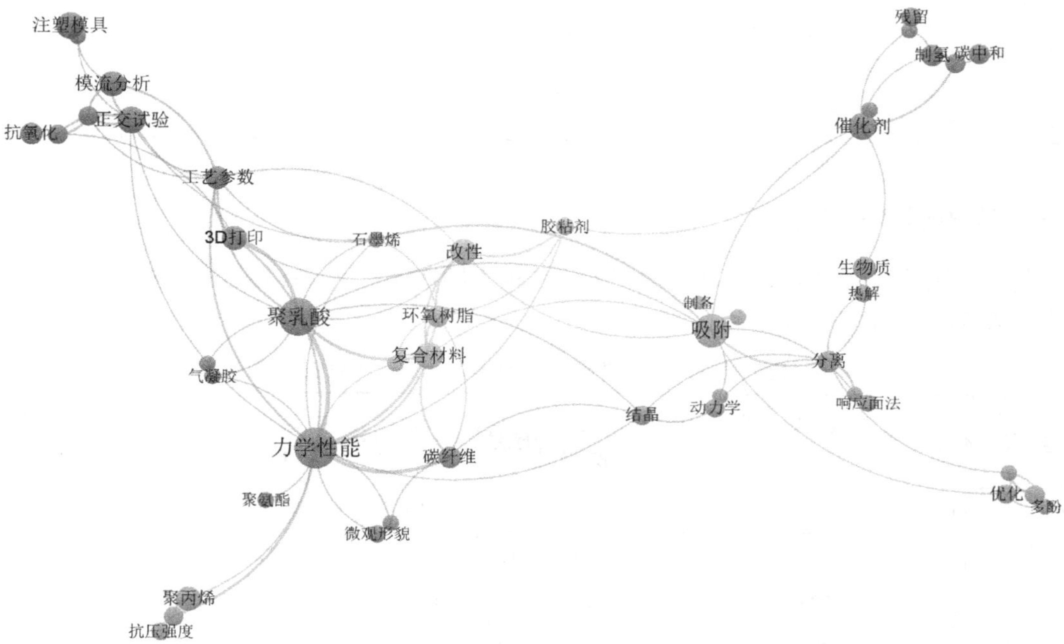

图 30-1　化工领域的热点主题和主题关联

30.4　高被引作者分析

2018—2022 年化工领域论文总被引频次 Top 10 的作者见表 30-3。其中发文 5 年总被引频次居前 3 位的作者分别是中国科学院大连化学物理研究所的俞红梅（72 次）、合肥工业大学的张静文（68 次）、青岛科技大学的汪传生（56 次）。

表 30-3　化工领域高被引作者 Top 10（按 5 年总被引频次排序）

序号	作者	作者单位	发文量/篇	5 年总被引频次/次	篇均被引频次/次
1	俞红梅	中国科学院大连化学物理研究所	2	72	36.00
2	张静文	合肥工业大学	2	68	34.00
3	汪传生	青岛科技大学	30	56	1.87
4	陈娟	榆林学院	29	49	1.69
5	武卫莉	齐齐哈尔大学	23	48	2.09

续表

序号	作者	作者单位	发文量/篇	5 年总被引频次/次	篇均被引频次/次
6	王战辉	榆林学院	29	47	1.62
7	郭睿	陕西科技大学	25	46	1.84
8	曲江山	中国科学院过程工程研究所	1	43	43.00
9	迟军	中国科学院大连化学物理研究所	1	40	40.00
10	杨海	南京林业大学	4	40	10.00

30.5 高被引机构分析

化工领域总被引频次 Top 20 高等院校、总被引频次 Top 10 科研院所的发文和被引情况分别见表 30-4、表 30-5。

表 30-4 化工领域高被引高等院校 Top 20（按 5 年总被引频次排序）

序号	第一作者单位	发文量/篇	5 年总被引频次/次	篇均被引频次/次	序号	第一作者单位	发文量/篇	5 年总被引频次/次	篇均被引频次/次
1	青岛科技大学	1100	1285	1.17	11	四川大学	587	629	1.07
2	北京化工大学	888	1075	1.21	12	华南理工大学	477	608	1.27
3	华东理工大学	905	973	1.08	13	陕西科技大学	434	594	1.37
4	天津大学	789	869	1.10	14	中国矿业大学	340	558	1.64
5	江南大学	758	816	1.08	15	贵州大学	343	519	1.51
6	中国石油大学	702	815	1.16	16	天津科技大学	352	502	1.43
7	南京林业大学	367	749	2.04	17	东华大学	438	493	1.13
8	浙江大学	580	675	1.16	18	南京工业大学	459	491	1.07
9	大连理工大学	596	646	1.08	19	郑州大学	389	461	1.19
10	太原理工大学	536	639	1.19	20	昆明理工大学	343	457	1.33

表 30-5 化工领域高被引科研院所 Top 10（按 5 年总被引频次排序）

序号	第一作者单位	发文量/篇	5 年总被引频次/次	篇均被引频次/次	序号	第一作者单位	发文量/篇	5 年总被引频次/次	篇均被引频次/次
1	中国林业科学研究院	278	333	1.20	3	中国科学院大连化学物理研究所	180	303	1.68
2	中国科学院过程工程研究所	207	319	1.54	4	黑龙江省科学院	132	129	0.98

续表

序号	第一作者单位	发文量/篇	5 年总被引频次/次	篇均被引频次/次	序号	第一作者单位	发文量/篇	5 年总被引频次/次	篇均被引频次/次
5	中国科学院长春应用化学研究所	97	126	1.30	8	中国科学院大学	74	97	1.31
6	中国科学院山西煤炭化学研究所	69	118	1.71	9	中国科学院化学研究所	94	92	0.98
7	中国热带农业科学院	71	118	1.66	10	中国农业科学院机关	19	86	4.53

第 31 章　2023 年轻工、纺织领域高被引分析

31.1　领域论文概况

2018—2022 年，轻工、纺织领域共发表学术论文 12441 篇，由来自 2083 所机构的 9751 位学者作为第一作者发表。上述论文中，有 5827 篇被引用，整体被引率为 46.8%，总被引频次为 14459 次，篇均被引 1.16 次；其中，高被引论文有 168 篇，高被引论文篇均被引 9.13 次（表 31–1）。

表 31–1　2018—2022 年轻工、纺织领域论文分布情况

年份	论文数量/篇	总被引频次/次	被引率/%	高被引论文数量/篇	高被引论文被引频次/次
2018	2313	4128	63.4	32	432
2019	2346	4184	64.2	25	405
2020	2436	3596	58.7	24	305
2021	2492	2177	45.4	30	253
2022	2854	374	10.3	57	138
合计	12441	14459	46.8	168	1533

31.2　高被引论文分析

2018—2022 年，轻工、纺织领域总被引频次最高的论文为 2019 年罗登山发表的《〈全国烤烟烟叶香型风格区划〉解析》（总被引频次为 47 次），刊载各年高被引论文 Top 5 数量最多的期刊为《中国皮革》（8 篇），详见表 31–2。

表 31–2　2018—2022 年轻工、纺织领域高被引论文 Top 5（按各年总被引频次排序）

序号	论文题名	第一作者	期刊名称	发表年份	总被引频次/次
1	两种抽吸模式下加热不燃烧卷烟主流烟气释放物分析	张洪非	烟草科技	2018	24
2	木纤维的定向制备及其几何尺寸对木塑复合材力学性能的影响	高珣	林产工业	2018	19
3	家居产业智能制造的现状与发展趋势	熊先青	林业工程学报	2018	18
4	国内外食育研究的理论与实践	侯鹏	资源科学	2018	17
5	国内细支卷烟加工工艺现状	张大波	烟草科技	2018	16
6	《全国烤烟烟叶香型风格区划》解析	罗登山	中国烟草学报	2019	47
7	造纸法再造烟叶表面黏附力检测方法的建立及验证	胡梦岩	烟草科技	2019	29

续表

序号	论文题名	第一作者	期刊名称	发表年份	总被引频次/次
8	核桃油中亚油酸分离纯化技术研究及其降血脂功能评价	戚登斐	中国油脂	2019	24
9	石墨烯基复合材料及其在制革工业中的应用研究进展	姚庆达	中国皮革	2019	20
10	定长切丝技术在细支卷烟生产中的应用	朱成文	烟草科技	2019	20
11	外贸企业发展跨境电商的现状及转型升级对策——以皮革制品企业为例	冯琳	中国皮革	2020	24
12	用于加热不燃烧（HnB）卷烟的再造烟叶生产工艺研究进展	董高峰	中国烟草学报	2020	17
13	硅氧烷功能化石墨烯改性有机硅皮革手感剂的稳定性与应用	姚庆达	皮革与化工	2020	16
14	雪茄烟叶调制及发酵技术研究进展	张倩颖	中国烟草学报	2020	16
15	石墨烯改性有机硅皮革手感剂稳定体系研究与应用	陈军	皮革与化工	2020	14
16	数字化技术在皮革行业的应用现状及展望	冉诗雅	中国皮革	2021	14
17	互联网时代下皮革行业电商物流体系研究分析	杨涛	中国皮革	2021	11
18	基于 ZigBee 与云平台的皮革企业智慧管理系统	王洋	中国皮革	2021	10
19	基于互联网 + 的皮革企业物流系统优化设计	介文凝	中国皮革	2021	10
20	交联对壳聚糖 - 聚乙二醇 - 负离子皮革涂饰剂性能的影响	姚庆达	中国皮革	2021	10
21	察尔汗盐湖固体钾盐溶解对溶剂注入速率响应机制研究	常政	地球学报	2022	5
22	中国家居智能制造技术研究与应用进展	熊先青	林业工程学报	2022	4
23	联合国食物系统峰会的中国方案	樊胜根	农业经济问题	2022	4

续表

序号	论文题名	第一作者	期刊名称	发表年份	总被引频次/次
24	不同鞋底硬度运动鞋对下肢生物力学特征的影响	贾西栋	中国皮革	2022	4
25	三聚氯氰改性石墨烯/聚氨酯皮革涂饰剂的制备与性能	黄鑫婷	皮革与化工	2022	3

31.3 研究主题关联分析

在轻工、纺织领域，168 篇高被引论文共被引用了 1533 次。通过分析施引文献关键词的词频及关键词之间的共现关系，获得轻工、纺织领域的热点主题和主题关联，如图 31–1 所示。由图可知："复合材料""稳定性""改性"等关键词的文献词频较高，是轻工、纺织领域的研究热点。本领域形成 6 个研究主题簇，分别以"复合材料"为中心；以"稳定性""交联"为中心；以"TiO_2""复鞣"为中心；以"涂饰""制革"为中心；以"应用""改性"为中心；以"力学性能"为中心。

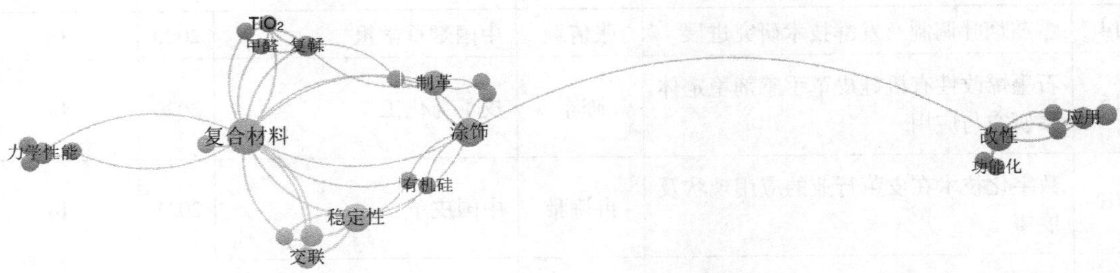

图 31–1　轻工、纺织领域的热点主题和主题关联

31.4 高被引作者分析

2018—2022 年轻工、纺织领域论文总被引频次 Top 10 的作者见表 31–3。其中发文 5 年总被引频次居前 3 位的作者分别是南京林业大学的熊先青（107 次）、中国烟草总公司郑州烟草研究院的罗登山（47 次）、陕西科技大学的万蓬勃（41 次）。

表 31–3　轻工、纺织领域高被引作者 Top 10（按 5 年总被引频次排序）

序号	作者	作者单位	发文量/篇	5 年总被引频次/次	篇均被引频次/次
1	熊先青	南京林业大学	17	107	6.29
2	罗登山	中国烟草总公司郑州烟草研究院	1	47	47.00
3	万蓬勃	陕西科技大学	20	41	2.05

续表

序号	作者	作者单位	发文量/篇	5 年总被引频次/次	篇均被引频次/次
4	周捷	西安工程大学	25	39	1.56
5	王金棒	中国烟草总公司郑州烟草研究院	8	37	4.63
6	韩玲	西安工程大学	4	25	6.25
7	杨松	中国烟草总公司郑州烟草研究院	6	25	4.17
8	冯琳	安康学院	1	24	24.00
9	戚登斐	陕西师范大学	1	24	24.00
10	李庆	西安工程大学	7	24	3.43

31.5　高被引机构分析

轻工、纺织领域总被引频次 Top 20 高等院校、总被引频次 Top 10 科研院所的发文和被引情况分别见表 31–4、表 31–5。

表 31–4　轻工、纺织领域高被引高等院校 Top 20（按 5 年总被引频次排序）

序号	第一作者单位	发文量/篇	5 年总被引频次/次	篇均被引频次/次	序号	第一作者单位	发文量/篇	5 年总被引频次/次	篇均被引频次/次
1	江南大学	643	845	1.31	11	中南林业科技大学	90	189	2.10
2	西安工程大学	502	694	1.38	12	上海工程技术大学	141	167	1.18
3	东华大学	718	667	0.93	13	东北林业大学	108	161	1.49
4	浙江理工大学	582	600	1.03	14	中原工学院	143	141	0.99
5	四川大学	289	487	1.69	15	河南农业大学	64	131	2.05
6	南京林业大学	222	460	2.07	16	大连工业大学	134	125	0.93
7	天津工业大学	301	421	1.40	17	北京林业大学	65	122	1.88
8	陕西科技大学	280	381	1.36	18	南通大学	115	115	1.00
9	苏州大学	157	201	1.28	19	青岛大学	98	111	1.13
10	武汉纺织大学	163	192	1.18	20	北华大学	55	108	1.96

表 31-5 轻工、纺织领域高被引科研院所 Top 10（按 5 年总被引频次排序）

序号	第一作者单位	发文量/篇	5 年总被引频次/次	篇均被引频次/次	序号	第一作者单位	发文量/篇	5 年总被引频次/次	篇均被引频次/次
1	中国烟草总公司郑州烟草研究院	153	371	2. 42	6	中国科学院地理科学与资源研究所	2	17	8. 50
2	中国林业科学研究院	93	115	1. 24	7	河南省农业科学院	4	15	3. 75
3	中国农业科学院烟草研究所	36	95	2. 64	8	广西壮族自治区林业科学研究院	10	13	1. 30
4	云南烟草科学研究院	6	25	4. 17	9	中国科学院合肥物质科学研究院	5	11	2. 20
5	解放军军事科学院	14	21	1. 50	10	广西农业科学院	2	8	4. 00

第 32 章　2023 年食品领域高被引分析

32.1　领域论文概况

2018—2022 年，食品领域共发表学术论文 46765 篇，由来自 4407 所机构的 34952 位学者作为第一作者发表。上述论文中，有 31522 篇被引用，整体被引率为 67.4%，总被引频次为 113562 次，篇均被引 2.43 次；其中，高被引论文有 609 篇，高被引论文篇均被引 13.68 次（表 32-1）。

表 32-1　2018—2022 年食品领域论文分布情况

年份	论文数量/篇	总被引频次/次	被引率/%	高被引论文数量/篇	高被引论文被引频次/次
2018	8979	33710	85.1	92	2165
2019	9554	34702	85.1	96	2228
2020	9880	27312	79.5	98	1756
2021	9239	15089	65.2	138	1490
2022	9113	2749	20.5	185	692
合计	46765	113562	67.4	609	8331

32.2　高被引论文分析

2018—2022 年，食品领域总被引频次最高的论文为 2019 年李连祯发表的《食用蔬菜能吸收和积累微塑料》（总被引频次为 55 次），刊载各年高被引论文 Top 5 数量最多的期刊为《食品科学》（17 篇），详见表 32-2。

表 32-2　2018—2022 年食品领域高被引论文 Top 5（按各年总被引频次排序）

序号	论文题名	第一作者	期刊名称	发表年份	总被引频次/次
1	β-谷甾醇和豆甾醇对小鼠急性结肠炎的治疗作用研究	冯思敏	中国粮油学报	2018	49
2	响应面法优化金蝉花多糖提取工艺及抗氧化活性分析	宋佳敏	食品科学	2018	46
3	花椒多酚提取工艺响应面优化及动力学分析	郭宏垚	食品科学	2018	36
4	6 种市售工厂化栽培金针菇的氨基酸组成及蛋白质营养评价	吴莹莹	食品科学	2018	35
5	黄原胶对莲藕淀粉糊化性质及流变与质构特性的影响	刘敏	食品科学	2018	34

续表

序号	论文题名	第一作者	期刊名称	发表年份	总被引频次/次
6	食用蔬菜能吸收和积累微塑料	李连祯	科学通报	2019	55
7	基于顶空气相色谱－离子迁移谱技术的冷冻猪肉贮藏时间快速判别方法	王辉	食品科学	2019	49
8	不同蓝莓品种果实品质比较与综合评价	刘丙花	食品科学	2019	46
9	不同材料熏制鸡腿肉挥发性物质 GC-IMS 指纹图谱分析	姚文生	食品科学技术学报	2019	36
10	SPME-GC-MS 结合电子鼻技术分析不同品种猕猴桃酒香气物质	赵宁	食品科学	2019	34
11	不同品种百合内外鳞片游离氨基酸组成的主成分分析及聚类分析	王馨雨	食品科学	2020	48
12	白酒风味化学研究方法及酱香型白酒风味化学研究进展	唐平	食品科学	2020	35
13	中国白酒中微量成分研究进展	郭学武	食品科学	2020	35
14	基于主成分分析的不同水稻品种品质综合评价	荆瑞勇	食品科学	2020	34
15	基于气相－离子迁移谱分析反复炖煮过程中鸡肉风味物质的变化规律	杜超	食品与发酵工业	2020	29
16	HS-SPME-GC-MS-O 结合电子鼻对坨坨猪肉主体风味评价分析	周慧敏	食品科学	2021	18
17	赤水河流域不同地区酱香型白酒风味化合物分析	唐平	食品科学	2021	18
18	白酒风味化学与健康功效研究进展	孙宝国	中国食品学报	2021	17
19	基于气相－离子迁移谱分析不同产地“汉中仙毫”气味指纹差异	金文刚	食品与发酵工业	2021	17
20	金银花的功能性成分及其生物活性研究进展	朱文卿	食品工业科技	2021	17
21	基于 GC-O、OAV 及 Feller 加和模型对酱香型习酒特征香气成分的分析	易封萍	食品科学	2022	11
22	基于气相－离子迁移色谱分析大鲵不同可食部位挥发性成分指纹差异	金文刚	食品科学	2022	10

续表

序号	论文题名	第一作者	期刊名称	发表年份	总被引频次/次
23	SPME-GC-MS 结合 OAV 分析不同产区花椒炸花椒油的关键香气物质	高夏洁	食品科学	2022	10
24	人工栽培和野生羊肚菌游离氨基酸主成分分析及综合评价	范婷婷	食品科学	2022	9
25	云南小粒咖啡花多糖提取工艺优化及其抗氧化活性分析	沈晓静	食品工业科技	2022	8

32.3 研究主题关联分析

在食品领域，609 篇高被引论文共被引用了 8331 次。通过分析施引文献关键词的词频及关键词之间的共现关系，获得食品领域的热点主题和主题关联，如图 32–1 所示。由图可知："主成分分析""发酵""品质"等关键词的文献词频较高，是食品领域的研究热点。本领域形成 8 个研究主题簇，分别以"营养成分""主成分分析"为中心；以"感官品质""红茶"为中心；以"挥发性风味物质""低场核磁共振"为中心；以"气相色谱 – 质谱

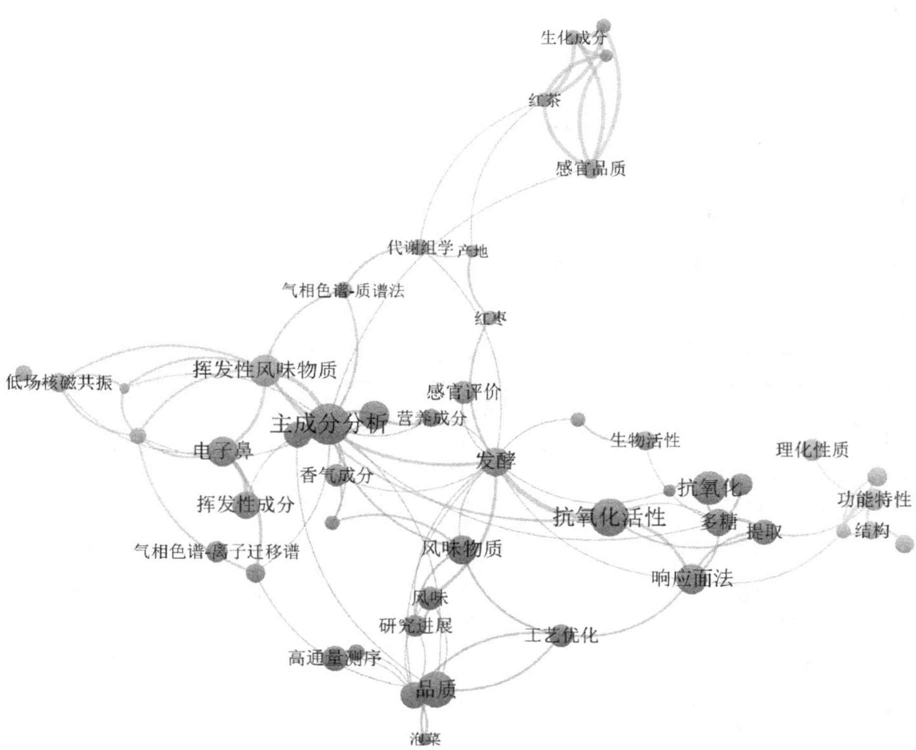

图 32–1 食品领域的热点主题和主题关联

法”“发酵”为中心；以“多糖”“抗氧化活性”为中心；以“挥发性成分”“电子鼻”为中心；以“品质”“风味”为中心；以“结构”“功能特性”为中心。

32.4 高被引作者分析

2018—2022 年食品领域论文总被引频次 Top 10 的作者见表 32-3。其中发文 5 年总被引频次居前 3 位的作者分别是东北农业大学的江连洲（134 次）、东北农业大学的李杨（131 次）、河南工业大学的刘玉兰（99 次）。

表 32-3　食品领域高被引作者 Top 10（按 5 年总被引频次排序）

序号	作者	作者单位	发文量/篇	5 年总被引频次/次	篇均被引频次/次
1	江连洲	东北农业大学	26	134	5.15
2	李杨	东北农业大学	30	131	4.37
3	刘玉兰	河南工业大学	34	99	2.91
4	赵二劳	忻州师范学院	9	82	9.11
5	戴奕杰	湖南农业大学	5	81	16.20
6	吴燕燕	中国水产科学研究院	15	73	4.87
7	李学鹏	渤海大学	10	68	6.80
8	刘登勇	渤海大学	10	66	6.60
9	杨新	贵州大学	7	65	9.29
10	祝霞	甘肃农业大学	8	65	8.13

32.5 高被引机构分析

食品领域总被引频次 Top 20 高等院校、总被引频次 Top 10 科研院所的发文和被引情况分别见表 32-4、表 32-5。

表 32-4　食品领域高被引高等院校 Top 20（按 5 年总被引频次排序）

序号	第一作者单位	发文量/篇	5 年总被引频次/次	篇均被引频次/次	序号	第一作者单位	发文量/篇	5 年总被引频次/次	篇均被引频次/次
1	江南大学	1331	2998	2.25	7	中国农业大学	592	1566	2.65
2	东北农业大学	734	2452	3.34	8	贵州大学	410	1495	3.65
3	西南大学	665	2245	3.38	9	北京工商大学	484	1459	3.01
4	河南工业大学	993	2090	2.10	10	西北农林科技大学	445	1374	3.09
5	天津科技大学	643	1635	2.54	11	南京农业大学	417	1356	3.25
6	上海海洋大学	577	1622	2.81	12	渤海大学	446	1327	2.98

续表

序号	第一作者单位	发文量/篇	5年总被引频次/次	篇均被引频次/次	序号	第一作者单位	发文量/篇	5年总被引频次/次	篇均被引频次/次
13	湖南农业大学	390	1245	3.19	17	甘肃农业大学	365	1010	2.77
14	华中农业大学	496	1214	2.45	18	南昌大学	372	1008	2.71
15	福建农林大学	389	1038	2.67	19	哈尔滨商业大学	428	959	2.24
16	内蒙古农业大学	400	1038	2.60	20	四川轻化工大学	308	869	2.82

表32-5 食品领域高被引科研院所Top 10（按5年总被引频次排序）

序号	第一作者单位	发文量/篇	5年总被引频次/次	篇均被引频次/次	序号	第一作者单位	发文量/篇	5年总被引频次/次	篇均被引频次/次
1	中国水产科学研究院	265	875	3.30	6	贵州省农业科学院	108	342	3.17
2	广东省农业科学院	160	514	3.21	7	中国农业科学院农产品加工研究所	164	334	2.04
3	湖北省农业科学院	180	507	2.82	8	中国热带农业科学院	121	319	2.64
4	江苏省农业科学院	174	382	2.20	9	中国食品药品检定研究院	97	310	3.20
5	河南省农业科学院	135	348	2.58	10	福建省农业科学院	122	304	2.49

第33章　2023年土木建筑领域高被引分析

33.1　领域论文概况

2018—2022年，土木建筑领域共发表学术论文70126篇，由来自7380所机构的48061位学者作为第一作者发表。上述论文中，有36382篇被引用，整体被引率为51.9%，总被引频次为113158次，篇均被引1.61次；其中，高被引论文有1026篇，高被引论文篇均被引13.32次（表33-1）。

表33-1　2018—2022年土木建筑领域论文分布情况

年份	论文数量/篇	总被引频次/次	被引率/%	高被引论文数量/篇	高被引论文被引频次/次
2018	12900	35718	72.4	129	3836
2019	13894	36414	72.1	143	4162
2020	14628	26051	63.0	174	2798
2021	14480	12820	43.1	194	1897
2022	14224	2155	11.0	386	978
合计	70126	113158	51.9	1026	13671

33.2　高被引论文分析

2018—2022年，土木建筑领域总被引频次最高的论文为2019年刘彦随发表的《中国乡村地域系统与乡村振兴战略》（总被引频次为127次），刊载各年高被引论文Top 5数量最多的期刊是《城市规划学刊》《城市规划》（均4篇），详见表33-2。

表33-2　2018—2022年土木建筑领域高被引论文Top 5（按各年总被引频次排序）

序号	论文题名	第一作者	期刊名称	发表年份	总被引频次/次
1	论空间规划体系的构建——兼析空间规划、国土空间用途管制与自然资源监管的关系	林坚	城市规划	2018	123
2	我国关闭/废弃矿井资源精准开发利用的科学思考	袁亮	煤炭学报	2018	104
3	装配式混凝土框架节点基本性能研究进展	吴刚	建筑结构学报	2018	76
4	1995年日本阪神地震大开地铁车站震害原因及成灾机理分析研究进展	杜修力	岩土工程学报	2018	73

续表

序号	论文题名	第一作者	期刊名称	发表年份	总被引频次/次
5	MICP胶结钙质砂动力特性试验研究	刘汉龙	岩土工程学报	2018	64
6	中国乡村地域系统与乡村振兴战略	刘彦随	地理学报	2019	127
7	生态文明背景下的国土空间规划体系构建	杨保军	城市规划学刊	2019	99
8	金属矿深部开采现状与发展战略	蔡美峰	工程科学学报	2019	90
9	中国城市绿色发展效率时空演变特征及影响因素	周亮	地理学报	2019	89
10	治理现代化目标下国家空间规划体系的变迁与重构	张京祥	自然资源学报	2019	67
11	从城乡规划到国土空间规划	孙施文	城市规划学刊	2020	42
12	国土空间规划的维度和温度	庄少勤	城市规划	2020	41
13	1949—2019年中国城市更新的发展与回顾	阳建强	城市规划	2020	36
14	面向国土空间规划的“双评价”：挑战与应对	岳文泽	自然资源学报	2020	32
15	黄土高原水土流失治理与黄河水沙变化	胡春宏	水利水电技术	2020	29
16	碳中和背景下污泥处理处置与资源化发展方向思考	戴晓虎	给水排水	2021	38
17	“碳达峰、碳中和”目标下国土空间规划编制研究与思考	熊健	城市规划学刊	2021	33
18	我国城市建筑碳达峰与碳中和路径探讨	龙惟定	暖通空调	2021	27
19	面向创新需求的城市空间供给与治理创新	张京祥	城市规划	2021	25
20	超高性能混凝土在结构中的应用	邵旭东	土木工程学报	2021	25
21	国土空间规划的知与行	张兵	城市规划学刊	2022	9
22	原型、场所、体验	林箐	中国园林	2022	8
23	Experimental and numerical studies on progressive debonding of grouted rock bolts	Hao Shi	矿业科学技术学报（英文版）	2022	7

续表

序号	论文题名	第一作者	期刊名称	发表年份	总被引频次/次
24	喜马拉雅东构造结西缘地应力特征及其对隧道围岩稳定性的影响	张重远	岩石力学与工程学报	2022	7
25	土－桩基－核岛体系动力相互作用振动台试验及数值模拟	景立平	岩土工程学报	2022	7

33.3 研究主题关联分析

在土木建筑领域，1026 篇高被引论文共被引用了 13671 次。通过分析施引文献关键词的词频及关键词之间的共现关系，获得土木建筑领域的热点主题和主题关联，如图 33–1 所示。由图可知："国土空间规划""数值模拟""力学特性"等关键词的文献词频较高，是土木建筑领域的研究热点。本领域形成 7 个研究主题簇，分别以"国土空间规划""高质量发展"为中心；以"政策建议""碳中和"为中心；以"能量演化""破坏模式"为中心；以"力学特性""无侧限抗压强度"为中心；以"微观结构""抗压强度"为中心；以"人地关系""指标体系"为中心；以"生态系统服务""风景园林"为中心。

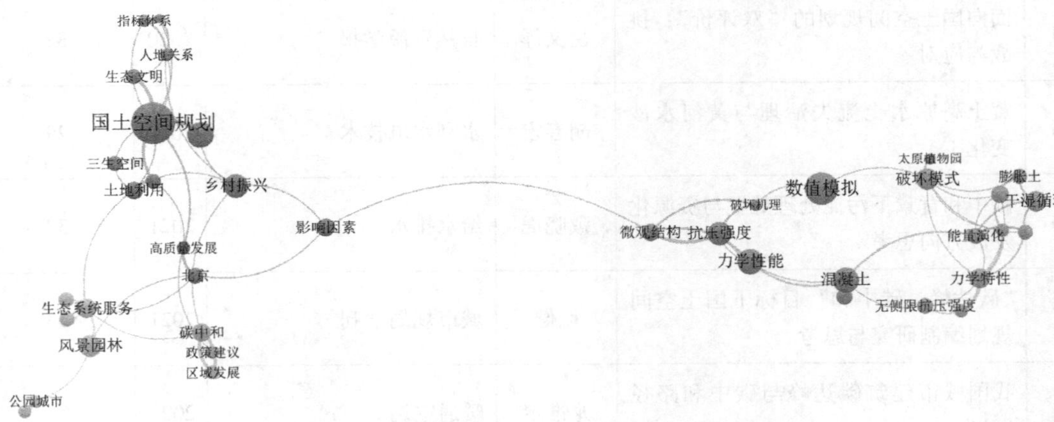

图 33–1　土木建筑领域的热点主题和主题关联

33.4 高被引作者分析

2018—2022 年土木建筑领域论文总被引频次 Top 10 的作者见表 33–3。其中发文 5 年总被引频次居前 3 位的作者分别是北京大学的林坚（215 次）、北京工业大学的杜修力（173 次）、安徽理工大学的袁亮（164 次）。

表 33-3　土木建筑领域高被引作者 Top 10（按 5 年总被引频次排序）

序号	作者	作者单位	发文量/篇	5 年总被引频次/次	篇均被引频次/次
1	林坚	北京大学	8	215	26.88
2	杜修力	北京工业大学	15	173	11.53
3	袁亮	安徽理工大学	3	164	54.67
4	张京祥	南京大学	7	149	21.29
5	王兰	同济大学	19	144	7.58
6	周颖	同济大学	27	138	5.11
7	钮心毅	同济大学	17	130	7.65
8	刘彦随	中国科学院大学	1	127	127.00
9	蔡正银	南京水利科学研究院	16	126	7.88
10	刘汉龙	重庆大学	8	122	15.25

33.5　高被引机构分析

土木建筑领域总被引频次 Top 20 高等院校、总被引频次 Top 10 科研院所的发文和被引情况分别见表 33-4、表 33-5。

表 33-4　土木建筑领域高被引高等院校 Top 20（按 5 年总被引频次排序）

序号	第一作者单位	发文量/篇	5 年总被引频次/次	篇均被引频次/次	序号	第一作者单位	发文量/篇	5 年总被引频次/次	篇均被引频次/次
1	同济大学	2739	6535	2.39	11	南京大学	444	1558	3.51
2	西安建筑科技大学	1589	2774	1.75	12	长安大学	792	1411	1.78
3	重庆大学	1243	2609	2.10	13	武汉大学	531	1330	2.50
4	清华大学	1037	2480	2.39	14	中国矿业大学	545	1312	2.41
5	东南大学	1124	2040	1.81	15	湖南大学	866	1308	1.51
6	北京工业大学	1004	1904	1.90	16	西南交通大学	599	1247	2.08
7	天津大学	1126	1894	1.68	17	哈尔滨工业大学	717	1237	1.73
8	河海大学	988	1752	1.77	18	华南理工大学	924	1222	1.32
9	中南大学	657	1592	2.42	19	北京交通大学	464	997	2.15
10	浙江大学	872	1581	1.81	20	中国地质大学	328	973	2.97

表 33-5　土木建筑领域高被引科研院所 Top 10（按 5 年总被引频次排序）

序号	第一作者单位	发文量/篇	5 年总被引频次/次	篇均被引频次/次	序号	第一作者单位	发文量/篇	5 年总被引频次/次	篇均被引频次/次
1	中国科学院武汉岩土力学研究所	282	1179	4. 18	6	中国科学院大学	27	270	10. 00
2	中国城市规划设计研究院	266	611	2. 30	7	中国水利水电科学研究院	84	245	2. 92
3	中国科学院地理科学与资源研究所	71	530	7. 46	8	中国科学院生态环境研究中心	78	217	2. 78
4	中国地震局工程力学研究所	265	500	1. 89	9	长江水利委员会长江科学院	87	140	1. 61
5	南京水利科学研究院	147	397	2. 70	10	北京市建筑设计研究院有限公司	152	124	0. 82

第 34 章　2023 年水利领域高被引分析

34.1　领域论文概况

2018—2022 年，水利领域共发表学术论文 16762 篇，由来自 2140 所机构的 12960 位学者作为第一作者发表。上述论文中，有 9626 篇被引用，整体被引率为 57.4%，总被引频次为 32600 次，篇均被引 1.94 次；其中，高被引论文有 175 篇，高被引论文篇均被引 20.62 次（表 34-1）。

表 34-1　2018—2022 年水利领域论文分布情况

年份	论文数量/篇	总被引频次/次	被引率/%	高被引论文数量/篇	高被引论文被引频次/次
2018	3205	9570	75.7	32	854
2019	3358	10020	76.3	38	1167
2020	3373	7868	69.5	33	908
2021	3457	4461	52.1	39	538
2022	3369	681	14.6	33	141
合计	16762	32600	57.4	175	3608

34.2　高被引论文分析

2018—2022 年，水利领域总被引频次最高的论文为 2019 年陆大道发表的《黄河流域的综合治理与可持续发展》（总被引频次为 108 次），刊载各年高被引论文 Top 5 数量最多的期刊是《水科学进展》《水资源保护》（均 4 篇），详见表 34-2。

表 34-2　2018—2022 年水利领域高被引论文 Top 5（按各年总被引频次排序）

序号	论文题名	第一作者	期刊名称	发表年份	总被引频次/次
1	论黄河水沙变化趋势预测研究的若干问题	胡春宏	水利学报	2018	48
2	不同承载标准下水资源承载力评价	金菊良	水科学进展	2018	44
3	中国西北“水三线”空间格局与水资源配置方略	邓铭江	地理学报	2018	36
4	近 20 a 塔里木河下游输水对生态环境的影响	李丽君	干旱区地理	2018	32
5	黄河流域水量分配方案优化及综合调度的关键科学问题	王煜	水科学进展	2018	32

续表

序号	论文题名	第一作者	期刊名称	发表年份	总被引频次/次
6	黄河流域的综合治理与可持续发展	陆大道	地理学报	2019	108
7	黄河流域生态保护和高质量发展研究框架	左其亭	人民黄河	2019	86
8	大坝智能建设研究进展	钟登华	水利学报	2019	56
9	黄河流域水资源承载力评价	张宁宁	自然资源学报	2019	51
10	Third generation of vortex identification methods: Omega and Liutex/Rortex based systems	Chaoqun Liu	水动力学研究与进展 B 辑	2019	45
11	基于组合权重 TOPSIS 模型的黄河流域九省区水资源承载力评价	左其亭	水资源保护	2020	75
12	新形势下黄河流域水资源配置战略调整研究	贾绍凤	资源科学	2020	54
13	中国主要江河径流变化成因定量分析	王国庆	水科学进展	2020	49
14	黄河流域用水效率的空间格局及动态演进	刘华军	资源科学	2020	44
15	1956—2018 年中国江河径流演变及其变化特征	张建云	水科学进展	2020	43
16	黄河流域水－能源－粮食安全系统的耦合协调发展研究	赵良仕	水资源保护	2021	29
17	2000—2019 年黄河流域植被覆盖度时空变化	张志强	资源科学	2021	27
18	城市水循环演变及对策分析	王浩	水利学报	2021	22
19	数智化使能运营管理变革：从供应链到供应链生态系统	陈剑	管理世界	2021	21
20	基于 AHP-TOPSIS 模型的江苏省水资源承载力评价	李少朋	水资源保护	2021	18
21	中国未来电力系统储电网初探	文劲宇	电力系统保护与控制	2022	16
22	大坝智能建造理论	李庆斌	水力发电学报	2022	13
23	京津冀地区水资源空间均衡评价及调控措施	郭旭宁	水资源保护	2022	7

续表

序号	论文题名	第一作者	期刊名称	发表年份	总被引频次/次
24	WPD-RSO-ESN 和 SSA-RSO-ESN 模型在径流时间序列预测中应用比较	杨琼波	中国农村水利水电	2022	6
25	大坝智能建造研究进展与发展趋势	李庆斌	清华大学学报（自然科学版）	2022	5

34.3　研究主题关联分析

在水利领域，175 篇高被引论文共被引用了 3608 次。通过分析施引文献关键词的词频及关键词之间的共现关系，获得水利领域的热点主题和主题关联，如图 34–1 所示。由图可知："黄河流域""气候变化""数值模拟"等关键词的文献词频较高，是水利领域的研究热点。本领域形成 9 个研究主题簇，分别以"城市群""黄河流域"为中心；以"气候变化""土地利用"为中心；以"供水安全"为中心；以"安徽省""耦合协调"为中心；以"水资源""河南省"为中心；以"水资源利用效率"为中心；以"SWMM 模型""数值模拟"为中心；以"长江经济带"为中心；以"生态基流"为中心。

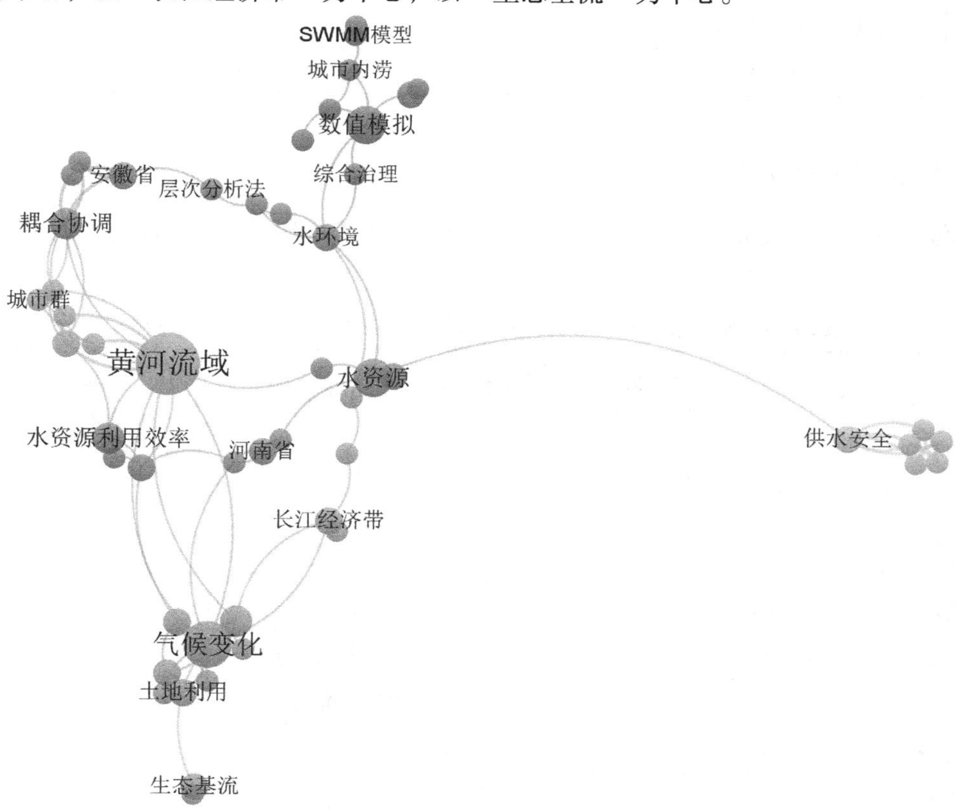

图 34–1　水利领域的热点主题和主题关联

34.4 高被引作者分析

2018—2022 年水利领域论文总被引频次 Top 10 的作者见表 34-3。其中发文 5 年总被引频次居前 3 位的作者分别是郑州大学的左其亭（379 次）、合肥工业大学的金菊良（212 次）、辽宁师范大学的孙才志（193 次）。

表 34-3 水利领域高被引作者 Top 10（按 5 年总被引频次排序）

序号	作者	作者单位	发文量/篇	5 年总被引频次/次	篇均被引频次/次
1	左其亭	郑州大学	43	379	8.81
2	金菊良	合肥工业大学	26	212	8.15
3	孙才志	辽宁师范大学	24	193	8.04
4	侯精明	西安理工大学	10	115	11.50
5	樊启祥	中国长江三峡集团公司	17	114	6.71
6	陆大道	中国科学院地理科学与资源研究所	1	108	108.00
7	胡春宏	中国水利水电科学研究院	13	102	7.85
8	黄国如	华南理工大学	10	94	9.40
9	张红武	清华大学	11	94	8.55
10	王国庆	南京水利科学研究院	3	92	30.67

34.5 高被引机构分析

水利领域总被引频次 Top 20 高等院校、总被引频次 Top 10 科研院所的发文和被引情况分别见表 34-4、表 34-5。

表 34-4 水利领域高被引高等院校 Top 20（按 5 年总被引频次排序）

序号	第一作者单位	发文量/篇	5 年总被引频次/次	篇均被引频次/次	序号	第一作者单位	发文量/篇	5 年总被引频次/次	篇均被引频次/次
1	河海大学	1679	3756	2.24	8	西北农林科技大学	237	552	2.33
2	武汉大学	646	1430	2.21	9	四川大学	354	475	1.34
3	天津大学	416	1071	2.57	10	三峡大学	310	449	1.45
4	西安理工大学	392	1048	2.67	11	大连理工大学	222	425	1.91
5	郑州大学	237	802	3.38	12	北京师范大学	116	381	3.28
6	清华大学	242	778	3.21	13	长沙理工大学	160	342	2.14
7	华北水利水电大学	373	619	1.66	14	合肥工业大学	92	303	3.29

续表

序号	第一作者单位	发文量/篇	5 年总被引频次/次	篇均被引频次/次	序号	第一作者单位	发文量/篇	5 年总被引频次/次	篇均被引频次/次
15	辽宁师范大学	38	278	7.32	18	华北电力大学	102	211	2.07
16	新疆农业大学	160	220	1.38	19	扬州大学	123	204	1.66
17	华南理工大学	50	212	4.24	20	重庆交通大学	145	203	1.40

表 34-5　水利领域高被引科研院所 Top 10（按 5 年总被引频次排序）

序号	第一作者单位	发文量/篇	5 年总被引频次/次	篇均被引频次/次	序号	第一作者单位	发文量/篇	5 年总被引频次/次	篇均被引频次/次
1	中国水利水电科学研究院	581	1650	2.84	6	中国科学院新疆生态与地理研究所	13	69	5.31
2	南京水利科学研究院	372	990	2.66	7	中国科学院南京地理与湖泊研究所	16	64	4.00
3	中国科学院地理科学与资源研究所	86	572	6.65	8	中国科学院东北地理与农业生态研究所	4	50	12.50
4	长江水利委员会长江科学院	231	455	1.97	9	中国科学院青藏高原研究所	3	39	13.00
5	交通运输部天津水运工程科学研究院	47	113	2.40	10	中国科学院生态环境研究中心	7	37	5.29

第 35 章　2023 年交通运输领域高被引分析

35.1　领域论文概况

2018—2022 年，交通运输领域共发表学术论文 58211 篇，由来自 6217 所机构的 41889 位学者作为第一作者发表。上述论文中，有 29038 篇被引用，整体被引率为 49.9%，总被引频次为 83362 次，篇均被引 1.43 次；其中，高被引论文有 757 篇，高被引论文篇均被引 11.73 次（表 35-1）。

表 35-1　2018—2022 年交通运输领域论文分布情况

年份	论文数量/篇	总被引频次/次	被引率/%	高被引论文数量/篇	高被引论文被引频次/次
2018	10656	27148	72.7	124	2575
2019	11047	25813	71.7	126	2501
2020	11755	18836	60.7	124	1892
2021	12276	10077	41.7	133	1284
2022	12477	1488	8.9	250	629
合计	58211	83362	49.9	757	8881

35.2　高被引论文分析

2018—2022 年，交通运输领域总被引频次最高的论文为 2018 年李术才发表的《隧道突水突泥致灾构造分类、地质判识、孕灾模式与典型案例分析》（总被引频次为 68 次），刊载各年高被引论文 Top 5 数量最多的期刊为《中国公路学报》（12 篇），详见表 35-2。

表 35-2　2018—2022 年交通运输领域高被引论文 Top 5（按各年总被引频次排序）

序号	论文题名	第一作者	期刊名称	发表年份	总被引频次/次
1	隧道突水突泥致灾构造分类、地质判识、孕灾模式与典型案例分析	李术才	岩石力学与工程学报	2018	68
2	中国新能源汽车产业与技术发展现状及对策	马建	中国公路学报	2018	55
3	基于视线诱导的公路隧道光环境优化研究框架	杜志刚	中国公路学报	2018	45
4	基于深度学习的短时交通流预测研究	王祥雪	交通运输系统工程与信息	2018	44
5	基于卷积神经网络的路表病害识别与测量	沙爱民	中国公路学报	2018	42

续表

序号	论文题名	第一作者	期刊名称	发表年份	总被引频次/次
6	先进高强度汽车钢的发展趋势与挑战	王存宇	钢铁	2019	62
7	基于 LSTM 网络的驾驶意图识别及车辆轨迹预测	季学武	中国公路学报	2019	50
8	基于场景的自动驾驶汽车虚拟测试研究进展	朱冰	中国公路学报	2019	48
9	大数据背景下的桥梁结构健康监测研究现状与展望	孙利民	中国公路学报	2019	45
10	近 2 年我国隧道及地下工程发展与思考（2017—2018 年）	洪开荣	隧道建设（中英文）	2019	43
11	基于蒙特卡罗算法的电动汽车充电负荷预测及系统开发	常小强	高压电器	2020	44
12	无人驾驶车辆的运动控制发展现状综述	熊璐	机械工程学报	2020	35
13	中国公路隧道近 10 年的发展趋势与思考	洪开荣	中国公路学报	2020	34
14	中国路面工程学术研究综述·2020	《中国公路学报》编辑部	中国公路学报	2020	31
15	超大跨度公铁两用斜拉桥结构体系研究	秦顺全	桥梁建设	2020	31
16	中国桥梁工程学术研究综述·2021	《中国公路学报》编辑部	中国公路学报	2021	47
17	中国铁路隧道发展与展望（含截至 2020 年底中国铁路隧道统计数据）	田四明	隧道建设（中英文）	2021	38
18	智能汽车的人机共驾技术研究现状和发展趋势	宗长富	中国公路学报	2021	21
19	考虑电动汽车有序充电的光储充电站储能容量优化策略	李景丽	电力系统保护与控制	2021	20
20	计及电价优化和放电节制的电动汽车充电站有序充放电调度	程杉	电力系统保护与控制	2021	18

续表

序号	论文题名	第一作者	期刊名称	发表年份	总被引频次/次
21	面向自动驾驶的仿真场景自动生成方法综述	邓伟文	中国公路学报	2022	10
22	中国交通隧道工程学术研究综述 · 2022	《中国公路学报》编辑部	中国公路学报	2022	9
23	计及 V2G 价格激励的电动汽车削峰协同调度策略	王敏	电力自动化设备	2022	7
24	成贵铁路宜宾金沙江公铁两用桥主桥钢箱系杆拱桥设计	肖德存	世界桥梁	2022	6
25	2021 年世界城市轨道交通运营统计与分析综述	韩宝明	都市快轨交通	2022	6

35. 3 研究主题关联分析

在交通运输领域，757 篇高被引论文共被引用了 8881 次。通过分析施引文献关键词的词频及关键词之间的共现关系，获得交通运输领域的热点主题和主题关联，如图 35–1 所示。由图可知："斜拉桥""桥梁工程""隧道工程"等关键词的文献词频较高，是交通运输领域的研究热点。本领域形成 8 个研究主题簇，分别以"斜拉桥""桥梁工程"为中心；以"神经网络""深度学习"为中心；以"路径跟踪""车辆"为中心；以"施工技术""悬索桥"为中心；以"数值模拟""隧道工程"为中心；以"钻爆法""TBM"为中心；以"线形""混合梁"为中心；以"城市轨道交通""安全工程"为中心。

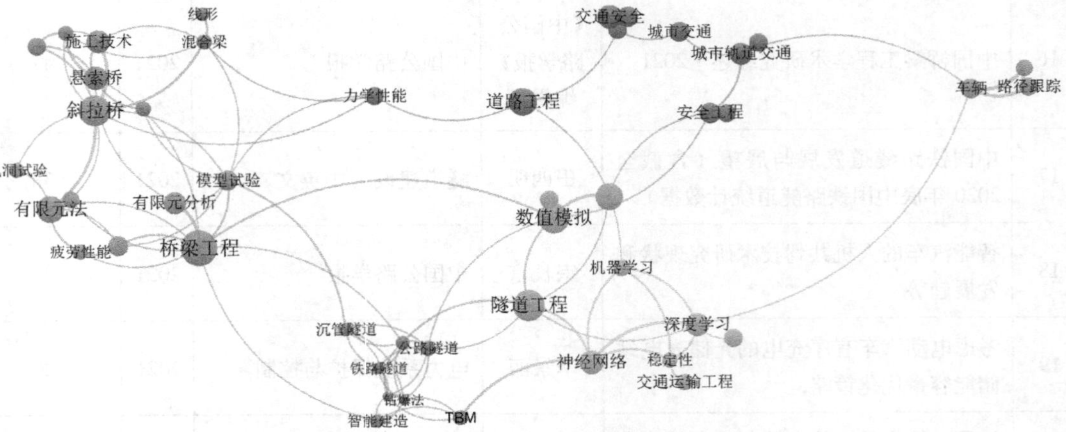

图 35–1 交通运输领域的热点主题和主题关联

35.4　高被引作者分析

2018—2022 年交通运输领域论文总被引频次 Top 10 的作者见表 35-3。其中发文 5 年总被引频次居前 3 位的作者分别是长安大学的冯忠居（127 次），西南交通大学的张清华（109 次），三峡大学的程杉（105 次）和湖南大学的邵旭东（105 次）。

表 35-3　交通运输领域高被引作者 Top 10（按 5 年总被引频次排序）

序号	作者	作者单位	发文量/篇	5 年总被引频次/次	篇均被引频次/次
1	冯忠居	长安大学	36	127	3.53
2	张清华	西南交通大学	24	109	4.54
3	程杉	三峡大学	5	105	21.00
4	邵旭东	湖南大学	20	105	5.25
5	邓露	湖南大学	13	94	7.23
6	李小珍	西南交通大学	22	92	4.18
7	陈宝春	福州大学	12	84	7.00
8	肖明清	中铁第四勘察设计院集团有限公司	28	82	2.93
9	朱冰	吉林大学	16	81	5.06
10	秦顺全	中铁大桥勘测设计院集团有限公司	4	79	19.75

35.5　高被引机构分析

交通运输领域总被引频次 Top 20 高等院校、总被引频次 Top 10 科研院所的发文和被引情况分别见表 35-4、表 35-5。

表 35-4　交通运输领域高被引高等院校 Top 20（按 5 年总被引频次排序）

序号	第一作者单位	发文量/篇	5 年总被引频次/次	篇均被引频次/次	序号	第一作者单位	发文量/篇	5 年总被引频次/次	篇均被引频次/次
1	西南交通大学	2390	5140	2.15	11	东南大学	495	1150	2.32
2	长安大学	1661	3459	2.08	12	湖南大学	491	1112	2.26
3	同济大学	1536	3312	2.16	13	长沙理工大学	505	1079	2.14
4	北京交通大学	1372	3080	2.24	14	华南理工大学	554	1030	1.86
5	武汉理工大学	1566	2449	1.56	15	江苏大学	464	914	1.97
6	重庆交通大学	1323	2079	1.57	16	上海交通大学	641	895	1.40
7	大连海事大学	854	1585	1.86	17	华东交通大学	528	843	1.60
8	中南大学	871	1580	1.81	18	北京工业大学	480	788	1.64
9	兰州交通大学	810	1416	1.75	19	上海海事大学	397	702	1.77
10	吉林大学	622	1363	2.19	20	哈尔滨工程大学	439	664	1.51

表 35-5　交通运输领域高被引科研院所 Top 10（按 5 年总被引频次排序）

序号	第一作者单位	发文量/篇	5 年总被引频次/次	篇均被引频次/次	序号	第一作者单位	发文量/篇	5 年总被引频次/次	篇均被引频次/次
1	中国铁道科学研究院	410	655	1.60	6	中国科学院地理科学与资源研究所	10	70	7.00
2	交通运输部天津水运工程科学研究院	177	192	1.08	7	中国科学院声学研究所	29	58	2.00
3	交通运输部公路科学研究院	113	169	1.50	8	中国城市规划设计研究院	45	54	1.20
4	中国科学院武汉岩土力学研究所	45	150	3.33	9	中国水产科学研究院	33	40	1.21
5	南京水利科学研究院	93	101	1.09	10	上海船舶运输科学研究所	28	33	1.18

第 36 章　2023 年航空航天领域高被引分析

36.1　领域论文概况

2018—2022 年，航空航天领域共发表学术论文 26826 篇，由来自 1999 所机构的 21045 位学者作为第一作者发表。上述论文中，有 13927 篇被引用，整体被引率为 51.9%，总被引频次为 38922 次，篇均被引 1.45 次；其中，高被引论文有 388 篇，高被引论文篇均被引 10.15 次（表 36-1）。

表 36-1　2018—2022 年航空航天领域论文分布情况

年份	论文数量/篇	总被引频次/次	被引率/%	高被引论文数量/篇	高被引论文被引频次/次
2018	5116	12405	73.5	55	1070
2019	5151	12274	73.6	51	974
2020	5152	8810	64.1	58	916
2021	5457	4596	44.7	77	628
2022	5950	837	10.6	147	352
合计	26826	38922	51.9	388	3940

36.2　高被引论文分析

2018—2022 年，航空航天领域总被引频次最高的论文为 2019 年裴洪发表的《基于机器学习的设备剩余寿命预测方法综述》（总被引频次为 63 次），刊载各年高被引论文 Top 5 数量最多的期刊为《航空学报》（12 篇），详见表 36-2。

表 36-2　2018—2022 年航空航天领域高被引论文 Top 5（按各年总被引频次排序）

序号	论文题名	第一作者	期刊名称	发表年份	总被引频次/次
1	基于 EEMD 与空域相关降噪的滚动轴承故障诊断方法	田晶	仪器仪表学报	2018	40
2	分布式电推进飞机电力系统研究综述	孔祥浩	航空学报	2018	39
3	多无人机协同控制方法及应用研究	韩亮	导航定位与授时	2018	33
4	Review on active thermal protection and its heat transfer for airbreathing hypersonic vehicles	Yinhai Zhu	中国航空学报（英文版）	2018	32
5	高光谱遥感技术发展与展望	张淳民	航天返回与遥感	2018	28
6	基于机器学习的设备剩余寿命预测方法综述	裴洪	机械工程学报	2019	63

续表

序号	论文题名	第一作者	期刊名称	发表年份	总被引频次/次
7	基于经验模态分解和支持向量机的滚动轴承故障诊断	徐可	控制理论与应用	2019	39
8	大型柔性航天器动力学与振动控制研究进展	曹登庆	力学学报	2019	38
9	航空发动机钛材料磨削技术研究现状及展望	丁文锋	航空学报	2019	33
10	数字孪生驱动的装配工艺设计现状及关键实现技术研究	郭飞燕	机械工程学报	2019	25
11	小型固定翼无人机集群综述和未来发展	王祥科	航空学报	2020	33
12	基于代理模型的高效全局气动优化设计方法研究进展	韩忠华	航空学报	2020	32
13	关于未来战斗机发展的若干讨论	杨伟	航空学报	2020	31
14	数字孪生卫星：概念、关键技术及应用	刘蔚然	计算机集成制造系统	2020	30
15	低空无人机交通管理概览与建议	全权	航空学报	2020	29
16	基于深度学习的无人机航拍目标检测研究综述	江波	航空学报	2021	19
17	空间机械臂技术综述及展望	刘宏	航空学报	2021	17
18	智能赋能流体力学展望	张伟伟	航空学报	2021	16
19	无人机集群任务规划方法研究综述	贾高伟	系统工程与电子技术	2021	13
20	A review of topology optimization for additive manufacturing：status and challenges	Jihong Zhu	中国航空学报（英文版）	2021	13
21	等离子体合成射流激励器及其流动控制技术研究进展	周岩	航空学报	2022	9
22	High precision and efficiency robotic milling of complex parts：challenges，approaches and trends	Zerun Zhu	中国航空学报（英文版）	2022	6
23	Design，modeling，and control of morphing aircraft：a review	Lingling Chu	中国航空学报（英文版）	2022	5

续表

序号	论文题名	第一作者	期刊名称	发表年份	总被引频次/次
24	小训练样本下齿轮箱故障诊断：一种基于改进深度森林的方法	邵怡韦	航空学报	2022	5
25	机翼变弯度技术研究进展	王彬文	航空学报	2022	5

36. 3　研究主题关联分析

在航空航天领域，388 篇高被引论文共被引用了 3940 次。通过分析施引文献关键词的词频及关键词之间的共现关系，获得航空航天领域的热点主题和主题关联，如图 36–1 所示。由图可知："无人机""飞行器""航空发动机"等关键词的文献词频较高，是航空航天领域的研究热点。本领域形成 13 个研究主题簇，分别以"姿态""飞行器"为中心；以"路径规划""无人机"为中心；以"航空发动机""多阶段"为中心；以"不确定性""高超声速"为中心；以"故障诊断""深度学习"为中心；以"轨迹优化""麻雀搜索算法"为中心；以"人工神经网络"为中心；以"强化学习""智能变形决策"为中心；以"数字孪生""残余应力"为中心；以"飞行控制""制导"为中心；以"运载火箭""超燃冲压发动机"为中心；以"多无人机"为中心；以"参数优化""代理模型"为中心。

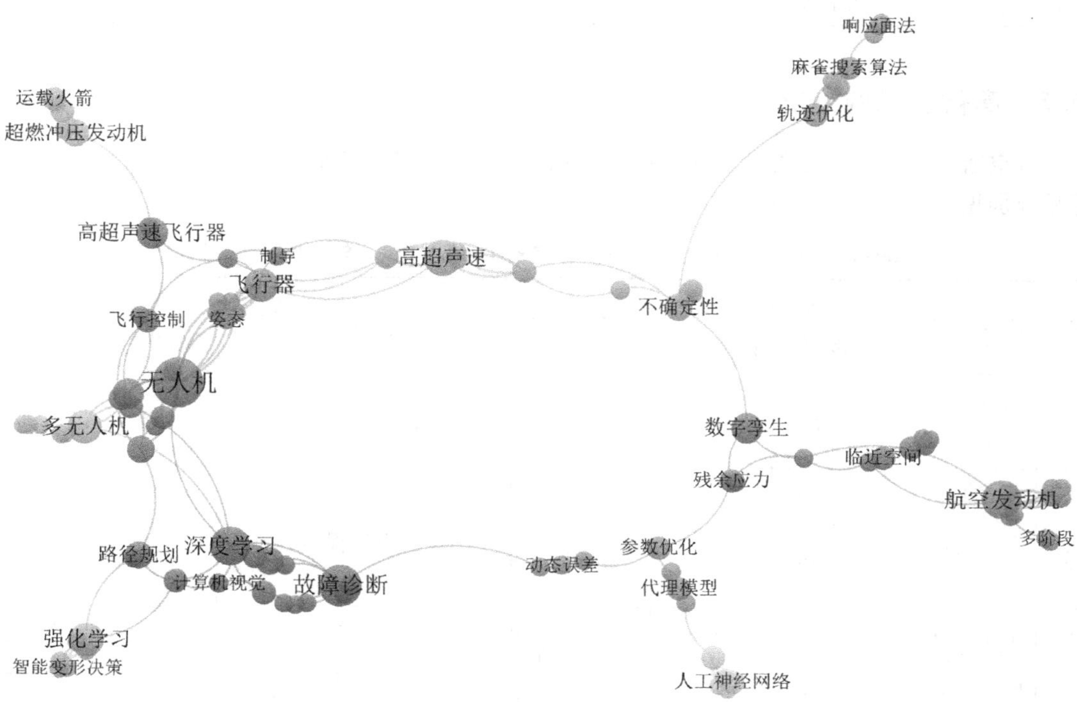

图 36–1　航空航天领域的热点主题和主题关联

36.4 高被引作者分析

2018—2022 年航空航天领域论文总被引频次 Top 10 的作者见表 36-3。其中发文 5 年总被引频次居前 3 位的作者分别是中国民用航空飞行学院的潘卫军（74 次）、第二炮兵工程大学的裴洪（63 次）、沈阳航空航天大学的田晶（63 次）。

表 36-3 航空航天领域高被引作者 Top 10（按 5 年总被引频次排序）

序号	作者	作者单位	发文量/篇	5 年总被引频次/次	篇均被引频次/次
1	潘卫军	中国民用航空飞行学院	37	74	2.00
2	裴洪	第二炮兵工程大学	1	63	63.00
3	田晶	沈阳航空航天大学	8	63	7.88
4	皮骏	中国民航大学	10	59	5.90
5	严恭敏	西北工业大学	10	59	5.90
6	孙丹	沈阳航空航天大学	14	55	3.93
7	韩忠华	西北工业大学	4	52	13.00
8	张兆宁	中国民航大学	17	47	2.76
9	陈侠	沈阳航空航天大学	10	46	4.60
10	洪杰	北京航空航天大学	14	45	3.21

36.5 高被引机构分析

航空航天领域总被引频次 Top 20 高等院校、总被引频次 Top 10 科研院所的发文和被引情况分别见表 36-4、表 36-5。

表 36-4 航空航天领域高被引高等院校 Top 20（按 5 年总被引频次排序）

序号	第一作者单位	发文量/篇	5 年总被引频次/次	篇均被引频次/次	序号	第一作者单位	发文量/篇	5 年总被引频次/次	篇均被引频次/次
1	南京航空航天大学	2259	3197	1.42	7	国防科技大学	554	930	1.68
2	西北工业大学	1689	3000	1.78	8	北京理工大学	465	776	1.67
3	北京航空航天大学	1536	2728	1.78	9	海军航空工程学院	372	537	1.44
4	空军工程大学	693	1479	2.13	10	上海交通大学	343	493	1.44
5	哈尔滨工业大学	565	1094	1.94	11	沈阳航空航天大学	264	479	1.81
6	中国民航大学	637	976	1.53	12	西安交通大学	249	424	1.70

续表

序号	第一作者单位	发文量/篇	5 年总被引频次/次	篇均被引频次/次	序号	第一作者单位	发文量/篇	5 年总被引频次/次	篇均被引频次/次
13	第二炮兵工程大学	211	409	1.94	17	大连理工大学	197	305	1.55
14	清华大学	198	396	2.00	18	天津大学	116	234	2.02
15	南京理工大学	300	378	1.26	19	南昌航空大学	140	224	1.60
16	中国民用航空飞行学院	292	341	1.17	20	浙江大学	151	193	1.28

表 36-5　航空航天领域高被引科研院所 Top 10（按 5 年总被引频次排序）

序号	第一作者单位	发文量/篇	5 年总被引频次/次	篇均被引频次/次	序号	第一作者单位	发文量/篇	5 年总被引频次/次	篇均被引频次/次
1	中国空气动力研究与发展中心	652	1157	1.77	6	中国科学院沈阳自动化研究所	36	79	2.19
2	中国科学院长春光学精密机械与物理研究所	100	197	1.97	7	中国科学院大学	45	55	1.22
3	中国科学院国家空间科学中心	142	148	1.04	8	解放军军事科学院	23	54	2.35
4	中国科学院力学研究所	92	146	1.59	9	中国科学院西安光学精密机械研究所	21	53	2.52
5	中国科学院工程热物理研究所	99	117	1.18	10	中国科学院上海技术物理研究所	20	50	2.50

第 37 章　2023 年安全科学技术领域高被引分析

37.1　领域论文概况

2018—2022 年，安全科学技术领域共发表学术论文 1278 篇，由来自 540 所机构的 1143 位学者作为第一作者发表。上述论文中，有 763 篇被引用，整体被引率为 59.7%，总被引频次为 2927 次，篇均被引 2.29 次；其中，高被引论文有 20 篇，高被引论文篇均被引 13.95 次（表 37–1）。

表 37–1　2018—2022 年安全科学技术领域论文分布情况

年份	论文数量/篇	总被引频次/次	被引率/%	高被引论文数量/篇	高被引论文被引频次/次
2018	245	914	82.9	2	79
2019	250	1062	85.2	2	80
2020	240	569	72.9	2	62
2021	238	327	54.6	3	34
2022	305	55	13.8	11	24
合计	1278	2927	59.7	20	279

37.2　高被引论文分析

2018—2022 年，安全科学技术领域总被引频次最高的论文为 2019 年邓建辉发表的《堰塞金沙江上游的白格滑坡形成机制与过程分析》（总被引频次为 52 次），刊载各年高被引论文 Top 5 数量最多的期刊为《灾害学》（9 篇），详见表 37–2。

表 37–2　2018—2022 年安全科学技术领域高被引论文 Top 5（按各年总被引频次排序）

序号	论文题名	第一作者	期刊名称	发表年份	总被引频次/次
1	基于 BAS-BP 模型的风暴潮灾害损失预测	王甜甜	海洋环境科学	2018	51
2	抗旱减灾研究综述及展望	屈艳萍	水利学报	2018	28
3	2003—2013 年汶川地震极重灾区夜间灯光年际变化分析	张宝军	灾害学	2018	13
4	2016 年中国大陆地震灾害损失述评	文鑫涛	灾害学	2018	12
5	气候工程对中国极端降雨强度的影响（2010—2099）	孔锋	灾害学	2018	12
6	堰塞金沙江上游的白格滑坡形成机制与过程分析	邓建辉	工程科学与技术	2019	52

续表

序号	论文题名	第一作者	期刊名称	发表年份	总被引频次/次
7	西南地区山洪灾害时空分布特征及其影响因素	熊俊楠	地理学报	2019	28
8	基于灰色关联度和联系数耦合的农业旱灾脆弱性评价和诊断研究	金菊良	灾害学	2019	22
9	近七十年中国干旱灾害时空格局及演变	倪深海	自然灾害学报	2019	22
10	广州东濠涌流域城市洪涝灾害情景模拟与风险评估	黄国如	水科学进展	2019	22
11	中国城市洪涝致灾机理与风险评估研究进展	徐宗学	水科学进展	2020	50
12	基于 GIS 与改进层次分析法的奉节县滑坡易发性区划	许嘉慧	重庆师范大学学报（自然科学版）	2020	12
13	基于 ROC 曲线与确定性系数法集成模型的三峡库区奉节县滑坡易发性评价	刘月	安全与环境工程	2020	11
14	洪涝灾害风险评估研究进展	李超超	灾害学	2020	11
15	三峡库区巴东组红层泥岩崩解和强度弱化特性研究	邬斌杰	安全与环境工程	2020	10
16	太行山东麓层状云微物理特征的飞机观测研究	杨洁帆	大气科学	2021	12
17	青海省河湟谷地地质灾害易发性评价	赵东亮	地质力学学报	2021	11
18	沟谷灾害链演化模式与风险防控对策	崔鹏	工程科学与技术	2021	11
19	基于 GIS 多准则评价与 BP 神经网络的暴雨洪涝灾害风险辨识——以闽三角地区为例	王倩雯	灾害学	2021	10
20	峡口隧道间歇性岩溶涌突水过程及来源解析	罗明明	地质科技通报	2021	9
21	基于熵理论 – 可拓云模型的引水隧洞塌方风险评价	李燕	长江科学院院报	2022	4
22	岩溶隧道突涌水预警体系的建立	郑宗利	灾害学	2022	2

续表

序号	论文题名	第一作者	期刊名称	发表年份	总被引频次/次
23	透视我国城市综合灾害防御能力建设及其提升方略	孔锋	灾害学	2022	2
24	基于机器学习的边坡安全稳定性评价及防护措施	武梦婷	工程科学学报	2022	2
25	川藏铁路四川段沿线诱发地质灾害降水阈值研究	刘佳	灾害学	2022	2

37.3 研究主题关联分析

在安全科学技术领域，20 篇高被引论文共被引用了 279 次。通过分析施引文献关键词的词频及关键词之间的共现关系，获得安全科学技术领域的热点主题和主题关联，如图 37–1 所示。由图可知："随机森林""滑坡""智能评估"等关键词的文献词频较高，是安全科学技术领域的研究热点。本领域形成 3 个研究主题簇，分别以"三峡库区""随机森林"为中心；以"滑坡""四川遂宁"为中心；以"智能评估""机器学习"为中心。

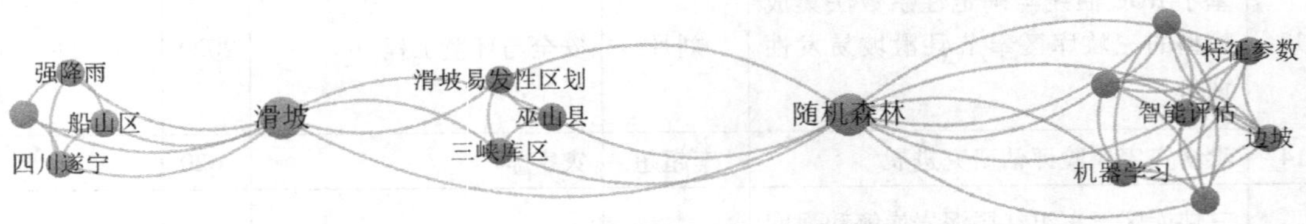

图 37–1 安全科学技术领域的热点主题和主题关联

37.4 高被引作者分析

2018—2022 年安全科学技术领域论文总被引频次 Top 10 的作者见表 37–3。其中发文 5 年总被引频次居前 3 位的作者分别是清华大学的孔锋（78 次）、四川大学的邓建辉（65 次）、中国海洋大学的王甜甜（51 次）。

表 37–3 安全科学技术领域高被引作者 Top 10（按 5 年总被引频次排序）

序号	作者	作者单位	发文量/篇	5 年总被引频次/次	篇均被引频次/次
1	孔锋	清华大学	12	78	6.50
2	邓建辉	四川大学	2	65	32.50
3	王甜甜	中国海洋大学	1	51	51.00
4	徐宗学	北京师范大学	1	50	50.00
5	熊俊楠	西南石油大学	2	32	16.00

续表

序号	作者	作者单位	发文量/篇	5 年总被引频次/次	篇均被引频次/次
6	屈艳萍	中国水利水电科学研究院	2	30	15.00
7	金菊良	合肥工业大学	6	29	4.83
8	李超超	宁夏大学	2	28	14.00
9	黄国如	华南理工大学	2	26	13.00
10	崔鹏	中国科学院水利部成都山地灾害与环境研究所	2	25	12.50

37.5　高被引机构分析

安全科学技术领域总被引频次 Top 20 高等院校、总被引频次 Top 10 科研院所的发文和被引情况分别见表 37-4、表 37-5。

表 37-4　安全科学技术领域高被引高等院校 Top 20（按 5 年总被引频次排序）

序号	第一作者单位	发文量/篇	5 年总被引频次/次	篇均被引频次/次	序号	第一作者单位	发文量/篇	5 年总被引频次/次	篇均被引频次/次
1	北京师范大学	63	201	3.19	11	天津大学	17	38	2.24
2	清华大学	26	111	4.27	12	宁夏大学	4	37	9.25
3	中国地质大学	50	88	1.76	13	合肥工业大学	9	36	4.00
4	四川大学	14	82	5.86	14	中南大学	17	35	2.06
5	河海大学	20	79	3.95	15	西南科技大学	7	34	4.86
6	长安大学	22	68	3.09	16	成都理工大学	12	31	2.58
7	中国海洋大学	12	66	5.50	17	河南理工大学	10	29	2.90
8	南京信息工程大学	14	56	4.00	18	华南理工大学	3	27	9.00
9	西安理工大学	10	38	3.80	19	天津城建大学	9	24	2.67
10	西南石油大学	13	38	2.92	20	重庆大学	5	21	4.20

表 37-5　安全科学技术领域高被引科研院所 Top 10（按 5 年总被引频次排序）

序号	第一作者单位	发文量/篇	5 年总被引频次/次	篇均被引频次/次	序号	第一作者单位	发文量/篇	5 年总被引频次/次	篇均被引频次/次
1	中国科学院水利部成都山地灾害与环境研究所	19	76	4.00	2	中国水利水电科学研究院	10	54	5.40

续表

序号	第一作者单位	发文量/篇	5 年总被引频次/次	篇均被引频次/次	序号	第一作者单位	发文量/篇	5 年总被引频次/次	篇均被引频次/次
3	中国科学院地理科学与资源研究所	14	38	2.71	7	中国地质调查局水文地质环境地质调查中心	2	14	7.00
4	中国地震局工程力学研究所	9	27	3.00	8	中国科学院大气物理研究所	1	12	12.00
5	南京水利科学研究院	1	22	22.00	9	中国地震局地震预测研究所	1	12	12.00
6	长江水利委员会长江科学院	6	21	3.50	10	自然资源部第三海洋研究所	1	11	11.00

第 38 章　2023 年环境科学领域高被引分析

38.1　领域论文概况

2018—2022 年，环境科学领域共发表学术论文 74790 篇，由来自 8531 所机构的 61162 位学者作为第一作者发表。上述论文中，有 45351 篇被引用，整体被引率为 60.6%，总被引频次为 185495 次，篇均被引 2.48 次；其中，高被引论文有 801 篇，高被引论文篇均被引 24.97 次（表 38–1）。

表 38–1　2018—2022 年环境科学领域论文分布情况

年份	论文数量/篇	总被引频次/次	被引率/%	高被引论文数量/篇	高被引论文被引频次/次
2018	14380	57772	80.1	158	6150
2019	14465	55443	79.9	154	5580
2020	14700	43803	74.3	151	4412
2021	15214	24249	57.2	172	2959
2022	16031	4228	16.5	166	899
合计	74790	185495	60.6	801	20000

38.2　高被引论文分析

2018—2022 年，环境科学领域总被引频次最高的论文为 2018 年杨清可发表的《基于“三生空间”的土地利用转型与生态环境效应——以长江三角洲核心区为例》（总被引频次为 145 次），刊载各年高被引论文 Top 5 数量最多的期刊是《环境科学》《自然资源学报》（均 3 篇），详见表 38–2。

表 38–2　2018—2022 年环境科学领域高被引论文 Top 5（按各年总被引频次排序）

序号	论文题名	第一作者	期刊名称	发表年份	总被引频次/次
1	基于“三生空间”的土地利用转型与生态环境效应——以长江三角洲核心区为例	杨清可	地理科学	2018	145
2	京津冀城市群大气污染的时空特征与影响因素解析	刘海猛	地理学报	2018	116
3	中国农田土壤重金属污染防治挑战与对策	陈卫平	土壤学报	2018	114
4	雄安新区生态安全格局识别与优化策略	彭建	地理学报	2018	97

续表

序号	论文题名	第一作者	期刊名称	发表年份	总被引频次/次
5	以邻为壑还是以邻为伴？——环境规制执行互动与城市生产率增长	金刚	管理世界	2018	84
6	政府空气污染治理效应评估——来自中国“低碳城市”建设的经验研究	宋弘	管理世界	2019	118
7	近十年中国土壤重金属污染源解析研究进展	陈雅丽	农业环境科学学报	2019	97
8	环境规制、治理转型对绿色竞争力提升的复合效应——基于中国工业的经验证据	杜龙政	经济研究	2019	76
9	我国 $PM_{2.5}$ 与臭氧污染协同控制策略研究	李红	环境科学研究	2019	75
10	基于 MCR 模型的大别山核心区生态安全格局异质性及优化	黄木易	自然资源学报	2019	69
11	黄河流域新型城镇化与生态环境耦合的时空格局及影响因素	赵建吉	资源科学	2020	118
12	基于生态安全格局的国土空间生态保护修复关键区域诊断与识别——以烟台市为例	方莹	自然资源学报	2020	75
13	黄河流域产业发展对生态环境的胁迫诊断与优化路径识别	金凤君	资源科学	2020	74
14	地方政府环境目标约束是否影响了产业转型升级？	余泳泽	经济研究	2020	70
15	中国农田土壤重金属空间分布特征及污染评价	陈文轩	环境科学	2020	65
16	国内耦合协调度模型的误区及修正	王淑佳	自然资源学报	2021	54
17	国土空间生态修复亟待把握的几个要点	傅伯杰	中国科学院院刊	2021	44
18	中国电力系统低碳发展分析模型构建与转型路径比较	张运洲	中国电力	2021	44
19	碳约束条件下电力行业低碳转型路径研究	李政	中国电机工程学报	2021	43

续表

序号	论文题名	第一作者	期刊名称	发表年份	总被引频次/次
20	研发海洋“负排放”技术支撑国家“碳中和”需求	焦念志	中国科学院院刊	2021	35
21	数字经济发展对城市碳排放影响的空间效应	徐维祥	地理研究	2022	21
22	中国及全球陆地生态系统碳源汇特征及其对碳中和的贡献	杨元合	中国科学（生命科学）	2022	16
23	基于重点行业/领域的我国碳排放达峰路径研究	严刚	环境科学研究	2022	14
24	矿区周边农田土壤重金属分布特征及污染评价	王海洋	环境科学	2022	12
25	基于 PMF 模型的宁南山区小流域土壤重金属空间分布及来源解析	夏子书	环境科学	2022	11

38.3　研究主题关联分析

在环境科学领域，801 篇高被引论文共被引用了 20000 次。通过分析施引文献关键词的词频及关键词之间的共现关系，获得环境科学领域的热点主题和主题关联，如图 38–1 所示。由图可知：“重金属”“土壤”“土地利用”等关键词的文献词频较高，是环境科学领域的

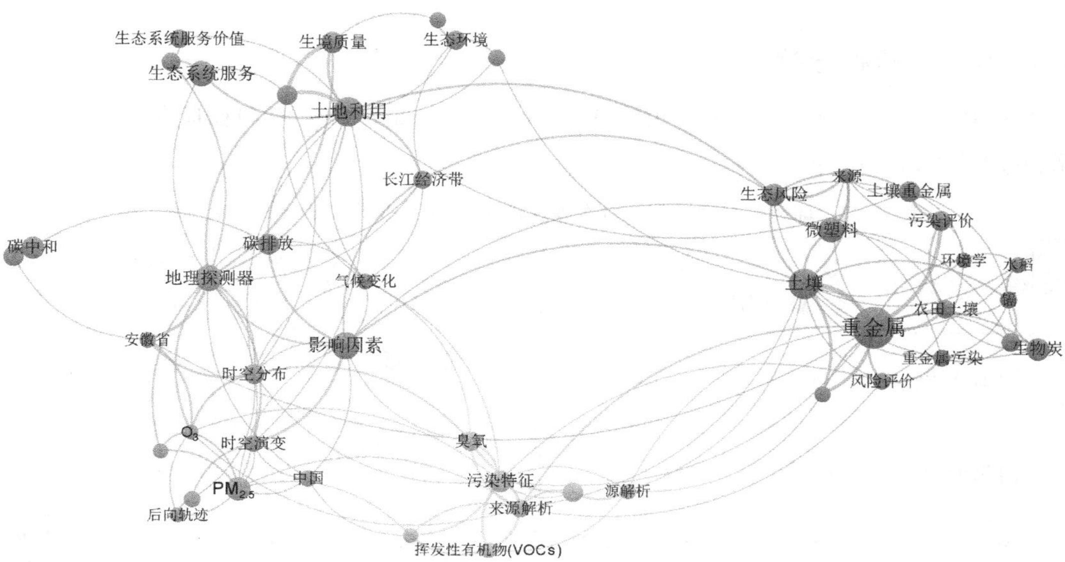

图 38–1　环境科学领域的热点主题和主题关联

研究热点。本领域形成 5 个研究主题簇，分别以“土壤”“重金属”为中心；以“生态环境”“土地利用”为中心；以“时空分布”“地理探测器”为中心；以“来源解析”“污染特征”为中心；以“长江经济带”“影响因素”为中心。

38.4 高被引作者分析

2018—2022 年环境科学领域论文总被引频次 Top 10 的作者见表 38-3。其中发文 5 年总被引频次居前 3 位的作者分别是北京理工大学的李生才（350 次）、北京大学的彭建（219 次）、安徽建筑大学的黄木易（212 次）。

表 38-3 环境科学领域高被引作者 Top 10（按 5 年总被引频次排序）

序号	作者	作者单位	发文量/篇	5 年总被引频次/次	篇均被引频次/次
1	李生才	北京理工大学	61	350	5.74
2	彭建	北京大学	4	219	54.75
3	黄木易	安徽建筑大学	4	212	53.00
4	骆永明	中国科学院南京土壤研究所	4	189	47.25
5	陈卫平	中国科学院生态环境研究中心	5	163	32.60
6	杨清可	中国科学院南京地理与湖泊研究所	1	145	145.00
7	李冬	北京工业大学	48	138	2.88
8	陈万旭	中国地质大学	5	131	26.20
9	佟瑞鹏	中国矿业大学	23	126	5.48
10	赵建吉	河南大学	1	118	118.00

38.5 高被引机构分析

环境科学领域总被引频次 Top 20 高等院校、总被引频次 Top 10 科研院所的发文和被引情况分别见表 38-4、表 38-5。

表 38-4 环境科学领域高被引高等院校 Top 20（按 5 年总被引频次排序）

序号	第一作者单位	发文量/篇	5 年总被引频次/次	篇均被引频次/次	序号	第一作者单位	发文量/篇	5 年总被引频次/次	篇均被引频次/次
1	中国地质大学	733	2388	3.26	5	南京信息工程大学	558	1872	3.35
2	清华大学	631	2003	3.17	6	西安建筑科技大学	783	1803	2.30
3	中国矿业大学	683	1999	2.93	7	北京大学	476	1792	3.76
4	北京师范大学	481	1968	4.09	8	北京工业大学	538	1722	3.20

续表

序号	第一作者单位	发文量/篇	5 年总被引频次/次	篇均被引频次/次	序号	第一作者单位	发文量/篇	5 年总被引频次/次	篇均被引频次/次
9	南京大学	525	1681	3. 20	15	浙江大学	500	1336	2. 67
10	西南大学	370	1637	4. 42	16	西北师范大学	219	1259	5. 75
11	西北农林科技大学	272	1477	5. 43	17	辽宁工程技术大学	493	1224	2. 48
12	中南大学	522	1454	2. 79	18	中国海洋大学	557	1177	2. 11
13	河海大学	718	1433	2. 00	19	同济大学	539	1167	2. 17
14	贵州大学	435	1339	3. 08	20	南开大学	329	1146	3. 48

表 38-5 环境科学领域高被引科研院所 Top 10（按 5 年总被引频次排序）

序号	第一作者单位	发文量/篇	5 年总被引频次/次	篇均被引频次/次	序号	第一作者单位	发文量/篇	5 年总被引频次/次	篇均被引频次/次
1	中国环境科学研究院	1037	3921	3. 78	6	中国科学院城市环境研究所	155	600	3. 87
2	中国科学院生态环境研究中心	611	2313	3. 79	7	中国水利水电科学研究院	116	478	4. 12
3	中国科学院地理科学与资源研究所	370	2144	5. 79	8	中国科学院大学	120	442	3. 68
4	中国科学院南京地理与湖泊研究所	209	1433	6. 86	9	中国林业科学研究院	119	439	3. 69
5	中国科学院南京土壤研究所	146	680	4. 66	10	中国科学院亚热带农业生态研究所	65	372	5. 72

第 39 章　2023 年管理学领域高被引分析

39.1　领域论文概况

2018—2022 年，管理学领域共发表学术论文 5280 篇，由来自 793 所机构的 4097 位学者作为第一作者发表。上述论文中，有 3255 篇被引用，整体被引率为 61.6%，总被引频次为 13597 次，篇均被引 2.58 次；其中，高被引论文有 59 篇，高被引论文篇均被引 33.08 次（表 39–1）。

表 39–1　2018—2022 年管理学领域论文分布情况

年份	论文数量/篇	总被引频次/次	被引率/%	高被引论文数量/篇	高被引论文被引频次/次
2018	1214	5136	76.9	14	746
2019	1113	3889	76.3	12	509
2020	1032	3000	75.4	10	454
2021	1039	1341	53.2	10	175
2022	882	231	16.0	13	68
合计	5280	13597	61.6	59	1952

39.2　高被引论文分析

2018—2022 年，管理学领域总被引频次最高的论文为 2019 年张明发表的《组织与管理研究中 QCA 方法的应用：定位、策略和方向》（总被引频次为 159 次），刊载各年高被引论文 Top 5 数量最多的期刊为《管理世界》（7 篇），详见表 39–2。

表 39–2　2018—2022 年管理学领域高被引论文 Top 5（按各年总被引频次排序）

序号	论文题名	第一作者	期刊名称	发表年份	总被引频次/次
1	嵌入全球价值链会导致中国制造的“低端锁定”吗?	吕越	管理世界	2018	138
2	年报语调与内部人交易：“表里如一”还是“口是心非”?	曾庆生	管理世界	2018	91
3	我国经济发展南北差距扩大的原因分析	盛来运	管理世界	2018	82
4	管理决策情境下大数据驱动的研究和应用挑战——范式转变与研究方向	陈国青	管理科学学报	2018	56
5	环境规制、绿色技术创新意愿与绿色技术创新行为	王娟茹	科学学研究	2018	48

续表

序号	论文题名	第一作者	期刊名称	发表年份	总被引频次/次
6	组织与管理研究中 QCA 方法的应用：定位、策略和方向	张明	管理学报	2019	159
7	高质量发展的内涵研究	赵剑波	经济与管理研究	2019	103
8	抓住机遇推进基础研究高质量发展	李静海	中国科学院院刊	2019	37
9	关于制度环境、政治关联、融资约束与企业研发投入的多重关系模型与实证研究	严若森	管理学报	2019	28
10	直播场景氛围线索对消费者冲动消费意愿的影响机制研究	龚潇潇	管理学报	2019	26
11	从赋能到使能——数字化环境下的企业运营管理	陈剑	管理世界	2020	139
12	大数据环境下的决策范式转变与使能创新	陈国青	管理世界	2020	61
13	中国企业的开放式创新：制度环境、“竞合”关系与创新绩效	杨震宁	管理世界	2020	51
14	网红直播对消费者购买意愿的影响及其机制研究	刘凤军	管理学报	2020	42
15	黄河流域生态保护和高质量发展：框架、路径与对策	徐勇	中国科学院院刊	2020	37
16	企业数字化转型的同群效应及其影响因素研究	陈庆江	管理学报	2021	34
17	数字创新生态系统：理论构建与未来研究	张超	科研管理	2021	31
18	数字化转型研究：演化和未来展望	严子淳	科研管理	2021	25
19	复杂系统管理：一个具有中国特色的管理学新领域	盛昭瀚	管理世界	2021	18
20	组织韧性内涵、维度及测量	张秀娥	科技进步与对策	2021	13
21	数据要素价值化动态过程机制研究	尹西明	科学学研究	2022	12
22	企业制造过程与商业模式双重数字化转型研究	池仁勇	科学学研究	2022	8

续表

序号	论文题名	第一作者	期刊名称	发表年份	总被引频次/次
23	可再生清洁能源与传统能源清洁利用：发电企业能源结构转型的演化博弈模型	柴瑞瑞	系统工程理论与实践	2022	6
24	智库双螺旋法的“十个关键问题”	潘教峰	中国科学院院刊	2022	5
25	连锁股东对企业风险承担的影响研究	杜善重	管理学报	2022	5

39.3 研究主题关联分析

在管理学领域，59 篇高被引论文共被引用了 1952 次。通过分析施引文献关键词的词频及关键词之间的共现关系，获得管理学领域的热点主题和主题关联，如图 39-1 所示。由图可知：“数字化转型”“企业全要素生产率”“数字经济”等关键词的文献词频较高，是管理学领域的研究热点。本领域形成 6 个研究主题簇，分别以“数字化转型”“案例研究”为中心；以“内容设计”“数字技术”为中心；以“体育产业”“数字经济”为中心；以“企业全要素生产率”“企业生命周期”为中心；以“演化博弈”“供应链”为中心；以“价值转型”“数字跃升”为中心。

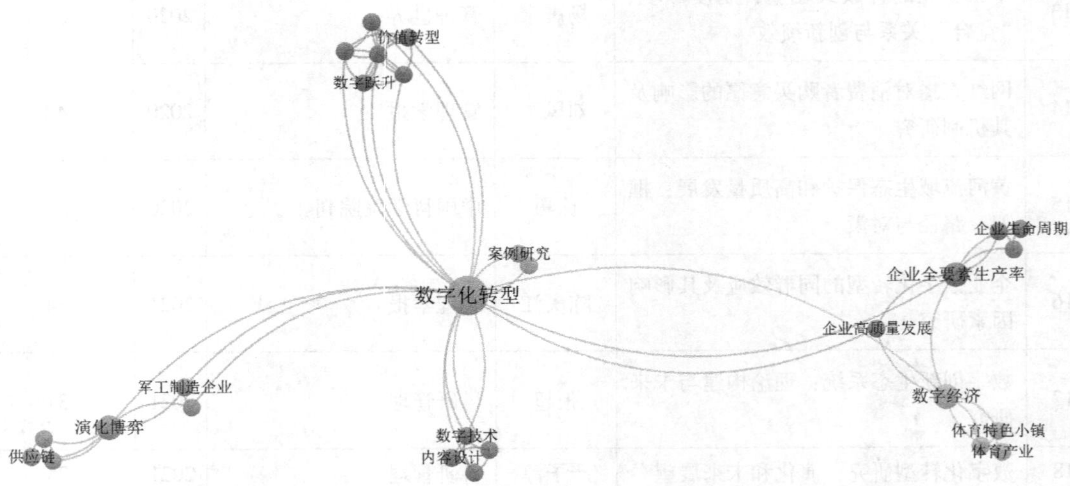

图 39-1 管理学领域的热点主题和主题关联

39.4 高被引作者分析

2018—2022 年管理学领域论文总被引频次 Top 10 的作者见表 39-3。其中发文 5 年总被引频次居前 3 位的作者分别是华南理工大学的张明（187 次）、清华大学的陈剑（139 次）、对外经济贸易大学的吕越（138 次）。

表 39-3　管理学领域高被引作者 Top 10（按 5 年总被引频次排序）

序号	作者	作者单位	发文量/篇	5 年总被引频次/次	篇均被引频次/次
1	张明	华南理工大学	4	187	46.75
2	陈剑	清华大学	1	139	139.00
3	吕越	对外经济贸易大学	1	138	138.00
4	陈国青	清华大学	4	126	31.50
5	赵剑波	中国社会科学院工业经济研究所	1	103	103.00
6	曾庆生	上海财经大学	1	91	91.00
7	严若森	武汉大学	5	65	13.00
8	胡海波	江西财经大学	2	62	31.00
9	盛昭瀚	南京大学	7	62	8.86
10	杨震宁	对外经济贸易大学	1	51	51.00

39.5　高被引机构分析

管理学领域总被引频次 Top 20 高等院校、总被引频次 Top 10 科研院所的发文和被引情况分别见表 39-4、表 39-5。

表 39-4　管理学领域高被引高等院校 Top 20（按 5 年总被引频次排序）

序号	第一作者单位	发文量/篇	5 年总被引频次/次	篇均被引频次/次	序号	第一作者单位	发文量/篇	5 年总被引频次/次	篇均被引频次/次
1	清华大学	86	540	6.28	11	对外经济贸易大学	16	232	14.50
2	华南理工大学	93	479	5.15	12	同济大学	92	232	2.52
3	武汉大学	78	374	4.79	13	吉林大学	67	200	2.99
4	东北大学	160	372	2.33	14	华中科技大学	70	199	2.84
5	中国人民大学	100	353	3.53	15	上海大学	68	159	2.34
6	西安交通大学	120	352	2.93	16	上海财经大学	28	154	5.50
7	南京大学	79	306	3.87	17	南京航空航天大学	64	150	2.34
8	中南大学	91	303	3.33	18	西南交通大学	59	147	2.49
9	南开大学	74	260	3.51	19	复旦大学	38	139	3.66
10	大连理工大学	86	251	2.92	20	哈尔滨工程大学	40	139	3.48

表 39-5 管理学领域高被引科研院所 Top 10（按 5 年总被引频次排序）

序号	第一作者单位	发文量/篇	5 年总被引频次/次	篇均被引频次/次	序号	第一作者单位	发文量/篇	5 年总被引频次/次	篇均被引频次/次
1	中国科学院科技战略咨询研究院	34	115	3.38	6	中国科学技术信息研究所	11	13	1.18
2	中国科学院地理科学与资源研究所	12	84	7.00	7	中国工程物理研究院	5	12	2.40
3	中国科学院大学	41	75	1.83	8	解放军军事科学院	1	9	9.00
4	中国社会科学院研究生院	11	27	2.45	9	中国科学院地球化学研究所	2	9	4.50
5	中国科学院广州能源研究所	1	18	18.00	10	上海社会科学院	4	8	2.00

第二篇　2024 年中国高被引分析报告

第 40 章　2024 年数学领域高被引分析

40.1　领域论文概况

2019—2023 年，数学领域共发表学术论文 20102 篇，由来自 1770 所机构的 15805 位学者作为第一作者发表。上述论文中，有 5563 篇被引用，整体被引率为 27.7%，总被引频次为 11753 次，篇均被引 0.58 次；其中，高被引论文有 295 篇，高被引论文篇均被引 7.07 次（表 40-1）。

表 40-1　2019—2023 年数学领域论文分布情况

年份	论文数量/篇	总被引频次/次	被引率/%	高被引论文数量/篇	高被引论文被引频次/次
2019	4341	4363	41.5	48	708
2020	4332	4166	40.8	59	758
2021	4057	2207	30.9	40	310
2022	3804	901	16.7	45	193
2023	3568	116	2.9	103	116
合计	20102	11753	27.7	295	2085

40.2　高被引论文分析

2019—2023 年，数学领域总被引频次最高的论文为 2020 年严阅发表的《基于一类时滞动力学系统对新型冠状病毒肺炎疫情的建模和预测》（总被引频次为 60 次），刊载各年高被引论文 Top 5 数量最多的期刊为《统计与决策》（4 篇），详见表 40-2。

表 40-2　2019—2023 年数学领域高被引论文 Top 5（按各年总被引频次排序）

序号	论文题名	第一作者	期刊名称	发表年份	总被引频次/次
1	缺失数据的处理方法及其发展趋势	邓建新	统计与决策	2019	44
2	基于加权网络链路预测的新兴技术主题识别研究	黄璐	情报学报	2019	35
3	具有边界反应 Brinkman-Forchheimer 型多孔介质的结构稳定性	李远飞	高校应用数学学报	2019	33
4	大尺度海洋大气动力学三维黏性原始方程对边界参数的连续依赖性	李远飞	吉林大学学报（理学版）	2019	27
5	基于真实世界数据评价治疗结局的观察性研究设计技术规范	彭晓霞	中国循证医学杂志	2019	26

续表

序号	论文题名	第一作者	期刊名称	发表年份	总被引频次/次
6	基于一类时滞动力学系统对新型冠状病毒肺炎疫情的建模和预测	严阅	中国科学（数学）	2020	60
7	新型冠状病毒肺炎疫情下武汉及周边地区何时复工？数据驱动的网络模型分析	王霞	中国科学（数学）	2020	43
8	海洋动力学中二维黏性原始方程组解对热源的收敛性	李远飞	应用数学和力学	2020	33
9	风电场风速和发电功率预测方法综述	冉靖	数理统计与管理	2020	22
10	基于鲁棒规划方法的农业水资源多目标优化配置模型	谭倩	水利学报	2020	22
11	证据推理理论及其应用	周志杰	自动化学报	2021	14
12	波动方程在半无穷柱体和外部区域上的空间爆破和衰减性	李远飞	吉林大学学报（理学版）	2021	13
13	中国数字经济产业关联网络结构分析	徐映梅	统计与信息论坛	2021	13
14	非线性边界条件下具有变系数的热量方程解的存在性及爆破现象	李远飞	应用数学和力学	2021	11
15	云服务供应链多人合作与技术创新决策的两型博弈模型	南江霞	系统工程理论与实践	2021	11
16	知识和数据协同驱动的群体智能决策方法研究综述	蒲志强	自动化学报	2022	15
17	综合评价方法分类及适用性研究	张霞	统计与决策	2022	12
18	AIC 准则与留一法交叉验证渐近等价的证明	文冰梅	统计与决策	2022	8
19	考虑区域限制的卡车搭载无人机车辆路径问题研究	颜瑞	中国管理科学	2022	8
20	基于改进 PCA 的朴素贝叶斯分类算法	李思奇	统计与决策	2022	7
21	Distributed nash equilibrium seeking for general networked games with bounded disturbances	Maojiao Ye	自动化学报（英文版）	2023	4

续表

序号	论文题名	第一作者	期刊名称	发表年份	总被引频次/次
22	兵棋推演的智能决策技术与挑战	尹奇跃	自动化学报	2023	2
23	A local discontinuous galerkin method for time-fractional diffusion equations	Zhankuan Zeng	数学物理学报（英文版）	2023	2
24	基于 Stackelberg 安全博弈的多无人机边境巡逻问题研究	雷星	系统工程理论与实践	2023	2
25	非凸不可分优化线性近似 Bregman 型 Peaceman-Rachford 分裂算法	刘鹏杰	数学学报	2023	2

40.3 研究主题关联分析

在数学领域，295 篇高被引论文共被引用了 2085 次。通过分析施引文献关键词的词频及关键词之间的共现关系，获得数学领域的热点主题和主题关联，如图 40-1 所示。由图可知："路径规划""博弈论""遗传算法"等关键词的文献词频较高，是数学领域的研究热点。本领域形成 3 个研究主题簇，分别以"博弈论""深度强化学习"为中心；以"Hopf 分支""稳定性"为中心；以"路径规划""遗传算法"为中心。

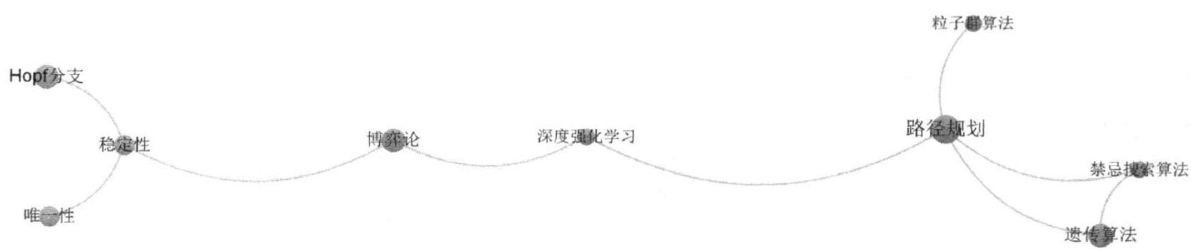

图 40-1 数学领域的热点主题和主题关联

40.4 高被引作者分析

2019—2023 年数学领域论文总被引频次 Top 10 的作者见表 40-3。其中发文 5 年总被引频次居前 3 位的作者分别是广东财经大学的李远飞（254 次），上海财经大学的严阅（60 次），广西大学的邓建新（44 次）和重庆大学的吴德垠（44 次）。

表 40-3 数学领域高被引作者 Top 10（按 5 年总被引频次排序）

序号	作者	作者单位	发文量/篇	5 年总被引频次/次	篇均被引频次/次
1	李远飞	广东财经大学	26	254	9.77
2	严阅	上海财经大学	1	60	60.00

续表

序号	作者	作者单位	发文量/篇	5 年总被引频次/次	篇均被引频次/次
3	邓建新	广西大学	1	44	44.00
4	吴德根	重庆大学	22	44	2.00
5	王霞	陕西师范大学	2	43	21.50
6	刘春辉	赤峰学院	40	39	0.98
7	于冬梅	辽宁工程技术大学	7	38	5.43
8	张四保	喀什大学	24	37	1.54
9	黄璐	北京理工大学	1	35	35.00
10	雍龙泉	陕西理工大学	17	35	2.06

40.5 高被引机构分析

数学领域总被引频次 Top 20 高等院校、总被引频次 Top 10 科研院所的发文和被引情况分别见表 40-4、表 40-5。

表 40-4 数学领域高被引高等院校 Top 20（按 5 年总被引频次排序）

序号	第一作者单位	发文量/篇	5 年总被引频次/次	篇均被引频次/次	序号	第一作者单位	发文量/篇	5 年总被引频次/次	篇均被引频次/次
1	广东财经大学	82	345	4.21	11	北京理工大学	70	89	1.27
2	西北师范大学	457	221	0.48	12	贵州师范大学	123	89	0.72
3	西南大学	198	162	0.82	13	山西大学	190	89	0.47
4	重庆师范大学	228	152	0.67	14	新疆大学	251	88	0.35
5	四川师范大学	203	130	0.64	15	重庆工商大学	91	82	0.90
6	陕西师范大学	152	125	0.82	16	上海工程技术大学	55	81	1.47
7	上海财经大学	71	110	1.55	17	喀什大学	81	81	1.00
8	四川大学	161	96	0.60	18	南京理工大学	85	81	0.95
9	西安工程大学	103	92	0.89	19	安徽大学	102	80	0.78
10	福州大学	85	91	1.07	20	武汉大学	136	80	0.59

表 40–5　数学领域高被引科研院所 Top 10（按 5 年总被引频次排序）

序号	第一作者单位	发文量/篇	5 年总被引频次/次	篇均被引频次/次	序号	第一作者单位	发文量/篇	5 年总被引频次/次	篇均被引频次/次
1	中国科学院数学与系统科学研究院	79	49	0. 62	6	中国社会科学院研究生院	4	10	2. 50
2	中国工程物理研究院	63	32	0. 51	7	浙江省农业科学院	1	7	7. 00
3	中国科学院自动化研究所	4	23	5. 75	8	中国科学院重庆绿色智能技术研究院	5	7	1. 40
4	中国科学院大学	72	19	0. 26	9	中国科学院长春光学精密机械与物理研究所	2	5	2. 50
5	中国空气动力研究与发展中心	5	14	2. 80	10	西北核技术研究所	3	4	1. 33

第 41 章　2024 年力学领域高被引分析

41.1　领域论文概况

2019—2023 年，力学领域共发表学术论文 9759 篇，由来自 1140 所机构的 8303 位学者作为第一作者发表。上述论文中，有 4919 篇被引用，整体被引率为 50.4%，总被引频次为 13690 次，篇均被引 1.40 次；其中，高被引论文有 119 篇，高被引论文篇均被引 11.03 次（表 41–1）。

表 41–1　2019—2023 年力学领域论文分布情况

年份	论文数量/篇	总被引频次/次	被引率/%	高被引论文数量/篇	高被引论文被引频次/次
2019	2034	5163	73.1	22	490
2020	1884	3959	69.7	18	292
2021	1950	2981	60.6	20	280
2022	1969	1369	38.7	32	181
2023	1922	218	9.2	27	69
合计	9759	13690	50.4	119	1312

41.2　高被引论文分析

2019—2023 年，力学领域总被引频次最高的论文为 2019 年任鑫发表的《负泊松比材料和结构的研究进展》（总被引频次为 62 次），刊载各年高被引论文 Top 5 数量最多的期刊为《力学学报》（10 篇），详见表 41–2。

表 41–2　2019—2023 年力学领域高被引论文 Top 5（按各年总被引频次排序）

序号	论文题名	第一作者	期刊名称	发表年份	总被引频次/次
1	负泊松比材料和结构的研究进展	任鑫	力学学报	2019	62
2	全膜双垄沟覆膜土壤离散元接触参数仿真标定	戴飞	农业机械学报	2019	36
3	第三代涡识别方法及其应用综述	王义乾	水动力学研究与进展 A 辑	2019	29
4	基于颗粒缩放的小麦粉离散元参数标定	李永祥	农业工程学报	2019	29
5	多柔体系统动力学建模与优化研究进展	孙加亮	力学学报	2019	25

续表

序号	论文题名	第一作者	期刊名称	发表年份	总被引频次/次
6	超高性能纤维增强混凝土中纤维作用综述	陈宝春	福州大学学报（自然科学版）	2020	29
7	高熵合金的力学性能及变形行为研究进展	李建国	力学学报	2020	23
8	结构健康监测的传感器优化布置研究进展与展望	杨辰	振动与冲击	2020	19
9	大型舰船在水下接触爆炸下的毁伤与防护研究综述	金键	爆炸与冲击	2020	18
10	接触爆炸和近距离爆炸比冲量数值仿真研究	李臻	北京理工大学学报	2020	18
11	基于 CEEMDAN－小波包分析的隧道爆破信号去噪方法	王海龙	爆炸与冲击	2021	33
12	基于人工神经网络的湍流大涡模拟方法	谢晨月	力学学报	2021	23
13	负泊松比结构力学设计、抗冲击性能及在车辆工程应用与展望	吴文旺	力学学报	2021	20
14	基于 4 种超参数优化算法及随机森林模型预测 TBM 掘进速度	仉文岗	应用基础与工程科学学报	2021	18
15	固体结构损伤破坏统一相场理论、算法和应用	吴建营	力学学报	2021	17
16	下穿铁路隧道爆破振动衰减规律研究	单仁亮	爆炸与冲击	2022	9
17	折纸结构和折纸超材料动力学研究进展	方虹斌	力学学报	2022	9
18	高马赫数超燃冲压发动机技术研究进展	岳连捷	力学学报	2022	7
19	基于小波包技术地铁隧道分区爆破振动特性研究	陈吉辉	振动与冲击	2022	7
20	Liutex based new fluid kinematics	Chaoqun Liu	水动力学研究与进展 B 辑	2022	7
21	极端暴雨下城市内涝模拟与应急响应能力评估	张金萍	郑州大学学报（工学版）	2023	4

续表

序号	论文题名	第一作者	期刊名称	发表年份	总被引频次/次
22	流场特征识别的无量纲时程深度学习方法	战庆亮	工程力学	2023	4
23	面向飞行试验的多源气动数据智能融合方法	王旭	空气动力学学报	2023	4
24	中国海域盆地 CO_2 地质封存选址方案与构造力学分析	李春峰	力学学报	2023	4
25	扩张尾裙对跨介质航行器高速入水转平弹道特性影响	刘喜燕	力学学报	2023	4

41.3 研究主题关联分析

在力学领域，119 篇高被引论文共被引用了 1312 次。通过分析施引文献关键词的词频及关键词之间的共现关系，获得力学领域的热点主题和主题关联，如图 41–1 所示。由图可知："数值模拟""战斗头盔""爆炸冲击波"等关键词的文献词频较高，是力学领域的研究热点。本领域形成 3 个研究主题簇，分别以"数值模拟""空化"为中心；以"战斗头盔""防护效能"为中心；以"爆破振动""接触爆炸"为中心。

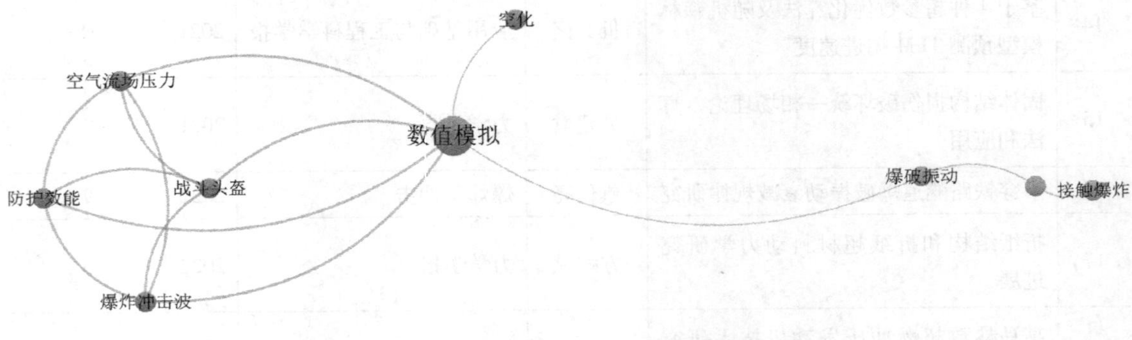

图 41–1 力学领域的热点主题和主题关联

41.4 高被引作者分析

2019—2023 年力学领域论文总被引频次 Top 10 的作者见表 41–3。其中发文 5 年总被引频次居前 3 位的作者分别是南京工业大学的任鑫（62 次）、甘肃农业大学的戴飞（36 次）、中国矿业大学的王海龙（33 次）。

表 41–3　力学领域高被引作者 Top 10（按 5 年总被引频次排序）

序号	作者	作者单位	发文量/篇	5 年总被引频次/次	篇均被引频次/次
1	任鑫	南京工业大学	1	62	62.00
2	戴飞	甘肃农业大学	1	36	36.00
3	王海龙	中国矿业大学	1	33	33.00
4	王义乾	清华大学	1	29	29.00
5	陈宝春	福州大学	1	29	29.00
6	李永祥	河南工业大学	1	29	29.00
7	单仁亮	中国矿业大学	3	29	9.67
8	杨丽君	燕山大学	3	28	9.33
9	马芳武	吉林大学	2	26	13.00
10	王学滨	辽宁工程技术大学	6	26	4.33

41.5　高被引机构分析

力学领域总被引频次 Top 20 高等院校、总被引频次 Top 10 科研院所的发文和被引情况分别见表 41–4、表 41–5。

表 41–4　力学领域高被引高等院校 Top 20（按 5 年总被引频次排序）

序号	第一作者单位	发文量/篇	5 年总被引频次/次	篇均被引频次/次	序号	第一作者单位	发文量/篇	5 年总被引频次/次	篇均被引频次/次
1	北京理工大学	333	542	1.63	11	同济大学	131	189	1.44
2	南京理工大学	273	503	1.84	12	海军工程大学	120	188	1.57
3	大连理工大学	235	408	1.74	13	太原理工大学	149	183	1.23
4	上海交通大学	272	296	1.09	14	武汉理工大学	112	177	1.58
5	西北工业大学	215	293	1.36	15	南京航空航天大学	143	161	1.13
6	清华大学	138	271	1.96	16	浙江大学	133	159	1.20
7	天津大学	177	219	1.24	17	上海大学	119	155	1.30
8	西南交通大学	121	199	1.64	18	哈尔滨工程大学	124	155	1.25
9	中国矿业大学	73	196	2.68	19	北京工业大学	76	152	2.00
10	哈尔滨工业大学	95	190	2.00	20	西安交通大学	131	147	1.12

表 41-5 力学领域高被引科研院所 Top 10（按 5 年总被引频次排序）

序号	第一作者单位	发文量/篇	5 年总被引频次/次	篇均被引频次/次	序号	第一作者单位	发文量/篇	5 年总被引频次/次	篇均被引频次/次
1	中国工程物理研究院	184	266	1.45	6	中国科学院广州能源研究所	7	32	4.57
2	中国科学院力学研究所	124	199	1.60	7	中国科学院大学	31	25	0.81
3	中国空气动力研究与发展中心	56	79	1.41	8	长江水利委员会长江科学院	6	18	3.00
4	西北核技术研究所	54	56	1.04	9	中国科学院兰州化学物理研究所	6	18	3.00
5	解放军军事科学院	19	36	1.89	10	中国科学院过程工程研究所	9	15	1.67

第 42 章　2024 年信息、系统科学领域高被引分析

42.1　领域论文概况

2019—2023 年，信息、系统科学领域共发表学术论文 1475 篇，由来自 516 所机构的 1296 位学者作为第一作者发表。上述论文中，有 713 篇被引用，整体被引率为 48.3%，总被引频次为 2155 次，篇均被引 1.46 次；其中，高被引论文有 18 篇，高被引论文篇均被引 10.89 次（表 42–1）。

表 42–1　2019—2023 年信息、系统科学领域论文分布情况

年份	论文数量/篇	总被引频次/次	被引率/%	高被引论文数量/篇	高被引论文被引频次/次
2019	353	860	65.7	3	60
2020	315	734	71.7	5	63
2021	289	360	49.8	2	25
2022	213	145	37.1	3	26
2023	305	56	10.5	5	22
合计	1475	2155	48.3	18	196

42.2　高被引论文分析

2019—2023 年，信息、系统科学领域总被引频次最高的论文为 2019 年曲薪池发表的《政府规制下企业绿色创新生态系统的演化博弈分析——基于初始意愿差异化视角》（总被引频次为 22 次），刊载各年高被引论文 Top 5 数量最多的期刊为《智能科学与技术学报》（4 篇），详见表 42–2。

表 42–2　2019—2023 年信息、系统科学领域高被引论文 Top 5（按各年总被引频次排序）

序号	论文题名	第一作者	期刊名称	发表年份	总被引频次/次
1	政府规制下企业绿色创新生态系统的演化博弈分析——基于初始意愿差异化视角	曲薪池	系统工程	2019	22
2	一类离散灰色预测模型的统一处理方法及应用	罗党	系统工程理论与实践	2019	18
3	广义灰色关联分析模型的统一表述及性质	韦保磊	系统工程理论与实践	2019	15
4	重大工程管理决策复杂性及复杂性降解原理	麦强	管理科学学报	2019	14

续表

序号	论文题名	第一作者	期刊名称	发表年份	总被引频次/次
5	基于合作博弈协商机制的分布式资源受限多项目调度	刘东宁	系统工程理论与实践	2019	14
6	灰色关联度模型研究综述	周文浩	统计与决策	2020	19
7	不确定性动态系统的估计、控制与博弈	郭雷	中国科学（信息科学）	2020	14
8	联邦学习：人工智能的最后一公里	杨强	智能系统学报	2020	10
9	MBSE：系统工程的发展方向	张鹏翼	科技导报	2020	10
10	基于复杂网络的航班运行风险传播分析	王岩韬	交通运输系统工程与信息	2020	10
11	物理－事理－人理系统方法论 25 周年回顾——溯源、释义、比较与前瞻	寇晓东	管理评论	2021	13
12	复杂系统维护策略最新研究进展：从视情维护到预测性维护	陆宁云	自动化学报	2021	12
13	基于声呐成像的水下桩墩表观病害深度学习与智能检测	骆剑彬	土木工程学报	2021	10
14	基于系统动力学的装备体系贡献率评估方法	潘星	系统工程与电子技术	2021	9
15	基于杀伤网评估的装备组合多目标优化	夏博远	系统工程与电子技术	2021	9
16	考虑时变速度的多车场绿色车辆路径模型及优化算法	周鲜成	控制与决策	2022	12
17	改进萤火虫算法及其收敛性分析	张大力	系统工程与电子技术	2022	7
18	车路协同环境下行车风险场模型的扩展与应用	田野	清华大学学报（自然科学版）	2022	7
19	Mapping high resolution National Soil Information Grids of China	Feng Liu	科学通报（英文版）	2022	5
20	企业数字化转型对创新生态系统的影响：基于市场规模动态的多 Agent 模型	杨伟	中国管理科学	2022	5
21	探讨 AI for Science 的影响与意义：现状与展望	王飞跃	智能科学与技术学报	2023	7

续表

序号	论文题名	第一作者	期刊名称	发表年份	总被引频次/次
22	元宇宙与平行系统：发展现状、对比及展望	田永林	智能科学与技术学报	2023	6
23	平行推理：一种基于 ACP 方法的虚实互动的知识协同框架	王晓	智能科学与技术学报	2023	3
24	航天器高精度控温系统设计的稳定性条件	耿利寅	航天器环境工程	2023	3
25	平行科研院所：从数字化转型到智能化变革	秦蕊	智能科学与技术学报	2023	3

42.3 研究主题关联分析

在信息、系统科学领域，18 篇高被引论文共被引用了 196 次。通过分析施引文献关键词的词频及关键词之间的共现关系，获得信息、系统科学领域的热点主题和主题关联，如图 42–1 所示。由图可知："人工智能""人工智能生成内容""分布式自主教育"等关键词的文献词频较高，是信息、系统科学领域的研究热点。本领域形成 2 个研究主题簇，分别以"人工智能""智能测绘"为中心；以"人工智能生成内容""数字人"为中心。

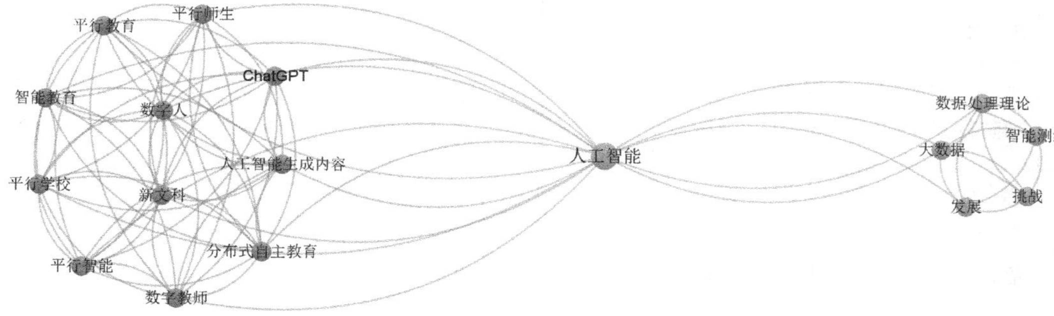

图 42–1　信息、系统科学领域的热点主题和主题关联

42.4 高被引作者分析

2019—2023 年信息、系统科学领域论文总被引频次 Top 10 的作者见表 42–3。其中发文 5 年总被引频次居前 3 位的作者分别是华北水利水电大学的罗党（40 次）、中国民航大学的王岩韬（27 次）、山东科技大学的曲薪池（22 次）。

表 42-3 信息、系统科学领域高被引作者 Top 10（按 5 年总被引频次排序）

序号	作者	作者单位	发文量/篇	5 年总被引频次/次	篇均被引频次/次
1	罗党	华北水利水电大学	9	40	4.44
2	王岩韬	中国民航大学	6	27	4.50
3	曲薪池	山东科技大学	1	22	22.00
4	潘星	北京航空航天大学	2	20	10.00
5	周文浩	重庆工商大学	1	19	19.00
6	刘东宁	北京航空航天大学	2	18	9.00
7	孙海文	海军航空工程学院	2	17	8.50
8	曾波	重庆工商大学	4	17	4.25
9	王治莹	安徽工业大学	8	17	2.13
10	韦保磊	南京航空航天大学	1	15	15.00

42.5 高被引机构分析

信息、系统科学领域总被引频次 Top 20 高等院校、总被引频次 Top 10 科研院所的发文和被引情况分别见表 42-4、表 42-5。

表 42-4 信息、系统科学领域高被引高等院校 Top 20（按 5 年总被引频次排序）

序号	第一作者单位	发文量/篇	5 年总被引频次/次	篇均被引频次/次	序号	第一作者单位	发文量/篇	5 年总被引频次/次	篇均被引频次/次
1	南京航空航天大学	45	116	2.58	11	中国民航大学	9	32	3.56
2	国防科技大学	32	58	1.81	12	海军航空工程学院	8	31	3.88
3	北京航空航天大学	15	57	3.80	13	山东科技大学	11	31	2.82
4	福州大学	17	50	2.94	14	江南大学	15	29	1.93
5	大连海事大学	18	47	2.61	15	哈尔滨工业大学	5	26	5.20
6	华北水利水电大学	11	46	4.18	16	西北工业大学	11	25	2.27
7	重庆工商大学	8	38	4.75	17	南京理工大学	14	23	1.64
8	东北大学	18	38	2.11	18	上海理工大学	7	22	3.14
9	空军工程大学	9	34	3.78	19	青岛大学	14	22	1.57
10	清华大学	8	32	4.00	20	中国民用航空飞行学院	5	21	4.20

表 42–5　信息、系统科学领域高被引科研院所 Top 10（按 5 年总被引频次排序）

序号	第一作者单位	发文量/篇	5 年总被引频次/次	篇均被引频次/次	序号	第一作者单位	发文量/篇	5 年总被引频次/次	篇均被引频次/次
1	中国科学院数学与系统科学研究院	7	16	2. 29	6	中国科学院合肥物质科学研究院	1	6	6. 00
2	中国科学院自动化研究所	9	12	1. 33	7	中国科学院南京土壤研究所	1	5	5. 00
3	中国科学院大学	6	9	1. 50	8	中国科学院科技战略咨询研究院	1	3	3. 00
4	解放军军事科学院	4	7	1. 75	9	中国科学技术信息研究所	1	2	2. 00
5	中国科学院计算机网络信息中心	7	6	0. 86	10	中国科学院西安光学精密机械研究所	1	1	1. 00

第 43 章　2024 年物理学领域高被引分析

43.1　领域论文概况

2019—2023 年，物理学领域共发表学术论文 24175 篇，由来自 2325 所机构的 21948 位学者作为第一作者发表。上述论文中，有 8487 篇被引用，整体被引率为 35.1%，总被引频次为 23237 次，篇均被引 0.96 次；其中，高被引论文有 303 篇，高被引论文篇均被引 11.74 次（表 43-1）。

表 43-1　2019—2023 年物理学领域论文分布情况

年份	论文数量/篇	总被引频次/次	被引率/%	高被引论文数量/篇	高被引论文被引频次/次
2019	4444	6863	50.4	52	883
2020	4800	7365	47.7	59	1188
2021	5117	5887	42.7	60	810
2022	4905	2695	29.3	80	531
2023	4909	427	6.8	52	144
合计	24175	23237	35.1	303	3556

43.2　高被引论文分析

2019—2023 年，物理学领域总被引频次最高的论文为 2020 年梅丹华发表的《大气压低温等离子体特性与应用研究现状》（总被引频次为 84 次），刊载各年高被引论文 Top 5 数量最多的期刊为《光学学报》（6 篇），详见表 43-2。

表 43-2　2019—2023 年物理学领域高被引论文 Top 5（按各年总被引频次排序）

序号	论文题名	第一作者	期刊名称	发表年份	总被引频次/次
1	基于中红外光谱和化学计量学算法鉴别核桃产地及品种	何勇	光谱学与光谱分析	2019	41
2	光谱预处理方法选择研究	第五鹏瑶	光谱学与光谱分析	2019	38
3	高效率全国产化 10 kW 光纤激光器	陈晓龙	光学学报	2019	27
4	神光Ⅱ激光装置研制	朱健强	中国激光	2019	24
5	基于差分－主成分分析－支持向量机的有机化合物太赫兹吸收光谱识别方法	刘俊秀	中国激光	2019	23

续表

序号	论文题名	第一作者	期刊名称	发表年份	总被引频次/次
6	大气压低温等离子体特性与应用研究现状	梅丹华	中国电机工程学报	2020	84
7	农业信息成像感知与深度学习应用研究进展	孙红	农业机械学报	2020	57
8	计算成像技术及应用最新进展	邵晓鹏	激光与光电子学进展	2020	44
9	深度学习下的计算成像：现状、挑战与未来	左超	光学学报	2020	36
10	（Au-Probe）@ SiO_2 单层纳米粒子膜制备及表面增强拉曼光谱研究	刘恪	光谱学与光谱分析	2020	35
11	光学自由曲面面形检测方法进展与展望	朱日宏	光学学报	2021	32
12	选区激光熔化铝合金及其复合材料在航空航天领域的研究进展	秦艳利	中国激光	2021	32
13	自由曲面成像光学系统设计：理论、发展与应用	杨通	光学学报	2021	30
14	中国半导体照明发展综述	李晋闽	光学学报	2021	27
15	激光相干合成的研究进展：2011—2020	周朴	中国激光	2021	23
16	我国光纤传感技术发展路线图	苑立波	光学学报	2022	26
17	计算光学成像：何来，何处，何去，何从？	左超	红外与激光工程	2022	17
18	U-Net 模型改进及其在医学图像分割上的研究综述	张欢	激光与光电子学进展	2022	13
19	Lu_2O_3：Er^{3+}/Yb^{3+} 荧光材料的上转换发光及其温度传感特性	周慧丽	发光学报	2022	11
20	光学元件的激光损伤问题	赵元安	强激光与粒子束	2022	10
21	Vector meson spin alignment by the strong force field	Xinnian Wang	核技术（英文版）	2023	14
22	New type of double-slit interference experiment at Fermi scale	Yugang Ma	核技术（英文版）	2023	12

续表

序号	论文题名	第一作者	期刊名称	发表年份	总被引频次/次
23	强磁场下的格点 QCD 研究进展	丁亨通	核技术	2023	6
24	基于有效场论的 QCD 相图研究	杜铁伦	核技术	2023	4
25	Mn^{4+}激活氟氧化物强零声子线发射红光荧光粉	屈巧	发光学报	2023	4

43.3 研究主题关联分析

在物理学领域，303 篇高被引论文共被引用了 3556 次。通过分析施引文献关键词的词频及关键词之间的共现关系，获得物理学领域的热点主题和主题关联，如图 43-1 所示。由图可知："深度学习""测量""光学设计"等关键词的文献词频较高，是物理学领域的研究热点。本领域形成 8 个研究主题簇，分别以"深度学习""全息"为中心；以"测量""无损检测"为中心；以"偏振""结构光"为中心；以"光纤光学"为中心；以"成像系统""计算成像"为中心；以"光学设计""可见光"为中心；以"激光技术""显微"为中心；以"光谱学"为中心。

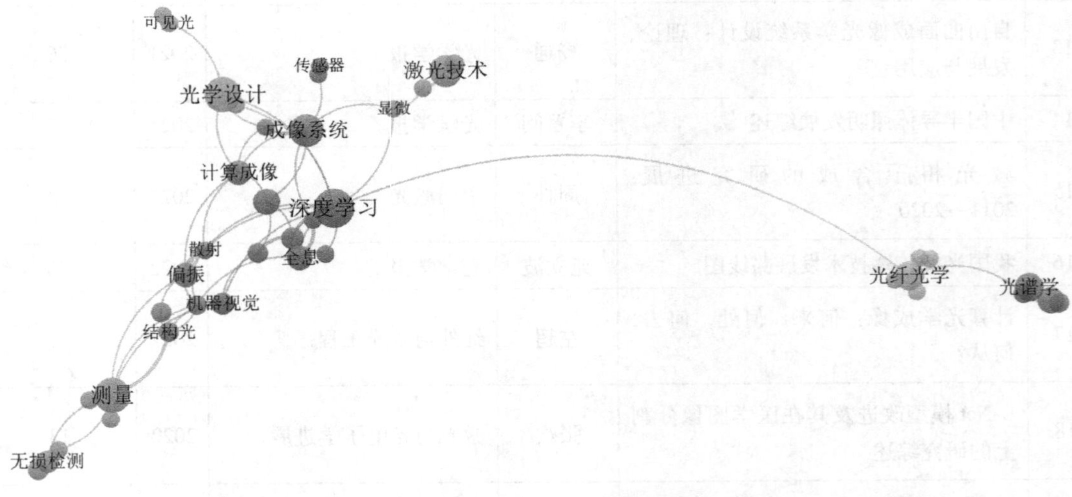

图 43-1 物理学领域的热点主题和主题关联

43.4 高被引作者分析

2019—2023 年物理学领域论文总被引频次 Top 10 的作者见表 43-3。其中发文 5 年总被引频次居前 3 位的作者分别是南京理工大学的左超（86 次）、南京工业大学的梅丹华（84 次）、中国农业大学的孙红（82 次）。

表 43–3　物理学领域高被引作者 Top 10（按 5 年总被引频次排序）

序号	作者	作者单位	发文量/篇	5 年总被引频次/次	篇均被引频次/次
1	左超	南京理工大学	4	86	21. 50
2	梅丹华	南京工业大学	1	84	84. 00
3	孙红	中国农业大学	5	82	16. 40
4	何欣龙	中国人民公安大学	6	73	12. 17
5	陈颖	燕山大学	17	72	4. 24
6	邵晓鹏	西安电子科技大学	3	58	19. 33
7	周朴	国防科技大学	6	45	7. 50
8	何勇	浙江大学	1	41	41. 00
9	毛北行	郑州航空工业管理学院	19	40	2. 11
10	第五鹏瑶	天津工业大学	1	38	38. 00

43. 5　高被引机构分析

物理学领域总被引频次 Top 20 高等院校、总被引频次 Top 10 科研院所的发文和被引情况分别见表 43–4、表 43–5。

表 43–4　物理学领域高被引高等院校 Top 20（按 5 年总被引频次排序）

序号	第一作者单位	发文量/篇	5 年总被引频次/次	篇均被引频次/次	序号	第一作者单位	发文量/篇	5 年总被引频次/次	篇均被引频次/次
1	长春理工大学	430	794	1. 85	11	北京大学	334	239	0. 72
2	北京理工大学	259	387	1. 49	12	中国科学技术大学	457	230	0. 50
3	清华大学	297	329	1. 11	13	中北大学	138	222	1. 61
4	国防科技大学	252	293	1. 16	14	南开大学	183	216	1. 18
5	天津大学	227	286	1. 26	15	西安交通大学	154	196	1. 27
6	南京理工大学	141	277	1. 96	16	华中科技大学	191	190	0. 99
7	山西大学	316	264	0. 84	17	西安工业大学	160	187	1. 17
8	浙江大学	227	257	1. 13	18	中国农业大学	49	183	3. 73
9	西安电子科技大学	138	251	1. 82	19	西北工业大学	128	182	1. 42
10	上海理工大学	212	250	1. 18	20	四川大学	228	179	0. 79

表 43–5 物理学领域高被引科研院所 Top 10（按 5 年总被引频次排序）

序号	第一作者单位	发文量/篇	5 年总被引频次/次	篇均被引频次/次	序号	第一作者单位	发文量/篇	5 年总被引频次/次	篇均被引频次/次
1	中国科学院上海光学精密机械研究所	232	538	2. 32	6	中国科学院声学研究所	148	195	1. 32
2	中国科学院合肥物质科学研究院	262	497	1. 90	7	中国科学院西安光学精密机械研究所	93	160	1. 72
3	中国工程物理研究院	334	336	1. 01	8	中国科学院物理研究所	347	105	0. 30
4	中国科学院长春光学精密机械与物理研究所	148	296	2. 00	9	中国科学院上海技术物理研究所	83	102	1. 23
5	中国科学院光电技术研究所	82	201	2. 45	10	中国科学院半导体研究所	111	99	0. 89

第 44 章　2024 年化学领域高被引分析

44.1　领域论文概况

2019—2023 年，化学领域共发表学术论文 39203 篇，由来自 5130 所机构的 34428 位学者作为第一作者发表。上述论文中，有 19036 篇被引用，整体被引率为 48.6%，总被引频次为 51486 次，篇均被引 1.31 次；其中，高被引论文有 465 篇，高被引论文篇均被引 11.82 次（表 44-1）。

表 44-1　2019—2023 年化学领域论文分布情况

年份	论文数量/篇	总被引频次/次	被引率/%	高被引论文数量/篇	高被引论文被引频次/次
2019	8618	18888	67.7	92	1849
2020	8214	15073	64.0	85	1493
2021	7930	11553	57.1	86	1224
2022	7526	5213	37.7	83	638
2023	6915	759	8.4	119	294
合计	39203	51486	48.6	465	5498

44.2　高被引论文分析

2019—2023 年，化学领域总被引频次最高的论文为 2019 年褚小立发表的《近五年我国近红外光谱分析技术研究与应用进展》（总被引频次为 72 次），刊载各年高被引论文 Top 5 数量最多的期刊为《江西师范大学学报（自然科学版）》（6 篇），详见表 44-2。

表 44-2　2019—2023 年化学领域高被引论文 Top 5（按各年总被引频次排序）

序号	论文题名	第一作者	期刊名称	发表年份	总被引频次/次
1	近五年我国近红外光谱分析技术研究与应用进展	褚小立	分析测试学报	2019	72
2	13 种易制毒化学品红外光谱快速定性分析	刘翠梅	光谱学与光谱分析	2019	50
3	Aerolysin 蛋白纳米孔道直接检测单个 DNA 碱基修饰	路瑶	分析测试学报	2019	38
4	团簇 Ni_3CoP 电子性质与磁性研究	李历红	江西师范大学学报（自然科学版）	2019	38
5	(±)-Parvistemonine A 的全合成	马开庆	有机化学	2019	36

续表

序号	论文题名	第一作者	期刊名称	发表年份	总被引频次/次
6	团簇 Co_3NiB 催化析氢活性研究	秦渝	江西师范大学学报（自然科学版）	2020	56
7	2019 年毛细管电泳技术年度回顾	赵毅	色谱	2020	46
8	近红外光谱分析技术的最新进展与展望	褚小立	分析测试学报	2020	45
9	Ag（Ⅲ）配合物－鲁米诺流动注射化学发光法测定西维因	张亚莉	分析试验室	2020	39
10	基于液相色谱－质谱联用技术的代谢组学分析方法研究进展	徐天润	分析测试学报	2020	30
11	1D $Mn_{0.2}Cd_{0.8}S$ 纳米棒/2D Ti_3C_2 纳米片肖特基异质结的构建及光催化氢性能研究	姜志民	物理化学学报	2021	67
12	团簇 Co_3NiB_2 异构化反应的动力学与热力学研究	秦渝	江西师范大学学报（自然科学版）	2021	30
13	顶空固相微萃取－气质联用分析不同烹制时间红烧肉挥发性风味成分	朱文政	食品与发酵工业	2021	25
14	多功能超疏水表面的制造和应用研究现状	闫德峰	表面技术	2021	23
15	不同产地地参中 17 种氨基酸的测定与分析	黄小兰	食品科学	2021	22
16	团簇 Co_3NiB_2 极化率、偶极矩及态密度研究	方志刚	贵州大学学报（自然科学版）	2022	22
17	α－丙氨酸及其金属配合物的旋光异构理论研究进展	刘芳	武汉大学学报（理学版）	2022	15
18	Recent progress in organic solar cells (Part Ⅰ material science)	Yahui Liu	中国科学：化学（英文版）	2022	14
19	水液相下赖氨酸钙（Ⅱ）配合物旋光异构的 DFT 研究	柳国洪	江西师范大学学报（自然科学版）	2022	14
20	基于量子化学的团簇 Co_4P 非晶态合金析氢反应研究	方志刚	江西师范大学学报（自然科学版）	2022	12

续表

序号	论文题名	第一作者	期刊名称	发表年份	总被引频次/次
21	水液相下 Phe 分子与 Na^+ 配合物对映异构的 DFT 研究	杨应	江西师范大学学报（自然科学版）	2023	6
22	光催化还原二氧化碳全反应的研究进展	叶朕	分子催化	2023	5
23	一步热聚合法制备 K、Mn 共掺杂 g-C_3N_4 复合光催化剂应用于 CO_2 还原	唐立平	分子催化	2023	5
24	固相萃取－高效液相色谱－串联质谱法同时测定环境水样中 22 种抗生素	王锦	色谱	2023	5
25	基于电子鼻和气相色谱－离子迁移谱法分析不同等级俄色绿茶香气物质差异	邓静	食品安全质量检测学报	2023	4

44.3　研究主题关联分析

在化学领域，465 篇高被引论文共被引用了 5498 次。通过分析施引文献关键词的词频及关键词之间的共现关系，获得化学领域的热点主题和主题关联，如图 44－1 所示。由图可知："主成分分析""土壤""固相萃取"等关键词的文献词频较高，是化学领域的研究热点。本领域形成 8 个研究主题簇，分别以"主成分分析""指纹图谱"为中心；以"固相萃取""超高效液相色谱－串联质谱"为中心；以"土壤""重金属"为中心；以"含量测定"为中心；以"无损检测"为中心；以"挥发性物质"为中心；以"化学成分""白酒"为中心；以"农药残留""电感耦合等离子体质谱法"为中心。

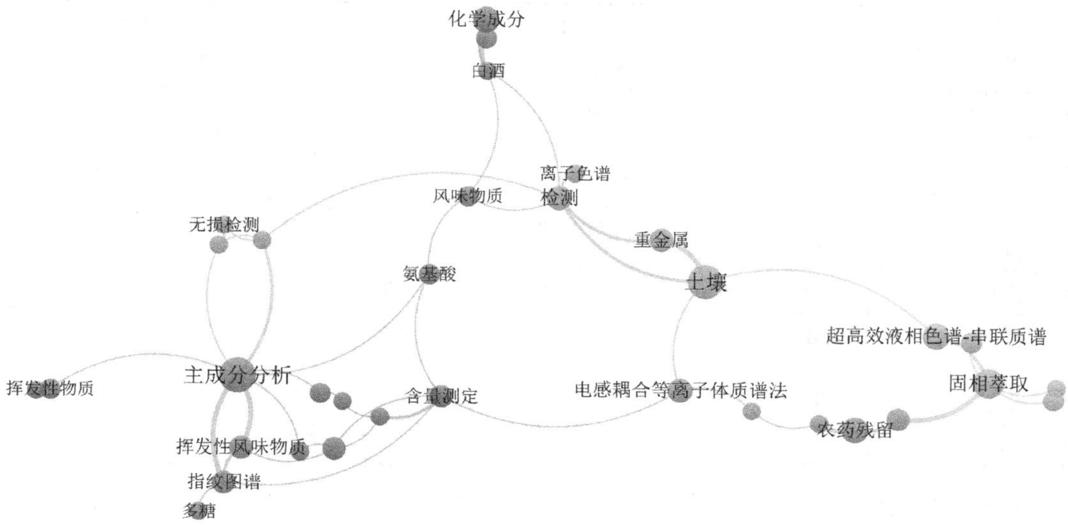

图 44–1　化学领域的热点主题和主题关联

44.4 高被引作者分析

2019—2023 年化学领域论文总被引频次 Top 10 的作者见表 44-3。其中发文 5 年总被引频次居前 3 位的作者分别是中国石化石油化工科学研究院的褚小立（117 次）、辽宁科技大学的秦渝（88 次）、华东交通大学的刘燕德（72 次）。

表 44-3 化学领域高被引作者 Top 10（按 5 年总被引频次排序）

序号	作者	作者单位	发文量/篇	5 年总被引频次/次	篇均被引频次/次
1	褚小立	中国石化石油化工科学研究院	2	117	58.50
2	秦渝	辽宁科技大学	3	88	29.33
3	刘燕德	华东交通大学	21	72	3.43
4	姜志民	华南农业大学	1	67	67.00
5	赵毅	北京理工大学	1	46	46.00
6	李历红	辽宁科技大学	2	44	22.00
7	张亚莉	河北科技大学	2	39	19.50
8	路瑶	华东理工大学	1	38	38.00
9	陈兴连	云南省农业科学院	4	38	9.50
10	陈通	江苏大学	2	37	18.50

44.5 高被引机构分析

化学领域总被引频次 Top 20 高等院校、总被引频次 Top 10 科研院所的发文和被引情况分别见表 44-4、表 44-5。

表 44-4 化学领域高被引高等院校 Top 20（按 5 年总被引频次排序）

序号	第一作者单位	发文量/篇	5 年总被引频次/次	篇均被引频次/次	序号	第一作者单位	发文量/篇	5 年总被引频次/次	篇均被引频次/次
1	华东理工大学	443	463	1.05	11	贵州大学	221	316	1.43
2	浙江大学	324	460	1.42	12	北京理工大学	211	307	1.45
3	天津大学	377	431	1.14	13	白城师范学院	64	303	4.73
4	吉林大学	322	361	1.12	14	南开大学	278	293	1.05
5	四川大学	319	350	1.10	15	北京大学	275	288	1.05
6	江南大学	241	347	1.44	16	厦门大学	318	286	0.90
7	中国人民公安大学	187	342	1.83	17	北京化工大学	218	269	1.23
8	大连理工大学	284	337	1.19	18	青岛科技大学	267	253	0.95
9	中国石油大学	201	320	1.59	19	华南理工大学	198	249	1.26
10	太原理工大学	284	317	1.12	20	辽宁科技大学	71	236	3.32

表 44–5　化学领域高被引科研院所 Top 10（按 5 年总被引频次排序）

序号	第一作者单位	发文量/篇	5 年总被引频次/次	篇均被引频次/次	序号	第一作者单位	发文量/篇	5 年总被引频次/次	篇均被引频次/次
1	中国科学院大连化学物理研究所	185	225	1. 22	6	中国食品药品检定研究院	60	115	1. 92
2	中国科学院长春应用化学研究所	210	222	1. 06	7	中国科学院山西煤炭化学研究所	85	100	1. 18
3	中国检验检疫科学研究院	81	204	2. 52	8	中国地质调查局天津地质调查中心	21	91	4. 33
4	中国科学院化学研究所	200	193	0. 97	9	云南省农业科学院	24	91	3. 79
5	中国科学院兰州化学物理研究所	114	141	1. 24	10	广东省科学院	62	91	1. 47

第 45 章　2024 年天文学领域高被引分析

45.1　领域论文概况

2019—2023 年，天文学领域共发表学术论文 3018 篇，由来自 484 所机构的 2798 位学者作为第一作者发表。上述论文中，有 665 篇被引用，整体被引率为 22.0%，总被引频次为 1454 次，篇均被引 0.48 次；其中，高被引论文有 36 篇，高被引论文篇均被引 7.42 次（表 45-1）。

表 45-1　2019—2023 年天文学领域论文分布情况

年份	论文数量/篇	总被引频次/次	被引率/%	高被引论文数量/篇	高被引论文被引频次/次
2019	476	495	39.1	6	66
2020	551	420	33.6	6	64
2021	663	274	19.5	7	59
2022	655	204	18.5	8	52
2023	673	61	6.5	9	26
合计	3018	1454	22.0	36	267

45.2　高被引论文分析

2019—2023 年，天文学领域总被引频次最高的论文为 2019 年吴伟仁发表的《太阳系边际探测研究》（总被引频次为 16 次），刊载各年高被引论文 Top 5 数量最多的期刊为《中国科学（物理学 力学 天文学）》（5 篇），详见表 45-2。

表 45-2　2019—2023 年天文学领域高被引论文 Top 5（按各年总被引频次排序）

序号	论文题名	第一作者	期刊名称	发表年份	总被引频次/次
1	太阳系边际探测研究	吴伟仁	中国科学（信息科学）	2019	16
2	导航卫星精密定轨与时间同步技术进展	周善石	天文学报	2019	13
3	火星车行驶环境研究综述	赵静	载人航天	2019	10
4	行星科学：科学前沿与国家战略	魏勇	中国科学院院刊	2019	9
5	粤北大宝山矿区次英安斑岩与铜多金属矿之间关系研究	赵如意	大地构造与成矿学	2019	9
6	小行星监测预警、安全防御和资源利用的前沿科学问题及关键技术	龚自正	科学通报	2020	16
7	深空探测发展战略研究	刘继忠	中国科学（技术科学）	2020	12

续表

序号	论文题名	第一作者	期刊名称	发表年份	总被引频次/次
8	Depositional characteristics and formation mechanisms of deep-water canyon systems along the northern South China Sea margin	Hui Chen	地球科学学刊（英文版）	2020	11
9	GECAM 卫星有效载荷介绍	李新乔	中国科学（物理学 力学 天文学）	2020	9
10	认知地球物质运动的大陆动力学方法	杨文采	地质论评	2020	8
11	中国月球探测进展（2011—2020 年）	李春来	空间科学学报	2021	15
12	卫星授时与时间传递技术进展	杨旭海	导航定位与授时	2021	9
13	宣城地区龙潭组页岩沉积环境与有机质富集	丁江辉	沉积学报	2021	9
14	中国油页岩富集与地质事件研究	柳蓉	沉积学报	2021	7
15	歧口凹陷热液流体活动及其对储集层的改造	侯中帅	地球科学	2021	7
16	低轨巨型星座构型设计与控制研究进展与展望	阮永井	中国空间科学技术	2022	15
17	月球原位资源利用及关键科学与技术问题	刘建忠	中国科学基金	2022	8
18	基于 TLE 的 Starlink 星座第一阶段部署情况分析	薛文	中国空间科学技术	2022	8
19	利用法布里－珀罗标准具提高天文高分辨光谱仪的波长定标精度	郝志博	光学学报	2022	5
20	祝融号火星车巡视区 2022 年沙尘暴活动趋势初步分析	魏勇	科学通报	2022	4
21	射电脉冲星搜索的优化方法	韦建文	中国科学（物理学 力学 天文学）	2023	5
22	SKA 低频成像管线并行优化	韦建文	中国科学（物理学 力学 天文学）	2023	5
23	一个面向原始数据搜寻的快速射电暴数据集	徐志骏	中国科学（物理学 力学 天文学）	2023	3

续表

序号	论文题名	第一作者	期刊名称	发表年份	总被引频次/次
24	中国 SKA 区域中心跨洲际高速数据传输进展及展望	郭绍光	中国科学（物理学 力学 天文学）	2023	3
25	2021 年青海玛多 M_s 7.4 地震前大武台地电场优势方位角异常特征分析	赵玉红	地震学报	2023	2

45.3 研究主题关联分析

在天文学领域，36 篇高被引论文共被引用了 267 次。通过分析施引文献关键词的词频及关键词之间的共现关系，获得天文学领域的热点主题和主题关联，如图 45-1 所示。由图可知："沉积环境""大隆组""有机质来源"等关键词的文献词频较高，是天文学领域的研究热点。本领域形成 2 个研究主题簇，分别以"沉积环境""南海北部"为中心；以"大隆组""黑色页岩"为中心。

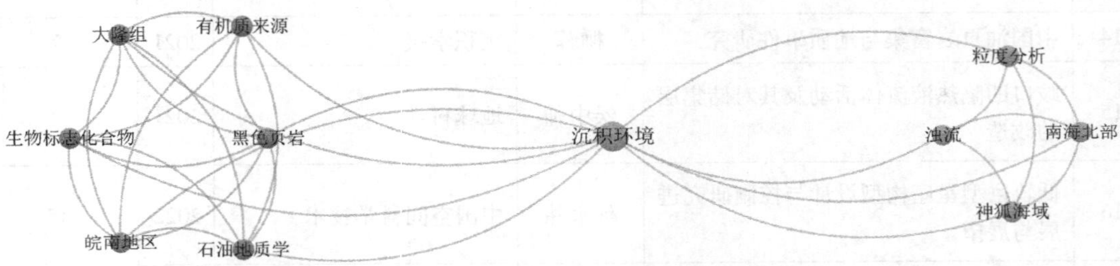

图 45-1 天文学领域的热点主题和主题关联

45.4 高被引作者分析

2019—2023 年天文学领域论文总被引频次 Top 10 的作者见表 45-3。其中发文 5 年总被引频次居前 3 位的作者分别是中国科学院国家天文台的李春来（15 次），装备学院的阮永井（15 次），中国科学院上海天文台的周善石（13 次）和中国科学院地质与地球物理研究所的魏勇（13 次）。

表 45-3 天文学领域高被引作者 Top 10（按 5 年总被引频次排序）

序号	作者	作者单位	发文量/篇	5 年总被引频次/次	篇均被引频次/次
1	李春来	中国科学院国家天文台	1	15	15.00
2	阮永井	装备学院	1	15	15.00
3	周善石	中国科学院上海天文台	1	13	13.00
4	魏勇	中国科学院地质与地球物理研究所	2	13	6.50
5	赵静	北京邮电大学	1	10	10.00

续表

序号	作者	作者单位	发文量/篇	5 年总被引频次/次	篇均被引频次/次
6	邓元勇	中国科学院国家天文台	2	10	5.00
7	韦建文	上海交通大学	2	10	5.00
8	李新乔	中国科学院高能物理研究所	1	9	9.00
9	杨旭海	中国科学院国家授时中心	1	9	9.00
10	赵如意	中国地质科学院	1	9	9.00

45.5　高被引机构分析

天文学领域总被引频次 Top 20 高等院校、总被引频次 Top 10 科研院所的发文和被引情况分别见表 45-4、表 45-5。

表 45-4　天文学领域高被引高等院校 Top 20（按 5 年总被引频次排序）

序号	第一作者单位	发文量/篇	5 年总被引频次/次	篇均被引频次/次	序号	第一作者单位	发文量/篇	5 年总被引频次/次	篇均被引频次/次
1	中国地质大学	48	44	0.92	11	北京大学	34	15	0.44
2	南京大学	68	26	0.38	12	浙江大学	11	14	1.27
3	装备学院	2	23	11.50	13	河北工业大学	13	13	1.00
4	中山大学	40	23	0.58	14	北京师范大学	94	13	0.14
5	中国科学技术大学	56	22	0.39	15	陕西师范大学	5	12	2.40
6	山东大学	27	21	0.78	16	河北地质大学	3	11	3.67
7	桂林理工大学	15	20	1.33	17	深圳大学	6	11	1.83
8	清华大学	25	16	0.64	18	武汉大学	25	11	0.44
9	大连理工大学	5	15	3.00	19	山西大学	7	10	1.43
10	吉林大学	11	15	1.36	20	中国矿业大学	8	10	1.25

表 45-5　天文学领域高被引科研院所 Top 10（按 5 年总被引频次排序）

序号	第一作者单位	发文量/篇	5 年总被引频次/次	篇均被引频次/次	序号	第一作者单位	发文量/篇	5 年总被引频次/次	篇均被引频次/次
1	中国科学院国家天文台	314	129	0.41	3	中国科学院上海天文台	101	65	0.64
2	中国科学院紫金山天文台	181	87	0.48	4	中国科学院地质与地球物理研究所	24	39	1.63

续表

序号	第一作者单位	发文量/篇	5 年总被引频次/次	篇均被引频次/次	序号	第一作者单位	发文量/篇	5 年总被引频次/次	篇均被引频次/次
5	中国科学院高能物理研究所	30	35	1. 17	8	中国科学院国家空间科学中心	23	24	1. 04
6	中国科学院国家授时中心	31	31	1. 00	9	中国科学院地球化学研究所	11	23	2. 09
7	中国科学院国家天文台南京天文光学技术研究所	24	25	1. 04	10	中国科学院大学	33	23	0. 70

第 46 章　2024 年地学领域高被引分析

46.1　领域论文概况

2019—2023 年，地学领域共发表学术论文 72892 篇，由来自 6825 所机构的 58674 位学者作为第一作者发表。上述论文中，有 44310 篇被引用，整体被引率为 60.8%，总被引频次为 190313 次，篇均被引 2.61 次；其中，高被引论文有 897 篇，高被引论文篇均被引 24.00 次（表 46-1）。

表 46-1　2019—2023 年地学领域论文分布情况

年份	论文数量/篇	总被引频次/次	被引率/%	高被引论文数量/篇	高被引论文被引频次/次
2019	14471	68423	83.4	151	7181
2020	14458	56883	80.3	162	6107
2021	14571	42313	73.5	164	4644
2022	14385	19275	53.5	178	2589
2023	15007	3419	14.9	242	1008
合计	72892	190313	60.8	897	21529

46.2　高被引论文分析

2019—2023 年，地学领域总被引频次最高的论文为 2019 年翟明国发表的《战略性关键金属矿产资源：现状与问题》（总被引频次为 220 次），刊载各年高被引论文 Top 5 数量最多的期刊是《地学前缘》《岩石学报》（均 3 篇），详见表 46-2。

表 46-2　2019—2023 年地学领域高被引论文 Top 5（按各年总被引频次排序）

序号	论文题名	第一作者	期刊名称	发表年份	总被引频次/次
1	战略性关键金属矿产资源：现状与问题	翟明国	中国科学基金	2019	220
2	兴蒙造山带的基底属性与构造演化过程	许文良	地球科学	2019	119
3	第六次国际耦合模式比较计划（CMIP 6）评述	周天军	气候变化研究进展	2019	110
4	CMIP 6 情景模式比较计划（Scenario-MIP）概况与评述	张丽霞	气候变化研究进展	2019	104
5	青藏高原多年冻土特征、变化及影响	程国栋	科学通报	2019	97

续表

序号	论文题名	第一作者	期刊名称	发表年份	总被引频次/次
6	特提斯地球动力学	吴福元	岩石学报	2020	138
7	非常规油气沉积学：内涵与展望	邱振	沉积学报	2020	114
8	川藏铁路对工程地质提出的挑战	彭建兵	岩石力学与工程学报	2020	107
9	川藏铁路沿线主要不良地质条件与工程地质问题	薛翊国	岩石力学与工程学报	2020	106
10	中国地热资源现状及发展趋势	王贵玲	地学前缘	2020	104
11	2021 年 5 月 22 日青海玛多 M_s 7.4 地震深部环境及发震构造模式	詹艳	地球物理学报	2021	67
12	2021 年 5 月 22 日青海玛多 M_s 7.4 地震地表破裂带及发震构造	潘家伟	地质学报	2021	62
13	基于 InVEST 模型的疏勒河流域碳储量时空变化研究	刘洋	生态学报	2021	61
14	新形势下中国煤层气勘探开发前景与对策思考	孙钦平	煤炭学报	2021	56
15	2021 年青海玛多 M_s 7.4 地震序列精定位研究	王未来	中国科学（地球科学）	2021	55
16	中国陆相页岩油地质特征与勘探实践	马永生	地质学报	2022	44
17	中国煤系气大产业建设战略价值与战略选择	秦勇	煤炭学报	2022	42
18	青藏高原近 60 年来气候变化及其环境影响研究进展	杨耀先	高原气象	2022	40
19	2022 年长江流域极端干旱事件及其影响与对策	夏军	水利学报	2022	36
20	非常规源岩层系油气形成分布与前景展望	邹才能	地球科学	2022	36
21	我国陆相中高熟页岩油富集条件与分布特征	赵文智	地学前缘	2023	22
22	南岭高分异花岗岩成岩与成矿	吴福元	岩石学报	2023	19
23	2022 年夏季中国高温干旱气候特征及成因探讨	孙博	大气科学学报	2023	18

续表

序号	论文题名	第一作者	期刊名称	发表年份	总被引频次/次
24	全球页岩油形成分布潜力及中国陆相页岩油理论技术进展	邹才能	地学前缘	2023	14
25	我国钴镍矿床的成矿规律、科学问题、勘查技术瓶颈与研究展望	苏本勋	岩石学报	2023	12

46.3　研究主题关联分析

在地学领域，897 篇高被引论文共被引用了 21529 次。通过分析施引文献关键词的词频及关键词之间的共现关系，获得地学领域的热点主题和主题关联，如图 46-1 所示。由图可知："气候变化""四川盆地""地球化学"等关键词的文献词频较高，是地学领域的研究热点。本领域形成 8 个研究主题簇，分别以"四川盆地""走滑断裂"为中心；以"气候变化""人类活动"为中心；以"滑坡""地质灾害"为中心；以"地球化学""二叠系"为中心；以"成矿规律""新疆"为中心；以"成矿时代"为中心；以"机器学习""深度学习"为中心；以"地热资源"为中心。

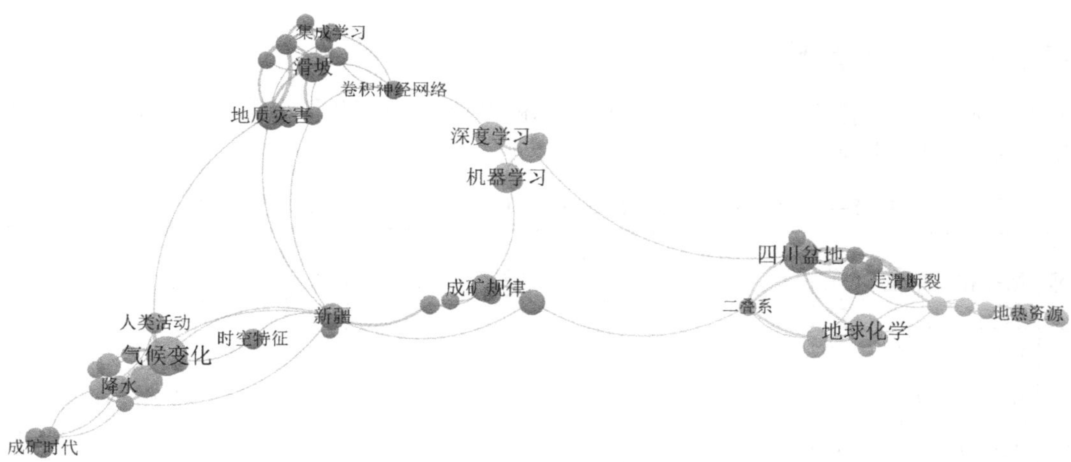

图 46-1　地学领域的热点主题和主题关联

46.4　高被引作者分析

2019—2023 年地学领域论文总被引频次 Top 10 的作者见表 46-3。其中发文 5 年总被引频次居前 3 位的作者分别是中国石油勘探开发研究院的邹才能（260 次）、中国科学院地质与地球物理研究所的翟明国（237 次）、中国科学院大气物理研究所的周天军（236 次）。

表 46-3　地学领域高被引作者 Top 10（按 5 年总被引频次排序）

序号	作者	作者单位	发文量/篇	5 年总被引频次/次	篇均被引频次/次
1	邹才能	中国石油勘探开发研究院	9	260	28.89
2	翟明国	中国科学院地质与地球物理研究所	2	237	118.50
3	周天军	中国科学院大气物理研究所	13	236	18.15
4	吴福元	中国科学院地质与地球物理研究所	6	210	35.00
5	王贵玲	中国地质科学院水文地质环境地质研究所	8	192	24.00
6	毛景文	中国地质科学院	3	186	62.00
7	彭建兵	长安大学	5	177	35.40
8	张强	中国气象局兰州干旱气象研究所	9	167	18.56
9	朱日祥	中国科学院地质与地球物理研究所	7	154	22.00
10	杨文采	浙江大学	20	153	7.65

46.5　高被引机构分析

地学领域总被引频次 Top 20 高等院校、总被引频次 Top 10 科研院所的发文和被引情况分别见表 46-4、表 46-5。

表 46-4　地学领域高被引高等院校 Top 20（按 5 年总被引频次排序）

序号	第一作者单位	发文量/篇	5 年总被引频次/次	篇均被引频次/次	序号	第一作者单位	发文量/篇	5 年总被引频次/次	篇均被引频次/次
1	中国地质大学	3062	10361	3.38	11	兰州大学	566	1709	3.02
2	中国石油大学	1382	4281	3.10	12	西北大学	502	1640	3.27
3	成都理工大学	1289	3968	3.08	13	北京大学	554	1519	2.74
4	南京信息工程大学	1324	3245	2.45	14	北京师范大学	380	1380	3.63
5	南京大学	716	2257	3.15	15	东华理工大学	539	1267	2.35
6	长安大学	770	2171	2.82	16	中山大学	504	1126	2.23
7	中国海洋大学	1415	2161	1.53	17	西南石油大学	358	1030	2.88
8	吉林大学	820	2158	2.63	18	中南大学	389	1005	2.58
9	河海大学	699	1930	2.76	19	同济大学	379	973	2.57
10	中国矿业大学	500	1890	3.78	20	昆明理工大学	387	889	2.30

表 46-5　地学领域高被引科研院所 Top 10（按 5 年总被引频次排序）

序号	第一作者单位	发文量/篇	5 年总被引频次/次	篇均被引频次/次	序号	第一作者单位	发文量/篇	5 年总被引频次/次	篇均被引频次/次
1	中国地质科学院	849	3518	4. 14	6	国家气象中心	298	1457	4. 89
2	中国科学院地质与地球物理研究所	690	3386	4. 91	7	中国气象科学研究院	315	1386	4. 40
3	中国科学院大气物理研究所	507	1736	3. 42	8	中国地质科学院地质研究所	285	1258	4. 41
4	中国科学院地理科学与资源研究所	334	1709	5. 12	9	中国科学院西北生态环境资源研究院	444	1243	2. 80
5	中国地质科学院矿产资源研究所	302	1522	5. 04	10	中国地震局地球物理研究所	373	1087	2. 91

第 47 章　2024 年生物领域高被引分析

47.1　领域论文概况

2019—2023 年，生物领域共发表学术论文 49624 篇，由来自 5294 所机构的 45332 位学者作为第一作者发表。上述论文中，有 26508 篇被引用，整体被引率为 53.4%，总被引频次为 95716 次，篇均被引 1.93 次；其中，高被引论文有 708 篇，高被引论文篇均被引 17.57 次（表 47-1）。

表 47-1　2019—2023 年生物领域论文分布情况

年份	论文数量/篇	总被引频次/次	被引率/%	高被引论文数量/篇	高被引论文被引频次/次
2019	10683	35906	73.5	111	4119
2020	10145	28986	70.9	105	3862
2021	9739	19939	62.8	109	2474
2022	9670	9357	43.7	108	1301
2023	9387	1528	11.9	275	685
合计	49624	95716	53.4	708	12441

47.2　高被引论文分析

2019—2023 年，生物领域总被引频次最高的论文为 2020 年 Chengjie Chen 发表的 "TBtools：an integrative toolkit developed for interactive analyses of big biological data"（总被引频次为 558 次），刊载各年高被引论文 Top 5 数量最多的期刊为《生态学报》（8 篇），详见表 47-2。

表 47-2　2019—2023 年生物领域高被引论文 Top 5（按各年总被引频次排序）

序号	论文题名	第一作者	期刊名称	发表年份	总被引频次/次
1	重大入侵害虫草地贪夜蛾发生危害、防控研究进展及防控策略探讨	王磊	环境昆虫学报	2019	114
2	新中国成立 70 年来植物激素研究进展	黎家	中国科学（生命科学）	2019	102
3	Sodium oligomannate therapeutically remodels gut microbiota and suppresses gut bacterial amino acids-shaped neuroinflammation to inhibit Alzheimer's disease progression	Xinyi Wang	细胞研究（英文版）	2019	79

续表

序号	论文题名	第一作者	期刊名称	发表年份	总被引频次/次
4	1982—2013 年中国植被 NDVI 空间异质性的气候影响分析	高江波	地理学报	2019	73
5	2006—2016 年岷江上游植被覆盖度时空变化及驱动力	祝聪	生态学报	2019	68
6	TBtools：an integrative toolkit developed for interactive analyses of big biological data	Chengjie Chen	分子植物（英文版）	2020	558
7	Remdesivir and chloroquine effectively inhibit the recently emerged novel coronavirus（2019-nCoV） in vitro	Manli Wang	细胞研究（英文版）	2020	259
8	1982—2015 年中国气候变化和人类活动对植被 NDVI 变化的影响	金凯	地理学报	2020	150
9	绿弯菌的研究现状及展望	鲜文东	微生物学报	2020	80
10	盐胁迫对植物生长的影响及耐盐生理机制研究进展	齐琪	分子植物育种	2020	73
11	中国森林大型真菌重要类群多样性和系统学研究	戴玉成	菌物学报	2021	114
12	Ferroptosis：molecular mechanisms and health implications	Daolin Tang	细胞研究（英文版）	2021	74
13	2019 年全球生物技术/转基因作物商业化发展态势	国际农业生物技术应用服务组织	中国生物工程杂志	2021	70
14	植物生态化学计量特征及其主要假说	田地	植物生态学报	2021	55
15	基于 MODIS-EVI 的西南地区植被覆盖时空变化及驱动因素研究	李美丽	生态学报	2021	52
16	Notes from the field：the first imported case of monkeypox in the mainland of China—Chongqing Municipality，China，September 16，2022	Hua Zhao	中国疾病预防控制中心周报（英文）	2022	31

续表

序号	论文题名	第一作者	期刊名称	发表年份	总被引频次/次
17	2000—2018 年黄河流域生长季植被指数变化及其对气候因子的响应	解晗	生态学报	2022	27
18	中国不同植被类型归一化植被指数对气候变化和人类活动的响应	耿庆玲	生态学报	2022	25
19	基于 MODIS - 归一化植被指数的广东省植被覆盖与土地利用变化研究	王思	生态学报	2022	25
20	根际促生菌对植物的生长促进作用及机制研究进展	穆文强	生命科学	2022	22
21	2001—2019 年黄土高原植被覆盖度时空演化特征及地理因子解析	王一	生态学报	2023	7
22	1981—2016 年黄土高原植被 NDVI 变化及对气候和人类活动的响应	张芳宁	水土保持研究	2023	7
23	柿子醋醪中优良乳酸菌的筛选及其耐受性和功能性分析	焦时阳	食品工业科技	2023	6
24	气候变化和人类活动对祁连山国家公园植被净初级生产力的定量影响	杨安乐	生态学报	2023	6
25	祁连山国家公园植被时空变化及其对人类活动的响应	李玉辰	生态学报	2023	6

47.3 研究主题关联分析

在生物领域，708 篇高被引论文共被引用了 12441 次。通过分析施引文献关键词的词频及关键词之间的共现关系，获得生物领域的热点主题和主题关联，如图 47-1 所示。由图可知："时空变化""气候变化""植被覆盖度"等关键词的文献词频较高，是生物领域的研究热点。本领域形成 6 个研究主题簇，分别以"时空变化""植被覆盖"为中心；以"气候变化"为中心；以"植被覆盖度""多样性"为中心；以"地理探测器""InVEST 模型"为中心；以"环境因子""物种多样性"为中心；以"青藏高原""研究进展"为中心。

47.4 高被引作者分析

2019—2023 年生物领域论文总被引频次 Top 10 的作者见表 47-3。其中发文 5 年总被引频次居前 3 位的作者分别是华南农业大学的王磊（211 次）、西北农林科技大学的金凯（150 次）、北京林业大学的戴玉成（118 次）。

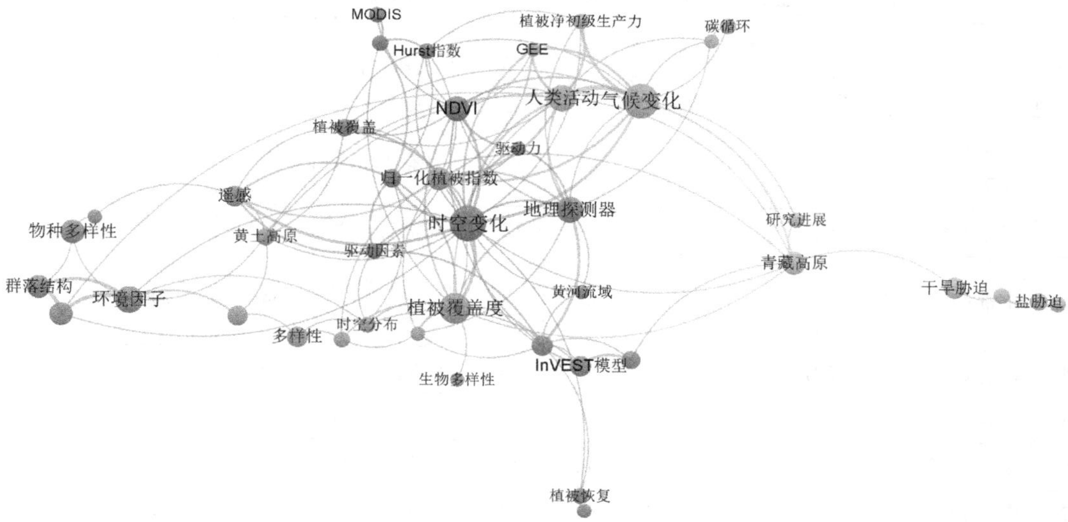

图 47–1　生物领域的热点主题和主题关联

表 47–3　生物领域高被引作者 Top 10（按 5 年总被引频次排序）

序号	作者	作者单位	发文量/篇	5 年总被引频次/次	篇均被引频次/次
1	王磊	华南农业大学	9	211	23.44
2	金凯	西北农林科技大学	1	150	150.00
3	戴玉成	北京林业大学	2	118	59.00
4	黎家	兰州大学	1	102	102.00
5	鲜文东	中山大学	1	80	80.00
6	张增可	福建农林大学	4	78	19.50
7	齐琪	东北林业大学	2	75	37.50
8	孙锐	中国科学院地理科学与资源研究所	2	74	37.00
9	高江波	中国科学院地理科学与资源研究所	1	73	73.00
10	陈立军	中国科学院动物研究所	2	72	36.00

47.5　高被引机构分析

生物领域总被引频次 Top 20 高等院校、总被引频次 Top 10 科研院所的发文和被引情况分别见表 47–4、表 47–5。

表 47-4 生物领域高被引高等院校 Top 20（按 5 年总被引频次排序）

序号	第一作者单位	发文量/篇	5 年总被引频次/次	篇均被引频次/次	序号	第一作者单位	发文量/篇	5 年总被引频次/次	篇均被引频次/次
1	西北农林科技大学	497	1421	2.86	11	南京农业大学	391	887	2.27
2	福建农林大学	524	1419	2.71	12	上海海洋大学	409	802	1.96
3	北京林业大学	477	1387	2.91	13	内蒙古农业大学	344	796	2.31
4	东北林业大学	397	1165	2.93	14	华中农业大学	340	791	2.33
5	华南农业大学	405	1079	2.66	15	四川农业大学	225	738	3.28
6	贵州大学	506	1064	2.10	16	南京林业大学	276	720	2.61
7	广西大学	290	1048	3.61	17	兰州大学	223	718	3.22
8	甘肃农业大学	329	1041	3.16	18	四川大学	460	712	1.55
9	西北师范大学	201	996	4.96	19	北京大学	392	694	1.77
10	中国农业大学	349	956	2.74	20	西南林业大学	337	693	2.06

表 47-5 生物领域高被引科研院所 Top 10（按 5 年总被引频次排序）

序号	第一作者单位	发文量/篇	5 年总被引频次/次	篇均被引频次/次	序号	第一作者单位	发文量/篇	5 年总被引频次/次	篇均被引频次/次
1	中国林业科学研究院	325	1043	3.21	6	中国科学院生态环境研究中心	52	455	8.75
2	中国科学院地理科学与资源研究所	143	928	6.49	7	中国农业科学院机关	91	415	4.56
3	中国水产科学研究院	266	721	2.71	8	中国科学院新疆生态与地理研究所	119	414	3.48
4	中国科学院植物研究所	202	674	3.34	9	中国科学院水生生物研究所	177	379	2.14
5	中国科学院动物研究所	225	532	2.36	10	中国科学院上海生命科学研究院	132	372	2.82

第 48 章　2024 年预防医学与卫生学领域高被引分析

48.1　领域论文概况

2019—2023 年，预防医学与卫生学领域共发表学术论文 71910 篇，由来自 9392 所机构的 56918 位学者作为第一作者发表。上述论文中，有 43598 篇被引用，整体被引率为 60.6%，总被引频次为 156418 次，篇均被引 2.18 次；其中，高被引论文有 760 篇，高被引论文篇均被引 21.61 次（表 48-1）。

表 48-1　2019—2023 年预防医学与卫生学领域论文分布情况

年份	论文数量/篇	总被引频次/次	被引率/%	高被引论文数量/篇	高被引论文被引频次/次
2019	15197	54799	81.3	159	5274
2020	15270	49342	77.2	153	5646
2021	15329	33864	70.0	159	3193
2022	13215	16070	53.8	141	1739
2023	12899	2343	12.5	148	575
合计	71910	156418	60.6	760	16427

48.2　高被引论文分析

2019—2023 年，预防医学与卫生学领域总被引频次最高的论文为 2019 年王丽敏发表的《中国老年人群慢性病患病状况和疾病负担研究》（总被引频次为 188 次），刊载各年高被引论文 Top 5 数量最多的期刊为《中国感染控制杂志》（5 篇），详见表 48-2。

表 48-2　2019—2023 年预防医学与卫生学领域高被引论文 Top 5（按各年总被引频次排序）

序号	论文题名	第一作者	期刊名称	发表年份	总被引频次/次
1	中国老年人群慢性病患病状况和疾病负担研究	王丽敏	中华流行病学杂志	2019	188
2	健康中国行动（2019—2030 年）：总体要求、重大行动及主要指标	健康中国行动推进委员会	中国循环杂志	2019	155
3	2015 年中国大陆食源性疾病暴发事件监测资料分析	付萍	中国食品卫生杂志	2019	110
4	2008—2017 年中国手足口病流行趋势和病原变化动态数列分析	张静	中华流行病学杂志	2019	97

续表

序号	论文题名	第一作者	期刊名称	发表年份	总被引频次/次
5	《中国肥胖预防和控制蓝皮书》解读及中国肥胖预防控制措施建议	王友发	中华预防医学杂志	2019	76
6	新型冠状病毒医院感染防控常见困惑探讨	李六亿	中国感染控制杂志	2020	176
7	2019 新型冠状病毒感染的肺炎疫源地消毒措施	魏秋华	中国消毒学杂志	2020	148
8	新型冠状病毒感染医院内防控的华西紧急推荐	李舍予	中国循证医学杂志	2020	119
9	全面提高依法防控依法治理能力健全国家公共卫生应急管理体系	习近平	求是	2020	97
10	新型冠状病毒肺炎流行期间医院感染防控难点与对策	姚宏武	中华医院感染学杂志	2020	87
11	全国细菌耐药监测网 2014—2019 年细菌耐药性监测报告	全国细菌耐药监测网	中国感染控制杂志	2021	147
12	全国细菌耐药监测网 2014—2019 年血标本病原菌耐药性变迁	全国细菌耐药监测网	中国感染控制杂志	2021	55
13	全国细菌耐药监测网 2014—2019 年耐碳青霉烯类肺炎克雷伯菌流行病学变迁	全国细菌耐药监测网	中国感染控制杂志	2021	54
14	2019 年我国城市居民健康素养水平及其影响因素	刘彤	中国健康教育	2021	49
15	全国细菌耐药监测网 2014—2019 年不同等级医院细菌耐药监测报告	全国细菌耐药监测网	中国感染控制杂志	2021	45
16	后疫情时代职业健康工作思考	孙新	中国职业医学	2022	70
17	公立医院高质量发展的探索实践及实现路径	邓清文	中国医院管理	2022	35
18	2020 年中国疑似预防接种异常反应监测	张丽娜	中国疫苗和免疫	2022	27
19	中国居民平衡膳食模式的践行——《中国居民膳食指南（2022）》解读	曹清明	食品与机械	2022	26

续表

序号	论文题名	第一作者	期刊名称	发表年份	总被引频次/次
20	新型冠状病毒肺炎疫情后我国疾控机构改革发展需要思考的几个问题	沈洪兵	中华流行病学杂志	2022	25
21	基于健康生态学模型的我国老年人慢性病共病影响因素研究	齐元涛	中国全科医学	2023	13
22	主动健康内涵分析	孙璨	中国公共卫生	2023	11
23	智慧医院建设促进公立医院高质量发展的思考	许昌	中国医院管理	2023	8
24	Developmental gerontology and active population aging in China	Xiaoying Zheng	中国疾病预防控制中心周报	2023	8
25	2020—2022 年中国登革热时空分布及相关环境因素分析	岳玉娟	环境卫生学杂志	2023	7

48.3　研究主题关联分析

在预防医学与卫生学领域，760 篇高被引论文共被引用了 16427 次。通过分析施引文献关键词的词频及关键词之间的共现关系，获得预防医学与卫生学领域的热点主题和主题关联，如图 48-1 所示。由图可知："影响因素""新型冠状病毒肺炎""公立医院"等关键词

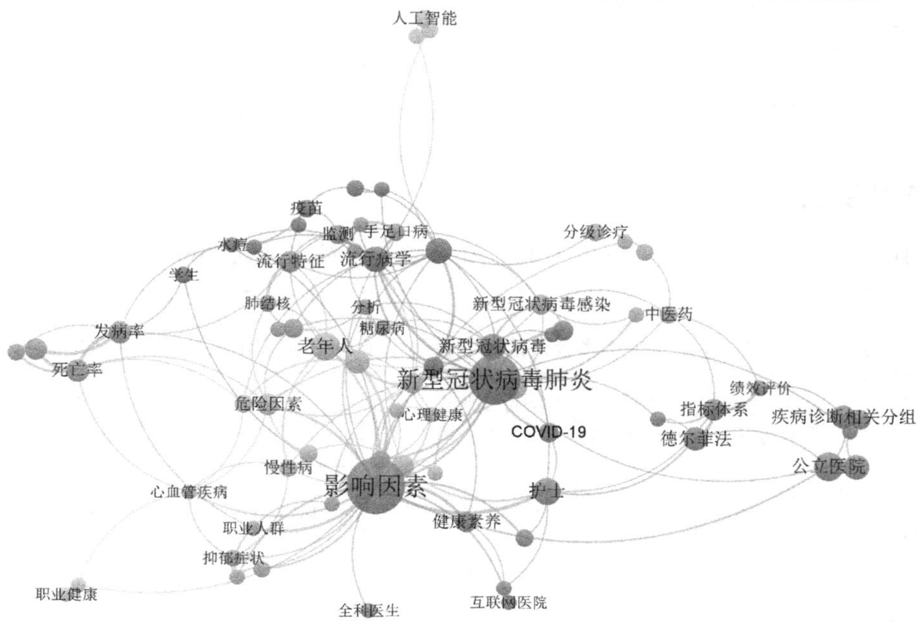

图 48-1　预防医学与卫生学领域的热点主题和主题关联

的文献词频较高，是预防医学与卫生学领域的研究热点。本领域形成 12 个研究主题簇，分别以“影响因素”“健康素养”为中心；以“新型冠状病毒肺炎”“新型冠状病毒”为中心；以“死亡率”“发病率”为中心；以“流行病学”“疫苗”为中心；以“老年人”“危险因素”为中心；以“公立医院”“德尔菲法”为中心；以“流行特征”“肺结核”为中心；以“心理健康”为中心；以“新型冠状病毒感染”“中医药”为中心；以“职业人群”“抑郁症状”为中心；以“职业健康”为中心；以“人工智能”为中心。

48.4 高被引作者分析

2019—2023 年预防医学与卫生学领域论文总被引频次 Top 10 的作者见表 48-3。其中发文 5 年总被引频次居前 3 位的作者分别是北京大学第一医院的李六亿（212 次）、中国疾病预防控制中心的王丽敏（204 次）、复旦大学的吴凡（143 次）。

表 48-3 预防医学与卫生学领域高被引作者 Top 10（按 5 年总被引频次排序）

序号	作者	作者单位	发文量/篇	5 年总被引频次/次	篇均被引频次/次
1	李六亿	北京大学第一医院	3	212	70.67
2	王丽敏	中国疾病预防控制中心	2	204	102.00
3	吴凡	复旦大学	19	143	7.53
4	丁炎明	北京大学第一医院	4	125	31.25
5	李舍予	四川大学华西医院	1	119	119.00
6	张丽娜	中国疾病预防控制中心	4	113	28.25
7	吕兰婷	中国人民大学	19	113	5.95
8	吴安华	中南大学湘雅医院	3	111	37.00
9	周明华	泸州市人民医院	30	109	3.63
10	郭莉萍	北京大学	4	99	24.75

48.5 高被引机构分析

预防医学与卫生学领域总被引频次 Top 20 医院、总被引频次 Top 10 高等院校和总被引频次 Top 10 科研院所的发文和被引情况分别见表 48-4、表 48-5 和表 48-6。

表 48-4 预防医学与卫生学领域高被引医院 Top 20（按 5 年总被引频次排序）

序号	第一作者单位	发文量/篇	5 年总被引频次/次	篇均被引频次/次	序号	第一作者单位	发文量/篇	5 年总被引频次/次	篇均被引频次/次
1	四川大学华西医院	649	1910	2.94	3	北京协和医院	402	929	2.31
2	华中科技大学同济医学院附属协和医院	248	945	3.81	4	华中科技大学同济医学院附属同济医院	318	928	2.92

续表

序号	第一作者单位	发文量/篇	5 年总被引频次/次	篇均被引频次/次	序号	第一作者单位	发文量/篇	5 年总被引频次/次	篇均被引频次/次
5	北京大学第一医院	186	810	4.35	13	西安交通大学医学院第一附属医院	245	477	1.95
6	首都医科大学宣武医院	365	806	2.21	14	南方医科大学南方医院	142	464	3.27
7	四川大学医学院附属华西第四医院	369	640	1.73	15	江苏省人民医院	211	462	2.19
8	北京大学第三医院	326	638	1.96	16	郑州大学第一附属医院	192	457	2.38
9	武汉大学中南医院	203	593	2.92	17	重庆医科大学附属第一医院	183	427	2.33
10	解放军总医院	349	498	1.43	18	首都医科大学附属北京友谊医院	210	420	2.00
11	中南大学湘雅医院	129	488	3.78	19	河南省人民医院	168	407	2.42
12	中国医学科学院肿瘤研究所	165	484	2.93	20	陆军军医大学第二附属医院（新桥医院）	161	379	2.35

表 48–5　预防医学与卫生学领域高被引高等院校 Top 10（按 5 年总被引频次排序）

序号	第一作者单位	发文量/篇	5 年总被引频次/次	篇均被引频次/次	序号	第一作者单位	发文量/篇	5 年总被引频次/次	篇均被引频次/次
1	北京大学	2255	6143	2.72	6	上海交通大学	1370	2692	1.96
2	首都医科大学	2276	4780	2.10	7	南京医科大学	900	1960	2.18
3	华中科技大学	1302	3923	3.01	8	武汉大学	648	1921	2.96
4	四川大学	1412	3638	2.58	9	南方医科大学	662	1673	2.53
5	复旦大学	1482	3223	2.17	10	郑州大学	578	1657	2.87

表 48-6 预防医学与卫生学领域高被引科研院所 Top 10（按 5 年总被引频次排序）

序号	第一作者单位	发文量/篇	5 年总被引频次/次	篇均被引频次/次	序号	第一作者单位	发文量/篇	5 年总被引频次/次	篇均被引频次/次
1	中国疾病预防控制中心	1762	5584	3. 17	6	天津市疾病预防控制中心	289	671	2. 32
2	中国医学科学院北京协和医学院	478	1266	2. 65	7	中国医学科学院医学信息研究所	246	670	2. 72
3	上海市疾病预防控制中心	358	884	2. 47	8	江苏省疾病预防控制中心	235	638	2. 71
4	浙江省疾病预防控制中心	234	829	3. 54	9	四川省疾病预防控制中心	275	606	2. 20
5	北京市疾病预防控制中心	394	792	2. 01	10	湖北省疾病预防控制中心	165	602	3. 65

第 49 章　2024 年基础医学领域高被引分析

49.1　领域论文概况

2019—2023 年，基础医学领域共发表学术论文 52646 篇，由来自 8111 所机构的 48474 位学者作为第一作者发表。上述论文中，有 28033 篇被引用，整体被引率为 53.2%，总被引频次为 84513 次，篇均被引 1.61 次；其中，高被引论文有 627 篇，高被引论文篇均被引 16.51 次（表 49-1）。

表 49-1　2019—2023 年基础医学领域论文分布情况

年份	论文数量/篇	总被引频次/次	被引率/%	高被引论文数量/篇	高被引论文被引频次/次
2019	11548	32548	75.3	138	3607
2020	10869	25995	71.3	126	3343
2021	10619	16870	61.0	115	1898
2022	10635	8114	40.6	129	1179
2023	8975	986	8.7	119	323
合计	52646	84513	53.2	627	10350

49.2　高被引论文分析

2019—2023 年，基础医学领域总被引频次最高的论文为 2019 年中国医院协会血液净化中心分会血管通路工作组发表的《中国血液透析用血管通路专家共识（第 2 版）》（总被引频次为 347 次），刊载各年高被引论文 Top 5 数量最多的期刊为《中国感染与化疗杂志》（4 篇），详见表 49-2。

表 49-2　2019—2023 年基础医学领域高被引论文 Top 5（按各年总被引频次排序）

序号	论文题名	第一作者	期刊名称	发表年份	总被引频次/次
1	中国血液透析用血管通路专家共识（第 2 版）	中国医院协会血液净化中心分会血管通路工作组	中国血液净化	2019	347
2	新时代媒介生物传染病形势及防控对策	刘起勇	中国媒介生物学及控制杂志	2019	102
3	磁外科学体系的探索与建立	Xiaopeng Yan	科学通报	2019	75

续表

序号	论文题名	第一作者	期刊名称	发表年份	总被引频次/次
4	The molecular machinery of regulated cell death	Daolin Tang	细胞研究（英文版）	2019	74
5	骨代谢生化指标临床应用专家共识（2019）	张萌萌	中国骨质疏松杂志	2019	60
6	2018 年 CHINET 中国细菌耐药性监测	胡付品	中国感染与化疗杂志	2020	290
7	2019 年 CHINET 三级医院细菌耐药监测	胡付品	中国感染与化疗杂志	2020	270
8	我国登革热流行新趋势、防控挑战及策略分析	刘起勇	中国媒介生物学及控制杂志	2020	112
9	2019 新型冠状病毒感染的肺炎 79 例临床特征及治疗分析	房晓伟	中国药理学通报	2020	65
10	关注影响女性健康的重要生殖内分泌疾病多囊卵巢综合征	乔杰	中国实用妇科与产科杂志	2020	60
11	2020 年 CHINET 中国细菌耐药监测	胡付品	中国感染与化疗杂志	2021	195
12	我国老年人慢性病共病现状及模式研究	黎艳娜	中国全科医学	2021	36
13	Necroptosis, pyroptosis and apoptosis: an intricate game of cell death	Damien Bertheloot	中国免疫学杂志（英文版）	2021	35
14	Delta 新冠病毒变异株的特性及流行现状与防控研究进展	史庆丰	中华医院感染学杂志	2021	35
15	围手术期多模式镇痛低阿片方案是加速老年患者术后康复的关键	王天龙	中华医学杂志	2021	31
16	2021 年 CHINET 中国细菌耐药监测	胡付品	中国感染与化疗杂志	2022	97
17	新型冠状病毒 Omicron 变异株的流行病学特征及防控研究	吴俣	中国全科医学	2022	42
18	炎症因子在类风湿关节炎中的研究进展	罗帅	中国药理学通报	2022	22
19	临床研究样本量的估计方法和常见错误	潘岳松	中国卒中杂志	2022	21
20	中医药动物模型研究现状及展望	李磊	中国比较医学杂志	2022	21

续表

序号	论文题名	第一作者	期刊名称	发表年份	总被引频次/次
21	What does ChatGPT say：the DAO from algorithmic intelligence to linguistic intelligence	Feiyue Wang	自动化学报（英文版）	2023	19
22	“思政元素”融入医学免疫学课程教学的实践研究	王宁	中国免疫学杂志	2023	9
23	猴痘的流行病学、临床特征、诊断与防控	牟晓丽	武汉大学学报（医学版）	2023	5
24	2021 年全国病媒生物鼠传病原监测报告	全国重要病媒生物监测网	中国媒介生物学及控制杂志	2023	5
25	中国学者对 Ilizarov 技术发展的贡献	朱跃良	中华创伤杂志	2023	5

49.3　研究主题关联分析

在基础医学领域，627 篇高被引论文共被引用了 10350 次。通过分析施引文献关键词的词频及关键词之间的共现关系，获得基础医学领域的热点主题和主题关联，如图 49–1 所示。由图可知：“新型冠状病毒肺炎”“影响因素”“肠道菌群”等关键词的文献词频较高，是基础医学领域的研究热点。本领域形成 9 个研究主题簇，分别以“新型冠状病毒肺炎”“新型冠状病毒”为中心；以“自噬”“凋亡”为中心；以“炎症”“大鼠”为中心；以“糖尿病”“中医药”为中心；以“抑郁”“失眠”为中心；以“白纹伊蚊”“监测”为中心；以“影响因素”“综述”为中心；以“流行特征”“耐药性”为中心；以“肠道菌群”为中心。

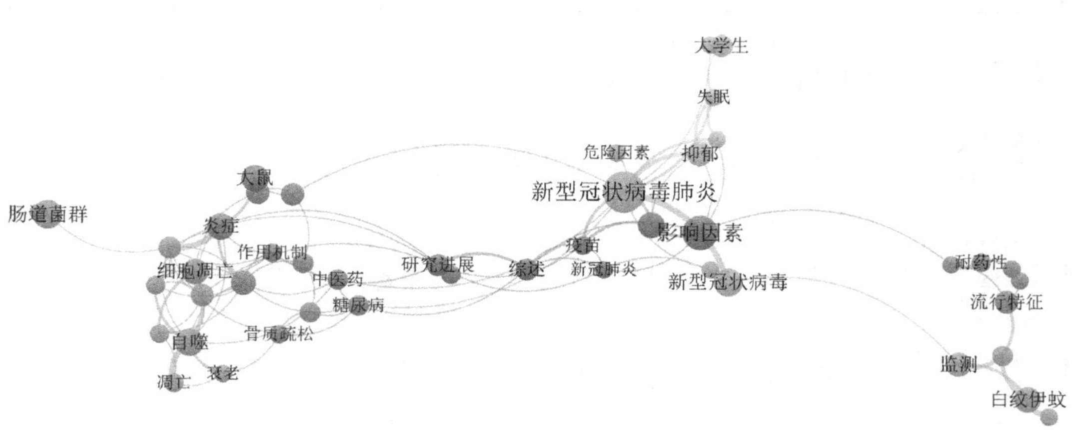

图 49–1　基础医学领域的热点主题和主题关联

49.4 高被引作者分析

2019—2023 年基础医学领域论文总被引频次 Top 10 的作者见表 49-3。其中发文 5 年总被引频次居前 3 位的作者分别是复旦大学附属华山医院的胡付品（852 次）、中国疾病预防控制中心的刘起勇（241 次）、中国人民大学的张亚利（80 次）。

表 49-3　基础医学领域高被引作者 Top 10（按 5 年总被引频次排序）

序号	作者	作者单位	发文量/篇	5 年总被引频次/次	篇均被引频次/次
1	胡付品	复旦大学附属华山医院	6	852	142.00
2	刘起勇	中国疾病预防控制中心	6	241	40.17
3	张亚利	中国人民大学	7	80	11.43
4	房晓伟	安徽省立医院	1	65	65.00
5	乔杰	北京大学第三医院	1	60	60.00
6	高钰琪	陆军军医大学	1	60	60.00
7	王甜甜	中南大学湘雅三医院	1	58	58.00
8	赵春春	中国疾病预防控制中心	3	55	18.33
9	李苗	山西医科大学	1	54	54.00
10	王玉亮	天津医科大学第二医院	2	50	25.00

49.5 高被引机构分析

基础医学领域总被引频次 Top 20 医院、总被引频次 Top 10 高等院校和总被引频次 Top 10 科研院所的发文和被引情况分别见表 49-4、表 49-5 和表 49-6。

表 49-4　基础医学领域高被引医院 Top 20（按 5 年总被引频次排序）

序号	第一作者单位	发文量/篇	5 年总被引频次/次	篇均被引频次/次	序号	第一作者单位	发文量/篇	5 年总被引频次/次	篇均被引频次/次
1	复旦大学附属华山医院	95	1087	11.44	5	北京大学第三医院	146	384	2.63
2	四川大学华西医院	314	501	1.60	6	郑州大学第一附属医院	208	354	1.70
3	武汉大学人民医院	254	391	1.54	7	北京协和医院	207	334	1.61
4	解放军总医院	323	390	1.21	8	重庆医科大学附属第一医院	228	328	1.44

续表

序号	第一作者单位	发文量/篇	5 年总被引频次/次	篇均被引频次/次	序号	第一作者单位	发文量/篇	5 年总被引频次/次	篇均被引频次/次
9	西安交通大学医学院第一附属医院	160	308	1.93	15	新疆医科大学第一附属医院	152	257	1.69
10	江苏省人民医院	184	303	1.65	16	西南医科大学附属医院	126	239	1.90
11	华中科技大学同济医学院附属同济医院	143	291	2.03	17	首都医科大学宣武医院	94	232	2.47
12	中国医科大学附属盛京医院	161	290	1.80	18	哈尔滨医科大学附属第二医院	115	208	1.81
13	中南大学湘雅二医院	114	288	2.53	19	复旦大学附属中山医院	115	195	1.70
14	安徽医科大学第一附属医院	133	287	2.16	20	河南省人民医院	131	195	1.49

表 49-5　基础医学领域高被引高等院校 Top 10（按 5 年总被引频次排序）

序号	第一作者单位	发文量/篇	5 年总被引频次/次	篇均被引频次/次	序号	第一作者单位	发文量/篇	5 年总被引频次/次	篇均被引频次/次
1	复旦大学	659	1885	2.86	6	陆军军医大学	736	984	1.34
2	首都医科大学	1151	1788	1.55	7	安徽医科大学	537	920	1.71
3	上海交通大学	1062	1528	1.44	8	重庆医科大学	657	872	1.33
4	北京大学	706	1445	2.05	9	中南大学	343	856	2.50
5	南京医科大学	655	991	1.51	10	四川大学	560	849	1.52

表 49-6　基础医学领域高被引科研院所 Top 10（按 5 年总被引频次排序）

序号	第一作者单位	发文量/篇	5 年总被引频次/次	篇均被引频次/次	序号	第一作者单位	发文量/篇	5 年总被引频次/次	篇均被引频次/次
1	中国疾病预防控制中心	578	1655	2.86	3	福建省疾病预防控制中心	85	305	3.59
2	中国中医科学院	161	400	2.48	4	中国食品药品检定研究院	242	291	1.20

续表

序号	第一作者单位	发文量/篇	5 年总被引频次/次	篇均被引频次/次	序号	第一作者单位	发文量/篇	5 年总被引频次/次	篇均被引频次/次
5	中国科学院心理研究所	84	232	2. 76	8	浙江省疾病预防控制中心	49	159	3. 24
6	北京市疾病预防控制中心	72	199	2. 76	9	中国医学科学院北京协和医学院	165	146	0. 88
7	江苏省血吸虫病防治研究所	47	189	4. 02	10	中国医学科学院医学实验动物研究所	76	143	1. 88

第 50 章　2024 年药物学领域高被引分析

50.1　领域论文概况

2019—2023 年，药物学领域共发表学术论文 55302 篇，由来自 8356 所机构的 46134 位学者作为第一作者发表。上述论文中，有 30740 篇被引用，整体被引率为 55.6%，总被引频次为 89404 次，篇均被引 1.62 次；其中，高被引论文有 675 篇，高被引论文篇均被引 13.41 次（表 50-1）。

表 50-1　2019—2023 年药物学领域论文分布情况

年份	论文数量/篇	总被引频次/次	被引率/%	高被引论文数量/篇	高被引论文被引频次/次
2019	11719	32152	77.3	135	3127
2020	11374	26535	73.0	122	2488
2021	11151	19447	65.0	112	1866
2022	11167	9967	45.8	112	1088
2023	9891	1303	10.2	194	485
合计	55302	89404	55.6	675	9054

50.2　高被引论文分析

2019—2023 年，药物学领域总被引频次最高的论文为 2019 年张铁军发表的《中药质量标志物的概念、核心理论与研究方法》（总被引频次为 102 次），刊载各年高被引论文 Top 5 数量最多的期刊是《中国临床药理学杂志》《中国新药杂志》（均 3 篇），详见表 50-2。

表 50-2　2019—2023 年药物学领域高被引论文 Top 5（按各年总被引频次排序）

序号	论文题名	第一作者	期刊名称	发表年份	总被引频次/次
1	中药质量标志物的概念、核心理论与研究方法	张铁军	药学学报	2019	102
2	豆甾醇的研究进展概述	汪帅	中国药业	2019	77
3	中药中外源性有害残留物安全风险评估技术指导原则	左甜甜	药物分析杂志	2019	66
4	《严重过敏反应急救指南》推荐意见	李晓桐	药物不良反应杂志	2019	56
5	炎症因子与炎症因子相关信号通路在膝骨关节炎中的调控机制研究进展	贺娟娟	中国临床药理学杂志	2019	48
6	绿原酸的药理作用及机制研究进展	王庆华	药学学报	2020	97

续表

序号	论文题名	第一作者	期刊名称	发表年份	总被引频次/次
7	新型冠状病毒引起的细胞因子风暴及其药物治疗	张竞文	中国药学杂志	2020	52
8	我国药品不良反应关联性评价方法与诺氏评估量表法的对比与分析	陈静静	中国药事	2020	47
9	认识新型冠状病毒肺炎，关注疫情防控药物研发	刘昌孝	中国抗生素杂志	2020	41
10	药品不良反应监测年度报告十年趋势分析	王丹	中国药物警戒	2020	40
11	β－谷甾醇药理作用研究进展	陈元堃	广东药科大学学报	2021	82
12	TCM network pharmacology: a new trend towards combining computational, experimental and clinical approaches	Wang Xin	中国天然药物	2021	42
13	赤芍的药理作用研究进展	张石凯	药学实践杂志	2021	41
14	茵陈的化学成分、药理作用机制与临床应用研究进展	黄丽平	天然产物研究与开发	2021	38
15	白芍与赤芍化学成分和药理作用比较研究及质量标志物的预测分析	王倩	中国新药杂志	2021	38
16	大黄属药用植物化学成分及药理作用研究进展	张开弦	中国新药杂志	2022	32
17	中国细菌耐药监测（CARST）研究 2019—2020 革兰氏阴性菌监测报告	李耘	中国临床药理学杂志	2022	26
18	Metabolic dysregulation and emerging therapeutical targets for hepatocellular carcinoma	Danyu Du	药学学报（英文版）	2022	23
19	基于网络药理学和细胞实验探讨豆甾醇抗炎作用	吴力超	中成药	2022	20
20	我国药品及医用耗材集中带量采购政策的实施现状及建议	张秋玉	中国药房	2022	17
21	黄芪化学成分和药理作用及 Q-marker 预测分析	张梅儇	中国新药杂志	2023	21
22	艾司氯胺酮的临床应用进展	杨春	临床麻醉学杂志	2023	9

续表

序号	论文题名	第一作者	期刊名称	发表年份	总被引频次/次
23	奈玛特韦片/利托那韦片与心血管药物相互作用实用药学建议	《奈玛特韦片/利托那韦片与心血管药物相互作用实用药学建议》编写组	临床药物治疗杂志	2023	7
24	基于 FAERS 数据库的特立帕肽不良事件信号挖掘与分析	李健	现代药物与临床	2023	6
25	依达拉奉右莰醇注射液治疗急性大动脉粥样硬化型脑梗死患者的临床研究	韩薇	中国临床药理学杂志	2023	5

50.3　研究主题关联分析

在药物学领域，675 篇高被引论文共被引用了 9054 次。通过分析施引文献关键词的词频及关键词之间的共现关系，获得药物学领域的热点主题和主题关联，如图 50–1 所示。由图可知："网络药理学""质量控制""新型冠状病毒肺炎"等关键词的文献词频较高，是药物学领域的研究热点。本领域形成 7 个研究主题簇，分别以"网络药理学""分子对接"

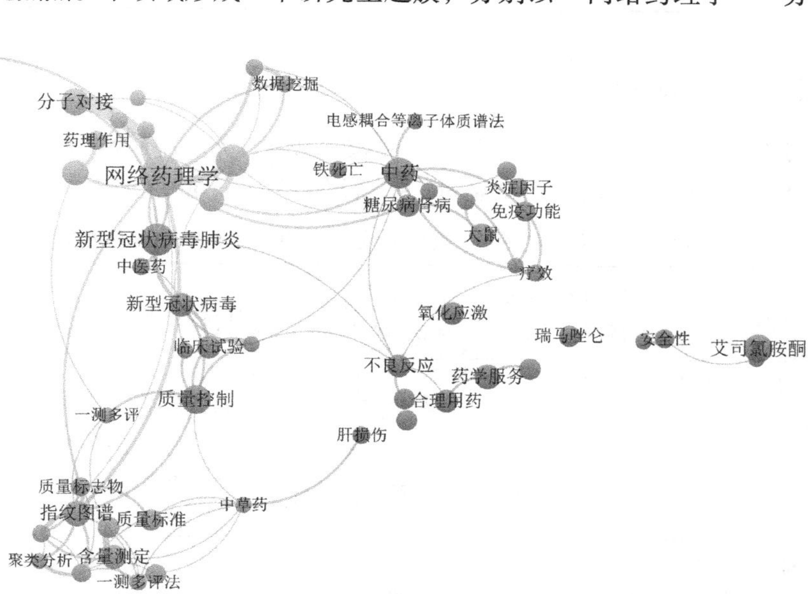

图 50–1　药物学领域的热点主题和主题关联

为中心；以“中药”“糖尿病”为中心；以“指纹图谱”“含量测定”为中心；以“新型冠状病毒肺炎”“质量控制”为中心；以“数据挖掘”为中心；以“艾司氯胺酮”“合理用药”为中心；以“儿童”“胃癌”为中心。

50.4 高被引作者分析

2019—2023 年药物学领域论文总被引频次 Top 10 的作者见表 50-3。其中发文 5 年总被引频次居前 3 位的作者分别是中国食品药品检定研究院的左甜甜（169 次）、北京大学第一医院的李耘（113 次）、中国食品药品检定研究院的李进（109 次）。

表 50-3 药物学领域高被引作者 Top 10（按 5 年总被引频次排序）

序号	作者	作者单位	发文量/篇	5 年总被引频次/次	篇均被引频次/次
1	左甜甜	中国食品药品检定研究院	22	169	7.68
2	李耘	北京大学第一医院	10	113	11.30
3	李进	中国食品药品检定研究院	19	109	5.74
4	王庆华	中国医学科学院药物研究所	1	97	97.00
5	陈元堃	广东药科大学	1	82	82.00
6	汪帅	广东药科大学	1	77	77.00
7	胡昌勤	中国食品药品检定研究院	11	74	6.73
8	刘文	中国食品药品检定研究院	18	74	4.11
9	武明芬	首都医科大学附属北京天坛医院	12	71	5.92
10	王莹	中国食品药品检定研究院	11	57	5.18

50.5 高被引机构分析

药物学领域总被引频次 Top 20 医院、总被引频次 Top 10 高等院校、总被引频次 Top 10 科研院所的发文和被引情况分别见表 50-4、表 50-5 和表 50-6。

表 50-4 药物学领域高被引医院 Top 20（按 5 年总被引频次排序）

序号	第一作者单位	发文量/篇	5 年总被引频次/次	篇均被引频次/次	序号	第一作者单位	发文量/篇	5 年总被引频次/次	篇均被引频次/次
1	四川大学华西医院	329	744	2.26	4	南京鼓楼医院	300	493	1.64
2	解放军总医院	313	549	1.75	5	北京大学第三医院	219	473	2.16
3	华中科技大学同济医学院附属同济医院	244	507	2.08	6	北京医院	276	456	1.65

续表

序号	第一作者单位	发文量/篇	5 年总被引频次/次	篇均被引频次/次	序号	第一作者单位	发文量/篇	5 年总被引频次/次	篇均被引频次/次
7	北京大学第一医院	169	424	2.51	14	浙江大学医学院附属第一医院	102	296	2.90
8	郑州大学第一附属医院	206	408	1.98	15	武汉大学人民医院	155	294	1.90
9	中国医科大学附属盛京医院	168	350	2.08	16	河北省人民医院	156	279	1.79
10	安徽省立医院	149	335	2.25	17	华中科技大学同济医学院附属协和医院	122	276	2.26
11	首都医科大学附属北京天坛医院	135	323	2.39	18	吉林大学白求恩第一医院	172	268	1.56
12	首都医科大学宣武医院	196	319	1.63	19	首都医科大学附属北京世纪坛医院	131	263	2.01
13	北京协和医院	191	312	1.63	20	四川大学医学院附属华西妇产儿童医院	91	258	2.84

表 50-5　药物学领域高被引高等院校 Top 10（按 5 年总被引频次排序）

序号	第一作者单位	发文量/篇	5 年总被引频次/次	篇均被引频次/次	序号	第一作者单位	发文量/篇	5 年总被引频次/次	篇均被引频次/次
1	首都医科大学	1400	2319	1.66	6	沈阳药科大学	799	1064	1.33
2	中国药科大学	1127	2061	1.83	7	华中科技大学	515	1054	2.05
3	北京大学	1026	1940	1.89	8	复旦大学	617	1051	1.70
4	四川大学	737	1464	1.99	9	上海交通大学	719	1036	1.44
5	北京中医药大学	522	1085	2.08	10	浙江大学	448	931	2.08

表 50-6 药物学领域高被引科研院所 Top 10（按 5 年总被引频次排序）

序号	第一作者单位	发文量/篇	5 年总被引频次/次	篇均被引频次/次	序号	第一作者单位	发文量/篇	5 年总被引频次/次	篇均被引频次/次
1	中国食品药品检定研究院	1117	2214	1.98	6	中国科学院上海药物研究所	122	191	1.57
2	中国医学科学院药物研究所	365	912	2.50	7	中国医学科学院医药生物技术研究所	99	182	1.84
3	中国中医科学院	293	586	2.00	8	军事医学研究院	132	138	1.05
4	中国医学科学院北京协和医学院	172	232	1.35	9	浙江省医学科学院	43	101	2.35
5	中国医学科学院药用植物研究所	56	221	3.95	10	中国医学科学院医学信息研究所	31	65	2.10

第51章　2024年临床医学领域高被引分析

51.1　领域论文概况

2019—2023年，临床医学领域共发表学术论文595713篇，由来自35511所机构的467316位学者作为第一作者发表。上述论文中，有333830篇被引用，整体被引率为56.0%，总被引频次为1032076次，篇均被引1.73次；其中，高被引论文有8216篇，高被引论文篇均被引14.16次（表51-1）。

表51-1　2019—2023年临床医学领域论文分布情况

年份	论文数量/篇	总被引频次/次	被引率/%	高被引论文数量/篇	高被引论文被引频次/次
2019	118502	376991	80.9	1205	36377
2020	122232	318986	76.4	1500	33613
2021	121811	216129	66.1	1573	24334
2022	119629	107082	45.4	1905	16937
2023	113539	12888	8.6	2033	5115
合计	595713	1032076	56.0	8216	116376

51.2　高被引论文分析

2019—2023年，临床医学领域总被引频次最高的论文为2019年胡盛寿发表的《〈中国心血管病报告2018〉概要》（总被引频次为2209次），刊载各年高被引论文Top 5数量最多的期刊为《中国循环杂志》（5篇），详见表51-2。

表51-2　2019—2023年临床医学领域高被引论文Top 5（按各年总被引频次排序）

序号	论文题名	第一作者	期刊名称	发表年份	总被引频次/次
1	《中国心血管病报告2018》概要	胡盛寿	中国循环杂志	2019	2209
2	miR-1231在胰腺癌患者血浆和胰腺癌细胞外泌体中的表达及临床意义	陈石林	中华肿瘤杂志	2019	1692
3	2015年中国分地区恶性肿瘤发病和死亡分析	孙可欣	中国肿瘤	2019	746
4	2015年中国恶性肿瘤流行情况分析	郑荣寿	中华肿瘤杂志	2019	566
5	Colaizzi七个步骤在现象学研究资料分析中的应用	刘明	护理学杂志	2019	270
6	从“寒湿疫”角度探讨新型冠状病毒肺炎的中医药防治策略	仝小林	中医杂志	2020	288

续表

序号	论文题名	第一作者	期刊名称	发表年份	总被引频次/次
7	首批抗击新型冠状病毒感染肺炎的临床一线支援护士的心理状况调查	徐明川	护理研究	2020	154
8	中国卒中报告 2019（中文版）（1）	王拥军	中国卒中杂志	2020	154
9	中西医结合治疗新型冠状病毒肺炎 34 例临床研究	夏文广	中医杂志	2020	151
10	新型冠状病毒（2019-nCoV）感染患者肺损伤相关的临床及生化指标研究	刘映霞	中国科学（生命科学）	2020	145
11	中国心血管健康与疾病报告 2020 概要	中国心血管健康与疾病报告编写组	中国循环杂志	2021	786
12	2020 全球癌症统计报告解读	刘宗超	肿瘤综合治疗电子杂志	2021	550
13	Changing profiles of cancer burden worldwide and in China: a secondary analysis of the global cancer statistics 2020	Wei Cao	中华医学杂志（英文版）	2021	286
14	GLOBOCAN 2020 全球癌症统计数据解读	曹毛毛	中国医学前沿杂志（电子版）	2021	202
15	Neuromodulatory therapies for patients with prolonged disorders of consciousness	Yue-Hao Wu	中华医学杂志（英文版）	2021	144
16	《中国脑卒中防治报告 2020》概要	《中国脑卒中防治报告》编写组	中国脑血管病杂志	2022	400
17	中国心血管健康与疾病报告 2021 概要	中国心血管健康与疾病报告编写组	中国循环杂志	2022	384

续表

序号	论文题名	第一作者	期刊名称	发表年份	总被引频次/次
18	《中国心血管健康与疾病报告 2021》概要	马丽媛	中国介入心脏病学杂志	2022	94
19	《中国心血管健康与疾病报告 2021》要点解读	《中国心血管健康与疾病报告 2021》编写组	中国心血管杂志	2022	63
20	《中国心血管健康与疾病报告 2021》要点解读	马丽媛	中国全科医学	2022	62
21	我国艾滋病流行形势分析和防治展望	韩孟杰	中国艾滋病性病	2023	47
22	中国心血管健康与疾病报告 2022 概要	中国心血管健康与疾病报告编写组	中国循环杂志	2023	27
23	中国成人肥厚型心肌病诊断与治疗指南 2023	国家心血管病中心心肌病专科联盟	中国循环杂志	2023	22
24	护理工作环境对临床护士工作满意度影响的多水平模型分析	李源	护理管理杂志	2023	19
25	2022 年 WHO 全球结核病报告：全球与中国关键数据分析	宋敏	新发传染病电子杂志	2023	18

51.3　研究主题关联分析

在临床医学领域，8216 篇高被引论文共被引用了 116376 次。通过分析施引文献关键词的词频及关键词之间的共现关系，获得临床医学领域的热点主题和主题关联，如图 51–1 所示。由图可知："影响因素""新型冠状病毒肺炎""预后"等关键词的文献词频较高，是临床医学领域的研究热点。本领域形成 7 个研究主题簇，分别以"影响因素""危险因素"为中心；以"新型冠状病毒肺炎""儿童"为中心；以"抑郁""焦虑"为中心；以"综述""作用机制"为中心；以"磁共振成像""预测模型"为中心；以"护理""护士"为中心；以"结直肠癌""死亡率"为中心。

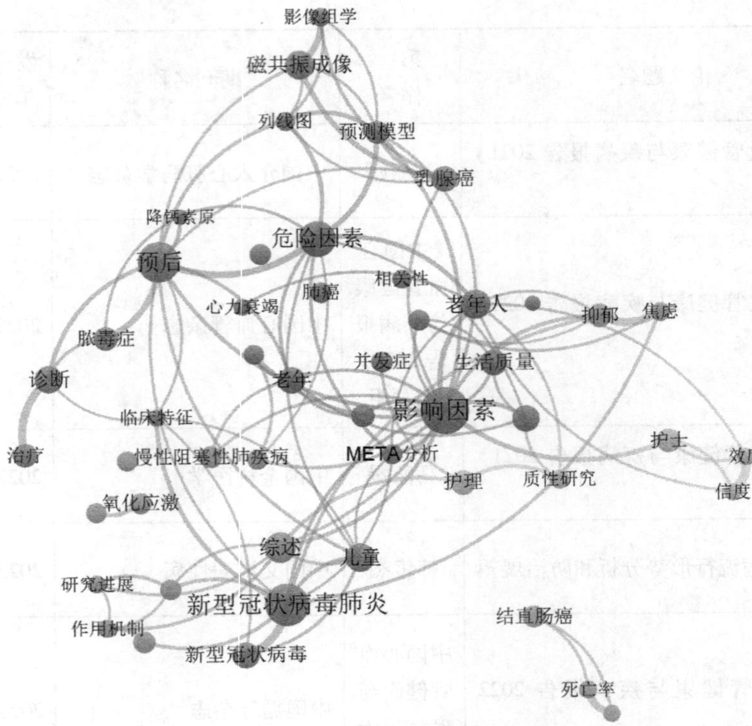

图 51–1　临床医学领域的热点主题和主题关联

51.4　高被引作者分析

2019—2023 年临床医学领域论文总被引频次 Top 10 的作者见表 51–3。其中发文 5 年总被引频次居前 3 位的作者分别是中国医学科学院阜外心血管病医院的胡盛寿（2221 次）、湖南省肿瘤医院的陈石林（1692 次）、中国医学科学院肿瘤研究所的孙可欣（750 次）。

表 51–3　临床医学领域高被引作者 Top 10（按 5 年总被引频次排序）

序号	作者	作者单位	发文量/篇	5 年总被引频次/次	篇均被引频次/次
1	胡盛寿	中国医学科学院阜外心血管病医院	9	2221	246. 78
2	陈石林	湖南省肿瘤医院	1	1692	1692. 00
3	孙可欣	中国医学科学院肿瘤研究所	3	750	250. 00
4	郑荣寿	中国医学科学院肿瘤研究所	2	566	283. 00
5	刘宗超	北京大学肿瘤医院	1	550	550. 00
6	曹毛毛	中国医学科学院肿瘤研究所	12	469	39. 08
7	张丽	中国疾病预防控制中心	8	290	36. 25
8	仝小林	中国中医科学院广安门医院	1	288	288. 00

续表

序号	作者	作者单位	发文量/篇	5 年总被引频次/次	篇均被引频次/次
9	潘燕平	中国科学院深圳先进技术研究院	1	267	267.00
10	张利娟	中国疾病预防控制中心	8	259	32.38

51.5 高被引机构分析

临床医学领域总被引频次 Top 20 医院、总被引频次 Top 10 高等院校、总被引频次 Top 10 科研院所的发文和被引情况分别见表 51-4、表 51-5 和表 51-6。

表 51-4 临床医学领域高被引医院 Top 20（按 5 年总被引频次排序）

序号	第一作者单位	发文量/篇	5 年总被引频次/次	篇均被引频次/次	序号	第一作者单位	发文量/篇	5 年总被引频次/次	篇均被引频次/次
1	四川大学华西医院	6057	10688	1.76	11	中国医科大学附属盛京医院	3123	5941	1.90
2	北京协和医院	4388	8947	2.04	12	北京大学第三医院	2841	5583	1.97
3	郑州大学第一附属医院	4907	8329	1.70	13	华中科技大学同济医学院附属协和医院	2292	5120	2.23
4	中国医学科学院肿瘤研究所	1700	6915	4.07	14	西安交通大学医学院第一附属医院	2460	4573	1.86
5	武汉大学人民医院	4230	6638	1.57	15	复旦大学附属中山医院	2414	4550	1.88
6	中国医学科学院阜外心血管病医院	1898	6567	3.46	16	北京大学人民医院	2171	4470	2.06
7	解放军总医院	4779	6479	1.36	17	北京大学第一医院	2135	4453	2.09
8	江苏省人民医院	3942	6289	1.60	18	首都医科大学附属北京安贞医院	2386	4346	1.82
9	华中科技大学同济医学院附属同济医院	3134	6215	1.98	19	南京鼓楼医院	2628	4312	1.64
10	河南省人民医院	3061	5975	1.95	20	首都医科大学附属北京友谊医院	2518	4259	1.69

表 51–5 临床医学领域高被引高等院校 Top 10（按 5 年总被引频次排序）

序号	第一作者单位	发文量/篇	5 年总被引频次/次	篇均被引频次/次	序号	第一作者单位	发文量/篇	5 年总被引频次/次	篇均被引频次/次
1	首都医科大学	22562	39315	1.74	6	四川大学	8791	15136	1.72
2	北京大学	11227	23618	2.10	7	华中科技大学	6960	14429	2.07
3	上海交通大学	13785	22597	1.64	8	郑州大学	7308	13829	1.89
4	复旦大学	9291	18328	1.97	9	中山大学	6604	12240	1.85
5	南京医科大学	10754	17654	1.64	10	中国医科大学	6182	11299	1.83

表 51–6 临床医学领域高被引科研院所 Top 10（按 5 年总被引频次排序）

序号	第一作者单位	发文量/篇	5 年总被引频次/次	篇均被引频次/次	序号	第一作者单位	发文量/篇	5 年总被引频次/次	篇均被引频次/次
1	中国中医科学院	2374	5919	2.49	6	四川省疾病预防控制中心	254	699	2.75
2	中国疾病预防控制中心	1177	5428	4.61	7	上海市疾病预防控制中心	112	597	5.33
3	中国医学科学院北京协和医学院	1075	2357	2.19	8	天津市疾病预防控制中心	101	443	4.39
4	首都儿科研究所	790	1154	1.46	9	江苏省疾病预防控制中心	98	425	4.34
5	北京市疾病预防控制中心	242	717	2.96	10	浙江省疾病预防控制中心	120	424	3.53

第 52 章　2024 年中医学领域高被引分析

52.1　领域论文概况

2019—2023 年，中医学领域共发表学术论文 110706 篇，其中由来自 9158 所机构的 84866 位学者作为第一作者发表。上述论文中，有 73977 篇被引用，整体被引率为 66.8%，总被引频次为 310451 次，篇均被引 2.80 次；其中，高被引论文有 1327 篇，高被引论文篇均被引 25.02 次（表 52-1）。

表 52-1　2019—2023 年中医学领域论文分布情况

年份	论文数量/篇	总被引频次/次	被引率/%	高被引论文数量/篇	高被引论文被引频次/次
2019	21712	102757	88.0	228	9289
2020	22619	96506	86.1	239	11003
2021	23308	70331	79.6	257	7238
2022	22064	35820	61.3	224	4167
2023	21003	5037	15.9	379	1500
合计	110706	310451	66.8	1327	33197

52.2　高被引论文分析

2019—2023 年，中医学领域总被引频次最高的论文为 2022 年 Changfa Xia 发表的"Cancer statistics in China and United States，2022：profiles，trends，and determinants"（总被引频次为 540 次），刊载各年高被引论文 Top 5 数量最多的期刊为《中草药》（7 篇），详见表 52-2。

表 52-2　2019—2023 年中医学领域高被引论文 Top 5（按各年总被引频次排序）

序号	论文题名	第一作者	期刊名称	发表年份	总被引频次/次
1	网络药理学在中药领域中的研究进展与应用策略	解静	中草药	2019	217
2	茯苓的化学成分、药理作用及临床应用研究进展	崔鹤蓉	西北药学杂志	2019	197
3	金银花中的化学成分及其药理作用研究进展	吴娇	中国实验方剂学杂志	2019	144
4	大黄化学成分、药理作用研究进展及质量标志物的预测分析	王玉	中草药	2019	134

续表

序号	论文题名	第一作者	期刊名称	发表年份	总被引频次/次
5	甘草提取物活性成分药理作用研究进展	李想	江苏中医药	2019	115
6	新型冠状病毒肺炎中医临床特征与辨证治疗初探	王玉光	中医杂志	2020	439
7	丹参化学成分及其药理作用研究进展	万新焕	中草药	2020	229
8	新型冠状病毒肺炎的中医认识与思考	苗青	中医杂志	2020	216
9	试析从寒疫论治新型冠状病毒肺炎	范逸品	中医杂志	2020	207
10	中医药防治新型冠状病毒肺炎各地诊疗方案综合分析	郑文科	中医杂志	2020	193
11	《网络药理学评价方法指南》解读	牛明	中草药	2021	223
12	地黄化学成分和药理作用的研究进展	陈金鹏	中草药	2021	135
13	黄连化学成分及药理作用研究进展	付琳	中医药学报	2021	97
14	赤芍的化学成分和药理作用研究概况	吴玲芳	中国实验方剂学杂志	2021	91
15	甘草化学成分和药理作用研究进展及质量标志物的探讨	邓桃妹	中国中药杂志	2021	89
16	Cancer statistics in China and United States, 2022: profiles, trends, and determinants	Changfa Xia	中华医学杂志（英文版）	2022	540
17	当归的化学成分及药理作用研究进展	马艳春	中医药学报	2022	97
18	丹参化学成分、药理作用及其质量标志物（Q-Marker）的预测分析	冯科冉	中草药	2022	72
19	黄芪化学成分及药理作用研究进展	马艳春	中医药学报	2022	70
20	桃仁化学成分、药理作用及质量标志物的预测分析	张妍妍	中华中医药学刊	2022	62
21	茯苓化学成分及现代药理研究进展	左军	中医药学报	2023	19
22	药用植物 4.0 研究进展与展望	秦双双	中国现代中药	2023	14
23	柴胡的化学成分及药理作用研究进展	李力恒	中医药学报	2023	13
24	熟地黄药效物质基础研究进展	葛楠	中草药	2023	12
25	基于毒邪致病理论治疗肿瘤疾病的思考	廖文豪	中国中药杂志	2023	11

52. 3　研究主题关联分析

在中医学领域，1327 篇高被引论文共被引用了 33197 次。通过分析施引文献关键词的词频及关键词之间的共现关系，获得中医学领域的热点主题和主题关联，如图 52–1 所示。由图可知：“网络药理学”“分子对接”“中医药”等关键词的文献词频较高，是中医学领域的研究热点。本领域形成 5 个研究主题簇，分别以“网络药理学”“分子对接”为中心；以“作用机制”“中药”为中心；以“指纹图谱”“含量测定”为中心；以“中医药”“数据挖掘”为中心；以“化学成分”“临床应用”为中心。

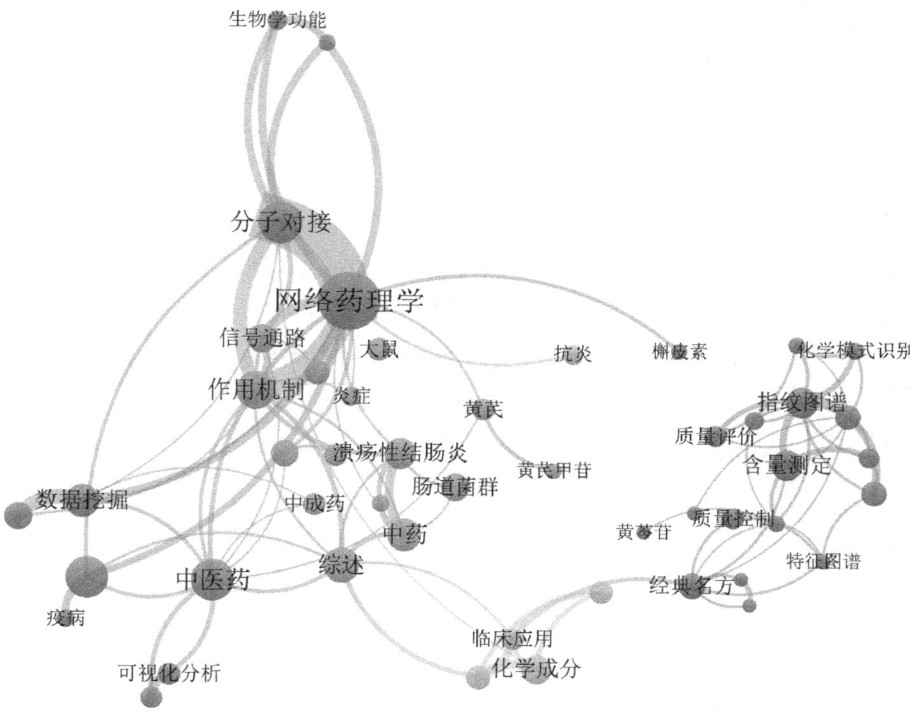

图 52–1　中医学领域的热点主题和主题关联

52. 4　高被引作者分析

2019—2023 年论文总被引频次 Top 10 的作者见表 52–3。其中发文 5 年总被引频次居前 3 位的作者分别是首都医科大学附属北京中医医院的王玉光（442 次）、黑龙江中医药大学的马艳春（293 次）、黑龙江中医药大学的李冀（293 次）。

表 52–3　中医学领域高被引作者 Top 10（按 5 年总被引频次排序）

序号	作者	作者单位	发文量/篇	5 年总被引频次/次	篇均被引频次/次
1	王玉光	首都医科大学附属北京中医医院	4	442	110. 50
2	马艳春	黑龙江中医药大学	7	293	41. 86

续表

序号	作者	作者单位	发文量/篇	5 年总被引频次/次	篇均被引频次/次
3	李冀	黑龙江中医药大学	44	293	6. 66
4	左军	黑龙江中医药大学	6	267	44. 50
5	范逸品	中国中医科学院	6	267	44. 50
6	邓桃妹	安徽中医药大学	2	258	129. 00
7	万新焕	山东中医药大学	2	249	124. 50
8	苗青	中国中医科学院西苑医院	7	226	32. 29
9	解静	天津中医药大学	1	217	217. 00
10	顾思浩	上海中医药大学	3	202	67. 33

52. 5 高被引机构分析

中医学领域总被引频次 Top 20 医院、总被引频次 Top 10 高等院校、总被引频次 Top 10 科研院所的发文和被引情况分别见表 52-4、表 52-5 和表 52-6。

表 52-4 中医学领域高被引医院 Top 20（按 5 年总被引频次排序）

序号	第一作者单位	发文量/篇	5 年总被引频次/次	篇均被引频次/次	序号	第一作者单位	发文量/篇	5 年总被引频次/次	篇均被引频次/次
1	中国中医科学院广安门医院	1655	4778	2. 89	7	广东省中医院	1098	2453	2. 23
2	北京中医药大学东直门医院	1750	4468	2. 55	8	天津中医药大学第一附属医院	920	2393	2. 60
3	江苏省中医院	1189	3213	2. 70	9	上海中医药大学附属曙光医院	803	1926	2. 40
4	首都医科大学附属北京中医医院	962	2797	2. 91	10	上海中医药大学附属龙华医院	683	1868	2. 73
5	广州中医药大学第一附属医院	975	2692	2. 76	11	湖南中医药大学第一附属医院	784	1823	2. 33
6	中国中医科学院西苑医院	867	2684	3. 10	12	河南中医药大学第一附属医院	571	1632	2. 86

续表

序号	第一作者单位	发文量/篇	5 年总被引频次/次	篇均被引频次/次	序号	第一作者单位	发文量/篇	5 年总被引频次/次	篇均被引频次/次
13	黑龙江中医药大学附属第一医院	555	1513	2. 73	17	成都中医药大学附属医院	470	1176	2. 50
14	北京中医药大学东方医院	563	1369	2. 43	18	河南省中医院	399	1174	2. 94
15	山东中医药大学附属医院	548	1247	2. 28	19	辽宁中医药大学附属医院	425	1165	2. 74
16	上海中医药大学附属岳阳中西医结合医院	482	1224	2. 54	20	中国中医科学院望京医院	403	1138	2. 82

表 52–5　中医学领域高被引高等院校 Top 10（按 5 年总被引频次排序）

序号	第一作者单位	发文量/篇	5 年总被引频次/次	篇均被引频次/次	序号	第一作者单位	发文量/篇	5 年总被引频次/次	篇均被引频次/次
1	北京中医药大学	8782	23745	2. 70	6	黑龙江中医药大学	3048	9687	3. 18
2	南京中医药大学	3333	10704	3. 21	7	山东中医药大学	3404	9180	2. 70
3	广州中医药大学	4239	10364	2. 44	8	河南中医药大学	3110	8799	2. 83
4	上海中医药大学	3462	10175	2. 94	9	天津中医药大学	2739	8759	3. 20
5	湖南中医药大学	3425	10138	2. 96	10	成都中医药大学	1984	6718	3. 39

表 52–6　中医学领域高被引科研院所 Top 10（按 5 年总被引频次排序）

序号	第一作者单位	发文量/篇	5 年总被引频次/次	篇均被引频次/次	序号	第一作者单位	发文量/篇	5 年总被引频次/次	篇均被引频次/次
1	中国中医科学院	5489	17856	3. 25	2	中国医学科学院药用植物研究所	242	884	3. 65

续表

序号	第一作者单位	发文量/篇	5 年总被引频次/次	篇均被引频次/次	序号	第一作者单位	发文量/篇	5 年总被引频次/次	篇均被引频次/次
3	中国食品药品检定研究院	171	718	4.20	7	山西省中医药研究院	51	204	4.00
4	黑龙江省中医药科学院	162	530	3.27	8	中国医学科学院药物研究所	76	184	2.42
5	中国疾病预防控制中心	196	342	1.74	9	中国农业科学院特产研究所	67	159	2.37
6	中国医学科学院北京协和医学院	107	263	2.46	10	湖南省中医药研究院	54	140	2.59

第 53 章　2024 年军事医学与特种医学领域高被引分析

53.1　领域论文概况

2019—2023 年，军事医学与特种医学领域共发表学术论文 8910 篇，由来自 2699 所机构的 8204 位学者作为第一作者发表。上述论文中，有 4951 篇被引用，整体被引率为 55.6%，总被引频次为 15529 次，篇均被引 1.74 次；其中，高被引论文有 114 篇，高被引论文篇均被引 16.56 次（表 53-1）。

表 53-1　2019—2023 年军事医学与特种医学领域论文分布情况

年份	论文数量/篇	总被引频次/次	被引率/%	高被引论文数量/篇	高被引论文被引频次/次
2019	2011	5933	78.5	20	430
2020	2143	5600	71.4	22	990
2021	1632	2603	63.4	21	236
2022	1675	1254	42.3	29	171
2023	1449	139	6.9	22	61
合计	8910	15529	55.6	114	1888

53.2　高被引论文分析

2019—2023 年，军事医学与特种医学领域总被引频次最高的论文为 2020 年史河水发表的《新型冠状病毒（2019-nCoV）感染的肺炎临床特征及影像学表现》（总被引频次为 195 次），刊载各年高被引论文 Top 5 数量最多的期刊为《中华放射学杂志》（5 篇），详见表 53-2。

表 53-2　2019—2023 年军事医学与特种医学领域高被引论文 Top 5（按各年总被引频次排序）

序号	论文题名	第一作者	期刊名称	发表年份	总被引频次/次
1	肺康复运动训练对肺癌患者呼吸运动功能、生活质量及总生存期的影响	陈瑞英	中华物理医学与康复杂志	2019	28
2	全国医疗照射频度估算方法研究	牛亚婷	中华放射医学与防护杂志	2019	27
3	双层光谱探测器 CT 腹部虚拟平扫代替常规平扫的可行性研究	杨琰昭	中华放射学杂志	2019	26
4	南海官兵负性情绪、睡眠质量现状调查及其影响因素分析	李一男	海军医学杂志	2019	26
5	基于体素的空气潴留定量测量方法的建立及初步临床应用	金晨望	中华放射学杂志	2019	24

续表

序号	论文题名	第一作者	期刊名称	发表年份	总被引频次/次
6	新型冠状病毒（2019-nCoV）感染的肺炎临床特征及影像学表现	史河水	临床放射学杂志	2020	195
7	新型冠状病毒肺炎（COVID-19）临床影像学特征	管汉雄	放射学实践	2020	180
8	新型冠状病毒肺炎不同临床分型间CT和临床表现的相关性研究	黄璐	中华放射学杂志	2020	91
9	新型冠状病毒肺炎初诊临床特征及高分辨率CT影像表现	陆雪芳	中华放射学杂志	2020	61
10	新型冠状病毒肺炎（COVID-19）CT表现初步探讨	龚晓明	放射学实践	2020	46
11	基于新冠病毒特征及防控措施的传播动力学模型	桑茂盛	系统工程理论与实践	2021	18
12	冬奥会雪场医疗站和近地医疗保障医院在滑雪运动伤救治体系中的作用	杨渝平	北京大学学报（医学版）	2021	17
13	2017年我国放射工作人员职业性外照射个人剂量水平与分析	范胜男	中华放射医学与防护杂志	2021	16
14	基于深度学习的图像重建算法在胸部薄层CT中的降噪效果评估	曾文	四川大学学报（医学版）	2021	13
15	全国医疗机构放射诊断资源基本情况分析	安晶刚	中华放射医学与防护杂志	2021	13
16	双层探测器光谱CT单能量图像及电子云密度图鉴别诊断肺磨玻璃结节良性与恶性的价值	邱建升	中华放射学杂志	2022	10
17	武警某部2020年度新兵训练伤流行病学调查与分析	吴秀双	武警医学	2022	9
18	全身PET/CT临床研究的现况与展望	蔡丹杰	中华核医学与分子影像杂志	2022	8
19	CT影像组学模型及深度学习技术预测肺腺癌EGFR突变	黄栎有	放射学实践	2022	7
20	利用虚拟平扫降低冠状动脉CT血管造影辐射剂量的可行性研究	陈文萍	中华放射医学与防护杂志	2022	7

续表

序号	论文题名	第一作者	期刊名称	发表年份	总被引频次/次
21	早期新型冠状病毒肺炎的胸部薄层平扫 CT 表现特征	孙莹	CT 理论与应用研究	2023	12
22	医学影像人工智能：进展和未来	刘再毅	国际医学放射学杂志	2023	4
23	乳腺癌辅助放疗研究进展	范媛媛	中国辐射卫生	2023	3
24	正电子发射断层扫描/计算机断层扫描（PET/CT）成像在肿瘤筛查中的应用进展	陆晓骞	中国辐射卫生	2023	3
25	基于 Web of Science 数据库军事训练伤相关研究热点分析	李晓芳	解放军医学院学报	2023	3

53. 3　研究主题关联分析

在军事医学与特种医学领域，114 篇高被引论文共被引用了 1888 次。通过分析施引文献关键词的词频及关键词之间的共现关系，获得军事医学与特种医学领域的热点主题和主题关联，如图 53–1 所示。由图可知："体层摄影术，X 线计算机""新型冠状病毒肺炎""辐

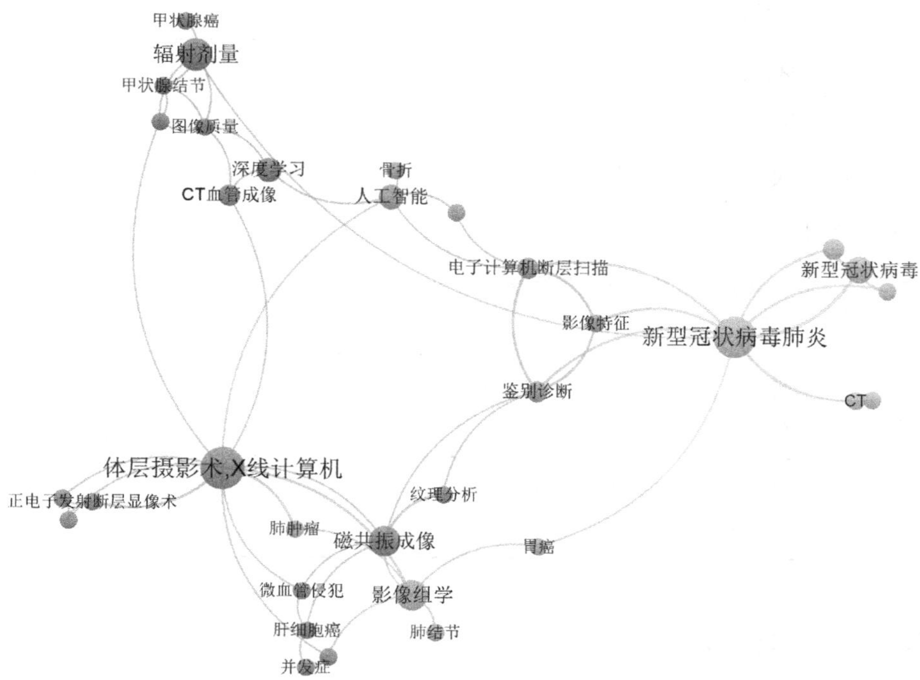

图 53–1　军事医学与特种医学领域的热点主题和主题关联

射剂量"等关键词的文献词频较高，是军事医学与特种医学领域的研究热点。本领域形成6个研究主题簇，分别以"新型冠状病毒肺炎""CT"为中心；以"体层摄影术，X线计算机""正电子发射断层显像术"为中心；以"影像组学""肺结节"为中心；以"磁共振成像""肝细胞癌"为中心；以"人工智能""鉴别诊断"为中心；以"辐射剂量""深度学习"为中心。

53.4 高被引作者分析

2019—2023年军事医学与特种医学领域论文总被引频次Top 10的作者见表53-3。其中发文5年总被引频次居前3位的作者分别是华中科技大学同济医学院附属协和医院的史河水（195次）、华中科技大学同济医学院附属同济医院的管汉雄（180次）、华中科技大学同济医学院附属同济医院的黄璐（91次）。

表53-3 军事医学与特种医学领域高被引作者Top 10（按5年总被引频次排序）

序号	作者	作者单位	发文量/篇	5年总被引频次/次	篇均被引频次/次
1	史河水	华中科技大学同济医学院附属协和医院	1	195	195.00
2	管汉雄	华中科技大学同济医学院附属同济医院	1	180	180.00
3	黄璐	华中科技大学同济医学院附属同济医院	1	91	91.00
4	陆雪芳	武汉大学人民医院	1	61	61.00
5	郭栋	军事医学研究院	7	47	6.71
6	龚晓明	武汉大学中南医院	1	46	46.00
7	刘海峰	武汉市中西医结合医院	2	45	22.50
8	杨琰昭	上海交通大学医学院附属瑞金医院	2	43	21.50
9	金晨望	西安交通大学医学院第一附属医院	2	42	21.00
10	蒋南川	华中科技大学同济医学院附属协和医院	1	40	40.00

53.5 高被引机构分析

军事医学与特种医学领域总被引频次Top 20医院、总被引频次Top 10高等院校、总被引频次Top 10科研院所的发文和被引情况分别见表53-4、表53-5和表53-6。

表 53-4　军事医学与特种医学领域高被引医院 Top 20（按 5 年总被引频次排序）

序号	第一作者单位	发文量/篇	5 年总被引频次/次	篇均被引频次/次	序号	第一作者单位	发文量/篇	5 年总被引频次/次	篇均被引频次/次
1	华中科技大学同济医学院附属同济医院	41	391	9. 54	11	中国医学科学院肿瘤研究所	53	123	2. 32
2	华中科技大学同济医学院附属协和医院	53	368	6. 94	12	北京大学第三医院	43	97	2. 26
3	空军总医院	203	254	1. 25	13	西安交通大学医学院第一附属医院	37	96	2. 59
4	四川大学华西医院	74	208	2. 81	14	武汉大学人民医院	20	95	4. 75
5	解放军总医院	138	165	1. 20	15	武汉大学中南医院	17	92	5. 41
6	空军航空医学研究所附属医院	55	154	2. 80	16	南京鼓楼医院	31	90	2. 90
7	上海交通大学医学院附属瑞金医院	34	151	4. 44	17	首都医科大学附属北京友谊医院	53	90	1. 70
8	郑州大学第一附属医院	58	147	2. 53	18	解放军第 455 医院	88	88	1. 00
9	北京协和医院	74	134	1. 81	19	苏州大学附属第一医院	23	81	3. 52
10	昆明医科大学第一附属医院	36	128	3. 56	20	中国人民解放军东部战区总医院	54	80	1. 48

表 53–5 军事医学与特种医学领域高被引高等院校 Top 10（按 5 年总被引频次排序）

序号	第一作者单位	发文量/篇	5 年总被引频次/次	篇均被引频次/次	序号	第一作者单位	发文量/篇	5 年总被引频次/次	篇均被引频次/次
1	华中科技大学	111	824	7.42	6	上海交通大学	127	297	2.34
2	空军军医大学	420	470	1.12	7	四川大学	97	246	2.54
3	首都医科大学	256	444	1.73	8	南京医科大学	123	241	1.96
4	海军军医大学	360	402	1.12	9	陆军军医大学	173	221	1.28
5	北京大学	148	336	2.27	10	武汉大学	43	195	4.53

表 53–6 军事医学与特种医学领域高被引科研院所 Top 10（按 5 年总被引频次排序）

序号	第一作者单位	发文量/篇	5 年总被引频次/次	篇均被引频次/次	序号	第一作者单位	发文量/篇	5 年总被引频次/次	篇均被引频次/次
1	中国疾病预防控制中心	56	200	3.57	6	上海市疾病预防控制中心	3	26	8.67
2	空军航空医学研究所	55	154	2.80	7	江苏省疾病预防控制中心	6	24	4.00
3	军事医学研究院	51	97	1.90	8	中国医学科学院放射医学研究所	28	24	0.86
4	中国航天员科研训练中心	45	43	0.96	9	解放军军事科学院	30	19	0.63
5	中国中医科学院	15	29	1.93	10	中国医学科学院北京协和医学院	10	18	1.80

第 54 章　2024 年农学领域高被引分析

54.1　领域论文概况

2019—2023 年，农学领域共发表学术论文 110668 篇，由来自 8582 所机构的 83317 位学者作为第一作者发表。上述论文中，有 68759 篇被引用，整体被引率为 62.1%，总被引频次为 284881 次，篇均被引 2.57 次；其中，高被引论文有 1226 篇，高被引论文篇均被引 21.52 次（表 54–1）。

表 54–1　2019—2023 年农学领域论文分布情况

年份	论文数量/篇	总被引频次/次	被引率/%	高被引论文数量/篇	高被引论文被引频次/次
2019	21753	102496	84.5	225	9836
2020	21525	84365	82.7	240	7334
2021	21853	63136	77.3	225	4948
2022	22199	30409	56.5	269	3251
2023	23338	4475	13.4	267	1020
合计	110668	284881	62.1	1226	26389

54.2　高被引论文分析

2019—2023 年，农学领域总被引频次最高的论文为 2019 年姜玉英发表的《2019 年我国草地贪夜蛾扩散为害规律观测》（总被引频次为 244 次），刊载各年高被引论文 Top 5 数量最多的期刊为《土壤学报》（5 篇），详见表 54–2。

表 54–2　2019—2023 年农学领域高被引论文 Top 5（按各年总被引频次排序）

序号	论文题名	第一作者	期刊名称	发表年份	总被引频次/次
1	2019 年我国草地贪夜蛾扩散为害规律观测	姜玉英	植物保护	2019	244
2	我国油菜产业发展现状、潜力及对策	刘成	中国油料作物学报	2019	171
3	草地贪夜蛾缅甸虫源迁入中国的路径分析	吴秋琳	植物保护	2019	137
4	土壤质地分类及其在我国应用探讨	吴克宁	土壤学报	2019	122
5	入侵云南草地贪夜蛾的分子鉴定	张磊	植物保护	2019	119
6	中国草地贪夜蛾的防控策略	吴孔明	植物保护	2020	170
7	辣椒在中国的传播与产业发展	邹学校	园艺学报	2020	113

续表

序号	论文题名	第一作者	期刊名称	发表年份	总被引频次/次
8	农业机械导航技术研究进展	张漫	农业机械学报	2020	102
9	农业装备智能控制技术研究现状与发展趋势分析	刘成良	农业机械学报	2020	86
10	贝莱斯芽孢杆菌的分类、拮抗功能及其应用研究进展	张德锋	微生物学通报	2020	72
11	土壤微生物组与土壤健康	朱永官	中国科学（生命科学）	2021	91
12	离散元法在农业工程研究中的应用现状和展望	曾智伟	农业机械学报	2021	63
13	论合理施氮的原则和指标	巨晓棠	土壤学报	2021	55
14	土壤微生物碳泵储碳机制概论	梁超	中国科学（地球科学）	2021	46
15	中国特色水稻栽培学发展与展望	张洪程	中国农业科学	2021	44
16	中国盐渍土研究：历程、现状与展望	杨劲松	土壤学报	2022	79
17	作物种质资源表型性状鉴定评价：现状与趋势	王晓鸣	植物遗传资源学报	2022	35
18	被孢霉对土壤养分有效性和秸秆降解的影响	宁琪	土壤学报	2022	31
19	Rice functional genomics：decades’ efforts and roads ahead	Rongzhi Chen	中国科学：生命科学（英文版）	2022	31
20	秸秆综合利用减排固碳贡献与潜力研究	霍丽丽	农业机械学报	2022	27
21	土壤团聚体的形成和稳定机制：研究进展与展望	刘亚龙	土壤学报	2023	12
22	饲用燕麦育种研究进展与展望	叶雪玲	草业学报	2023	12
23	树立“饲草就是粮食”理念，大力发展饲草产业	杨富裕	草地学报	2023	10
24	我国桑黄产业发展现状、问题及展望：桑黄产业发展千岛湖宣言	杨焱	菌物学报	2023	9
25	基于改进 YOLOv7 的复杂环境下红花采摘识别	王小荣	农业工程学报	2023	8

54.3　研究主题关联分析

在农学领域，1226 篇高被引论文共被引用了 26389 次。通过分析施引文献关键词的词频及关键词之间的共现关系，获得农学领域的热点主题和主题关联，如图 54–1 所示。由图可知："产量""生物炭""草地贪夜蛾"等关键词的文献词频较高，是农学领域的研究热点。本领域形成 7 个研究主题簇，分别以"产量""小麦"为中心；以"主成分分析""遗传多样性"为中心；以"玉米""模型"为中心；以"草地贪夜蛾"为中心；以"生物炭""土壤养分"为中心；以"烤烟""干物质积累"为中心；以"离散元法"为中心。

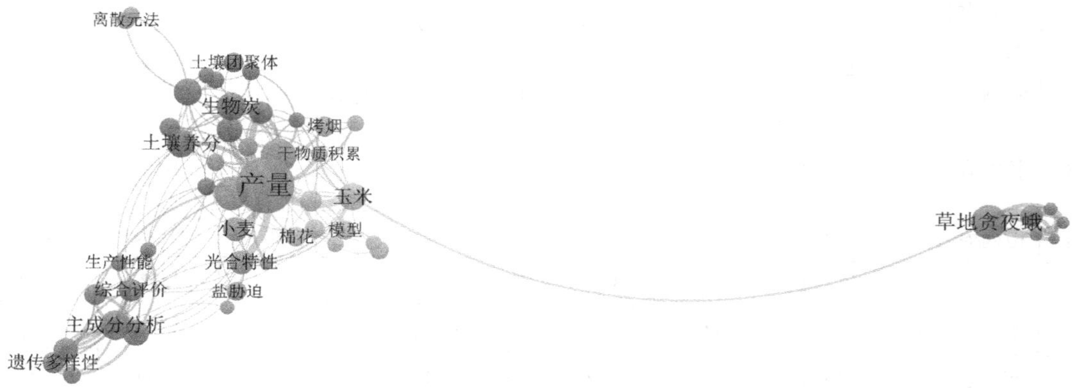

图 54–1　农学领域的热点主题和主题关联

54.4　高被引作者分析

2019—2023 年农学领域论文总被引频次 Top 10 的作者见表 54–3。其中发文 5 年总被引频次居前 3 位的作者分别是中国农业科学院机关的吴秋琳（252 次）、中国农业科学院机关的赵胜园（222 次）、武汉工程大学的刘成（171 次）。

表 54–3　农学领域高被引作者 Top 10（按 5 年总被引频次排序）

序号	作者	作者单位	发文量/篇	5 年总被引频次/次	篇均被引频次/次
1	吴秋琳	中国农业科学院机关	2	252	126.00
2	赵胜园	中国农业科学院机关	4	222	55.50
3	刘成	武汉工程大学	1	171	171.00
4	吴孔明	中国农业科学院植物保护研究所	1	170	170.00
5	邹学校	湖南农业大学	3	164	54.67
6	郭井菲	中国农业科学院机关	2	157	78.50
7	魏永霞	东北农业大学	22	149	6.77
8	陈学森	山东农业大学	17	142	8.35
9	张智韬	西北农林科技大学	20	139	6.95
10	吴克宁	中国地质大学	3	138	46.00

54.5 高被引机构分析

农学领域总被引频次 Top 20 高等院校、总被引频次 Top 10 科研院所的发文和被引情况分别见表 54-4、表 54-5。

表 54-4 农学领域高被引高等院校 Top 20（按 5 年总被引频次排序）

序号	第一作者单位	发文量/篇	5 年总被引频次/次	篇均被引频次/次	序号	第一作者单位	发文量/篇	5 年总被引频次/次	篇均被引频次/次
1	西北农林科技大学	2790	9343	3.35	11	福建农林大学	1441	3528	2.45
2	中国农业大学	1987	7444	3.75	12	东北农业大学	1044	3521	3.37
3	甘肃农业大学	1932	6391	3.31	13	内蒙古农业大学	1070	3505	3.28
4	山西农业大学	2397	5746	2.40	14	贵州大学	1423	3492	2.45
5	山东农业大学	1302	4675	3.59	15	河北农业大学	1369	3351	2.45
6	湖南农业大学	1501	4540	3.02	16	新疆农业大学	1531	3318	2.17
7	河南农业大学	1462	4441	3.04	17	云南农业大学	1362	3263	2.40
8	南京农业大学	1466	4399	3.00	18	石河子大学	1082	3207	2.96
9	华中农业大学	1354	4345	3.21	19	扬州大学	1054	3120	2.96
10	宁夏大学	1083	3760	3.47	20	沈阳农业大学	843	3084	3.66

表 54-5 农学领域高被引科研院所 Top 10（按 5 年总被引频次排序）

序号	第一作者单位	发文量/篇	5 年总被引频次/次	篇均被引频次/次	序号	第一作者单位	发文量/篇	5 年总被引频次/次	篇均被引频次/次
1	中国农业科学院机关	566	4610	8.14	6	河南省农业科学院	823	2206	2.68
2	广西农业科学院	1056	2545	2.41	7	云南省农业科学院	898	2088	2.33
3	广东省农业科学院	920	2420	2.63	8	福建省农业科学院	778	1972	2.53
4	中国热带农业科学院	1038	2303	2.22	9	山东省农业科学院	681	1915	2.81
5	江苏省农业科学院	786	2243	2.85	10	贵州省农业科学院	745	1709	2.29

第 55 章　2024 年林学领域高被引分析

55.1　领域论文概况

2019—2023 年，林学领域共发表学术论文 19441 篇，由来自 2185 所机构的 15839 位学者作为第一作者发表。上述论文中，有 12240 篇被引用，整体被引率为 63.0%，总被引频次为 51308 次，篇均被引 2.64 次；其中，高被引论文有 285 篇，高被引论文篇均被引 14.65 次（表 55-1）。

表 55-1　2019—2023 年林学领域论文分布情况

年份	论文数量/篇	总被引频次/次	被引率/%	高被引论文数量/篇	高被引论文被引频次/次
2019	4045	18877	85.6	44	1455
2020	3829	15213	82.4	40	1075
2021	4097	11617	75.1	43	907
2022	3792	5000	55.4	41	468
2023	3678	601	12.2	117	271
合计	19441	51308	63.0	285	4176

55.2　高被引论文分析

2019—2023 年，林学领域总被引频次最高的论文为 2019 年叶建仁发表的《松材线虫病在中国的流行现状、防治技术与对策分析》（总被引频次为 97 次），刊载各年高被引论文 Top 5 数量最多的期刊为《生态学报》（5 篇），详见表 55-2。

表 55-2　2019—2023 年林学领域高被引论文 Top 5（按各年总被引频次排序）

序号	论文题名	第一作者	期刊名称	发表年份	总被引频次/次
1	松材线虫病在中国的流行现状、防治技术与对策分析	叶建仁	林业科学	2019	97
2	基于 Sentinel-2A 影像特征优选的随机森林土地覆盖分类	何云	资源科学	2019	49
3	模拟大气氮沉降对中国森林生态系统影响的研究进展	鲁显楷	热带亚热带植物学报	2019	47
4	中国自然保护地空间重叠分析与保护地体系优化整合对策	马童慧	生物多样性	2019	46

续表

序号	论文题名	第一作者	期刊名称	发表年份	总被引频次/次
5	不同林龄杉木人工林土壤 C：N：P 化学计量特征及其与土壤理化性质的关系	张芸	生态学报	2019	45
6	桂林岩溶石山青冈群落灌木层主要物种生态位与种间联结	刘润红	生态学报	2020	69
7	林分密度对杉木人工林下物种多样性和土壤养分的影响	张勇强	土壤学报	2020	58
8	油茶产业发展新论	陈永忠	南京林业大学学报（自然科学版）	2020	48
9	伏牛山地区森林生态系统服务权衡/协同效应多尺度分析	张静静	地理学报	2020	47
10	基于 Maxent 模型的未来气候变化情景下胡杨在中国的潜在地理分布	张华	生态学报	2020	37
11	木材科学与技术研究新进展	吴义强	中南林业科技大学学报	2021	43
12	林分密度对杉木人工林林下植被和土壤性质的影响	舒韦维	生态学报	2021	37
13	油茶果实主要数量性状分析及育种指标体系筛选	陈永忠	中南林业科技大学学报	2021	34
14	高通量测序分析大兴安岭典型森林土壤细菌和真菌群落特征	姜雪薇	微生物学通报	2021	29
15	长白山群落交错带长白松和鱼鳞云杉径向生长对气候变暖的响应	于健	应用生态学报	2021	28
16	碳达峰碳中和背景下中国森林碳汇潜力分析研究	张颖	北京林业大学学报	2022	31
17	2021 年全国主要林业有害生物发生情况及 2022 年发生趋势预测	李硕	中国森林病虫	2022	23
18	蒙古栎次生林的生长更新与林下植被多样性对林分密度的响应	胡延辰	应用生态学报	2022	18
19	基于 MCR 和重力模型下的厦门市生态空间网络构建	徐伟振	西北林学院学报	2022	15

续表

序号	论文题名	第一作者	期刊名称	发表年份	总被引频次/次
20	基于主成分分析的古树土壤肥力综合评价	叶少萍	生态科学	2022	14
21	油茶分子育种研究进展	谭晓风	中南林业科技大学学报	2023	7
22	中国森林生态系统碳汇现状与潜力	朱建华	生态学报	2023	6
23	近 30 年海南岛橡胶林时空变化分析	李广洋	南京林业大学学报（自然科学版）	2023	5
24	不同种源香合欢种子和叶表型性状变异分析	高风	中南林业科技大学学报	2023	4
25	鹅掌楸天然林优势树种生态位与种间联结性	薛卫星	森林与环境学报	2023	4

55.3　研究主题关联分析

在林学领域，285 篇高被引论文共被引用了 4176 次。通过分析施引文献关键词的词频及关键词之间的共现关系，获得林学领域的热点主题和主题关联，如图 55–1 所示。由图可知："土壤理化性质""土壤养分""主成分分析"等关键词的文献词频较高，是林学领域的研究热点。本领域形成 7 个研究主题簇，分别以"环境因子""林分结构"为中心；以"土壤理化性质""海拔"为中心；以"林龄""引种地区"为中心；以"土壤养分""主成分分析"为中心；以"人工林""物种多样性"为中心；以"土壤酶活性""红树林湿地"为中心；以"杉木""水源涵养"为中心。

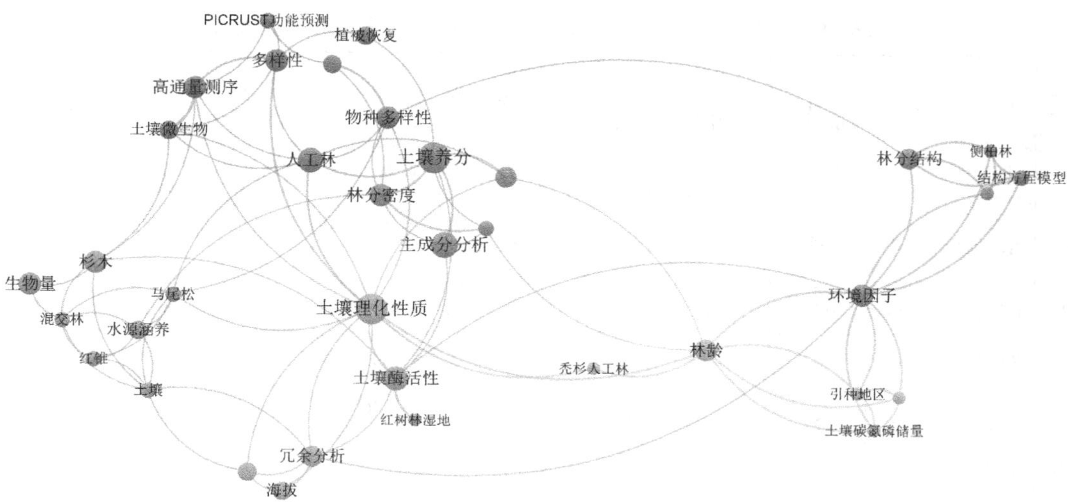

图 55–1　林学领域的热点主题和主题关联

55.4 高被引作者分析

2019—2023 年林学领域论文总被引频次 Top 10 的作者见表 55-3。其中发文 5 年总被引频次居前 3 位的作者分别是南京林业大学的叶建仁（106 次）、辽宁工程技术大学的王凯（106 次）、东北林业大学的胡海清（101 次）。

表 55-3 林学领域高被引作者 Top 10（按 5 年总被引频次排序）

序号	作者	作者单位	发文量/篇	5 年总被引频次/次	篇均被引频次/次
1	叶建仁	南京林业大学	2	106	53.00
2	王凯	辽宁工程技术大学	17	106	6.24
3	胡海清	东北林业大学	10	101	10.10
4	刘润红	广西师范大学	3	90	30.00
5	曹小玉	中南林业科技大学	6	75	12.50
6	张勇强	中国林业科学研究院	3	61	20.33
7	费裕翀	福建农林大学	4	56	14.00
8	张颖	北京林业大学	4	54	13.50
9	张荣	四川农业大学	4	53	13.25
10	何云	中国科学院地理科学与资源研究所	1	49	49.00

55.5 高被引机构分析

林学领域总被引频次 Top 20 高等院校、总被引频次 Top 10 科研院所的发文和被引情况分别见表 55-4、表 55-5。

表 55-4 林学领域高被引高等院校 Top 20（按 5 年总被引频次排序）

序号	第一作者单位	发文量/篇	5 年总被引频次/次	篇均被引频次/次	序号	第一作者单位	发文量/篇	5 年总被引频次/次	篇均被引频次/次
1	北京林业大学	1304	4199	3.22	7	浙江农林大学	452	1129	2.50
2	东北林业大学	1343	3536	2.63	8	西北农林科技大学	329	1004	3.05
3	南京林业大学	940	2852	3.03	9	四川农业大学	167	890	5.33
4	西南林业大学	785	2118	2.70	10	福建师范大学	224	864	3.86
5	福建农林大学	628	1974	3.14	11	内蒙古农业大学	310	730	2.35
6	中南林业科技大学	479	1659	3.46	12	贵州大学	241	714	2.96

续表

序号	第一作者单位	发文量/篇	5 年总被引频次/次	篇均被引频次/次	序号	第一作者单位	发文量/篇	5 年总被引频次/次	篇均被引频次/次
13	江西农业大学	207	623	3. 01	17	海南大学	257	421	1. 64
14	广西大学	269	610	2. 27	18	甘肃农业大学	119	416	3. 50
15	华南农业大学	196	586	2. 99	19	河北农业大学	200	404	2. 02
16	山西农业大学	168	454	2. 70	20	贵州师范大学	55	337	6. 13

表 55–5　林学领域高被引科研院所 Top 10（按 5 年总被引频次排序）

序号	第一作者单位	发文量/篇	5 年总被引频次/次	篇均被引频次/次	序号	第一作者单位	发文量/篇	5 年总被引频次/次	篇均被引频次/次
1	中国林业科学研究院	1544	4754	3. 08	6	中国科学院华南植物园	60	276	4. 60
2	广西壮族自治区林业科学研究院	326	722	2. 21	7	中国科学院新疆生态与地理研究所	36	118	3. 28
3	中国科学院地理科学与资源研究所	67	417	6. 22	8	中国科学院西双版纳热带植物园	45	117	2. 60
4	中国热带农业科学院	246	384	1. 56	9	中国科学院亚热带农业生态研究所	13	102	7. 85
5	中国科学院沈阳应用生态研究所	80	299	3. 74	10	中国科学院生态环境研究中心	22	102	4. 64

第 56 章　2024 年畜牧兽医领域高被引分析

56.1　领域论文概况

2019—2023 年，畜牧兽医领域共发表学术论文 36385 篇，由来自 2903 所机构的 27921 位学者作为第一作者发表。上述论文中，有 20884 篇被引用，整体被引率为 57.4%，总被引频次为 70888 次，篇均被引 1.95 次；其中，高被引论文有 418 篇，高被引论文篇均被引 15.62 次（表 56–1）。

表 56–1　2019—2023 年畜牧兽医领域论文分布情况

年份	论文数量/篇	总被引频次/次	被引率/%	高被引论文数量/篇	高被引论文被引频次/次
2019	6390	22226	79.4	68	1888
2020	6731	20128	76.5	79	1932
2021	7307	17359	72.1	83	1382
2022	7975	9659	54.0	101	1010
2023	7982	1516	13.7	87	318
合计	36385	70888	57.4	418	6530

56.2　高被引论文分析

2019—2023 年，畜牧兽医领域总被引频次最高的论文为 2019 年张骞发表的《青藏高寒区退化草地生态恢复：退化现状、恢复措施、效应与展望》（总被引频次为 61 次），刊载各年高被引论文 Top 5 数量最多的期刊为《动物营养学报》（10 篇），详见表 56–2。

表 56–2　2019—2023 年畜牧兽医领域高被引论文 Top 5（按各年总被引频次排序）

序号	论文题名	第一作者	期刊名称	发表年份	总被引频次/次
1	青藏高寒区退化草地生态恢复：退化现状、恢复措施、效应与展望	张骞	生态学报	2019	61
2	6 个紫花苜蓿品种氨基酸组成分析及营养价值评价	孙娟娟	中国农业科学	2019	55
3	沙化草地土壤碳氮磷化学计量特征及其对植被生产力和多样性的影响	宁志英	生态学报	2019	48
4	基于改进遥感生态指数模型的锡林郭勒草原生态环境评价	宋美杰	干旱区研究	2019	43
5	不同退化程度高寒草甸土壤理化性质及酶活性分析	王玉琴	生态环境学报	2019	43

续表

序号	论文题名	第一作者	期刊名称	发表年份	总被引频次/次
6	中国北方草地生态系统服务评估和功能区划助力生态安全屏障建设	白永飞	中国科学院院刊	2020	60
7	青藏高原典型草地植被退化与土壤退化研究	郝爱华	生态学报	2020	48
8	青藏高原区退化高寒草甸植被和土壤特征	李军豪	应用生态学报	2020	46
9	不同青贮添加剂对全株玉米青贮营养价值、发酵品质和瘤胃降解率的影响	王亚芳	动物营养学报	2020	45
10	近 30 年来青藏高原高寒草地 NDVI 动态变化对自然及人为因子的响应	张江	生态学报	2020	41
11	不同添加剂对构树青贮饲料发酵品质及微生物多样性的影响	黄媛	动物营养学报	2021	35
12	草地土壤磷循环及其对全球变化的响应	吴金凤	中国草地学报	2021	23
13	动物营养学科发展在战略方向上的重大突破：构建动物健康营养理论和技术体系及其实际应用	卢德勋	动物营养学报	2021	22
14	近 20 年新疆荒漠草地动态变化及其对气候变化的响应	陈宸	草业学报	2021	22
15	基于随机森林算法的草原地上生物量遥感估算方法研究	邢晓语	地球信息科学学报	2021	21
16	β－谷甾醇的生理功能及其在动物生产中的应用研究进展	陈跃平	动物营养学报	2022	20
17	复合乳酸菌发酵饲料对生长猪生长性能、粪便菌群、血清免疫和抗氧化指标的影响	刘辉	动物营养学报	2022	19
18	基于主成分分析和隶属函数分析评价不同添加剂处理的玉米秸秆青贮的发酵品质	张志恒	动物营养学报	2022	15
19	木犀草素对氧化应激和炎症的调控机制	韩宁馨	动物营养学报	2022	14

续表

序号	论文题名	第一作者	期刊名称	发表年份	总被引频次/次
20	白术多糖对岭南黄鸡生长性能、屠宰性能及免疫器官发育的影响	曹楠	动物营养学报	2022	14
21	饲粮添加艾叶粉对青年期蛋鸭生长性能、抗氧化功能及免疫性能的影响	廖富友	中国家禽	2023	7
22	抗菌肽和中草药添加剂对肉鸡生长性能、血清生化指标和肠道形态的影响	郑雪玥	动物营养学报	2023	7
23	宁夏草地土壤有机碳空间特征及其影响因素	丁金梅	生态学报	2023	7
24	复合益生菌发酵饲料对哺乳羔羊生长性能、血常规指标及血清免疫、抗氧化指标的影响	丁亚伟	动物营养学报	2023	6
25	槲皮素对仔猪生长性能、肠道抗氧化及免疫相关基因表达的影响	张卫辉	河南农业大学学报	2023	6

56.3 研究主题关联分析

在畜牧兽医领域，418 篇高被引论文共被引用了 6530 次。通过分析施引文献关键词的词频及关键词之间的共现关系，获得畜牧兽医领域的热点主题和主题关联，如图 56-1 所示。由图可知："生长性能""抗氧化能力""生产性能"等关键词的文献词频较高，是畜牧兽医领域的研究热点。本领域形成 8 个研究主题簇，分别以"生长性能""肉牛"为中心；以"抗氧化能力""免疫功能"为中心；以"湖羊""屠宰性能"为中心；以"肉鸡""肠道菌

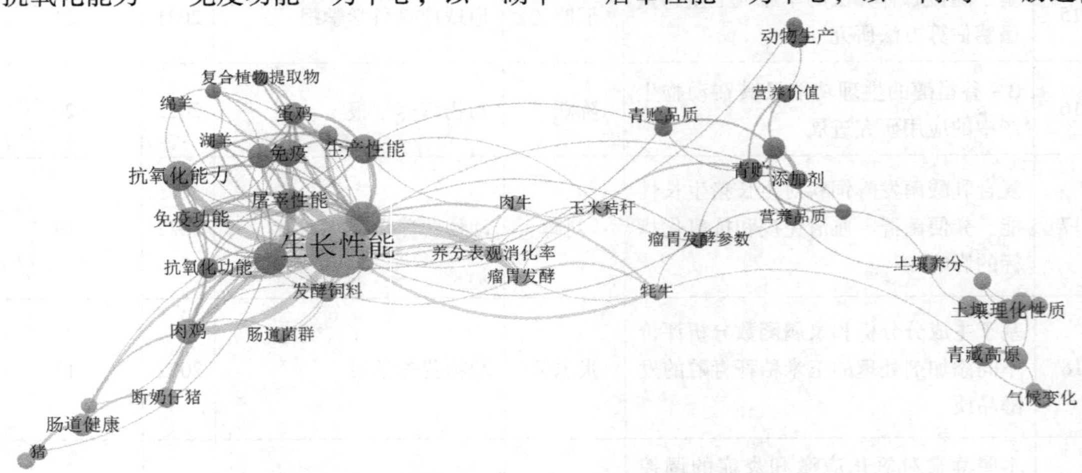

图 56-1 畜牧兽医领域的热点主题和主题关联

群”为中心；以“肠道健康”“猪”为中心；以“青贮”“添加剂”为中心；以“土壤理化性质”“气候变化”为中心；以“抗氧化功能”“免疫功能”为中心。

56.4 高被引作者分析

2019—2023 年畜牧兽医领域论文总被引频次 Top 10 的作者见表 56-3。其中发文 5 年总被引频次居前 3 位的作者分别是内蒙古农业大学的张峰（92 次）、江西省农业科学院的占今舜（90 次）、青海大学的周力（88 次）。

表 56-3　畜牧兽医领域高被引作者 Top 10（按 5 年总被引频次排序）

序号	作者	作者单位	发文量/篇	5 年总被引频次/次	篇均被引频次/次
1	张峰	内蒙古农业大学	12	92	7.67
2	占今舜	江西省农业科学院	13	90	6.92
3	周力	青海大学	31	88	2.84
4	范秋丽	广东省农业科学院	21	87	4.14
5	陈浩	内蒙古农业大学	11	79	7.18
6	田志梅	广东省农业科学院	8	69	8.63
7	贺金生	兰州大学	2	65	32.50
8	刘洋洋	南京大学	2	65	32.50
9	孙娟娟	中国农业科学院草原研究所	3	65	21.67
10	刘公言	山东省农业科学院	15	60	4.00

56.5 高被引机构分析

畜牧兽医领域总被引频次 Top 20 高等院校、总被引频次 Top 10 科研院所的发文和被引情况分别见表 56-4、表 56-5。

表 56-4　畜牧兽医领域高被引高等院校 Top 20（按 5 年总被引频次排序）

序号	第一作者单位	发文量/篇	5 年总被引频次/次	篇均被引频次/次	序号	第一作者单位	发文量/篇	5 年总被引频次/次	篇均被引频次/次
1	内蒙古农业大学	961	2451	2.55	8	河北农业大学	710	1344	1.89
2	甘肃农业大学	894	2087	2.33	9	四川农业大学	566	1294	2.29
3	中国农业大学	1020	2020	1.98	10	扬州大学	912	1260	1.38
4	湖南农业大学	618	1779	2.88	11	华南农业大学	674	1223	1.81
5	宁夏大学	576	1621	2.81	12	青海大学	428	1171	2.74
6	南京农业大学	809	1435	1.77	13	新疆农业大学	743	1133	1.52
7	西北农林科技大学	884	1385	1.57	14	山西农业大学	530	1093	2.06

续表

序号	第一作者单位	发文量/篇	5 年总被引频次/次	篇均被引频次/次	序号	第一作者单位	发文量/篇	5 年总被引频次/次	篇均被引频次/次
15	贵州大学	617	1061	1.72	18	西南民族大学	458	934	2.04
16	河南农业大学	531	955	1.80	19	广西大学	533	907	1.70
17	兰州大学	238	948	3.98	20	东北农业大学	492	900	1.83

表 56-5　畜牧兽医领域高被引科研院所 Top 10（按 5 年总被引频次排序）

序号	第一作者单位	发文量/篇	5 年总被引频次/次	篇均被引频次/次	序号	第一作者单位	发文量/篇	5 年总被引频次/次	篇均被引频次/次
1	广东省农业科学院	356	1052	2.96	6	中国农业科学院特产研究所	281	424	1.51
2	中国农业科学院机关	211	952	4.51	7	山东省农业科学院	145	397	2.74
3	中国农业科学院北京畜牧兽医研究所	408	699	1.71	8	中国科学院地理科学与资源研究所	67	396	5.91
4	中国农业科学院哈尔滨兽医研究所	320	497	1.55	9	中国农业科学院兰州畜牧与兽药研究所	164	385	2.35
5	中国农业科学院饲料研究所	179	467	2.61	10	江苏省农业科学院	257	385	1.50

第 57 章　2024 年水产学领域高被引分析

57.1　领域论文概况

2019—2023 年，水产学领域共发表学术论文 10453 篇，由来自 950 所机构的 8656 位学者作为第一作者发表。上述论文中，有 6367 篇被引用，整体被引率为 60.9%，总被引频次为 21701 次，篇均被引 2.08 次；其中，高被引论文有 120 篇，高被引论文篇均被引 13.63 次（表 57–1）。

表 57–1　2019—2023 年水产学领域论文分布情况

年份	论文数量/篇	总被引频次/次	被引率/%	高被引论文数量/篇	高被引论文被引频次/次
2019	1938	7353	85.1	19	492
2020	2104	6761	80.9	27	490
2021	2142	4781	73.5	25	351
2022	2219	2403	52.1	28	222
2023	2050	403	13.9	21	81
合计	10453	21701	60.9	120	1636

57.2　高被引论文分析

2019—2023 年，水产学领域总被引频次最高的论文为 2019 年杨红生发表的《中国现代化海洋牧场建设的战略思考》（总被引频次为 48 次），刊载各年高被引论文 Top 5 数量最多的期刊是《动物营养学报》《水产学报》（均 4 篇），详见表 57–2。

表 57–2　2019—2023 年水产学领域高被引论文 Top 5（按各年总被引频次排序）

序号	论文题名	第一作者	期刊名称	发表年份	总被引频次/次
1	中国现代化海洋牧场建设的战略思考	杨红生	水产学报	2019	48
2	世界头足类资源开发现状及我国远洋鱿钓渔业发展对策	陈新军	上海海洋大学学报	2019	46
3	黑水虻幼虫粉替代鱼粉对黄颡鱼幼鱼生长性能、肌肉品质及血清生化指标的影响	陈晓瑛	动物营养学报	2019	41
4	不同月龄大泷六线鱼形态性状与体质量的相关性及通径分析	李莉	上海海洋大学学报	2019	29
5	环境 DNA 在长江江豚监测中的应用	吴昀晟	中国水产科学	2019	28

续表

序号	论文题名	第一作者	期刊名称	发表年份	总被引频次/次
6	水电开发对鱼类种群分布及生态类型变化的影响——以溪洛渡至向家坝河段为例	李婷	生态学报	2020	25
7	县域乡村振兴指标体系构建及其评价——以广东德庆县为例	易小燕	中国农业资源与区划	2020	24
8	基于稳定同位素技术的浙江南部近海主要渔业生物营养级	高春霞	中国水产科学	2020	23
9	长江安庆新洲水域鱼类群落结构及多样性	王银平	生态学报	2020	23
10	脱脂黑水虻虫粉替代鱼粉对大黄鱼幼鱼生长、体成分、血清生化指标及抗氧化能力的影响	韩星星	中国水产科学	2020	22
11	海水养殖践行“海洋负排放”的途径	张继红	中国科学院院刊	2021	21
12	中国农业高质量发展的时空特征与协调度	董艳敏	浙江农业学报	2021	20
13	水产动物保活运输中环境胁迫应激及生理调控机制的研究进展	谢晶	食品科学	2021	17
14	东太湖鱼类群落结构特征及其与环境因子的关系	刘燕山	生态学报	2021	17
15	海水网箱网衣防污技术的研究进展	石建高	水产学报	2021	16
16	发酵豆粕替代鱼粉对大口黑鲈幼鱼生长、脂质代谢、血清非特异性免疫及肠道菌群的影响	黄河	水生生物学报	2022	11
17	罗氏沼虾性成熟前后形态性状对体质量的通径分析	邢钱钱	水产学报	2022	11
18	黑水虻在水产饲料中的应用进展	谢雨桐	广东海洋大学学报	2022	10
19	豆粕发酵工艺优化及发酵豆粕替代部分鱼粉对大黄鱼的饲喂效果	李春梅	动物营养学报	2022	10
20	电子鼻结合 GC-MS 分析不同干燥方式对罗非鱼片挥发性风味成分的影响	罗静	南方水产科学	2022	9

续表

序号	论文题名	第一作者	期刊名称	发表年份	总被引频次/次
21	长江水生生物资源与环境本底状况调查（2017—2021）	杨海乐	水产学报	2023	9
22	黑水虻幼虫粉对凡纳滨对虾生长、免疫和脂质代谢的影响	陈永康	水生生物学报	2023	5
23	饲料中添加槲皮素对黄河鲤生长性能、消化酶活性以及免疫和抗氧化功能的影响	孙如意	动物营养学报	2023	5
24	饲料中添加脯氨酸对浅色黄姑鱼生长、体组成及抗氧化能力的影响	荣华	上海海洋大学学报	2023	5
25	饲料中添加蚕豆对罗非鱼生长性能、肠道消化酶活性、肠道形态和肠道菌群的影响	符兵	动物营养学报	2023	4

57.3　研究主题关联分析

在水产学领域，120 篇高被引论文共被引用了 1636 次。通过分析施引文献关键词的词频及关键词之间的共现关系，获得水产学领域的热点主题和主题关联，如图 57–1 所示。由图可知："生长""生长性能""氨基酸"等关键词的文献词频较高，是水产学领域的研究热点。本领域形成 8 个研究主题簇，分别以"生长性能"为中心；以"生长""黑水虻幼虫粉"为中心；以"抗氧化""肠道菌群"为中心；以"鸢乌贼"为中心；以"水产养殖"为中心；以"仔稚鱼""稳定同位素"为中心；以"氨基酸"为中心；以"环境因子""凡纳滨对虾"为中心。

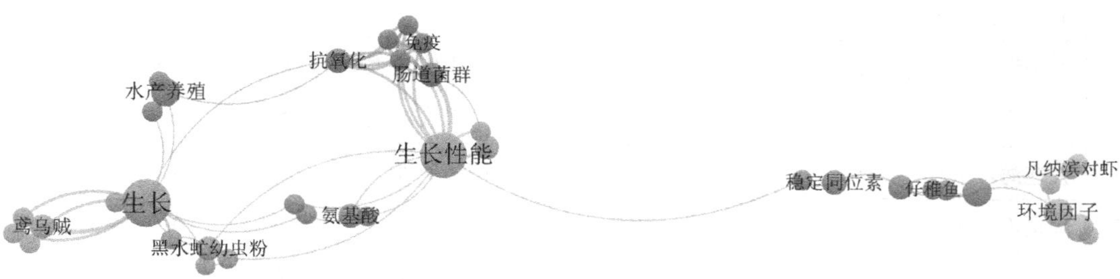

图 57–1　水产学领域的热点主题和主题关联

57.4　高被引作者分析

2019—2023 年水产学领域论文总被引频次 Top 10 的作者见表 57–3。其中发文 5 年总被引频次居前 3 位的作者分别是上海海洋大学的蓝蔚青（74 次）、中国科学院海洋研究所的杨红生（67 次）、上海海洋大学的陈新军（65 次）。

表 57-3　水产学领域高被引作者 Top 10（按 5 年总被引频次排序）

序号	作者	作者单位	发文量/篇	5 年总被引频次/次	篇均被引频次/次
1	蓝蔚青	上海海洋大学	13	74	5.69
2	杨红生	中国科学院海洋研究所	6	67	11.17
3	陈新军	上海海洋大学	3	65	21.67
4	陈晓瑛	广东省农业科学院	4	44	11.00
5	高春霞	上海海洋大学	2	39	19.50
6	杨富亿	中国科学院东北地理与农业生态研究所	11	39	3.55
7	徐琰斐	中国水产科学研究院	5	38	7.60
8	章守宇	上海海洋大学	4	37	9.25
9	黄一心	中国水产科学研究院	5	34	6.80
10	张新明	日照职业技术学院	4	33	8.25

57.5　高被引机构分析

水产学领域总被引频次 Top 20 高等院校、总被引频次 Top 10 科研院所的发文和被引情况分别见表 57-4、表 57-5。

表 57-4　水产学领域高被引高等院校 Top 20（按 5 年总被引频次排序）

序号	第一作者单位	发文量/篇	5 年总被引频次/次	篇均被引频次/次	序号	第一作者单位	发文量/篇	5 年总被引频次/次	篇均被引频次/次
1	上海海洋大学	1853	4127	2.23	11	集美大学	111	223	2.01
2	中国海洋大学	481	950	1.98	12	湖南农业大学	69	193	2.80
3	广东海洋大学	370	783	2.12	13	甘肃农业大学	52	178	3.42
4	大连海洋大学	382	757	1.98	14	中国农业大学	49	157	3.20
5	南京农业大学	201	506	2.52	15	广西大学	74	141	1.91
6	华中农业大学	213	472	2.22	16	河南师范大学	75	141	1.88
7	浙江海洋大学	226	405	1.79	17	海南大学	89	131	1.47
8	西南大学	120	319	2.66	18	江苏海洋大学	106	129	1.22
9	宁波大学	164	287	1.75	19	长江大学	59	127	2.15
10	天津农学院	160	227	1.42	20	四川农业大学	62	123	1.98

表 57–5　水产学领域高被引科研院所 Top 10（按 5 年总被引频次排序）

序号	第一作者单位	发文量/篇	5年总被引频次/次	篇均被引频次/次	序号	第一作者单位	发文量/篇	5年总被引频次/次	篇均被引频次/次
1	中国水产科学研究院	1397	3607	2. 58	6	安徽省农业科学院	34	61	1. 79
2	中国科学院水生生物研究所	91	219	2. 41	7	中国农业科学院农业资源与农业区划研究所	8	51	6. 38
3	广东省农业科学院	47	203	4. 32	8	中国科学院南海海洋研究所	28	49	1. 75
4	中国科学院海洋研究所	88	139	1. 58	9	福建省农业科学院	26	44	1. 69
5	西藏自治区农牧科学院	33	90	2. 73	10	贵州省农业科学院	28	43	1. 54

第58章　2024年测绘科学技术领域高被引分析

58.1　领域论文概况

2019—2023年，测绘科学技术领域共发表学术论文14835篇，由来自2238所机构的11918位学者作为第一作者发表。上述论文中，有8334篇被引用，整体被引率为56.2%，总被引频次为31099次，篇均被引2.10次；其中，高被引论文有151篇，高被引论文篇均被引25.03次（表58-1）。

表58-1　2019—2023年测绘科学技术领域论文分布情况

年份	论文数量/篇	总被引频次/次	被引率/%	高被引论文数量/篇	高被引论文被引频次/次
2019	2937	11349	79.4	29	1581
2020	2842	9237	75.9	28	931
2021	3081	6932	68.4	30	700
2022	3066	3103	46.6	32	422
2023	2909	478	10.6	32	146
合计	14835	31099	56.2	151	3780

58.2　高被引论文分析

2019—2023年，测绘科学技术领域总被引频次最高的论文为2019年许强发表的《基于天-空-地一体化的重大地质灾害隐患早期识别与监测预警》（总被引频次为195次），刊载各年高被引论文Top 5数量最多的期刊为《武汉大学学报（信息科学版）》（10篇），详见表58-2。

表58-2　2019—2023年测绘科学技术领域高被引论文Top 5（按各年总被引频次排序）

序号	论文题名	第一作者	期刊名称	发表年份	总被引频次/次
1	基于天-空-地一体化的重大地质灾害隐患早期识别与监测预警	许强	武汉大学学报（信息科学版）	2019	195
2	重大地质灾害隐患早期识别中综合遥感应用的思考与建议	葛大庆	武汉大学学报（信息科学版）	2019	84
3	光学遥感与InSAR结合的金沙江白格滑坡上下游滑坡隐患早期识别	陆会燕	武汉大学学报（信息科学版）	2019	82
4	卫星雷达遥感在滑坡灾害探测和监测中的应用：挑战与对策	李振洪	武汉大学学报（信息科学版）	2019	82

续表

序号	论文题名	第一作者	期刊名称	发表年份	总被引频次/次
5	自然因子对四川植被 NDVI 变化的地理探测	彭文甫	地理学报	2019	80
6	对地质灾害隐患早期识别相关问题的认识与思考	许强	武汉大学学报（信息科学版）	2020	63
7	中国地球观测遥感卫星发展现状及文献分析	孙伟伟	遥感学报	2020	55
8	PPP/PPP-RTK 新进展与北斗/GNSS PPP 定位性能比较	张小红	测绘学报	2020	44
9	顾及时空特征的地理知识图谱构建方法	张雪英	中国科学（信息科学）	2020	42
10	等值化理念下中国城乡融合多维审视及影响因素	周佳宁	地理研究	2020	40
11	2021 年 5 月 21 日 M_s 6.4 漾濞地震 GNSS 同震变形场及其约束反演的破裂滑动分布	张克亮	地球物理学报	2021	36
12	北斗三号全球导航卫星系统服务性能评估：定位导航授时、星基增强、精密单点定位、短报文通信与国际搜救	蔡洪亮	测绘学报	2021	32
13	PNT 智能服务	杨元喜	测绘学报	2021	31
14	遥感云计算平台发展及地球科学应用	付东杰	遥感学报	2021	30
15	天空地多源遥感数据的广义摄影测量学	张永军	测绘学报	2021	29
16	InSAR 数据约束下 2016 年和 2022 年青海门源地震震源参数及其滑动分布	李振洪	武汉大学学报（信息科学版）	2022	34
17	“天 - 空 - 地”协同滑坡监测技术进展	许强	测绘学报	2022	24
18	从实景三维建模到数字孪生建模	朱庆	测绘学报	2022	23
19	实景三维中国建设的基本定位与技术路径	陈军	武汉大学学报（信息科学版）	2022	20
20	多源遥感地质灾害早期识别技术进展与发展趋势	张勤	测绘学报	2022	18

续表

序号	论文题名	第一作者	期刊名称	发表年份	总被引频次/次
21	高分遥感共性产品生成和真实性检验技术体系	柳钦火	遥感学报	2023	11
22	北斗三号 PPP-B2b 服务性能评估	宋伟伟	武汉大学学报（信息科学版）	2023	10
23	2022 年泸定 M_w 6.6 地震 InSAR 同震形变与滑动分布	韩炳权	武汉大学学报（信息科学版）	2023	9
24	泸定 M_s 6.8 地震诱发滑坡应急评价研究	王欣	武汉大学学报（信息科学版）	2023	6
25	多重流空间视角下的中国城市网络空间结构特征及组织模式	沈文成	地理研究	2023	6

58.3 研究主题关联分析

在测绘科学技术领域，151 篇高被引论文共被引用了 3780 次。通过分析施引文献关键词的词频及关键词之间的共现关系，获得测绘科学技术领域的热点主题和主题关联，如图 58-1 所示。由图可知："深度学习""人工智能""语义分割"等关键词的文献词频较高，是测绘科学技术领域的研究热点。本领域形成 4 个研究主题簇，分别以"深度学习""光学遥感"为中心；以"语义分割""卷积神经网络"为中心；以"人工智能""地理空间智能"为中心；以"PointNet++""开采沉陷"为中心。

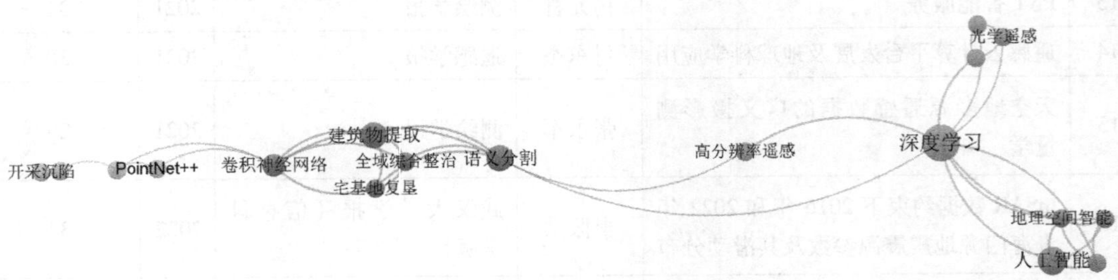

图 58-1 测绘科学技术领域的热点主题和主题关联

58.4 高被引作者分析

2019—2023 年测绘科学技术领域论文总被引频次 Top 10 的作者见表 58-3。其中发文总被引频次居前 3 位的作者分别是成都理工大学的许强（321 次）、武汉大学的李德仁（131 次）、武汉大学的刘经南（129 次）。

表 58-3　测绘科学技术领域高被引作者 Top 10（按 5 年总被引频次排序）

序号	作者	作者单位	发文量/篇	5 年总被引频次/次	篇均被引频次/次
1	许强	成都理工大学	7	321	45. 86
2	李德仁	武汉大学	13	131	10. 08
3	刘经南	武汉大学	7	129	18. 43
4	季顺平	武汉大学	4	110	27. 50
5	张小红	武汉大学	7	97	13. 86
6	朱建军	中南大学	5	83	16. 60
7	朱庆	西南交通大学	10	83	8. 30
8	陆会燕	成都理工大学	1	82	82. 00
9	郭树人	北京跟踪与通信技术研究所	3	81	27. 00
10	彭文甫	四川师范大学	1	80	80. 00

58. 5　高被引机构分析

测绘科学技术领域总被引频次 Top 20 高等院校、总被引频次 Top 10 科研院所的发文和被引情况分别见表 58-4、表 58-5。

表 58-4　测绘科学技术领域高被引高等院校 Top 20（按 5 年总被引频次排序）

序号	第一作者单位	发文量/篇	5 年总被引频次/次	篇均被引频次/次	序号	第一作者单位	发文量/篇	5 年总被引频次/次	篇均被引频次/次
1	武汉大学	1227	3433	2. 80	11	西南交通大学	162	417	2. 57
2	成都理工大学	100	806	8. 06	12	兰州交通大学	207	367	1. 77
3	山东科技大学	349	766	2. 19	13	中南大学	136	353	2. 60
4	中国地质大学	225	668	2. 97	14	河南理工大学	171	339	1. 98
5	长安大学	218	654	3. 00	15	同济大学	121	260	2. 15
6	辽宁工程技术大学	277	653	2. 36	16	西安科技大学	115	253	2. 20
7	中国矿业大学	219	595	2. 72	17	昆明理工大学	132	250	1. 89
8	桂林理工大学	184	533	2. 90	18	首都师范大学	62	225	3. 63
9	河海大学	197	442	2. 24	19	北京建筑大学	110	223	2. 03
10	东华理工大学	165	437	2. 65	20	北京大学	53	207	3. 91

表 58-5 测绘科学技术领域高被引科研院所 Top 10（按 5 年总被引频次排序）

序号	第一作者单位	发文量/篇	5 年总被引频次/次	篇均被引频次/次	序号	第一作者单位	发文量/篇	5 年总被引频次/次	篇均被引频次/次
1	中国测绘科学研究院	195	620	3. 18	6	中国地震局地震研究所	33	93	2. 82
2	中国科学院地理科学与资源研究所	76	455	5. 99	7	中国科学院精密测量科学与技术创新研究院	53	80	1. 51
3	中国科学院空天信息创新研究院	111	256	2. 31	8	自然资源部第一海洋研究所	23	64	2. 78
4	中国科学院上海天文台	78	155	1. 99	9	中国科学院上海技术物理研究所	16	56	3. 50
5	北京跟踪与通信技术研究所	17	132	7. 76	10	中国地震局地质研究所	10	47	4. 70

第 59 章　2024 年材料科学领域高被引分析

59.1　领域论文概况

2019—2023 年，材料科学领域共发表学术论文 35765 篇，由来自 3979 所机构的 32236 位学者作为第一作者发表。上述论文中，有 16509 篇被引用，整体被引率为 46.2%，总被引频次为 45220 次，篇均被引 1.26 次；其中，高被引论文有 524 篇，高被引论文篇均被引 9.56 次（表 59–1）。

表 59–1　2019—2023 年材料科学领域论文分布情况

年份	论文数量/篇	总被引频次/次	被引率/%	高被引论文数量/篇	高被引论文被引频次/次
2019	6140	15015	72.3	71	1365
2020	6294	13008	66.6	81	1313
2021	7220	10681	58.4	95	1096
2022	7712	5504	37.9	101	791
2023	8399	1012	8.9	176	442
合计	35765	45220	46.2	524	5007

59.2　高被引论文分析

2019—2023 年，材料科学领域总被引频次最高的论文为 2019 年池汝安发表的《风化壳淋积型稀土矿开发的现状及展望》（总被引频次为 64 次），刊载各年高被引论文 Top 5 数量最多的期刊为《材料导报》（9 篇），详见表 59–2。

表 59–2　2019—2023 年材料科学领域高被引论文 Top 5（按各年总被引频次排序）

序号	论文题名	第一作者	期刊名称	发表年份	总被引频次/次
1	风化壳淋积型稀土矿开发的现状及展望	池汝安	中国稀土学报	2019	64
2	碳化硅陶瓷基复合材料在航空发动机上的应用需求及挑战	刘巧沐	材料工程	2019	46
3	A review of selective laser melting of aluminum alloys：processing，microstructure，property and developing trends	Jinliang Zhang	材料科学技术（英文版）	2019	33
4	Fe-Mn-Al-C 系列低密度高强钢的研究现状	刘春泉	材料导报	2019	31

续表

序号	论文题名	第一作者	期刊名称	发表年份	总被引频次/次
5	相变储能材料及其应用研究进展	陈颖	材料工程	2019	30
6	汽车轻量化技术的研究现状综述	李光霁	材料科学与工艺	2020	46
7	1－乙基－3－甲基咪唑硫酸乙酯盐离子液体中采用电化学法合成聚苯胺薄膜及其耐蚀性	周婉秋	材料导报	2020	40
8	碳纤维及树脂基复合材料产业发展面临的机遇与挑战	邢丽英	复合材料学报	2020	31
9	近五年钛合金材料研发进展	赵永庆	中国材料进展	2020	30
10	常见金属元素对人体的作用及危害	李争显	中国材料进展	2020	27
11	铁尾矿制备新型建筑材料的国内外进展	路畅	材料导报	2021	28
12	基于响应面法的复合充填料浆配比优化及微观结构影响机制	刘树龙	复合材料学报	2021	28
13	水泥水化产物——水化硅酸钙（C-S-H）的研究进展	刘新	材料导报	2021	21
14	金属材料增材制造及其在民用航空领域的应用研究现状	常坤	材料导报	2021	19
15	航空航天轻质复合材料壳体结构研究进展	熊健	复合材料学报	2021	18
16	Additive manufacturing of metals：microstructure evolution and multistage control	Zhiyuan Liu	材料科学技术（英文版）	2022	18
17	几种苛刻海洋大气环境下的海工材料腐蚀机制	崔中雨	中国腐蚀与防护学报	2022	18
18	碱激发粉煤灰地聚物的力学性能及微观机制研究	童国庆	材料导报	2022	17
19	Rheological behavior of paste in metal mines	Aixiang Wu	矿物冶金与材料学报	2022	15
20	钢筋混凝土中氯盐和硫酸盐耦合侵蚀研究进展	张成琳	材料导报	2022	14
21	磷石膏材料化综合利用研究进展	张峻	材料导报	2023	12

续表

序号	论文题名	第一作者	期刊名称	发表年份	总被引频次/次
22	g-C_3N_4/BiOCl 复合光催化剂作为 2D/2D 异质结用于光催化降解染料性能研究	吴健博	复合材料学报	2023	6
23	电磁吸波材料的研究现状与发展趋势	王一帆	复合材料学报	2023	6
24	高强度－中密度纳米孔树脂基防隔热复合材料的制备与性能	钱震	复合材料学报	2023	5
25	超级铝热剂的发展现状	顾晓然	材料导报	2023	5

59.3　研究主题关联分析

在材料科学领域，524 篇高被引论文共被引用了 5007 次。通过分析施引文献关键词的词频及关键词之间的共现关系，获得材料科学领域的热点主题和主题关联，如图 59–1 所示。由图可知："力学性能""复合材料""碳纤维"等关键词的文献词频较高，是材料科学领域的研究热点。本领域形成 9 个研究主题簇，分别以"力学性能""耐久性"为中心；以"复合材料""碳纤维"为中心；以"吸附""研究进展"为中心；以"微观组织""镁合金"为中心；以"激光熔覆""高熵合金"为中心；以"再生混凝土"为中心；以"水泥基材料"为中心；以"电化学性能""碳纳米管"为中心；以"抗压强度"为中心。

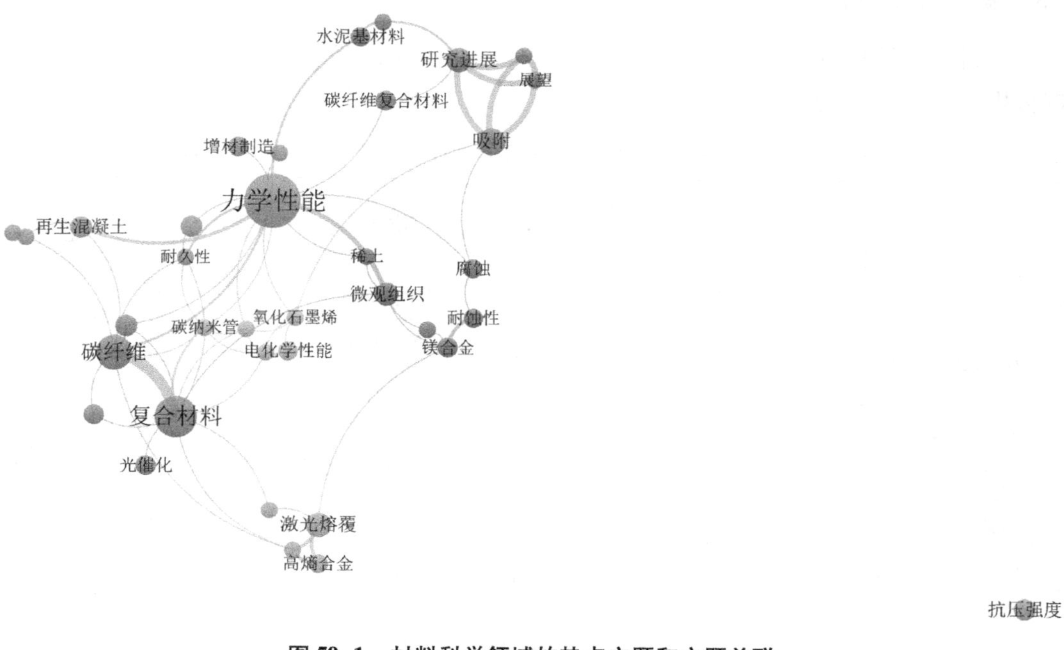

图 59–1　材料科学领域的热点主题和主题关联

59.4　高被引作者分析

2019—2023 年材料科学领域论文总被引频次 Top 10 的作者见表 59-3。其中发文 5 年总被引频次居前 3 位的作者分别是武汉工程大学的池汝安（64 次）、上海应用技术大学的李光霁（46 次）、广西科技大学的陈宇良（42 次）。

表 59-3　材料科学领域高被引作者 Top 10（按 5 年总被引频次排序）

序号	作者	作者单位	发文量/篇	5 年总被引频次/次	篇均被引频次/次
1	池汝安	武汉工程大学	1	64	64.00
2	李光霁	上海应用技术大学	1	46	46.00
3	陈宇良	广西科技大学	9	42	4.67
4	周婉秋	沈阳师范大学	1	40	40.00
5	刘培生	北京师范大学	3	36	12.00
6	郭钟群	江西理工大学	7	36	5.14
7	王爱国	安徽建筑大学	8	35	4.38
8	曹琛	西安建筑科技大学	2	32	16.00
9	杨旭东	中国民航大学	8	32	4.00
10	乔宏霞	兰州理工大学	14	32	2.29

59.5　高被引机构分析

材料科学领域总被引频次 Top 20 高等院校、总被引频次 Top 10 科研院所的发文和被引情况分别见表 59-4、表 59-5。

表 59-4　材料科学领域高被引高等院校 Top 20（按 5 年总被引频次排序）

序号	第一作者单位	发文量/篇	5 年总被引频次/次	篇均被引频次/次	序号	第一作者单位	发文量/篇	5 年总被引频次/次	篇均被引频次/次
1	北京科技大学	687	977	1.42	9	东北大学	420	465	1.11
2	昆明理工大学	378	552	1.46	10	西安建筑科技大学	280	457	1.63
3	西北工业大学	438	519	1.18	11	天津工业大学	209	453	2.17
4	河南科技大学	275	513	1.87	12	太原理工大学	313	443	1.42
5	大连理工大学	343	506	1.48	13	武汉理工大学	456	430	0.94
6	哈尔滨工业大学	342	489	1.43	14	兰州理工大学	265	427	1.61
7	中南大学	335	482	1.44	15	江西理工大学	210	388	1.85
8	四川大学	394	478	1.21	16	清华大学	221	386	1.75

续表

序号	第一作者单位	发文量/篇	5 年总被引频次/次	篇均被引频次/次	序号	第一作者单位	发文量/篇	5 年总被引频次/次	篇均被引频次/次
17	上海交通大学	285	377	1.32	19	西安交通大学	308	354	1.15
18	重庆大学	238	354	1.49	20	北京化工大学	196	337	1.72

表 59-5　材料科学领域高被引科研院所 Top 10（按 5 年总被引频次排序）

序号	第一作者单位	发文量/篇	5 年总被引频次/次	篇均被引频次/次	序号	第一作者单位	发文量/篇	5 年总被引频次/次	篇均被引频次/次
1	中国科学院金属研究所	392	401	1.02	6	中国科学院长春应用化学研究所	77	100	1.30
2	中国科学院上海硅酸盐研究所	164	238	1.45	7	中国工程物理研究院	84	90	1.07
3	西北有色金属研究院	33	139	4.21	8	中国科学院化学研究所	67	69	1.03
4	包头稀土研究院	97	139	1.43	9	中国科学院山西煤炭化学研究所	32	54	1.69
5	中国科学院宁波材料技术与工程研究所	92	106	1.15	10	中国科学院海洋研究所	39	52	1.33

第 60 章　2024 年工程与技术基础学科领域高被引分析

60.1　领域论文概况

2019—2023 年，工程与技术基础学科领域共发表学术论文 23205 篇，由来自 3295 所机构的 20843 位学者作为第一作者发表。上述论文中，有 10691 篇被引用，整体被引率为 46.1%，总被引频次为 28736 次，篇均被引 1.24 次；其中，高被引论文有 270 篇，高被引论文篇均被引 10.85 次（表 60–1）。

表 60–1　2019—2023 年工程与技术基础学科领域论文分布情况

年份	论文数量/篇	总被引频次/次	被引率/%	高被引论文数量/篇	高被引论文被引频次/次
2019	3974	9709	71.7	45	911
2020	4252	8604	66.7	43	764
2021	4859	6810	57.2	51	717
2022	4917	3074	36.3	61	372
2023	5203	539	8.5	70	165
合计	23205	28736	46.1	270	2929

60.2　高被引论文分析

2019—2023 年，工程与技术基础学科领域总被引频次最高的论文为 2021 年张贤发表的《我国碳捕集利用与封存技术发展研究》（总被引频次为 66 次），刊载各年高被引论文 Top 5 数量最多的期刊为《工程（英文）》（4 篇），详见表 60–2。

表 60–2　2019—2023 年工程与技术基础学科领域高被引论文 Top 5（按各年总被引频次排序）

序号	论文题名	第一作者	期刊名称	发表年份	总被引频次/次
1	生态环境高分子的研究进展	陈学思	高分子学报	2019	61
2	水声定位导航技术的发展与展望	孙大军	中国科学院院刊	2019	51
3	含冰蓄冷空调的冷热电联供型微网多时间尺度优化调度	程杉	电力系统自动化	2019	39
4	Human-Cyber-Physical Systems (HCPSs) in the context of new-generation intelligent manufacturing	Zhou Ji	工程（英文）	2019	32
5	Digital twins and cyber-physical systems toward smart manufacturing and industry 4.0: correlation and comparison	Fei Tao	工程（英文）	2019	29

续表

序号	论文题名	第一作者	期刊名称	发表年份	总被引频次/次
6	（CuO，Fe_2O_3）掺杂 Ag/SnO_2 电接触材料的物理性能	郑晓华	稀有金属材料与工程	2020	46
7	630～700 ℃超超临界燃煤电站耐热管及其制造技术进展	刘正东	金属学报	2020	33
8	压电悬臂梁振动能量收集器研究进展	芮小博	振动与冲击	2020	26
9	基于机器视觉的航空铆钉尺寸检测技术	邢雪亮	计量学报	2020	25
10	稀土永磁体的前景展望	J. M. D. Coey	工程（英文）	2020	25
11	我国碳捕集利用与封存技术发展研究	张贤	中国工程科学	2021	66
12	中国典型生态脆弱区生态化学计量学研究进展	陈云	生态学报	2021	25
13	激光干涉精密测量与应用	谈宜东	中国激光	2021	23
14	Smart manufacturing and intelligent manufacturing：a comparative review	Baicun Wang	工程（英文）	2021	20
15	包装机械自动化技术研究进展	李晓刚	包装与食品机械	2021	19
16	材料领域知识嵌入的机器学习	刘悦	硅酸盐学报	2022	18
17	天然气掺氢管道输运及终端应用	于子龙	力学与实践	2022	13
18	Dynamic mechanical characteristics and application of constant resistance energy-absorbing supporting material	Qi Wang	矿业科学技术学报（英文版）	2022	12
19	基于内积矩阵及深度学习的结构健康监测研究	王慧	工程力学	2022	10
20	温室气体浓度监测的光腔衰荡光谱研究进展	马路遥	计量学报	2022	10
21	铝基复合材料的制备和研究现状	曹子林	金属功能材料	2023	5
22	碳达峰碳中和背景下低碳制造研究现状与技术路径研究	李洪丞	机械工程学报	2023	5
23	TiO_2/Cu_2O/Pt 复合空心微球的制备及其光催化性能	刘峰强	无机化学学报	2023	5

续表

序号	论文题名	第一作者	期刊名称	发表年份	总被引频次/次
24	碳纤维/聚醚醚酮（CF/PEEK）复合材料摩擦磨损性能及抗摩擦静电特性研究	逄显娟	中国机械工程	2023	4
25	基于 MIC 和 MPA-KELM 的脱硫出口 SO_2 浓度预测	闫浩思	计量学报	2023	4

60.3 研究主题关联分析

在工程与技术基础学科领域，270 篇高被引论文共被引用了 2929 次。通过分析施引文献关键词的词频及关键词之间的共现关系，获得工程与技术基础学科领域的热点主题和主题关联，如图 60-1 所示。由图可知："计量学""力学性能""复合材料"等关键词的文献词频较高，是工程与技术基础学科领域的研究热点。本领域形成 7 个研究主题簇，分别以"计量学""极限学习机"为中心；以"机器视觉"为中心；以"卷积神经网络"为中心；以"不确定度评定""不确定度"为中心；以"力学性能""复合材料"为中心；以"二氧化硅气凝胶"为中心；以"制备""应用"为中心。

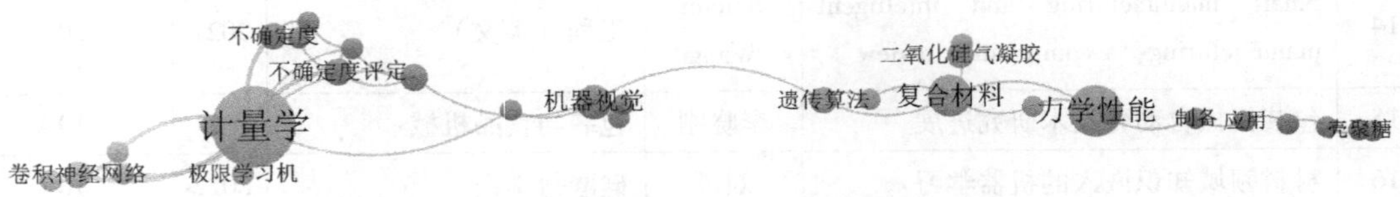

图 60-1　工程与技术基础学科领域的热点主题和主题关联

60.4 高被引作者分析

2019—2023 年工程与技术基础学科领域论文总被引频次 Top 10 的作者见表 60-3。其中发文 5 年总被引频次居前 3 位的作者分别是华北电力大学的张立峰（63 次）、中国科学院长春应用化学研究所的陈学思（61 次）、哈尔滨工程大学的孙大军（60 次）。

表 60-3　工程与技术基础学科领域高被引作者 Top 10（按 5 年总被引频次排序）

序号	作者	作者单位	发文量/篇	5 年总被引频次/次	篇均被引频次/次
1	张立峰	华北电力大学	22	63	2.86
2	陈学思	中国科学院长春应用化学研究所	1	61	61.00
3	孙大军	哈尔滨工程大学	8	60	7.50
4	吴忠强	燕山大学	14	57	4.07

续表

序号	作者	作者单位	发文量/篇	5 年总被引频次/次	篇均被引频次/次
5	刘素贞	河北工业大学	11	53	4.82
6	程淑红	燕山大学	11	52	4.73
7	陈剑	合肥工业大学	6	50	8.33
8	郑晓华	浙江工业大学	2	48	24.00
9	芮小博	天津大学	5	44	8.80
10	陈凌峰	北京理工大学	2	43	21.50

60.5 高被引机构分析

工程与技术基础学科领域总被引频次 Top 20 高等院校、总被引频次 Top 10 科研院所的发文和被引情况分别见表 60-4、表 60-5。

表 60-4 工程与技术基础学科领域高被引高等院校 Top 20（按 5 年总被引频次排序）

序号	第一作者单位	发文量/篇	5 年总被引频次/次	篇均被引频次/次	序号	第一作者单位	发文量/篇	5 年总被引频次/次	篇均被引频次/次
1	燕山大学	269	785	2.92	11	西北工业大学	217	278	1.28
2	中国计量大学	251	510	2.03	12	合肥工业大学	181	270	1.49
3	上海交通大学	350	494	1.41	13	清华大学	204	260	1.27
4	南京航空航天大学	281	389	1.38	14	华中科技大学	195	248	1.27
5	中南大学	252	387	1.54	15	南昌航空大学	133	247	1.86
6	西安交通大学	226	354	1.57	16	华南理工大学	154	242	1.57
7	上海理工大学	250	353	1.41	17	哈尔滨工程大学	144	237	1.65
8	天津大学	233	333	1.43	18	河北工业大学	146	234	1.60
9	大连理工大学	188	329	1.75	19	北京工业大学	168	221	1.32
10	浙江大学	225	308	1.37	20	北京航空航天大学	159	220	1.38

表 60-5 工程与技术基础学科领域高被引科研院所 Top 10（按 5 年总被引频次排序）

序号	第一作者单位	发文量/篇	5 年总被引频次/次	篇均被引频次/次	序号	第一作者单位	发文量/篇	5 年总被引频次/次	篇均被引频次/次
1	中国计量科学研究院	163	386	2.37	2	中国科学院声学研究所	220	272	1.24

续表

序号	第一作者单位	发文量/篇	5 年总被引频次/次	篇均被引频次/次	序号	第一作者单位	发文量/篇	5 年总被引频次/次	篇均被引频次/次
3	中国工程物理研究院	69	84	1. 22	7	中国科学院理化技术研究所	84	35	0. 42
4	中国科学院长春应用化学研究所	19	79	4. 16	8	中国科学院宁波材料技术与工程研究所	18	32	1. 78
5	中国科学院化学研究所	55	73	1. 33	9	中国科学院长春光学精密机械与物理研究所	12	30	2. 50
6	中国科学院金属研究所	47	59	1. 26	10	中国科学院光电技术研究所	12	30	2. 50

第 61 章　2024 年矿业工程技术领域高被引分析

61.1　领域论文概况

2019—2023 年，矿业工程技术领域共发表学术论文 31640 篇，由来自 4640 所机构的 22555 位学者作为第一作者发表。上述论文中，有 19565 篇被引用，整体被引率为 61.8%，总被引频次为 82682 次，篇均被引 2.61 次；其中，高被引论文有 401 篇，高被引论文篇均被引 29.23 次（表 61–1）。

表 61–1　2019—2023 年矿业工程技术领域论文分布情况

年份	论文数量/篇	总被引频次/次	被引率/%	高被引论文数量/篇	高被引论文被引频次/次
2019	6077	27052	83.5	67	3892
2020	6293	25276	80.7	64	3374
2021	6428	19273	74.4	65	2521
2022	6332	9564	57.8	90	1426
2023	6510	1517	14.8	115	509
合计	31640	82682	61.8	401	11722

61.2　高被引论文分析

2019—2023 年，矿业工程技术领域总被引频次最高的论文为 2019 年王国法发表的《煤矿智能化（初级阶段）研究与实践》（总被引频次为 256 次），刊载各年高被引论文 Top 5 数量最多的期刊为《煤炭学报》（14 篇），详见表 61–2。

表 61–2　2019—2023 年矿业工程技术领域高被引论文 Top 5（按各年总被引频次排序）

序号	论文题名	第一作者	期刊名称	发表年份	总被引频次/次
1	煤矿智能化（初级阶段）研究与实践	王国法	煤炭科学技术	2019	256
2	深部岩体力学与开采理论研究进展	谢和平	煤炭学报	2019	253
3	煤矿智能化——煤炭工业高质量发展的核心技术支撑	王国法	煤炭学报	2019	218
4	智慧煤矿与智能化开采关键核心技术分析	王国法	煤炭学报	2019	211
5	我国煤矿冲击地压发展 70 年：理论与技术体系的建立与思考	齐庆新	煤炭科学技术	2019	181

续表

序号	论文题名	第一作者	期刊名称	发表年份	总被引频次/次
6	黄河流域煤矿区生态环境修复关键技术与战略思考	彭苏萍	煤炭学报	2020	143
7	煤矿千米深井巷道围岩支护－改性－卸压协同控制技术	康红普	煤炭学报	2020	105
8	我国煤矿粉尘防治理论与技术 20 年研究进展及展望	程卫民	煤炭科学技术	2020	100
9	煤矿智能化（初级阶段）技术体系研究与工程进展	王国法	煤炭科学技术	2020	95
10	煤矿深部开采煤岩动力灾害防控理论基础与关键技术	齐庆新	煤炭学报	2020	88
11	碳中和目标下煤炭行业发展机遇	谢和平	煤炭学报	2021	158
12	我国煤矿巷道围岩控制技术发展 70 年及展望	康红普	岩石力学与工程学报	2021	136
13	我国煤炭工业科技创新进展及“十四五”发展方向	刘峰	煤炭学报	2021	121
14	煤炭工业“十三五”发展成效与“双碳”目标实施路径	王国法	煤炭科学技术	2021	76
15	碳中和愿景下煤炭行业发展的危机与应对	陈浮	煤炭学报	2021	71
16	煤矿智能化最新技术进展与问题探讨	王国法	煤炭科学技术	2022	91
17	我国煤矿冲击地压防治现状与难题	窦林名	煤炭学报	2022	61
18	我国煤与瓦斯突出防治理论技术研究进展与展望	王恩元	煤炭学报	2022	50
19	无煤柱开采围岩控制技术及应用	康红普	煤炭学报	2022	42
20	金属矿山固废充填研究现状与发展趋势	程海勇	工程科学学报	2022	39
21	双碳背景下“煤－水－热”正效协同共采理论与技术构想	曾一凡	煤炭学报	2023	20
22	“双碳”目标下赋煤区新能源开发——未来煤矿转型升级新路径	王双明	煤炭科学技术	2023	13
23	矿井水灾害：原因 · 对策 · 出路	尹尚先	煤田地质与勘探	2023	12

续表

序号	论文题名	第一作者	期刊名称	发表年份	总被引频次/次
24	煤矿无人化智能开采系统理论与技术研发进展	王国法	煤炭学报	2023	12
25	煤矿安全生产视频 AI 识别关键技术研究综述	程德强	煤炭科学技术	2023	10

61.3　研究主题关联分析

在矿业工程技术领域，401 篇高被引论文共被引用了 11722 次。通过分析施引文献关键词的词频及关键词之间的共现关系，获得矿业工程技术领域的热点主题和主题关联，如图 61-1 所示。由图可知："冲击地压""煤矿智能化""智能化"等关键词的文献词频较高，是矿业工程技术领域的研究热点。本领域形成 7 个研究主题簇，分别以"冲击地压"为中心；以"智能装备""关键技术"为中心；以"危险源""安全地质学"为中心；以"智能化开采""智能柔性开发供给响应模型"为中心；以"岩爆"为中心；以"煤矿智能化""智能矿山"为中心；以"巷道支护"为中心。

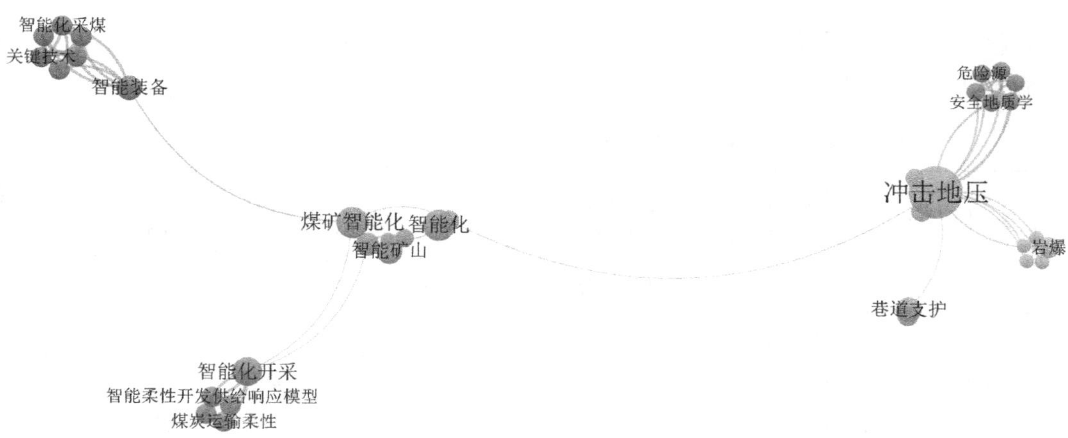

图 61-1　矿业工程技术领域的热点主题和主题关联

61.4　高被引作者分析

2019—2023 年矿业工程技术领域论文总被引频次 Top 10 的作者见表 61-3。其中发文 5 年总被引频次居前 3 位的作者分别是深圳大学的谢和平（428 次），中国矿业大学的孙继平（401 次），安徽理工大学的袁亮（279 次）和中国煤炭科工集团的王国法（279 次）。

表 61-3　矿业工程技术领域高被引作者 Top 10（按 5 年总被引频次排序）

序号	作者	作者单位	发文量/篇	5 年总被引频次/次	篇均被引频次/次
1	谢和平	深圳大学	7	428	61.14
2	孙继平	中国矿业大学	34	401	11.79
3	袁亮	安徽理工大学	10	279	27.90
4	王国法	中国煤炭科工集团	11	279	25.36
5	彭苏萍	中国矿业大学	4	218	54.50
6	董书宁	中国煤炭科工集团有限公司西安研究院有限公司	8	170	21.25
7	石智军	中国煤炭科工集团有限公司西安研究院有限公司	3	166	55.33
8	侯恩科	西安科技大学	21	159	7.57
9	王双明	西安科技大学	6	156	26.00
10	窦林名	中国矿业大学	10	156	15.60

61.5　高被引机构分析

矿业工程技术领域总被引频次 Top 20 高等院校、总被引频次 Top 10 科研院所的发文和被引情况分别见表 61-4、表 61-5。

表 61-4　矿业工程技术领域高被引高等院校 Top 20（按 5 年总被引频次排序）

序号	第一作者单位	发文量/篇	5 年总被引频次/次	篇均被引频次/次	序号	第一作者单位	发文量/篇	5 年总被引频次/次	篇均被引频次/次
1	中国矿业大学	2377	11045	4.65	11	昆明理工大学	548	1234	2.25
2	西安科技大学	1246	4627	3.71	12	江西理工大学	330	873	2.65
3	北京科技大学	616	2639	4.28	13	华北理工大学	298	660	2.21
4	安徽理工大学	668	2135	3.20	14	华北科技学院	185	639	3.45
5	山东科技大学	674	2090	3.10	15	贵州大学	279	639	2.29
6	太原理工大学	894	2066	2.31	16	重庆大学	174	589	3.39
7	中南大学	503	1676	3.33	17	深圳大学	16	505	31.56
8	东北大学	547	1536	2.81	18	武汉科技大学	221	453	2.05
9	河南理工大学	524	1535	2.93	19	内蒙古科技大学	214	429	2.00
10	辽宁工程技术大学	503	1423	2.83	20	武汉理工大学	201	424	2.11

表 61-5　矿业工程技术领域高被引科研院所 Top 10（按 5 年总被引频次排序）

序号	第一作者单位	发文量/篇	5 年总被引频次/次	篇均被引频次/次	序号	第一作者单位	发文量/篇	5 年总被引频次/次	篇均被引频次/次
1	中国地质科学院矿产综合利用研究所	95	253	2. 66	6	中国地质科学院郑州矿产综合利用研究所	48	122	2. 54
2	湖南长沙矿山研究院有限责任公司	114	246	2. 16	7	中国地质调查局机关	16	95	5. 94
3	广东省科学院	93	193	2. 08	8	中国地质科学院	36	81	2. 25
4	中国地质科学院矿产资源研究所	7	174	24. 86	9	包头稀土研究院	21	45	2. 14
5	中国科学院武汉岩土力学研究所	30	148	4. 93	10	中国安全生产科学研究院	16	37	2. 31

第 62 章　2024 年能源科学技术领域高被引分析

62.1　领域论文概况

2019—2023 年，能源科学技术领域共发表学术论文 25533 篇，其中由来自 3037 所机构的 19670 位学者作为第一作者发表。上述论文中，有 16630 篇被引用，整体被引率为 65.1%，总被引频次为 82377 次，篇均被引 3.23 次；其中，高被引论文有 284 篇，高被引论文篇均被引 39.54 次（表 62–1）。

表 62–1　2019—2023 年能源科学技术领域论文分布情况

年份	论文数量/篇	总被引频次/次	被引率/%	高被引论文数量/篇	高被引论文被引频次/次
2019	5166	27219	84.0	51	3417
2020	5032	24394	82.8	52	3481
2021	5080	19050	78.5	52	2591
2022	5392	10239	61.0	58	1317
2023	4863	1475	17.4	71	422
合计	25533	82377	65.1	284	11228

62.2　高被引论文分析

2019—2023 年，能源科学技术领域总被引频次最高的论文为 2021 年邹才能发表的《中国页岩气开发进展、潜力及前景》（总被引频次为 203 次），刊载各年高被引论文 Top 5 数量最多的期刊为《石油勘探与开发》（8 篇），详见表 62–2。

表 62–2　2019—2023 年能源科学技术领域高被引论文 Top 5（按各年总被引频次排序）

序号	论文题名	第一作者	期刊名称	发表年份	总被引频次/次
1	中国迎来页岩油气革命了吗？	金之钧	石油与天然气地质	2019	154
2	中国致密油气发展特征与方向	孙龙德	石油勘探与开发	2019	145
3	中国陆相页岩油类型、潜力及前景	杜金虎	中国石油勘探	2019	132
4	鄂尔多斯盆地中生界延长组长 7 段页岩油地质特征及勘探开发进展	付金华	中国石油勘探	2019	118
5	准噶尔盆地吉木萨尔凹陷陆相页岩油地质特征与聚集机理	支东明	石油与天然气地质	2019	108
6	页岩油气革命及影响	邹才能	石油学报	2020	202
7	中国陆相页岩油类型、资源潜力及与致密油的边界	赵文智	石油勘探与开发	2020	185

续表

序号	论文题名	第一作者	期刊名称	发表年份	总被引频次/次
8	中国石油非常规油气发展现状、挑战与关注问题	李国欣	中国石油勘探	2020	133
9	中国陆相页岩油发展潜力与技术对策	胡素云	石油勘探与开发	2020	121
10	中国页岩气勘探开发进展及发展展望	赵文智	中国石油勘探	2020	117
11	中国页岩气开发进展、潜力及前景	邹才能	天然气工业	2021	203
12	新能源在碳中和中的地位与作用	邹才能	石油勘探与开发	2021	104
13	世界能源转型内涵、路径及其对碳中和的意义	邹才能	石油学报	2021	98
14	中国陆相页岩油研究进展与关键科学问题	金之钧	石油学报	2021	95
15	大庆古龙页岩油重大科学问题与研究路径探析	孙龙德	石油勘探与开发	2021	90
16	塔里木盆地顺北超深层碳酸盐岩油气田勘探开发实践与理论技术进展	马永生	石油勘探与开发	2022	66
17	中国海、陆相页岩层系岩相组合多样性与非常规油气勘探意义	黎茂稳	石油与天然气地质	2022	47
18	我国煤层气高效开发关键技术研究进展与发展方向	徐凤银	煤田地质与勘探	2022	44
19	柴达木盆地英雄岭页岩油地质特征、评价标准及发现意义	李国欣	石油勘探与开发	2022	36
20	松辽盆地古龙页岩油原位成藏理论认识及勘探开发实践	何文渊	石油学报	2022	36
21	鄂尔多斯盆地东缘深部（层）煤层气勘探开发理论技术难点与对策	徐凤银	煤田地质与勘探	2023	20
22	页岩油“甜点”概念及其应用讨论	孙龙德	石油学报	2023	19
23	松辽盆地陆相页岩油富集条件及勘探开发有利区	朱国文	石油学报	2023	14
24	中国石油二氧化碳捕集、驱油与埋存技术进展及展望	宋新民	石油勘探与开发	2023	12
25	川东红星地区 HY1 井二叠系页岩气勘探突破及意义	胡德高	石油学报	2023	11

62.3 研究主题关联分析

在能源科学技术领域，284 篇高被引论文共被引用了 11228 次。通过分析施引文献关键词的词频及关键词之间的共现关系，获得能源科学技术领域的热点主题和主题关联，如图 62-1 所示。由图可知：“页岩油”“四川盆地”“塔里木盆地”等关键词的文献词频较高，是能源科学技术领域的研究热点。本领域形成 5 个研究主题簇，分别以“页岩油”“甜点区段”为中心；以“煤层气”“页岩油气”为中心；以“准噶尔盆地”“可动性”为中心；以“松辽盆地”为中心；以“四川盆地”“塔里木盆地”为中心。

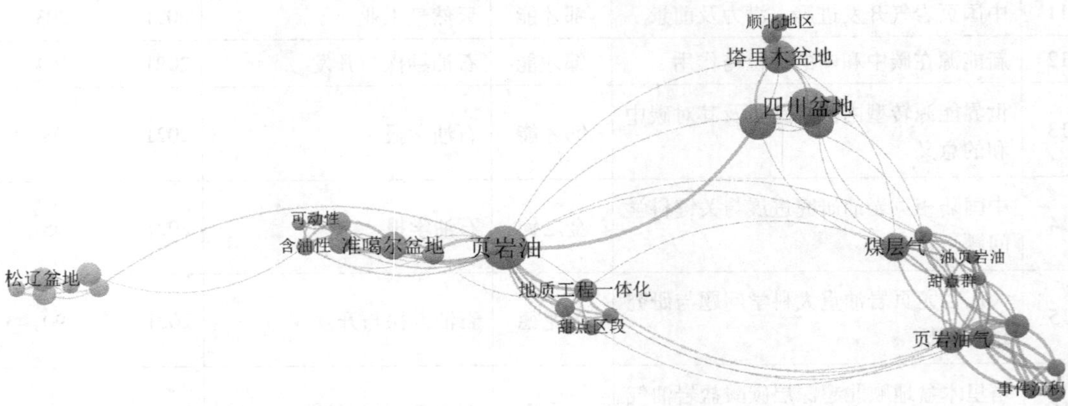

图 62-1 能源科学技术领域的热点主题和主题关联

62.4 高被引作者分析

2019—2023 年能源科学技术领域论文总被引频次 Top 10 的作者见表 62-3。其中发文 5 年总被引频次居前 3 位的作者分别是中国石油勘探开发研究院的邹才能（830 次）、中国石油勘探开发研究院的赵文智（446 次）、中国石油天然气集团公司的杜金虎（299 次）。

表 62-3 能源科学技术领域高被引作者 Top 10（按 5 年总被引频次排序）

序号	作者	作者单位	发文量/篇	5 年总被引频次/次	篇均被引频次/次
1	邹才能	中国石油勘探开发研究院	16	830	51.88
2	赵文智	中国石油勘探开发研究院	15	446	29.73
3	杜金虎	中国石油天然气集团公司	5	299	59.80
4	付金华	中国石油天然气集团公司	6	251	41.83
5	胡素云	中国石油勘探开发研究院	7	236	33.71
6	支东明	中国石油天然气集团公司	8	235	29.38
7	焦方正	中国石油天然气集团公司	4	225	56.25
8	马新华	中国石油勘探开发研究院	8	220	27.50
9	黎茂稳	中国石化石油勘探开发研究院	3	208	69.33
10	金之钧	北京大学	4	176	44.00

62.5　高被引机构分析

能源科学技术领域总被引频次 Top 20 高等院校、总被引频次 Top 10 科研院所的发文和被引情况分别见表 62-4、表 62-5。

表 62-4　能源科学技术领域高被引高等院校 Top 20（按 5 年总被引频次排序）

序号	第一作者单位	发文量/篇	5 年总被引频次/次	篇均被引频次/次	序号	第一作者单位	发文量/篇	5 年总被引频次/次	篇均被引频次/次
1	中国石油大学	3126	10629	3.40	11	辽宁石油化工大学	211	311	1.47
2	西南石油大学	1299	3996	3.08	12	北京石油化工学院	52	177	3.40
3	长江大学	926	2034	2.20	13	天津大学	92	156	1.70
4	中国地质大学	388	1948	5.02	14	吉林大学	53	150	2.83
5	东北石油大学	798	1600	2.01	15	同济大学	41	142	3.46
6	西安石油大学	539	1397	2.59	16	常州大学	77	139	1.81
7	成都理工大学	273	935	3.42	17	重庆科技学院	75	137	1.83
8	西北大学	132	625	4.73	18	华东理工大学	101	126	1.25
9	北京大学	72	586	8.14	19	清华大学	40	124	3.10
10	中国矿业大学	117	499	4.26	20	西安科技大学	36	121	3.36

表 62-5　能源科学技术领域高被引科研院所 Top 10（按 5 年总被引频次排序）

序号	第一作者单位	发文量/篇	5 年总被引频次/次	篇均被引频次/次	序号	第一作者单位	发文量/篇	5 年总被引频次/次	篇均被引频次/次
1	中国地质调查局油气资源调查中心	42	301	7.17	6	中国科学院地质与地球物理研究所	15	98	6.53
2	中国科学院大学	55	198	3.60	7	中国地质调查局武汉地质调查中心	11	85	7.73
3	中国地质调查局机关	17	147	8.65	8	中国地质调查局青岛海洋地质研究所	15	80	5.33
4	中国科学院西北生态环境资源研究院	45	136	3.02	9	中国科学院广州能源研究所	40	73	1.83
5	中国地质科学院	21	101	4.81	10	中国科学院广州地球化学研究所	18	72	4.00

第 63 章　2024 年冶金、金属学领域高被引分析

63.1　领域论文概况

2019—2023 年，冶金、金属学领域共发表学术论文 53121 篇，由来自 5948 所机构的 41865 位学者作为第一作者发表。上述论文中，有 27527 篇被引用，整体被引率为 51.8%，总被引频次为 80630 次，篇均被引 1.52 次；其中，高被引论文有 700 篇，高被引论文篇均被引 12.11 次（表 63-1）。

表 63-1　2019—2023 年冶金、金属学领域论文分布情况

年份	论文数量/篇	总被引频次/次	被引率/%	高被引论文数量/篇	高被引论文被引频次/次
2019	11056	28084	72.4	134	2761
2020	10512	24454	70.0	106	2354
2021	10591	18253	62.8	112	1663
2022	10444	8472	43.0	145	1157
2023	10518	1367	9.7	203	545
合计	53121	80630	51.8	700	8480

63.2　高被引论文分析

2019—2023 年，冶金、金属学领域总被引频次最高的论文为 2019 年邓运来发表的《铝及铝合金材料进展》（总被引频次为 102 次），刊载各年高被引论文 Top 5 数量最多的期刊为《钢铁》（7 篇），详见表 63-2。

表 63-2　2019—2023 年冶金、金属学领域高被引论文 Top 5（按各年总被引频次排序）

序号	论文题名	第一作者	期刊名称	发表年份	总被引频次/次
1	铝及铝合金材料进展	邓运来	中国有色金属学报	2019	102
2	镍基单晶高温合金的研发进展	张健	金属学报	2019	55
3	基于深度学习的飞行器智能故障诊断方法	姜洪开	机械工程学报	2019	42
4	复杂结构与高性能材料增材制造技术进展	刘伟	机械工程学报	2019	42
5	面向航空发动机的镍基合金磨削技术研究进展	丁文锋	机械工程学报	2019	37
6	钛合金及钛基复合材料在航空航天的应用和发展	刘世锋	航空材料学报	2020	82

续表

序号	论文题名	第一作者	期刊名称	发表年份	总被引频次/次
7	激光熔覆技术研究进展	张津超	表面技术	2020	79
8	先进高强度汽车用钢研究进展及展望	赵征志	钢铁研究学报	2020	53
9	钢铁耐磨材料研究进展	魏世忠	金属学报	2020	53
10	中国材料基因工程研究进展	宿彦京	金属学报	2020	47
11	高炉使用高比例球团的战略思考与球团生产的试验研究	王新东	钢铁	2021	34
12	数控机床发展历程及未来趋势	刘强	中国机械工程	2021	32
13	数控机床进给轴热误差补偿技术研究综述	刘阔	机械工程学报	2021	32
14	中国低碳炼铁技术的发展路径与关键技术问题	高建军	中国冶金	2021	30
15	气候变化与钢铁工业脱碳化发展	上官方钦	钢铁	2021	27
16	元宇宙技术综述	王文喜	工程科学学报	2022	49
17	低碳绿色炼铁技术发展动态及展望	刘然	钢铁	2022	25
18	钛合金激光填丝焊缝晶粒生长及相变原位观察	方乃文	中国有色金属学报	2022	14
19	中国钢铁生产“碳中和”解决方案探讨	邵远敬	中国冶金	2022	13
20	炼铁系统低碳技术发展前景与途径	张福明	钢铁	2022	13
21	高炉－转炉钢铁制造流程低碳技术发展与认识	张福明	中国冶金	2023	10
22	典型钢铁制造流程碳排放及碳中和实施路径	张琦	钢铁	2023	9
23	转炉炼钢工艺极限碳排放研究进展	朱荣	钢铁	2023	8
24	流程型制造流程的本质与共性规律	殷瑞钰	钢铁	2023	8
25	高炉能耗现状及降耗技术展望	刘征建	钢铁研究学报	2023	8

63.3　研究主题关联分析

在冶金、金属学领域，700 篇高被引论文共被引用了 8480 次。通过分析施引文献关键词的词频及关键词之间的共现关系，获得冶金、金属学领域的热点主题和主题关联，如图 63-1 所示。由图可知：“力学性能”“显微组织”“激光熔覆”等关键词的文献词频较高，是冶金、金属学领域的研究热点。本领域形成 10 个研究主题簇，分别以“力学性能”“高熵合金”为中心；以“激光熔覆”“BP 神经网络”为中心；以“显微组织”“摩擦磨损”为中心；以“激光技术”“耐蚀性”为中心；以“钛合金”“表面质量”为中心；以“热处理”“夹杂物”为中心；以“数值模拟”“高炉”为中心；以“增材制造”为中心；以“残余应力”“温度场”为中心；以“智能化”为中心。

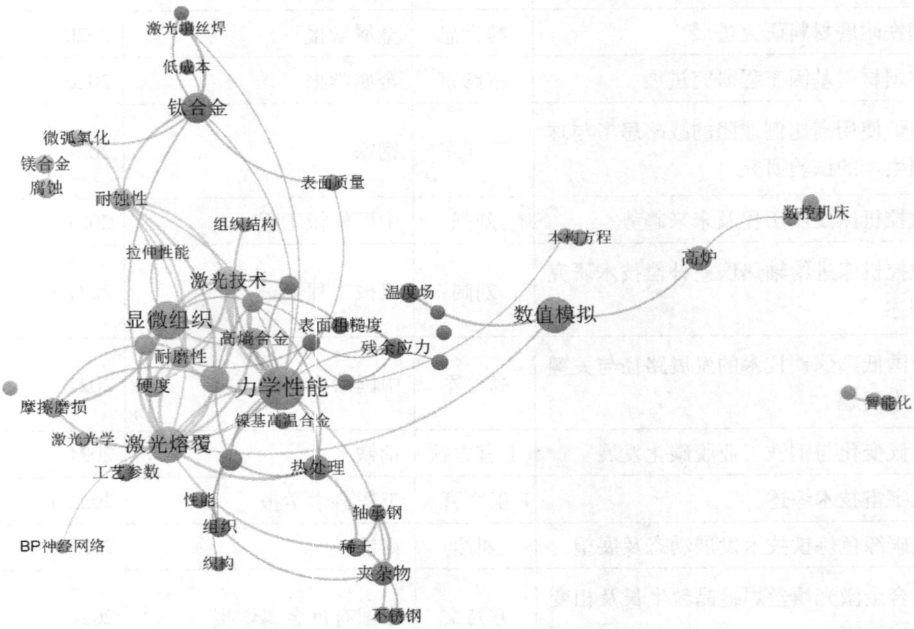

图 63-1　冶金、金属学领域的热点主题和主题关联

63.4　高被引作者分析

2019—2023 年冶金、金属学领域论文总被引频次 Top 10 的作者见表 63-3。其中发文 5 年总被引频次居前 3 位的作者分别是中南大学的邓运来（105 次）、西安科技大学的宗学文（98 次）、西安建筑科技大学的刘世锋（87 次）。

表 63-3　冶金、金属学领域高被引作者 Top 10（按 5 年总被引频次排序）

序号	作者	作者单位	发文量/篇	5 年总被引频次/次	篇均被引频次/次
1	邓运来	中南大学	5	105	21.00
2	宗学文	西安科技大学	23	98	4.26
3	刘世锋	西安建筑科技大学	4	87	21.75
4	张津超	苏州大学	2	81	40.50
5	上官方钦	中国钢研科技集团有限公司钢铁研究总院	3	77	25.67
6	吴圣川	西南交通大学	5	61	12.20

续表

序号	作者	作者单位	发文量/篇	5 年总被引频次/次	篇均被引频次/次
7	王国栋	东北大学	4	61	15. 25
8	张健	中国科学院金属研究所	3	55	18. 33
9	魏世忠	河南科技大学	1	53	53. 00
10	庞铭	中国民航大学	24	53	2. 21

63. 5　高被引机构分析

冶金、金属学领域总被引频次 Top 20 高等院校、总被引频次 Top 10 科研院所的发文和被引情况分别见表 63-4、表 63-5。

表 63-4　冶金、金属学领域高被引高等院校 Top 20（按 5 年总被引频次排序）

序号	第一作者单位	发文量/篇	5 年总被引频次/次	篇均被引频次/次	序号	第一作者单位	发文量/篇	5 年总被引频次/次	篇均被引频次/次
1	北京科技大学	1489	3500	2. 35	11	大连理工大学	482	909	1. 89
2	中南大学	1148	2525	2. 20	12	华北理工大学	469	868	1. 85
3	东北大学	1322	2267	1. 71	13	重庆大学	425	865	2. 04
4	昆明理工大学	716	1150	1. 61	14	南昌航空大学	498	816	1. 64
5	哈尔滨工业大学	501	1035	2. 07	15	西安建筑科技大学	433	798	1. 84
6	上海交通大学	551	1033	1. 87	16	西北工业大学	395	761	1. 93
7	燕山大学	510	968	1. 90	17	西安交通大学	337	705	2. 09
8	武汉科技大学	583	952	1. 63	18	南京航空航天大学	466	689	1. 48
9	兰州理工大学	644	931	1. 45	19	太原理工大学	459	666	1. 45
10	上海大学	569	928	1. 63	20	北京工业大学	342	619	1. 81

表 63-5　冶金、金属学领域高被引科研院所 Top 10（按 5 年总被引频次排序）

序号	第一作者单位	发文量/篇	5 年总被引频次/次	篇均被引频次/次	序号	第一作者单位	发文量/篇	5 年总被引频次/次	篇均被引频次/次
1	中国科学院金属研究所	400	744	1. 86	3	中国工程物理研究院	149	135	0. 91
2	西北有色金属研究院	155	185	1. 19	4	中国科学院兰州化学物理研究所	39	134	3. 44

续表

序号	第一作者单位	发文量/篇	5 年总被引频次/次	篇均被引频次/次	序号	第一作者单位	发文量/篇	5 年总被引频次/次	篇均被引频次/次
5	广东省科学院	79	108	1.37	8	昆明贵金属研究所	59	62	1.05
6	中国科学院宁波材料技术与工程研究所	42	68	1.62	9	中国科学院沈阳自动化研究所	38	61	1.61
7	中国科学院过程工程研究所	44	65	1.48	10	中国地质科学院郑州矿产综合利用研究所	14	60	4.29

第 64 章　2024 年机械、仪表领域高被引分析

64.1　领域论文概况

2019—2023 年，机械、仪表领域共发表学术论文 51379 篇，由来自 5613 所机构的 40612 位学者作为第一作者发表。上述论文中，有 27283 篇被引用，整体被引率为 53.1%，总被引频次为 86070 次，篇均被引 1.68 次；其中，高被引论文有 625 篇，高被引论文篇均被引 15.20 次（表 64–1）。

表 64–1　2019—2023 年机械、仪表领域论文分布情况

年份	论文数量/篇	总被引频次/次	被引率/%	高被引论文数量/篇	高被引论文被引频次/次
2019	10450	29467	75.3	115	3037
2020	10313	27638	73.5	110	2811
2021	10306	19344	64.3	132	2247
2022	10245	8518	42.3	105	1017
2023	10065	1103	8.7	163	386
合计	51379	86070	53.1	625	9498

64.2　高被引论文分析

2019—2023 年，机械、仪表领域总被引频次最高的论文为 2020 年顾冬冬发表的《航空航天高性能金属材料构件激光增材制造》（总被引频次为 170 次），刊载各年高被引论文 Top 5 数量最多的期刊是《机械工程学报》《仪器仪表学报》（均 5 篇），详见表 64–2。

表 64–2　2019—2023 年机械、仪表领域高被引论文 Top 5（按各年总被引频次排序）

序号	论文题名	第一作者	期刊名称	发表年份	总被引频次/次
1	基于经验模态分解和深度卷积神经网络的行星齿轮箱故障诊断方法	胡茑庆	机械工程学报	2019	118
2	大数据下机械装备故障的深度迁移诊断方法	雷亚国	机械工程学报	2019	114
3	XJTU-SY 滚动轴承加速寿命试验数据集解读	雷亚国	机械工程学报	2019	96
4	基于改进蚁群算法的移动机器人路径规划研究	江明	仪器仪表学报	2019	82
5	基于 CNN-SVM 的深度卷积神经网络轴承故障识别研究	胡晓依	振动与冲击	2019	53

续表

序号	论文题名	第一作者	期刊名称	发表年份	总被引频次/次
6	航空航天高性能金属材料构件激光增材制造	顾冬冬	中国激光	2020	170
7	增材制造技术——现状与未来	卢秉恒	中国机械工程	2020	100
8	信号分解及其在机械故障诊断中的应用研究综述	陈是扦	机械工程学报	2020	70
9	基于深度学习的电机轴承微小故障智能诊断方法	宫文峰	仪器仪表学报	2020	68
10	A review of recent advances in tribology	Yonggang Meng	摩擦（英文）	2020	52
11	基于麻雀搜索算法优化支持向量机的滚动轴承故障诊断	马晨佩	科学技术与工程	2021	41
12	一种基于遗传算法的 VMD 参数优化轴承故障诊断新方法	何勇	振动与冲击	2021	41
13	基于改进 A* 算法与动态窗口法融合的机器人随机避障方法研究	迟旭	仪器仪表学报	2021	41
14	CNN-LSTM 深度神经网络在滚动轴承故障诊断中的应用	陈保家	西安交通大学学报	2021	41
15	基于视觉的采摘机器人目标识别与定位方法研究综述	郑太雄	仪器仪表学报	2021	38
16	基于改进一维卷积神经网络的滚动轴承故障识别	王琦	振动与冲击	2022	21
17	基于参数优化 VMD 和样本熵的滚动轴承故障诊断	刘建昌	自动化学报	2022	20
18	一种面向室内 AGV 路径规划的改进蚁群算法	肖金壮	仪器仪表学报	2022	20
19	基于迁移学习与深度残差网络的滚动轴承快速故障诊断算法	刘飞	振动与冲击	2022	20
20	基于表面织构技术改善摩擦学性能的研究进展	赵立新	摩擦学学报	2022	19
21	仿真数据驱动的改进无监督域适应轴承故障诊断	邵海东	机械工程学报	2023	7

续表

序号	论文题名	第一作者	期刊名称	发表年份	总被引频次/次
22	2022 年国外高超声速领域发展研究	王俊伟	战术导弹技术	2023	6
23	小样本下基于孪生神经网络的柱塞泵故障诊断	高浩寒	北京航空航天大学学报	2023	6
24	焊接机器人路径规划的高斯变异蝗虫优化算法	邵长春	机械设计与制造	2023	4
25	基于改进 Canny 算子的齿轮缺陷检测边缘检测算法	包从望	组合机床与自动化加工技术	2023	4

64.3　研究主题关联分析

在机械、仪表领域，625 篇高被引论文共被引用了 9498 次。通过分析施引文献关键词的词频及关键词之间的共现关系，获得机械、仪表领域的热点主题和主题关联，如图 64-1 所示。由图可知："故障诊断""滚动轴承""卷积神经网络"等关键词的文献词频较高，是机械、仪表领域的研究热点。本领域形成 7 个研究主题簇，分别以"故障诊断""齿轮箱"为中心；以"滚动轴承""变分模态分解"为中心；以"卷积神经网络""轴承"为中心；以"支持向量机""故障特征提取"为中心；以"深度学习""路径规划"为中心；以"神经网络""卷积积分"为中心；以"智能制造"为中心。

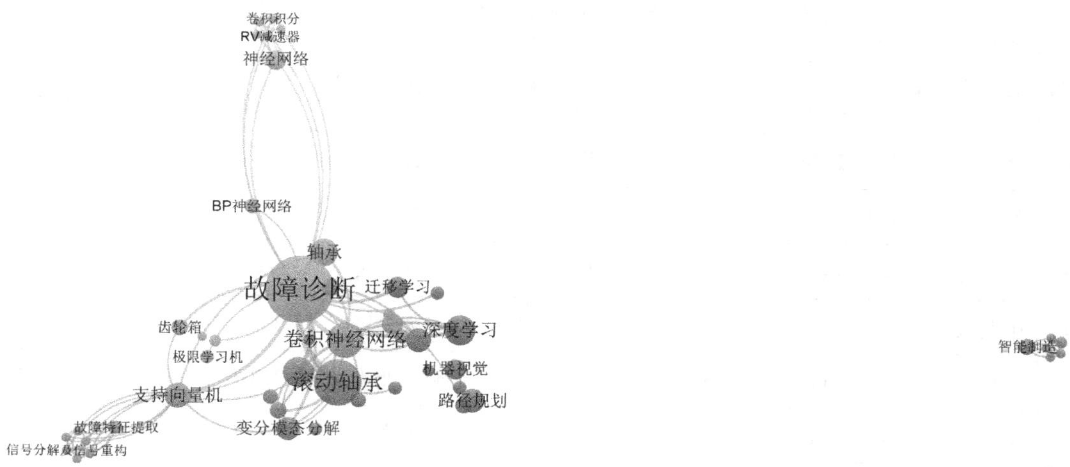

图 64-1　机械、仪表领域的热点主题和主题关联

64.4　高被引作者分析

2019—2023 年机械、仪表领域论文总被引频次 Top 10 的作者见表 64-3。其中发文 5 年总被引频次居前 3 位的作者分别是西安交通大学的雷亚国（223 次）、南京航空航天大学的

顾冬冬（170 次）、武汉理工大学的宫文峰（135 次）。

表 64-3　机械、仪表领域高被引作者 Top 10（按 5 年总被引频次排序）

序号	作者	作者单位	发文量/篇	5 年总被引频次/次	篇均被引频次/次
1	雷亚国	西安交通大学	5	223	44. 60
2	顾冬冬	南京航空航天大学	1	170	170. 00
3	宫文峰	武汉理工大学	6	135	22. 50
4	沈惠平	常州大学	24	126	5. 25
5	胡茑庆	国防科技大学	1	118	118. 00
6	张龙	华东交通大学	30	118	3. 93
7	张西宁	西安交通大学	14	115	8. 21
8	卢秉恒	西安交通大学	1	100	100. 00
9	陈仁祥	重庆交通大学	22	98	4. 45
10	周建民	华东交通大学	18	95	5. 28

64. 5　高被引机构分析

机械、仪表领域总被引频次 Top 20 高等院校、总被引频次 Top 10 科研院所的发文和被引情况分别见表 64-4、表 64-5。

表 64-4　机械、仪表领域高被引高等院校 Top 20（按 5 年总被引频次排序）

序号	第一作者单位	发文量/篇	5 年总被引频次/次	篇均被引频次/次	序号	第一作者单位	发文量/篇	5 年总被引频次/次	篇均被引频次/次
1	南京理工大学	1426	2184	1. 53	11	浙江大学	324	927	2. 86
2	兰州理工大学	774	1741	2. 25	12	上海交通大学	492	857	1. 74
3	西安交通大学	485	1555	3. 21	13	武汉理工大学	360	804	2. 23
4	中北大学	948	1554	1. 64	14	江苏大学	384	796	2. 07
5	北京理工大学	804	1459	1. 81	15	合肥工业大学	373	795	2. 13
6	太原理工大学	578	1298	2. 25	16	清华大学	267	747	2. 80
7	西南交通大学	575	1223	2. 13	17	武汉科技大学	487	730	1. 50
8	重庆大学	421	1199	2. 85	18	昆明理工大学	269	683	2. 54
9	南京航空航天大学	530	1125	2. 12	19	河南科技大学	440	654	1. 49
10	燕山大学	414	1072	2. 59	20	河北工业大学	332	650	1. 96

表 64-5　机械、仪表领域高被引科研院所 Top 10（按 5 年总被引频次排序）

序号	第一作者单位	发文量/篇	5 年总被引频次/次	篇均被引频次/次	序号	第一作者单位	发文量/篇	5 年总被引频次/次	篇均被引频次/次
1	中国工程物理研究院	335	462	1. 38	6	中国铁道科学研究院	17	87	5. 12
2	中国科学院长春光学精密机械与物理研究所	157	275	1. 75	7	中国科学院大学	36	87	2. 42
3	中国科学院兰州化学物理研究所	96	234	2. 44	8	解放军军事科学院	66	79	1. 20
4	中国科学院沈阳自动化研究所	71	117	1. 65	9	中国科学院光电技术研究所	38	71	1. 87
5	中国科学院合肥物质科学研究院	45	93	2. 07	10	西北核技术研究所	23	64	2. 78

第 65 章　2024 年动力与电气领域高被引分析

65.1　领域论文概况

2019—2023 年，动力与电气领域共发表学术论文 19316 篇，由来自 2722 所机构的 15813 位学者作为第一作者发表。上述论文中，有 10025 篇被引用，整体被引率为 51.9%，总被引频次为 31874 次，篇均被引 1.65 次；其中，高被引论文有 237 篇，高被引论文篇均被引 17.50 次（表 65-1）。

表 65-1　2019—2023 年动力与电气领域论文分布情况

年份	论文数量/篇	总被引频次/次	被引率/%	高被引论文数量/篇	高被引论文被引频次/次
2019	3693	10647	73.8	36	1226
2020	3544	8590	73.9	39	827
2021	3978	7741	62.4	41	1057
2022	4400	4458	42.5	48	854
2023	3701	438	8.8	73	184
合计	19316	31874	51.9	237	4148

65.2　高被引论文分析

2019—2023 年，动力与电气领域总被引频次最高的论文为 2019 年邵志刚发表的《氢能与燃料电池发展现状及展望》（总被引频次为 102 次），刊载各年高被引论文 Top 5 数量最多的期刊是《储能科学与技术》《电力系统自动化》（均 3 篇），详见表 65-2。

表 65-2　2019—2023 年动力与电气领域高被引论文 Top 5（按各年总被引频次排序）

序号	论文题名	第一作者	期刊名称	发表年份	总被引频次/次
1	氢能与燃料电池发展现状及展望	邵志刚	中国科学院院刊	2019	102
2	区域综合能源系统规划研究综述	程浩忠	电力系统自动化	2019	82
3	中国农作物秸秆综合利用潜力研究	霍丽丽	农业工程学报	2019	79
4	生物质能研究现状及未来发展策略	马隆龙	中国科学院院刊	2019	50
5	一种结合 CNN 和 GRU 网络的超短期风电预测模型	薛阳	可再生能源	2019	45
6	储能的应用现状和发展趋势分析	孙玉树	高电压技术	2020	75
7	电池储能技术研究进展及展望	缪平	储能科学与技术	2020	39
8	超临界二氧化碳动力循环研究进展及展望	徐进良	热力发电	2020	36

续表

序号	论文题名	第一作者	期刊名称	发表年份	总被引频次/次
9	韩国锂离子电池储能电站安全事故的分析及思考	曹文炅	储能科学与技术	2020	29
10	区域综合能源系统的能效定义及其相关性分析	刘晓鸥	电力系统自动化	2020	25
11	“双碳”目标下我国能源低碳转型路径及建议	李政	动力工程学报	2021	53
12	考虑综合需求响应的园区综合能源系统优化配置	高强	高压电器	2021	48
13	掺氢天然气管道输送研究进展和挑战	尚娟	化工进展	2021	38
14	碳中和背景下全球能源互联网构建的关键技术及展望	申洪	发电技术	2021	38
15	基于可再生能源的冷热电联供系统集成配置与运行优化研究进展	李高潮	电网与清洁能源	2021	35
16	双碳目标下低碳综合能源系统规划关键技术及挑战	张沈习	电力系统自动化	2022	80
17	“双碳”目标下“能源三要素”再思考	辛保安	中国电机工程学报	2022	56
18	碳达峰、碳中和背景下“十四五”时期发电技术趋势分析	姜红丽	发电技术	2022	41
19	2021 年中国储能技术研究进展	陈海生	储能科学与技术	2022	36
20	基于多主体主从博弈的区域综合能源系统低碳经济优化调度	王瑞	电力系统保护与控制	2022	29
21	西藏地热能开发利用现状及发展前景	赵斌	热力发电	2023	5
22	双碳目标下考虑风光不确定性的综合能源系统规划研究	徐楠	可再生能源	2023	5
23	一种基于电解水制氢及甲醇合成的碳中和能源技术路线	徐钢	中国电机工程学报	2023	4
24	“碳中和”目标下中国核电发展	李萍	节能技术	2023	4
25	我国市政污泥处理处置现状研究	柴宝华	新能源进展	2023	4

65.3 研究主题关联分析

在动力与电气领域，237 篇高被引论文共被引用了 4148 次。通过分析施引文献关键词的词频及关键词之间的共现关系，获得动力与电气领域的热点主题和主题关联，如图 65-1 所示。由图可知："综合能源系统""碳中和""储能"等关键词的文献词频较高，是动力与电气领域的研究热点。本领域形成 10 个研究主题簇，分别以"综合能源系统""电转气"为中心；以"碳中和""生物质"为中心；以"储能""数值模拟"为中心；以"多时间尺度""煤改电"为中心；以"光伏功率预测"为中心；以"可再生能源""绿氢"为中心；以"CFB 锅炉"为中心；以"不确定性""新能源发电"为中心；以"制氢"为中心；以"氢能"为中心。

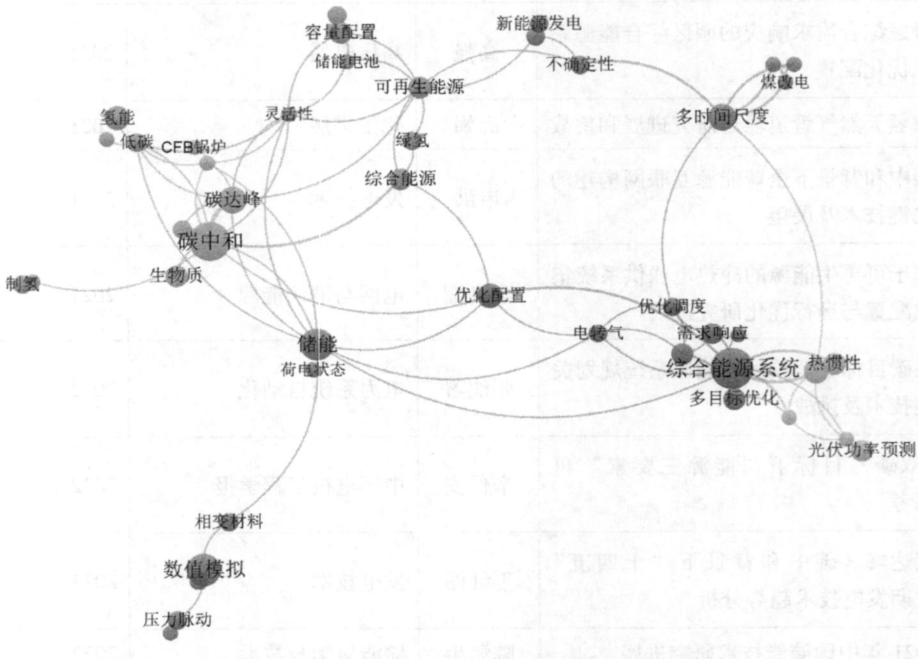

图 65-1　动力与电气领域的热点主题和主题关联

65.4 高被引作者分析

2019—2023 年动力与电气领域论文总被引频次 Top 10 的作者见表 65-3。其中发文 5 年总被引频次居前 3 位的作者分别是中国科学院大连化学物理研究所的邵志刚（102 次）、中国科学院工程热物理研究所的陈海生（85 次）、上海交通大学的程浩忠（82 次）。

表 65-3　动力与电气领域高被引作者 Top 10（按 5 年总被引频次排序）

序号	作者	作者单位	发文量/篇	5 年总被引频次/次	篇均被引频次/次
1	邵志刚	中国科学院大连化学物理研究所	1	102	102.00
2	陈海生	中国科学院工程热物理研究所	4	85	21.25

续表

序号	作者	作者单位	发文量/篇	5 年总被引频次/次	篇均被引频次/次
3	程浩忠	上海交通大学	1	82	82.00
4	张沈习	上海交通大学	1	80	80.00
5	孙玉树	中国科学院电工研究所	1	75	75.00
6	李政	清华大学	3	71	23.67
7	辛保安	国家电网公司	1	56	56.00
8	孙宏斌	清华大学	2	56	28.00
9	韩中合	华北电力大学	32	56	1.75
10	李建林	北方工业大学	12	54	4.50

65.5　高被引机构分析

动力与电气领域总被引频次 Top 20 高等院校、总被引频次 Top 10 科研院所的发文和被引情况分别见表 65-4、表 65-5。

表 65-4　动力与电气领域高被引高等院校 Top 20（按 5 年总被引频次排序）

序号	第一作者单位	发文量/篇	5 年总被引频次/次	篇均被引频次/次	序号	第一作者单位	发文量/篇	5 年总被引频次/次	篇均被引频次/次
1	华北电力大学	858	2101	2.45	11	华南理工大学	151	381	2.52
2	上海理工大学	681	1138	1.67	12	河海大学	158	377	2.39
3	西安交通大学	672	1134	1.69	13	江苏大学	261	370	1.42
4	清华大学	406	937	2.31	14	内蒙古工业大学	194	365	1.88
5	天津大学	541	830	1.53	15	东北电力大学	134	334	2.49
6	上海交通大学	455	786	1.73	16	兰州理工大学	174	264	1.52
7	上海电力大学	166	680	4.10	17	大连理工大学	212	255	1.20
8	华中科技大学	271	504	1.86	18	北京理工大学	173	251	1.45
9	浙江大学	284	504	1.77	19	昆明理工大学	182	250	1.37
10	东南大学	279	453	1.62	20	中国石油大学	122	236	1.93

表 65-5　动力与电气领域高被引科研院所 Top 10（按 5 年总被引频次排序）

序号	第一作者单位	发文量/篇	5 年总被引频次/次	篇均被引频次/次	序号	第一作者单位	发文量/篇	5 年总被引频次/次	篇均被引频次/次
1	中国科学院工程热物理研究所	136	306	2.25	2	中国科学院广州能源研究所	163	281	1.72

续表

序号	第一作者单位	发文量/篇	5 年总被引频次/次	篇均被引频次/次	序号	第一作者单位	发文量/篇	5 年总被引频次/次	篇均被引频次/次
3	中国科学院大连化学物理研究所	31	156	5.03	7	中国科学院过程工程研究所	10	36	3.60
4	中国科学院电工研究所	29	104	3.59	8	中国水利水电科学研究院	12	27	2.25
5	中国科学院理化技术研究所	55	59	1.07	9	上海发电设备成套设计研究所	10	24	2.40
6	中国科学院大学	35	53	1.51	10	中国科学院上海技术物理研究所	20	23	1.15

第 66 章　2024 年核科学技术领域高被引分析

66.1　领域论文概况

2019—2023 年，核科学技术领域共发表学术论文 7261 篇，由来自 825 所机构的 6098 位学者作为第一作者发表。上述论文中，有 2790 篇被引用，整体被引率为 38.4%，总被引频次为 5803 次，篇均被引 0.80 次；其中，高被引论文有 82 篇，高被引论文篇均被引 8.76 次（表 66–1）。

表 66–1　2019—2023 年核科学技术领域论文分布情况

年份	论文数量/篇	总被引频次/次	被引率/%	高被引论文数量/篇	高被引论文被引频次/次
2019	1239	2023	62.5	12	246
2020	1247	1492	55.2	13	137
2021	1482	1384	48.7	16	146
2022	1657	749	30.1	20	122
2023	1636	155	6.7	21	67
合计	7261	5803	38.4	82	718

66.2　高被引论文分析

2019—2023 年，核科学技术领域总被引频次最高的论文为 2019 年余红星发表的《热管冷却反应堆的兴起和发展》（总被引频次为 31 次），刊载各年高被引论文 Top 5 数量最多的期刊为《核技术》（6 篇），详见表 66–2。

表 66–2　2019—2023 年核科学技术领域高被引论文 Top 5（按各年总被引频次排序）

序号	论文题名	第一作者	期刊名称	发表年份	总被引频次/次
1	热管冷却反应堆的兴起和发展	余红星	核动力工程	2019	31
2	核能综合利用研究现状与展望	王建强	中国科学院院刊	2019	29
3	我国高温气冷堆发展战略研究	张作义	中国工程科学	2019	29
4	中国高放废物地质处置 21 世纪进展	王驹	原子能科学技术	2019	26
5	砂岩型铀矿浸出研究进展	赵凯	有色金属（冶炼部分）	2019	21
6	钼铼合金在空间核电源中的应用性能研究进展	黄洪涛	原子能科学技术	2020	12
7	高温钾热管稳态运行传热特性研究	田智星	原子能科学技术	2020	12
8	热管空间核反应堆电源的研究进展	王傲	核技术	2020	12

续表

序号	论文题名	第一作者	期刊名称	发表年份	总被引频次/次
9	基于 HIAF 集群的 QCD 相结构研究	马余刚	中国科学（物理学 力学 天文学）	2020	12
10	基于 BEPCⅡ数字束流位置测量系统电子学系统的设计与实现	随艳峰	原子能科学技术	2020	11
11	中国铀矿采冶回顾与展望	孙占学	有色金属（冶炼部分）	2021	17
12	一种压水堆 CIPS 风险评估方法	蒙舒祺	核技术	2021	13
13	基于 Zynq-7000 的千兆以太网传输系统设计与实现	杨振雷	核技术	2021	12
14	基于 PSO-SVM 的电流放大器故障诊断研究	刘冬梅	传感器与微系统	2021	11
15	砂岩型铀矿浸出矿物工艺学研究进展	黎广荣	有色金属（冶炼部分）	2021	10
16	中国高放废物地质处置地下实验室场址筛选	王驹	世界核地质科学	2022	26
17	Precise machine learning models for fragment production in projectile fragmentation reactions using Bayesian neural networks	Chunwang Ma	中国物理 C（英文版）	2022	11
18	砂岩型铀矿 $CO_2 + O_2$ 地浸采铀的反应运移数值模拟	邱文杰	中国科学（技术科学）	2022	10
19	福岛核事故后核安全改进行动及安全要求研究	柴国旱	原子能科学技术	2022	6
20	放射性治疗药物的发展现状与展望	高洁	同位素	2022	5
21	高放废物地质处置地下实验室开挖及精细探测关键技术	陈亮	世界核地质科学	2023	8
22	QCD 临界点附近的动力学临界涨落	吴善进	核技术	2023	6
23	高空核爆炸环境数值模拟	王建国	现代应用物理	2023	5
24	临界现象与泛函重整化群	尹诗	核技术	2023	5
25	相对论重离子碰撞中 QCD 相图的实验研究	张宇	核技术	2023	5

66. 3　研究主题关联分析

在核科学技术领域，82 篇高被引论文共被引用了 718 次。通过分析施引文献关键词的词频及关键词之间的共现关系，获得核科学技术领域的热点主题和主题关联，如图 66-1 所示。由图可知："神经网络""低中放固废""半导体结"等关键词的文献词频较高，是核科学技术领域的研究热点。本领域形成 3 个研究主题簇，分别以"低中放固废""活度重建"为中心；以"神经网络""核电厂"为中心；以"半导体结""电势"为中心。

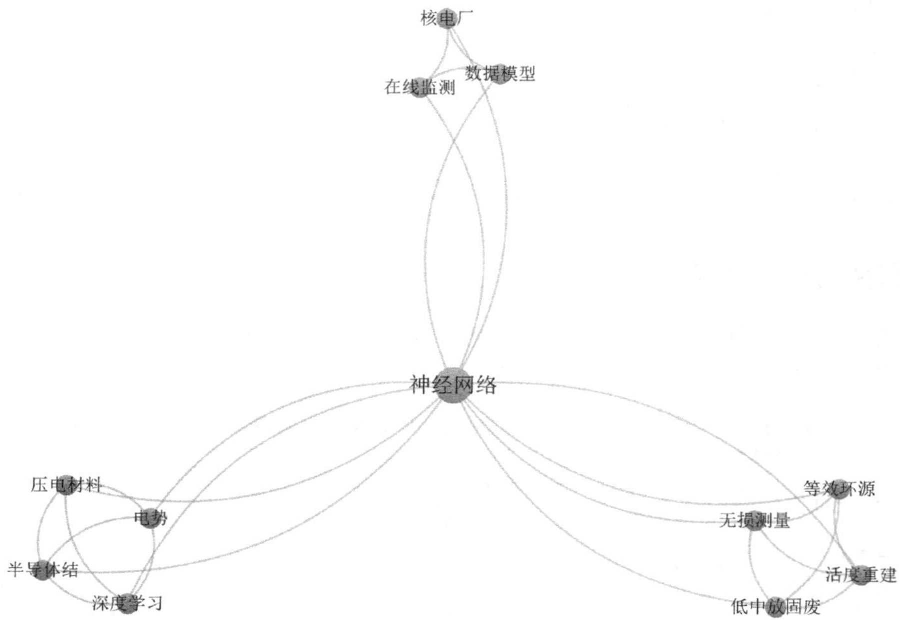

图 66-1　核科学技术领域的热点主题和主题关联

66. 4　高被引作者分析

2019—2023 年核科学技术领域论文总被引频次 Top 10 的作者见表 66-3。其中发文 5 年总被引频次居前 3 位的作者分别是中核集团核工业北京地质研究院的王驹（52 次），中国核动力研究设计院的余红星（40 次），中国科学院上海应用物理研究所的王建强（29 次）和清华大学的张作义（29 次）。

表 66-3　核科学技术领域高被引作者 Top 10（按 5 年总被引频次排序）

序号	作者	作者单位	发文量/篇	5 年总被引频次/次	篇均被引频次/次
1	王驹	中核集团核工业北京地质研究院	2	52	26. 00
2	余红星	中国核动力研究设计院	3	40	13. 33
3	王建强	中国科学院上海应用物理研究所	1	29	29. 00

续表

序号	作者	作者单位	发文量/篇	5 年总被引频次/次	篇均被引频次/次
4	张作义	清华大学	1	29	29.00
5	赵凯	东华理工大学	3	24	8.00
6	袁龙	中国疾病预防控制中心	2	22	11.00
7	高翔	中国科学院合肥物质科学研究院	1	18	18.00
8	张锦明	解放军总医院	1	18	18.00
9	孙占学	东华理工大学	1	17	17.00
10	钱虹	上海电力大学	6	16	2.67

66.5 高被引机构分析

核科学技术领域总被引频次 Top 20 高等院校、总被引频次 Top 10 科研院所的发文和被引情况分别见表 66-4、表 66-5。

表 66-4 核科学技术领域高被引高等院校 Top 20（按 5 年总被引频次排序）

序号	第一作者单位	发文量/篇	5 年总被引频次/次	篇均被引频次/次	序号	第一作者单位	发文量/篇	5 年总被引频次/次	篇均被引频次/次
1	西安交通大学	240	261	1.09	11	四川大学	63	49	0.78
2	清华大学	214	244	1.14	12	西南科技大学	48	48	1.00
3	东华理工大学	111	204	1.84	13	重庆大学	60	44	0.73
4	哈尔滨工程大学	176	162	0.92	14	成都理工大学	56	41	0.73
5	南华大学	175	134	0.77	15	上海电力大学	21	37	1.76
6	上海交通大学	200	124	0.62	16	兰州大学	47	34	0.72
7	华北电力大学	137	96	0.70	17	合肥工业大学	18	32	1.78
8	中国科学技术大学	136	86	0.63	18	大连理工大学	36	29	0.81
9	海军工程大学	83	63	0.76	19	中山大学	36	23	0.64
10	北京大学	53	52	0.98	20	北京科技大学	17	20	1.18

表 66-5　核科学技术领域高被引科研院所 Top 10（按 5 年总被引频次排序）

序号	第一作者单位	发文量/篇	5 年总被引频次/次	篇均被引频次/次	序号	第一作者单位	发文量/篇	5 年总被引频次/次	篇均被引频次/次
1	中国科学院上海应用物理研究所	252	275	1. 09	6	上海核工程研究设计院	103	63	0. 61
2	中国科学院合肥物质科学研究院	163	130	0. 80	7	西北核技术研究所	86	61	0. 71
3	中国科学院高能物理研究所	134	119	0. 89	8	中国疾病预防控制中心	24	57	2. 38
4	中国工程物理研究院	163	98	0. 60	9	湖南省农业科学院	9	20	2. 22
5	中国科学院近代物理研究所	134	70	0. 52	10	中国科学院上海高等研究院	24	19	0. 79

第 67 章　2024 年电子、通信与自动控制领域高被引分析

67.1　领域论文概况

2019—2023 年，电子、通信与自动控制领域共发表学术论文 127822 篇，由来自 9857 所机构的 98714 位学者作为第一作者发表。上述论文中，有 71632 篇被引用，整体被引率为 56.0%，总被引频次为 329998 次，篇均被引 2.58 次；其中，高被引论文有 1499 篇，高被引论文篇均被引 27.61 次（表 67-1）。

表 67-1　2019—2023 年电子、通信与自动控制领域论文分布情况

年份	论文数量/篇	总被引频次/次	被引率/%	高被引论文数量/篇	高被引论文被引频次/次
2019	25027	110746	77.5	269	13064
2020	25138	101238	75.5	253	10969
2021	25495	75230	67.6	270	9877
2022	25773	37509	49.1	307	5739
2023	26389	5275	12.7	400	1731
合计	127822	329998	56.0	1499	41380

67.2　高被引论文分析

2019—2023 年，电子、通信与自动控制领域总被引频次最高的论文为 2021 年卓振宇发表的《高比例可再生能源电力系统关键技术及发展挑战》（总被引频次为 252 次），刊载各年高被引论文 Top 5 数量最多的期刊为《中国电机工程学报》（13 篇），详见表 67-2。

表 67-2　2019—2023 年电子、通信与自动控制领域高被引论文 Top 5（按各年总被引频次排序）

序号	论文题名	第一作者	期刊名称	发表年份	总被引频次/次
1	基于 CNN-LSTM 混合神经网络模型的短期负荷预测方法	陆继翔	电力系统自动化	2019	199
2	5G 通信与泛在电力物联网的融合：应用分析与研究展望	王毅	电网技术	2019	168
3	英国“8·9”大停电事故分析及对中国电网的启示	孙华东	中国电机工程学报	2019	148
4	人工智能在电力系统及综合能源系统中的应用综述	杨挺	电力系统自动化	2019	134
5	深度学习在智能电网中的应用现状分析与展望	周念成	电力系统自动化	2019	120

续表

序号	论文题名	第一作者	期刊名称	发表年份	总被引频次/次
6	能源转型中的中国特色新能源高质量发展分析与思考	陈国平	中国电机工程学报	2020	155
7	利用储能系统实现可再生能源微电网灵活安全运行的研究综述	刘畅	中国电机工程学报	2020	146
8	高比例电力电子电力系统频率响应的惯量体系研究	孙华东	中国电机工程学报	2020	131
9	基于 LSTM 与 XGBoost 组合模型的超短期电力负荷预测	陈振宇	电网技术	2020	130
10	构建 100% 可再生能源电力系统述评与展望	文云峰	中国电机工程学报	2020	116
11	高比例可再生能源电力系统关键技术及发展挑战	卓振宇	电力系统自动化	2021	252
12	“双高”电力系统稳定性的新问题及分类探讨	谢小荣	中国电机工程学报	2021	178
13	双碳目标下的新型电力系统规划新问题及关键技术	韩肖清	高电压技术	2021	149
14	面向碳达峰碳中和目标的我国电力系统发展研判	李晖	中国电机工程学报	2021	147
15	构建以新能源为主体的新型电力系统框架研究	舒印彪	中国工程科学	2021	107
16	碳中和目标下构建新型电力系统的挑战与展望	张智刚	中国电机工程学报	2022	173
17	新型电力系统的“碳视角”：科学问题与研究框架	康重庆	电网技术	2022	85
18	双高电力系统频率安全问题评述及其应对措施	张子扬	中国电机工程学报	2022	52
19	“双碳”目标下新能源为主体的新型电力系统：贡献、关键技术与挑战	肖先勇	工程科学与技术	2022	50
20	虚拟电厂参与调峰调频服务的市场机制与国外经验借鉴	李嘉媚	中国电机工程学报	2022	46

续表

序号	论文题名	第一作者	期刊名称	发表年份	总被引频次/次
21	高比例可再生能源新型电力系统长期规划综述	黎博	中国电机工程学报	2023	37
22	新型电力系统中储能应用功能的综述与展望	谢小荣	中国电机工程学报	2023	28
23	“双碳”目标下我国能源电力低碳转型路径	舒印彪	中国电机工程学报	2023	26
24	电力市场、碳市场及绿证市场互动机理及协调机制	尚楠	电网技术	2023	19
25	面向新型电力系统灵活性提升的国内外辅助服务市场研究综述	吴珊	电工技术学报	2023	18

67. 3 研究主题关联分析

在电子、通信与自动控制领域，1499 篇高被引论文共被引用了 41380 次。通过分析施引文献关键词的词频及关键词之间的共现关系，获得电子、通信与自动控制领域的热点主题和主题关联，如图 67–1 所示。由图可知：“综合能源系统”“需求响应”“配电网”等关键词的文献词频较高，是电子、通信与自动控制领域的研究热点。本领域形成 6 个研究主题簇，分别以“新能源”“储能”为中心；以“新型电力系统”“新能源消纳”为中心；以“数据驱动”“人工智能”为中心；以“综合能源系统”“电动汽车”为中心；以“配电网”“微电网”为中心；以“深度学习”“故障诊断”为中心。

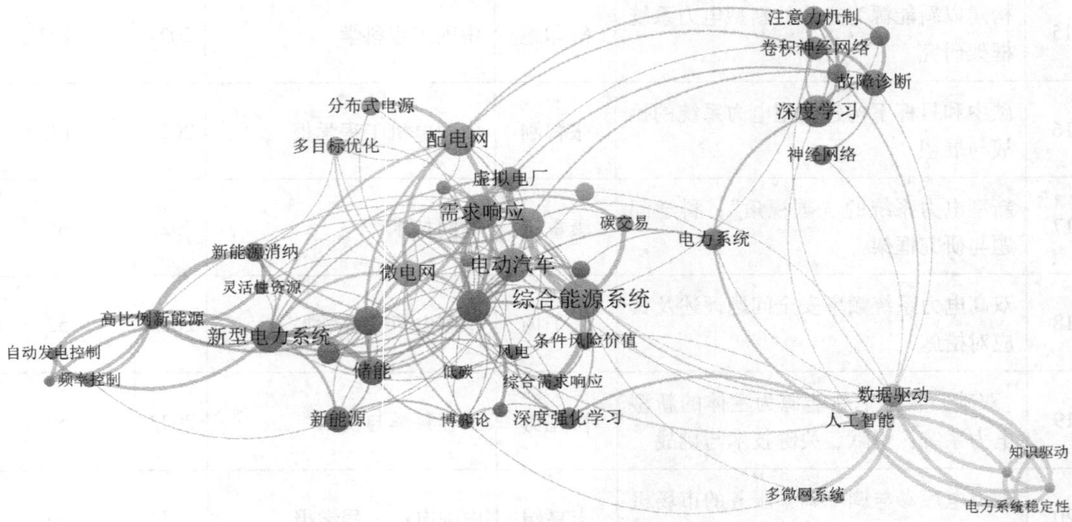

图 67–1　电子、通信与自动控制领域的热点主题和主题关联

67.4 高被引作者分析

2019—2023 年电子、通信与自动控制领域论文总被引频次 Top 10 的作者见表 67-3。其中发文总被引频次居前 3 位的作者分别是东北电力大学的崔杨（872 次）、华北电力大学的刘云鹏（449 次）、华北电力大学的颜湘武（407 次）。

表 67-3 电子、通信与自动控制领域高被引作者 Top 10（按 5 年总被引频次排序）

序号	作者	作者单位	发文量/篇	5 年总被引频次/次	篇均被引频次/次
1	崔杨	东北电力大学	49	872	17.80
2	刘云鹏	华北电力大学	46	449	9.76
3	颜湘武	华北电力大学	39	407	10.44
4	李建林	北方工业大学	27	345	12.78
5	孙华东	中国电力科学研究院	11	334	30.36
6	李耀华	长安大学	53	302	5.70
7	王守相	天津大学	23	297	12.91
8	李军徽	东北电力大学	26	295	11.35
9	杨挺	天津大学	18	279	15.50
10	文云峰	湖南大学	7	274	39.14

67.5 高被引机构分析

电子、通信与自动控制领域总被引频次 Top 20 高等院校、总被引频次 Top 10 科研院所的发文和被引情况分别见表 67-4、表 67-5。

表 67-4 电子、通信与自动控制领域高被引高等院校 Top 20（按 5 年总被引频次排序）

序号	第一作者单位	发文量/篇	5 年总被引频次/次	篇均被引频次/次	序号	第一作者单位	发文量/篇	5 年总被引频次/次	篇均被引频次/次
1	华北电力大学	3732	21708	5.82	11	西安交通大学	1206	4866	4.03
2	清华大学	1129	7117	6.30	12	华中科技大学	1137	4646	4.09
3	四川大学	1345	6491	4.83	13	东南大学	940	4143	4.41
4	上海交通大学	1354	6304	4.66	14	重庆大学	927	4068	4.39
5	上海电力大学	1355	5678	4.19	15	三峡大学	888	3449	3.88
6	天津大学	1290	5626	4.36	16	西南交通大学	860	3228	3.75
7	华南理工大学	1261	5168	4.10	17	合肥工业大学	1124	3188	2.84
8	浙江大学	1100	5137	4.67	18	湖南大学	620	3159	5.10
9	东北电力大学	747	5094	6.82	19	山东大学	529	2688	5.08
10	武汉大学	1091	4899	4.49	20	北京交通大学	688	2665	3.87

表 67–5 电子、通信与自动控制领域高被引科研院所 Top 10（按 5 年总被引频次排序）

序号	第一作者单位	发文量/篇	5 年总被引频次/次	篇均被引频次/次	序号	第一作者单位	发文量/篇	5 年总被引频次/次	篇均被引频次/次
1	中国科学院电工研究所	305	1352	4. 43	6	中国科学院空天信息创新研究院	283	401	1. 42
2	中国科学院长春光学精密机械与物理研究所	236	512	2. 17	7	中国科学院半导体研究所	269	394	1. 46
3	南京电子技术研究所	435	478	1. 10	8	中国科学院上海光学精密机械研究所	177	355	2. 01
4	中国科学院大学	273	442	1. 62	9	中国科学院上海技术物理研究所	199	351	1. 76
5	中国工程物理研究院	421	411	0. 98	10	中国科学院合肥物质科学研究院	179	309	1. 73

第 68 章　2024 年计算技术领域高被引分析

68.1　领域论文概况

2019—2023 年，计算技术领域共发表学术论文 138312 篇，由来自 9758 所机构的 108982 位学者作为第一作者发表。上述论文中，有 76495 篇被引用，整体被引率为 55.3%，总被引频次为 284163 次，篇均被引 2.05 次；其中，高被引论文有 1837 篇，高被引论文篇均被引 18.95 次（表 68–1）。

表 68–1　2019—2023 年计算技术领域论文分布情况

年份	论文数量/篇	总被引频次/次	被引率/%	高被引论文数量/篇	高被引论文被引频次/次
2019	28176	103699	78.3	281	12521
2020	27652	86594	74.7	276	9230
2021	27863	61489	66.2	291	7242
2022	27621	28237	45.4	286	3779
2023	27000	4144	10.4	703	2034
合计	138312	284163	55.3	1837	34806

68.2　高被引论文分析

2019—2023 年，计算技术领域总被引频次最高的论文为 2019 年陶飞发表的《数字孪生五维模型及十大领域应用》（总被引频次为 344 次），刊载各年高被引论文 Top 5 数量最多的期刊为《计算机工程与应用》（4 篇），详见表 68–2。

表 68–2　2019—2023 年计算技术领域高被引论文 Top 5（按各年总被引频次排序）

序号	论文题名	第一作者	期刊名称	发表年份	总被引频次/次
1	数字孪生五维模型及十大领域应用	陶飞	计算机集成制造系统	2019	344
2	边缘计算：现状与展望	施巍松	计算机研究与发展	2019	175
3	深度学习在图像识别中的应用研究综述	郑远攀	计算机工程与应用	2019	174
4	深度卷积神经网络的发展及其在计算机视觉领域的应用	张顺	计算机学报	2019	171
5	K-Means 聚类算法研究综述	杨俊闯	计算机工程与应用	2019	144
6	图卷积神经网络综述	徐冰冰	计算机学报	2020	158
7	深度学习目标检测方法综述	赵永强	中国图象图形学报	2020	110

续表

序号	论文题名	第一作者	期刊名称	发表年份	总被引频次/次
8	基于改进的 A^* 算法与动态窗口法的移动机器人路径规划	王洪斌	机器人	2020	96
9	若干新型群智能优化算法的对比研究	李雅丽	计算机工程与应用	2020	96
10	区块链技术研究综述：原理、进展与应用	曾诗钦	通信学报	2020	91
11	混沌麻雀搜索优化算法	吕鑫	北京航空航天大学学报	2021	136
12	数字孪生模型构建理论及应用	陶飞	计算机集成制造系统	2021	83
13	融合柯西变异和反向学习的改进麻雀算法	毛清华	计算机科学与探索	2021	82
14	基于深度学习的表面缺陷检测方法综述	陶显	自动化学报	2021	81
15	深度学习的典型目标检测算法研究综述	许德刚	计算机工程与应用	2021	80
16	数智赋能：信息系统研究的新跃迁	陈国青	管理世界	2022	38
17	知识图谱构建技术综述	张吉祥	计算机工程	2022	36
18	基于机器视觉的表面缺陷检测方法研究进展	赵朗月	仪器仪表学报	2022	33
19	基于改进 YOLOv5 的小目标检测算法	郭磊	电子科技大学学报	2022	29
20	基于深度学习的目标检测算法综述	李柯泉	计算机工程	2022	28
21	ChatGPT 的运行模式、关键技术及未来图景	朱光辉	新疆师范大学学报（哲学社会科学版）	2023	19
22	ChatGPT 模型的法律风险及应对之策	邓建鹏	新疆师范大学学报（哲学社会科学版）	2023	17
23	Chat with ChatGPT on industry 5.0: learning and decision-making for intelligent industries	Feiyue Wang	自动化学报（英文版）	2023	16
24	问答 ChatGPT 之后：超大预训练模型的机遇和挑战	卢经纬	自动化学报	2023	14
25	ChatGPT 爆火后关于科技伦理及学术伦理的冷思考	令小雄	新疆师范大学学报（哲学社会科学版）	2023	14

68.3　研究主题关联分析

在计算技术领域，1837 篇高被引论文共被引用了 34806 次。通过分析施引文献关键词的词频及关键词之间的共现关系，获得计算技术领域的热点主题和主题关联，如图 68-1 所示。由图可知："深度学习""注意力机制""路径规划"等关键词的文献词频较高，是计算技术领域的研究热点。本领域形成 8 个研究主题簇，分别以"深度学习""图像处理"为中心；以"注意力机制""模型"为中心；以"计算机视觉""无人机"为中心；以"路径规划""移动机器人"为中心；以"麻雀搜索算法""图像分割"为中心；以"YOLOv5s""遥感图像"为中心；以"知识图谱""机器学习"为中心；以"区块链"为中心。

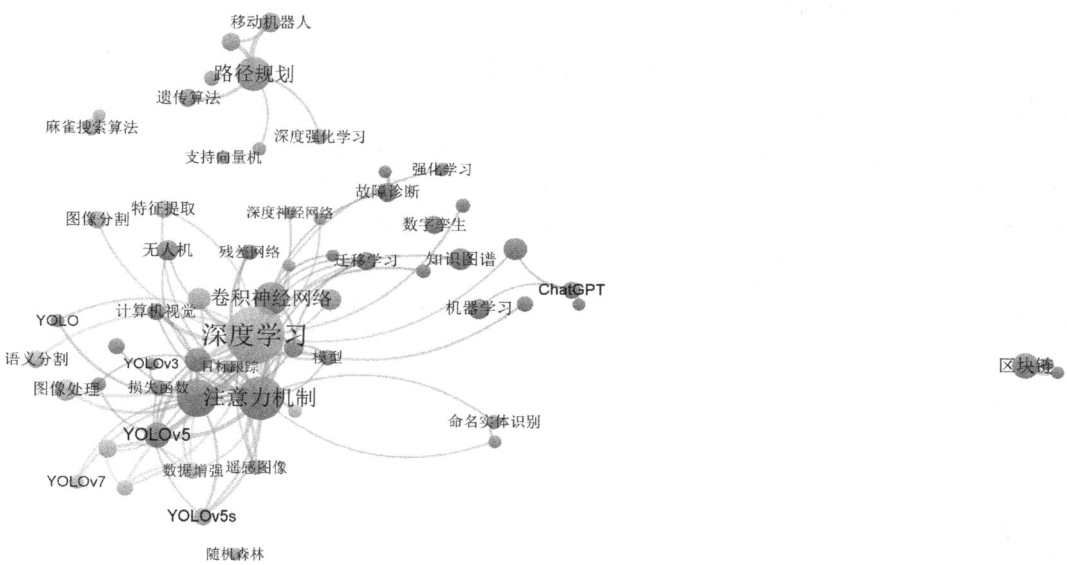

图 68-1　计算技术领域的热点主题和主题关联

68.4　高被引作者分析

2019—2023 年计算技术领域论文总被引频次 Top 10 的作者见表 68-3。其中发文 5 年总被引频次居前 3 位的作者分别是北京航空航天大学的陶飞（621 次）、江西理工大学的罗会兰（216 次）、中国石油大学的刘建伟（210 次）。

表 68-3　计算技术领域高被引作者 Top 10（按 5 年总被引频次排序）

序号	作者	作者单位	发文量/篇	5 年总被引频次/次	篇均被引频次/次
1	陶飞	北京航空航天大学	8	621	77.63
2	罗会兰	江西理工大学	20	216	10.80
3	刘建伟	中国石油大学	9	210	23.33
4	丁锋	江南大学	28	209	7.46
5	吕鑫	第二炮兵工程大学	2	208	104.00

续表

序号	作者	作者单位	发文量/篇	5 年总被引频次/次	篇均被引频次/次
6	孟琭	东北大学	12	194	16.17
7	郑远攀	郑州轻工业大学	3	174	58.00
8	张顺	西北工业大学	1	171	171.00
9	王洪斌	燕山大学	4	169	42.25
10	刘颖	西安邮电大学	34	169	4.97

68.5 高被引机构分析

计算技术领域总被引频次 Top 20 高等院校、总被引频次 Top 10 科研院所的发文和被引情况分别见表 68-4、表 68-5。

表 68-4 计算技术领域高被引高等院校 Top 20（按 5 年总被引频次排序）

序号	第一作者单位	发文量/篇	5 年总被引频次/次	篇均被引频次/次	序号	第一作者单位	发文量/篇	5 年总被引频次/次	篇均被引频次/次
1	江南大学	1410	3263	2.31	11	北京航空航天大学	705	2325	3.30
2	南京航空航天大学	1623	2849	1.76	12	四川大学	995	2222	2.23
3	天津大学	920	2607	2.83	13	上海理工大学	1047	2207	2.11
4	重庆邮电大学	968	2572	2.66	14	国防科技大学	1078	2174	2.02
5	武汉大学	899	2523	2.81	15	合肥工业大学	971	2158	2.22
6	东北大学	995	2498	2.51	16	清华大学	798	2157	2.70
7	中北大学	1196	2475	2.07	17	南京理工大学	1028	2136	2.08
8	浙江工业大学	986	2470	2.51	18	南京邮电大学	1096	2077	1.90
9	贵州大学	880	2469	2.81	19	河北工业大学	815	1978	2.43
10	昆明理工大学	1089	2369	2.18	20	浙江大学	690	1949	2.82

表 68-5 计算技术领域高被引科研院所 Top 10（按 5 年总被引频次排序）

序号	第一作者单位	发文量/篇	5 年总被引频次/次	篇均被引频次/次	序号	第一作者单位	发文量/篇	5 年总被引频次/次	篇均被引频次/次
1	中国科学院大学	414	1089	2.63	3	中国科学院计算技术研究所	406	1032	2.54
2	中国科学院沈阳自动化研究所	296	1056	3.57	4	中国科学院自动化研究所	169	901	5.33

续表

序号	第一作者单位	发文量/篇	5 年总被引频次/次	篇均被引频次/次	序号	第一作者单位	发文量/篇	5 年总被引频次/次	篇均被引频次/次
5	中国科学院长春光学精密机械与物理研究所	252	762	3. 02	8	中国科学院空天信息创新研究院	213	451	2. 12
6	中国科学院合肥物质科学研究院	158	537	3. 40	9	中国科学院上海技术物理研究所	124	432	3. 48
7	中国科学院信息工程研究所	192	466	2. 43	10	中国科学院软件研究所	164	375	2. 29

第69章　2024年化工领域高被引分析

69.1　领域论文概况

2019—2023年，化工领域共发表学术论文60718篇，由来自8420所机构的52368位学者作为第一作者发表。上述论文中，有29594篇被引用，整体被引率为48.7%，总被引频次为76717次，篇均被引1.26次；其中，高被引论文有811篇，高被引论文篇均被引10.56次（表69-1）。

表69-1　2019—2023年化工领域论文分布情况

年份	论文数量/篇	总被引频次/次	被引率/%	高被引论文数量/篇	高被引论文被引频次/次
2019	11965	24912	68.6	143	2255
2020	11755	22218	66.7	140	2250
2021	12376	18403	59.1	143	2033
2022	12762	9859	40.7	189	1540
2023	11860	1325	8.8	196	483
合计	60718	76717	48.7	811	8561

69.2　高被引论文分析

2019—2023年，化工领域总被引频次最高的论文为2019年张静文发表的《$(Ca_{0.96}D_{0.04})MnO_3$（D = Ca，Sr，Rb，Sm）氧化物的制备和热电性能》（总被引频次为68次），刊载各年高被引论文Top 5数量最多的期刊为《无机盐工业》（3篇），详见表69-2。

表69-2　2019—2023年化工领域高被引论文Top 5（按各年总被引频次排序）

序号	论文题名	第一作者	期刊名称	发表年份	总被引频次/次
1	$(Ca_{0.96}D_{0.04})MnO_3$（D = Ca，Sr，Rb，Sm）氧化物的制备和热电性能	张静文	稀有金属材料与工程	2019	68
2	基于压汞、低温 N_2 吸附和 CO_2 吸附的构造煤孔隙结构表征	李阳	煤炭学报	2019	47
3	真菌漆酶的性质、生产、纯化及固定化研究进展	吴怡	生物技术通报	2019	33
4	2，2′，4，5，5′-五氯联苯在小鼠体内代谢产物的鉴定	王帅	分析化学	2019	30
5	体育器材中碳纤维增强塑料的应用研究	张国胜	塑料工业	2019	27

续表

序号	论文题名	第一作者	期刊名称	发表年份	总被引频次/次
6	煤气化渣综合利用研究进展	曲江山	洁净煤技术	2020	61
7	浅析中国粉煤灰的综合利用现状	张祥成	无机盐工业	2020	46
8	中国现代煤化工近 25 年发展回顾·反思·展望	徐振刚	煤炭科学技术	2020	37
9	制氢、储运和加注全产业链氢气成本分析	单彤文	天然气化工（C1 化学与化工）	2020	35
10	含风电制氢装置的综合能源系统优化运行	郭梦婕	中国电力	2020	33
11	电解水制氢技术研究进展与发展建议	俞红梅	中国工程科学	2021	61
12	煤气化技术在中国：回顾与展望	王辅臣	洁净煤技术	2021	47
13	可再生能源电解制氢技术及催化剂的研究进展	郭博文	化工进展	2021	43
14	全球 CCUS 技术和应用现状分析	赵志强	现代化工	2021	37
15	氢气储运技术的发展现状与展望	曹军文	石油学报（石油加工）	2021	35
16	“双碳”背景下炼化企业高质量发展路径探讨	李明丰	石油学报（石油加工）	2022	31
17	磷石膏综合利用现状及“十四五”发展趋势	崔荣政	无机盐工业	2022	26
18	我国盐湖锂资源分离提取进展	蒋晨啸	化工学报	2022	25
19	氢气制备和储运的状况与发展	李星国	科学通报	2022	25
20	氢能供应链成本分析及建议	张轩	化工进展	2022	20
21	金银花粗多糖提取工艺优化及其抗氧化活性评价	刘宇	食品工业科技	2023	6
22	适用于烟气 CO_2 捕集的相变吸收剂研究进展	杨菲	低碳化学与化工	2023	6
23	氢冶金还原性气体的制备研究进展	陈健	中国冶金	2023	6
24	食品中农药残留风险评估述评	乔雄梧	农药学学报	2023	5
25	支撑国家新能源战略发展的锂资源开发	于建国	无机盐工业	2023	5

69.3 研究主题关联分析

在化工领域，811 篇高被引论文共被引用了 8561 次。通过分析施引文献关键词的词频及关键词之间的共现关系，获得化工领域的热点主题和主题关联，如图 69-1 所示。由图可知："力学性能""吸附""正交试验"等关键词的文献词频较高，是化工领域的研究热点。本领域形成 10 个研究主题簇，分别以"力学性能""正交试验"为中心；以"制氢""催化剂"为中心；以"吸附""CO_2"为中心；以"碳减排""双碳"为中心；以"模流分析"为中心；以"环氧树脂""研究进展"为中心；以"优化""生物活性"为中心；以"聚乳酸"为中心；以"数值模拟""磷石膏"为中心；以"电化学"为中心。

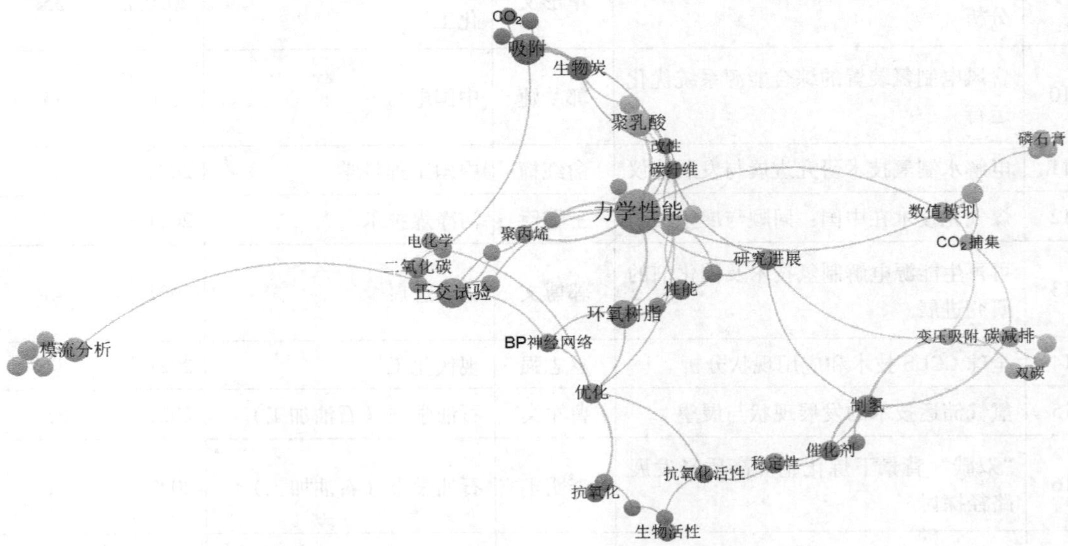

图 69-1 化工领域的热点主题和主题关联

69.4 高被引作者分析

2019—2023 年化工领域论文总被引频次 Top 10 的作者见表 69-3。其中发文 5 年总被引频次居前 3 位的作者分别是天津大学的季宁（69 次），合肥工业大学的张静文（68 次），中国科学院过程工程研究所的曲江山（61 次）和中国科学院大连化学物理研究所的俞红梅（61 次）。

表 69-3 化工领域高被引作者 Top 10（按 5 年总被引频次排序）

序号	作者	作者单位	发文量/篇	5 年总被引频次/次	篇均被引频次/次
1	季宁	天津大学	6	69	11.50
2	张静文	合肥工业大学	2	68	34.00
3	曲江山	中国科学院过程工程研究所	1	61	61.00
4	俞红梅	中国科学院大连化学物理研究所	2	61	30.50
5	曹军文	清华大学	2	57	28.50

续表

序号	作者	作者单位	发文量/篇	5 年总被引频次/次	篇均被引频次/次
6	王战辉	榆林学院	29	52	1.79
7	张祥成	新疆大学	2	51	25.50
8	李阳	河南理工大学	1	47	47.00
9	王辅臣	华东理工大学	1	47	47.00
10	杨海	南京林业大学	4	45	11.25

69.5　高被引机构分析

化工领域总被引频次 Top 20 高等院校、总被引频次 Top 10 科研院所的发文和被引情况分别见表 69-4、表 69-5。

表 69-4　化工领域高被引高等院校 Top 20（按 5 年总被引频次排序）

序号	第一作者单位	发文量/篇	5 年总被引频次/次	篇均被引频次/次	序号	第一作者单位	发文量/篇	5 年总被引频次/次	篇均被引频次/次
1	青岛科技大学	968	1074	1.11	11	中国矿业大学	325	715	2.20
2	北京化工大学	835	1052	1.26	12	四川大学	604	677	1.12
3	华东理工大学	819	994	1.21	13	华南理工大学	461	634	1.38
4	中国石油大学	681	966	1.42	14	贵州大学	347	591	1.70
5	江南大学	752	935	1.24	15	东华大学	445	562	1.26
6	天津大学	763	922	1.21	16	清华大学	324	560	1.73
7	南京林业大学	351	799	2.28	17	陕西科技大学	353	528	1.50
8	太原理工大学	571	796	1.39	18	郑州大学	398	527	1.32
9	大连理工大学	653	774	1.19	19	北京工商大学	275	517	1.88
10	浙江大学	583	722	1.24	20	天津科技大学	322	497	1.54

表 69-5　化工领域高被引科研院所 Top 10（按 5 年总被引频次排序）

序号	第一作者单位	发文量/篇	5 年总被引频次/次	篇均被引频次/次	序号	第一作者单位	发文量/篇	5 年总被引频次/次	篇均被引频次/次
1	中国科学院过程工程研究所	183	382	2.09	3	中国科学院大连化学物理研究所	190	252	1.33
2	中国林业科学研究院	282	351	1.24	4	中国科学院长春应用化学研究所	114	156	1.37

续表

序号	第一作者单位	发文量/篇	5 年总被引频次/次	篇均被引频次/次	序号	第一作者单位	发文量/篇	5 年总被引频次/次	篇均被引频次/次
5	中国科学院山西煤炭化学研究所	65	150	2. 31	8	中国食品药品检定研究院	83	118	1. 42
6	中国热带农业科学院	73	150	2. 05	9	中国农业科学院机关	19	109	5. 74
7	黑龙江省科学院	128	139	1. 09	10	中国科学院化学研究所	100	107	1. 07

第 70 章　2024 年轻工、纺织领域高被引分析

70.1　领域论文概况

2019—2023 年，轻工、纺织领域共发表学术论文 12844 篇，由来自 2070 所机构的 10290 位学者作为第一作者发表。上述论文中，有 6288 篇被引用，整体被引率为 49.0%，总被引频次为 16945 次，篇均被引 1.32 次；其中，高被引论文有 175 篇，高被引论文篇均被引 9.98 次（表 70-1）。

表 70-1　2019—2023 年轻工、纺织领域论文分布情况

年份	论文数量/篇	总被引频次/次	被引率/%	高被引论文数量/篇	高被引论文被引频次/次
2019	2346	5136	68.7	24	468
2020	2436	4909	65.7	30	502
2021	2492	4216	62.9	26	384
2022	2854	2349	44.0	36	250
2023	2716	335	9.2	59	143
合计	12844	16945	49.0	175	1747

70.2　高被引论文分析

2019—2023 年，轻工、纺织领域总被引频次最高的论文为 2019 年罗登山发表的《〈全国烤烟烟叶香型风格区划〉解析》（总被引频次为 63 次），刊载各年高被引论文 Top 5 数量最多的期刊为《中国皮革》（8 篇），详见表 70-2。

表 70-2　2019—2023 年轻工、纺织领域高被引论文 Top 5（按各年总被引频次排序）

序号	论文题名	第一作者	期刊名称	发表年份	总被引频次/次
1	《全国烤烟烟叶香型风格区划》解析	罗登山	中国烟草学报	2019	63
2	造纸法再造烟叶表面黏附力检测方法的建立及验证	胡梦岩	烟草科技	2019	30
3	核桃油中亚油酸分离纯化技术研究及其降血脂功能评价	戚登斐	中国油脂	2019	28
4	石墨烯基复合材料及其在制革工业中的应用研究进展	姚庆达	中国皮革	2019	22
5	石墨烯改性有机硅手感剂的制备及其在皮革涂饰中的应用	姚庆达	皮革与化工	2019	21

续表

序号	论文题名	第一作者	期刊名称	发表年份	总被引频次/次
6	雪茄烟叶调制及发酵技术研究进展	张倩颖	中国烟草学报	2020	36
7	国内外雪茄烟主产区及品种资源概况	王琰琰	中国烟草科学	2020	33
8	用于加热不燃烧（HnB）卷烟的再造烟叶生产工艺研究进展	董高峰	中国烟草学报	2020	27
9	外贸企业发展跨境电商的现状及转型升级对策——以皮革制品企业为例	冯琳	中国皮革	2020	26
10	不同成熟度对鲜烟素质和烤后烟叶质量的影响	刘辉	中国烟草科学	2020	23
11	互联网时代下皮革行业电商物流体系研究分析	杨涛	中国皮革	2021	23
12	基于大数据背景的皮革人才培养优化研究	毛龙灿	中国皮革	2021	20
13	数字化技术在皮革行业的应用现状及展望	冉诗雅	中国皮革	2021	19
14	基于 ZigBee 与云平台的皮革企业智慧管理系统	王洋	中国皮革	2021	17
15	敦煌藻井纹样在现代女式手提包中的创新设计与应用	卜俊	皮革科学与工程	2021	16
16	联合国食物系统峰会的中国方案	樊胜根	农业经济问题	2022	13
17	我国森林资源木材生产能力预测分析	田明华	林产工业	2022	11
18	我国皮革企业可持续发展的现状与机遇	雷玺	中国皮革	2022	10
19	不同滤嘴通风中细支卷烟烟气主要中性和碱性香味成分逐口释放规律	邓其馨	中国烟草学报	2022	9
20	不同鞋底硬度运动鞋对下肢生物力学特征的影响	贾西栋	中国皮革	2022	8
21	不同硬度的鞋底－鞋垫组合对运动鞋减震性能的影响	彭飘林	皮革科学与工程	2023	7
22	“双碳”目标下皮革产业绿色低碳发展与数字化转型的研究与实践	林炜	皮革科学与工程	2023	5
23	基于 Faster R-CNN 的织物表面打印导电线路中微滴目标检测	胥光申	纺织高校基础科学学报	2023	5

续表

序号	论文题名	第一作者	期刊名称	发表年份	总被引频次/次
24	热湿舒适性智能织物的研究进展	陈佳慧	纺织学报	2023	4
25	基于近红外光谱法的 14 类纤维快速无损鉴别	苏子越	棉纺织技术	2023	3

70.3　研究主题关联分析

在轻工、纺织领域，175 篇高被引论文共被引用了 1747 次。通过分析施引文献关键词的词频及关键词之间的共现关系，获得轻工、纺织领域的热点主题和主题关联，如图 70-1 所示。由图可知："截留率""电加热卷烟""转移率"等关键词的文献词频较高，是轻工、纺织领域的研究热点。本领域形成 4 个研究主题簇，分别以"截留率""电加热卷烟"为中心；以"动力学模型""吸附"为中心；以"加热卷烟""气溶胶"为中心；以"群落结构""烟叶"为中心。

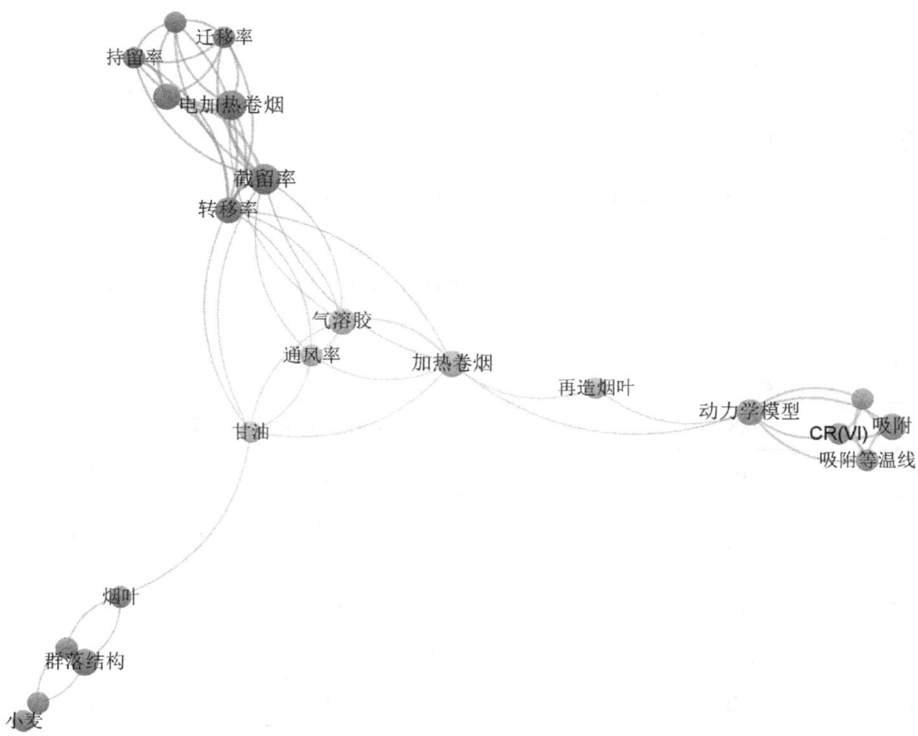

图 70-1　轻工、纺织领域的热点主题和主题关联

70.4　高被引作者分析

2019—2023 年轻工、纺织领域论文总被引频次 Top 10 的作者见表 70-3。其中发文 5 年

总被引频次居前 3 位的作者分别是南京林业大学的熊先青（83 次）、中国烟草总公司郑州烟草研究院的罗登山（63 次）、西安工程大学的周捷（43 次）。

表 70-3　轻工、纺织领域高被引作者 Top 10（按 5 年总被引频次排序）

序号	作者	作者单位	发文量/篇	5 年总被引频次/次	篇均被引频次/次
1	熊先青	南京林业大学	17	83	4.88
2	罗登山	中国烟草总公司郑州烟草研究院	1	63	63.00
3	周捷	西安工程大学	25	43	1.72
4	王乐	中国烟草总公司郑州烟草研究院	7	34	4.86
5	王琰琰	中国农业科学院烟草研究所	1	33	33.00
6	万蓬勃	陕西科技大学	20	32	1.60
7	汤运启	陕西科技大学	10	30	3.00
8	韩玲	西安工程大学	4	29	7.25
9	戚登斐	陕西师范大学	1	28	28.00
10	朵永超	天津工业大学	4	27	6.75

70.5　高被引机构分析

轻工、纺织领域总被引频次 Top 20 高等院校、总被引频次 Top 10 科研院所的发文和被引情况分别见表 70-4、表 70-5。

表 70-4　轻工、纺织领域高被引高等院校 Top 20（按 5 年总被引频次排序）

序号	第一作者单位	发文量/篇	5 年总被引频次/次	篇均被引频次/次	序号	第一作者单位	发文量/篇	5 年总被引频次/次	篇均被引频次/次
1	东华大学	788	881	1.12	11	河南农业大学	70	216	3.09
2	江南大学	616	855	1.39	12	武汉纺织大学	198	205	1.04
3	西安工程大学	512	805	1.57	13	上海工程技术大学	151	196	1.30
4	浙江理工大学	639	731	1.14	14	北京林业大学	65	158	2.43
5	四川大学	262	560	2.14	15	中原工学院	147	152	1.03
6	南京林业大学	230	472	2.05	16	东北林业大学	104	144	1.38
7	天津工业大学	264	437	1.66	17	南通大学	124	139	1.12
8	陕西科技大学	248	394	1.59	18	青岛大学	120	132	1.10
9	苏州大学	166	241	1.45	19	大连工业大学	124	126	1.02
10	中南林业科技大学	97	220	2.27	20	华南理工大学	98	119	1.21

表 70-5　轻工、纺织领域高被引科研院所 Top 10（按 5 年总被引频次排序）

序号	第一作者单位	发文量/篇	5 年总被引频次/次	篇均被引频次/次	序号	第一作者单位	发文量/篇	5 年总被引频次/次	篇均被引频次/次
1	中国烟草总公司郑州烟草研究院	153	388	2.54	6	中国科学院合肥物质科学研究院	5	20	4.00
2	中国农业科学院烟草研究所	39	150	3.85	7	广西壮族自治区林业科学研究院	13	19	1.46
3	中国林业科学研究院	83	103	1.24	8	中国农业科学院茶叶研究所	2	16	8.00
4	云南烟草科学研究院	8	33	4.13	9	解放军军事科学院	13	16	1.23
5	河南省农业科学院	5	20	4.00	10	中国科学院西北生态环境资源研究院	6	10	1.67

第 71 章　2024 年食品领域高被引分析

71.1　领域论文概况

2019—2023 年，食品领域共发表学术论文 47218 篇，由来自 4310 所机构的 36033 位学者作为第一作者发表。上述论文中，有 32569 篇被引用，整体被引率为 69.0%，总被引频次为 130978 次，篇均被引 2.77 次；其中，高被引论文有 626 篇，高被引论文篇均被引 15.34 次（表 71-1）。

表 71-1　2019—2023 年食品领域论文分布情况

年份	论文数量/篇	总被引频次/次	被引率/%	高被引论文数量/篇	高被引论文被引频次/次
2019	9554	43772	88.6	103	2977
2020	9880	39113	86.2	105	2640
2021	9239	29820	82.9	107	2005
2022	9113	15444	66.0	95	1192
2023	9432	2829	20.4	216	791
合计	47218	130978	69.0	626	9605

71.2　高被引论文分析

2019—2023 年，食品领域总被引频次最高的论文为 2019 年李连祯发表的《食用蔬菜能吸收和积累微塑料》（总被引频次为 72 次），刊载各年高被引论文 Top 5 数量最多的期刊为《食品科学》（18 篇），详见表 71-2。

表 71-2　2019—2023 年食品领域高被引论文 Top 5（按各年总被引频次排序）

序号	论文题名	第一作者	期刊名称	发表年份	总被引频次/次
1	食用蔬菜能吸收和积累微塑料	李连祯	科学通报	2019	72
2	不同蓝莓品种果实品质比较与综合评价	刘丙花	食品科学	2019	53
3	基于顶空气相色谱-离子迁移谱技术的冷冻猪肉贮藏时间快速判别方法	王辉	食品科学	2019	53
4	基于 SPME-GC-MS 分析熏制材料对熏鸡腿挥发性风味物质的影响	刘登勇	食品科学	2019	45
5	SPME-GC-MS 结合电子鼻技术分析不同品种猕猴桃酒香气物质	赵宁	食品科学	2019	42

续表

序号	论文题名	第一作者	期刊名称	发表年份	总被引频次/次
6	不同品种百合内外鳞片游离氨基酸组成的主成分分析及聚类分析	王馨雨	食品科学	2020	60
7	基于主成分分析的不同水稻品种品质综合评价	荆瑞勇	食品科学	2020	56
8	中国白酒中微量成分研究进展	郭学武	食品科学	2020	55
9	白酒风味化学研究方法及酱香型白酒风味化学研究进展	唐平	食品科学	2020	51
10	蒽酮比色法快速测定大麦叶片中可溶性糖含量的优化	张述伟	食品研究与开发	2020	50
11	功能性多不饱和脂肪酸的生理功能及应用研究进展	吴洪号	中国食品添加剂	2021	34
12	金银花的功能性成分及其生物活性研究进展	朱文卿	食品工业科技	2021	33
13	多糖降血糖活性构效关系及作用机制研究进展	杨玉洁	食品科学	2021	30
14	白酒风味化学与健康功效研究进展	孙宝国	中国食品学报	2021	30
15	赤水河流域不同地区酱香型白酒风味化合物分析	唐平	食品科学	2021	29
16	茯苓功效成分茯苓酸的研究进展	徐德宏	食品科学	2022	24
17	清香型白酒风味成分的研究进展	王震	食品科学	2022	24
18	基于 GC-IMS 和电子鼻技术分析贮酒容器对凤香型白酒香气成分的影响	刘丽丽	食品科学	2022	23
19	基于 GC-O、OAV 及 Feller 加和模型对酱香型习酒特征香气成分的分析	易封萍	食品科学	2022	23
20	SPME-GC-MS 结合 OAV 分析不同产区花椒炸花椒油的关键香气物质	高夏洁	食品科学	2022	22
21	Analysis of the changes of volatile flavor compounds in a traditional Chinese shrimp paste during fermentation based on electronic nose, SPME-GC-MS and HS-GC-IMS	Ying Li	食品科学与人类健康（英文）	2023	11

续表

序号	论文题名	第一作者	期刊名称	发表年份	总被引频次/次
22	基于电子鼻与HS-SPME-GC-MS技术对不同产地黄观音乌龙茶香气差异分析	邵淑贤	食品科学	2023	11
23	传统发酵食品中乳酸菌与酵母菌互作机制研究进展	廖一漠	食品与发酵工业	2023	8
24	调味品减盐增鲜的研究进展	于海燕	食品科学	2023	7
25	酱香型白酒4轮次堆积发酵理化因子、风味物质与微生物群落相关性分析	吴成	食品科学	2023	7

71.3 研究主题关联分析

在食品领域，626篇高被引论文共被引用了9605次。通过分析施引文献关键词的词频及关键词之间的共现关系，获得食品领域的热点主题和主题关联，如图71–1所示。由图可

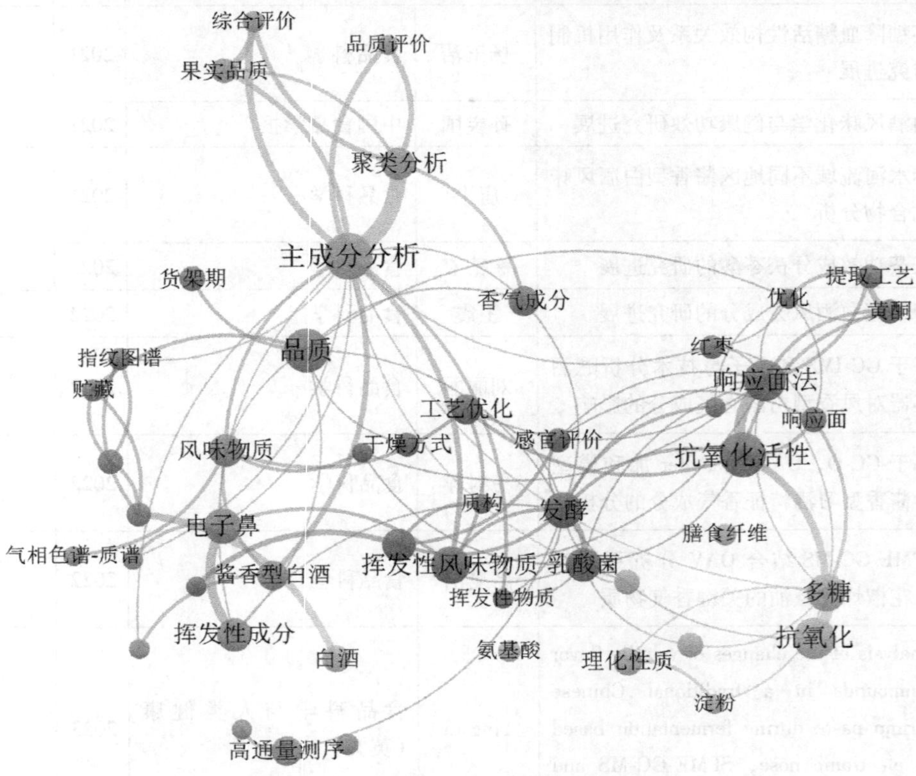

图71–1 食品领域的热点主题和主题关联

知："主成分分析""抗氧化活性""品质"等关键词的文献词频较高，是食品领域的研究热点。本领域形成 6 个研究主题簇，分别以"主成分分析""聚类分析"为中心；以"抗氧化活性""响应面法"为中心；以"挥发性风味物质""发酵"为中心；以"电子鼻""挥发性成分"为中心；以"品质""贮藏"为中心；以"抗氧化""多糖"为中心。

71.4　高被引作者分析

2019—2023 年食品领域论文总被引频次 Top 10 的作者见表 71-3。其中发文 5 年总被引频次居前 3 位的作者分别是河南工业大学的刘玉兰（109 次）、东北农业大学的李杨（94 次）、东北农业大学的江连洲（93 次）。

表 71-3　食品领域高被引作者 Top 10（按 5 年总被引频次排序）

序号	作者	作者单位	发文量/篇	5 年总被引频次/次	篇均被引频次/次
1	刘玉兰	河南工业大学	34	109	3.21
2	李杨	东北农业大学	30	94	3.13
3	江连洲	东北农业大学	26	93	3.58
4	步营	渤海大学	22	92	4.18
5	赵改名	河南农业大学	19	87	4.58
6	王馨雨	湖南大学	2	85	42.50
7	徐永霞	渤海大学	16	83	5.19
8	宁亚维	河北科技大学	17	83	4.88
9	祝霞	甘肃农业大学	8	80	10.00
10	金文刚	陕西理工大学	12	78	6.50

71.5　高被引机构分析

食品领域总被引频次 Top 20 高等院校、总被引频次 Top 10 科研院所的发文和被引情况分别见表 71-4、表 71-5。

表 71-4　食品领域高被引高等院校 Top 20（按 5 年总被引频次排序）

序号	第一作者单位	发文量/篇	5 年总被引频次/次	篇均被引频次/次	序号	第一作者单位	发文量/篇	5 年总被引频次/次	篇均被引频次/次
1	江南大学	1295	3330	2.57	7	贵州大学	422	1859	4.41
2	东北农业大学	653	2503	3.83	8	上海海洋大学	553	1856	3.36
3	河南工业大学	1047	2435	2.33	9	北京工商大学	493	1784	3.62
4	西南大学	632	2301	3.64	10	渤海大学	441	1655	3.75
5	天津科技大学	661	1959	2.96	11	南京农业大学	408	1542	3.78
6	中国农业大学	625	1908	3.05	12	华中农业大学	487	1471	3.02

续表

序号	第一作者单位	发文量/篇	5 年总被引频次/次	篇均被引频次/次	序号	第一作者单位	发文量/篇	5 年总被引频次/次	篇均被引频次/次
13	湖南农业大学	385	1430	3.71	17	哈尔滨商业大学	486	1260	2.59
14	福建农林大学	408	1350	3.31	18	甘肃农业大学	359	1202	3.35
15	西北农林科技大学	428	1343	3.14	19	华南农业大学	425	1181	2.78
16	内蒙古农业大学	438	1325	3.03	20	南昌大学	378	1108	2.93

表 71–5　食品领域高被引科研院所 Top 10（按 5 年总被引频次排序）

序号	第一作者单位	发文量/篇	5 年总被引频次/次	篇均被引频次/次	序号	第一作者单位	发文量/篇	5 年总被引频次/次	篇均被引频次/次
1	中国水产科学研究院	215	745	3.47	6	河南省农业科学院	122	422	3.46
2	中国农业科学院农产品加工研究所	216	636	2.94	7	中国热带农业科学院	106	367	3.46
3	湖北省农业科学院	180	582	3.23	8	中国农业科学院机关	90	364	4.04
4	广东省农业科学院	166	544	3.28	9	贵州省农业科学院	112	349	3.12
5	江苏省农业科学院	152	436	2.87	10	福建省农业科学院	106	339	3.20

第72章 2024年土木建筑领域高被引分析

72.1 领域论文概况

2019—2023年，土木建筑领域共发表学术论文70895篇，由来自7692所机构的49220位学者作为第一作者发表。上述论文中，有38250篇被引用，整体被引率为54.0%，总被引频次为130800次，篇均被引1.84次；其中，高被引论文有956篇，高被引论文篇均被引15.97次（表72-1）。

表72-1 2019—2023年土木建筑领域论文分布情况

年份	论文数量/篇	总被引频次/次	被引率/%	高被引论文数量/篇	高被引论文被引频次/次
2019	13894	48002	77.3	148	5702
2020	14628	40043	73.1	156	3833
2021	14480	28393	64.2	168	3246
2022	14224	12508	43.0	177	1725
2023	13669	1854	10.2	307	766
合计	70895	130800	54.0	956	15272

72.2 高被引论文分析

2019—2023年，土木建筑领域总被引频次最高的论文为2019年刘彦随发表的《中国乡村地域系统与乡村振兴战略》（总被引频次为191次），刊载各年高被引论文Top 5数量最多的期刊为《地理学报》（5篇），详见表72-2。

表72-2 2019—2023年土木建筑领域高被引论文Top 5（按各年总被引频次排序）

序号	论文题名	第一作者	期刊名称	发表年份	总被引频次/次
1	中国乡村地域系统与乡村振兴战略	刘彦随	地理学报	2019	191
2	金属矿深部开采现状与发展战略	蔡美峰	工程科学学报	2019	129
3	生态文明背景下的国土空间规划体系构建	杨保军	城市规划学刊	2019	126
4	中国城市绿色发展效率时空演变特征及影响因素	周亮	地理学报	2019	120
5	可恢复功能防震结构研究进展	吕西林	建筑结构学报	2019	101
6	1949—2019年中国城市更新的发展与回顾	阳建强	城市规划	2020	58

续表

序号	论文题名	第一作者	期刊名称	发表年份	总被引频次/次
7	从城乡规划到国土空间规划	孙施文	城市规划学刊	2020	53
8	国土空间规划的维度和温度	庄少勤	城市规划	2020	52
9	中国传统村落空间分布特征与影响因素分析	李江苏	经济地理	2020	46
10	含软弱夹层岩质边坡稳定性研究现状及发展趋势	张家明	工程地质学报	2020	43
11	碳中和背景下污泥处理处置与资源化发展方向思考	戴晓虎	给水排水	2021	76
12	超高性能混凝土在结构中的应用	邵旭东	土木工程学报	2021	58
13	"碳达峰、碳中和"目标下国土空间规划编制研究与思考	熊健	城市规划学刊	2021	47
14	面向国土空间规划的乡村空间治理机制与路径	戈大专	地理学报	2021	42
15	面向创新需求的城市空间供给与治理创新	张京祥	城市规划	2021	41
16	论乡村空间治理与乡村振兴战略	戈大专	地理学报	2022	35
17	城市生态韧性时空变化及情景模拟研究——以杭州市为例	夏楚瑜	生态学报	2022	34
18	传统村落人居环境有机更新：理论认知与实践路径	李伯华	地理研究	2022	29
19	中国乡村旅游重点村的空间特征与影响因素	王秀伟	地理学报	2022	28
20	Experimental and numerical studies on progressive debonding of grouted rock bolts	Hao Shi	矿业科学技术学报（英文版）	2022	21
21	生态系统服务与人类福祉耦合的空间格局及其驱动方式——以广州市为例	邱坚坚	自然资源学报	2023	8
22	废弃混凝土再生原理与再生混凝土基本问题	肖建庄	科学通报	2023	7
23	电石渣激发矿渣－粉煤灰复合胶凝材料的作用机制	安赛	硅酸盐通报	2023	7

续表

序号	论文题名	第一作者	期刊名称	发表年份	总被引频次/次
24	湿地资源生态价值实现路径及其规划响应	江海燕	规划师	2023	6
25	广州生态廊道生态价值实现的规划策略与政策路径	吴婕	规划师	2023	6

72.3　研究主题关联分析

在土木建筑领域，956 篇高被引论文共被引用了 15272 次。通过分析施引文献关键词的词频及关键词之间的共现关系，获得土木建筑领域的热点主题和主题关联，如图 72-1 所示。由图可知："国土空间规划""数值模拟""力学性能"等关键词的文献词频较高，是土木建筑领域的研究热点。本领域形成 11 个研究主题簇，分别以"力学性能""微观结构"为中心；以"国土空间规划""空间治理"为中心；以"抗压强度""应变场"为中心；以"风景园林""可达性"为中心；以"数值模拟""抗震性能"为中心；以"深度学习""稳定性"为中心；以"影响因素""土地利用"为中心；以"供需匹配""生态网络"为中心；以"冻融循环""岩石力学"为中心；以"破坏模式"为中心；以"国土空间规划体系"为中心。

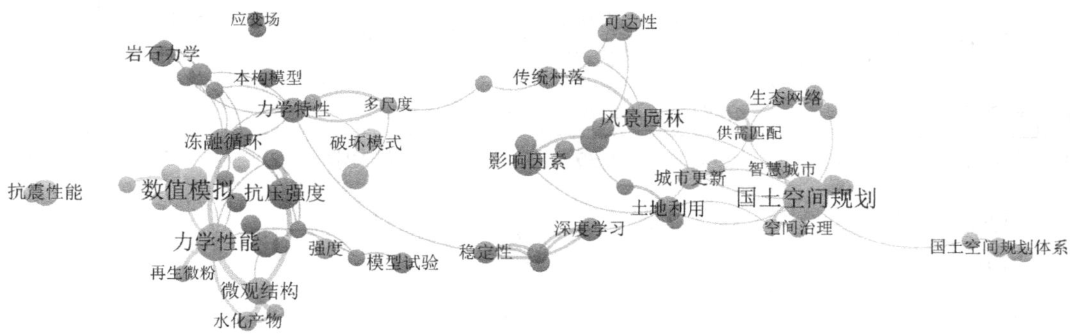

图 72-1　土木建筑领域的热点主题和主题关联

72.4　高被引作者分析

2019—2023 年土木建筑领域论文总被引频次 Top 10 的作者见表 72-3。其中发文 5 年总被引频次居前 3 位的作者分别是中国科学院大学的刘彦随（191 次）、北京工业大学的金浏（180 次）、南京水利科学研究院的蔡正银（178 次）。

表 72-3　土木建筑领域高被引作者 Top 10（按 5 年总被引频次排序）

序号	作者	作者单位	发文量/篇	5 年总被引频次/次	篇均被引频次/次
1	刘彦随	中国科学院大学	1	191	191.00

续表

序号	作者	作者单位	发文量/篇	5 年总被引频次/次	篇均被引频次/次
2	金浏	北京工业大学	57	180	3.16
3	蔡正银	南京水利科学研究院	16	178	11.13
4	周颖	同济大学	27	169	6.26
5	张京祥	南京大学	7	162	23.14
6	肖建庄	同济大学	33	160	4.85
7	杨保军	中国城市规划设计研究院	3	147	49.00
8	郑刚	天津大学	22	143	6.50
9	柴彦威	北京大学	5	137	27.40
10	王兰	同济大学	19	135	7.11

72.5 高被引机构分析

土木建筑领域总被引频次 Top 20 高等院校、总被引频次 Top 10 科研院所的发文和被引情况分别见表 72-4、表 72-5。

表 72-4 土木建筑领域高被引高等院校 Top 20（按 5 年总被引频次排序）

序号	第一作者单位	发文量/篇	5 年总被引频次/次	篇均被引频次/次	序号	第一作者单位	发文量/篇	5 年总被引频次/次	篇均被引频次/次
1	同济大学	2637	7277	2.76	11	长安大学	808	1741	2.15
2	重庆大学	1234	2947	2.39	12	中国矿业大学	595	1738	2.92
3	西安建筑科技大学	1529	2941	1.92	13	南京大学	431	1711	3.97
4	清华大学	1010	2772	2.74	14	华南理工大学	972	1536	1.58
5	东南大学	1166	2348	2.01	15	武汉大学	523	1517	2.90
6	天津大学	1121	2280	2.03	16	湖南大学	827	1492	1.80
7	北京工业大学	1012	2145	2.12	17	西南交通大学	560	1366	2.44
8	河海大学	1000	1987	1.99	18	哈尔滨工业大学	667	1366	2.05
9	浙江大学	934	1833	1.96	19	北京建筑大学	671	1132	1.69
10	中南大学	691	1831	2.65	20	中国地质大学	332	1098	3.31

表 72–5 土木建筑领域高被引科研院所 Top 10（按 5 年总被引频次排序）

序号	第一作者单位	发文量/篇	5 年总被引频次/次	篇均被引频次/次	序号	第一作者单位	发文量/篇	5 年总被引频次/次	篇均被引频次/次
1	中国科学院武汉岩土力学研究所	256	1262	4. 93	6	中国科学院大学	29	382	13. 17
2	中国城市规划设计研究院	264	748	2. 83	7	中国水利水电科学研究院	78	247	3. 17
3	中国地震局工程力学研究所	270	583	2. 16	8	中国科学院生态环境研究中心	80	230	2. 88
4	南京水利科学研究院	146	491	3. 36	9	长江水利委员会长江科学院	107	226	2. 11
5	中国科学院地理科学与资源研究所	68	490	7. 21	10	北京市建筑设计研究院有限公司	167	167	1. 00

第 73 章　2024 年水利领域高被引分析

73.1　领域论文概况

2019—2023 年，水利领域共发表学术论文 16733 篇，由来自 2201 所机构的 13053 位学者作为第一作者发表。上述论文中，有 10192 篇被引用，整体被引率为 60.9%，总被引频次为 39477 次，篇均被引 2.36 次；其中，高被引论文有 188 篇，高被引论文篇均被引 23.24 次（表 73–1）。

表 73–1　2019—2023 年水利领域论文分布情况

年份	论文数量/篇	总被引频次/次	被引率/%	高被引论文数量/篇	高被引论文被引频次/次
2019	3358	12952	81.1	37	1474
2020	3373	11681	77.9	35	1260
2021	3457	9536	72.8	40	961
2022	3369	4630	54.5	36	531
2023	3176	678	15.5	40	143
合计	16733	39477	60.9	188	4369

73.2　高被引论文分析

2019—2023 年，水利领域总被引频次最高的论文为 2019 年陆大道发表的《黄河流域的综合治理与可持续发展》（总被引频次为 136 次），刊载各年高被引论文 Top 5 数量最多的期刊为《水资源保护》（8 篇），详见表 73–2。

表 73–2　2019—2023 年水利领域高被引论文 Top 5（按各年总被引频次排序）

序号	论文题名	第一作者	期刊名称	发表年份	总被引频次/次
1	黄河流域的综合治理与可持续发展	陆大道	地理学报	2019	136
2	黄河流域生态保护和高质量发展研究框架	左其亭	人民黄河	2019	95
3	大坝智能建设研究进展	钟登华	水利学报	2019	76
4	黄河流域水资源承载力评价	张宁宁	自然资源学报	2019	65
5	Third generation of vortex identification methods: Omega and Liutex/Rortex based systems	Chaoqun Liu	水动力学研究与进展 B 辑	2019	56
6	基于组合权重 TOPSIS 模型的黄河流域九省区水资源承载力评价	左其亭	水资源保护	2020	96

续表

序号	论文题名	第一作者	期刊名称	发表年份	总被引频次/次
7	新形势下黄河流域水资源配置战略调整研究	贾绍凤	资源科学	2020	68
8	1956—2018 年中国江河径流演变及其变化特征	张建云	水科学进展	2020	66
9	中国主要江河径流变化成因定量分析	王国庆	水科学进展	2020	64
10	黄河流域用水效率的空间格局及动态演进	刘华军	资源科学	2020	59
11	数智化使能运营管理变革：从供应链到供应链生态系统	陈剑	管理世界	2021	59
12	黄河流域水－能源－粮食安全系统的耦合协调发展研究	赵良仕	水资源保护	2021	44
13	2000—2019 年黄河流域植被覆盖度时空变化	张志强	资源科学	2021	42
14	基于 AHP-TOPSIS 模型的江苏省水资源承载力评价	李少朋	水资源保护	2021	33
15	城市洪涝水文水动力耦合模型构建与评估	黄国如	水科学进展	2021	33
16	中国未来电力系统储电网初探	文劲宇	电力系统保护与控制	2022	60
17	西北地区地下水干旱时空演变趋势及对气象干旱的动态响应	粟晓玲	水资源保护	2022	22
18	大坝智能建造理论	李庆斌	水力发电学报	2022	20
19	2021 年中国抽水蓄能发展现状与展望	韩冬	水力发电	2022	19
20	基于 MIKE FLOOD 模型的鹰潭市内涝弹性分析	傅春	水利水电科技进展	2022	17
21	官厅水库多目标调度规律与方案研究	白涛	水资源保护	2023	6
22	粤港澳大湾区水安全协同调控理论框架研究	陈文龙	水资源保护	2023	6
23	福州晋安河片区海绵改造对城市内涝的影响	叶陈雷	水资源保护	2023	5

续表

序号	论文题名	第一作者	期刊名称	发表年份	总被引频次/次
24	基于 SWMM 和 InfoWorks ICM 的城市街区洪涝模拟与分析	叶陈雷	水资源保护	2023	5
25	基于 Sentinel-1A 数据和 BP 神经网络的裸露地表土壤含水量反演研究	郭文	中国农村水利水电	2023	5

73.3　研究主题关联分析

在水利领域，188 篇高被引论文共被引用了 4369 次。通过分析施引文献关键词的词频及关键词之间的共现关系，获得水利领域的热点主题和主题关联，如图 73–1 所示。由图可知："黄河流域""驱动因素""熵权法"等关键词的文献词频较高，是水利领域的研究热点。本领域形成 3 个研究主题簇，分别以"时变动态 Copula 模型""洪水设计值"为中心；以"驱动因素""变化环境"为中心；以"黄河流域""熵权法"为中心。

图 73–1　水利领域的热点主题和主题关联

73.4　高被引作者分析

2019—2023 年水利领域论文总被引频次 Top 10 的作者见表 73–3。其中发文 5 年总被引频次居前 3 位的作者分别是郑州大学的左其亭（473 次）、合肥工业大学的金菊良（250 次）、辽宁师范大学的孙才志（208 次）。

表 73–3　水利领域高被引作者 Top 10（按 5 年总被引频次排序）

序号	作者	作者单位	发文量/篇	5 年总被引频次/次	篇均被引频次/次
1	左其亭	郑州大学	43	473	11.00
2	金菊良	合肥工业大学	26	250	9.62
3	孙才志	辽宁师范大学	24	208	8.67
4	黄国如	华南理工大学	10	146	14.60
5	陆大道	中国科学院地理科学与资源研究所	1	136	136.00
6	樊启祥	中国长江三峡集团公司	17	131	7.71
7	王浩	中国水利水电科学研究院	7	127	18.14

续表

序号	作者	作者单位	发文量/篇	5 年总被引频次/次	篇均被引频次/次
8	张红武	清华大学	11	119	10.82
9	王国庆	南京水利科学研究院	3	116	38.67
10	张建云	南京水利科学研究院	5	106	21.20

73.5　高被引机构分析

水利领域总被引频次 Top 20 高等院校、总被引频次 Top 10 科研院所的发文和被引情况分别见表 73-4、表 73-5。

表 73-4　水利领域高被引高等院校 Top 20（按 5 年总被引频次排序）

序号	第一作者单位	发文量/篇	5 年总被引频次/次	篇均被引频次/次	序号	第一作者单位	发文量/篇	5 年总被引频次/次	篇均被引频次/次
1	河海大学	1647	4261	2.59	11	四川大学	314	514	1.64
2	武汉大学	626	1615	2.58	12	大连理工大学	201	489	2.43
3	天津大学	402	1247	3.10	13	长沙理工大学	148	361	2.44
4	西安理工大学	365	1060	2.90	14	合肥工业大学	81	348	4.30
5	清华大学	231	1035	4.48	15	辽宁师范大学	45	343	7.62
6	郑州大学	260	1026	3.95	16	华南理工大学	48	307	6.40
7	华北水利水电大学	419	961	2.29	17	华中科技大学	72	261	3.63
8	西北农林科技大学	220	687	3.12	18	扬州大学	129	259	2.01
9	北京师范大学	125	607	4.86	19	新疆农业大学	158	254	1.61
10	三峡大学	315	564	1.79	20	华北电力大学	123	249	2.02

表 73-5　水利领域高被引科研院所 Top 10（按 5 年总被引频次排序）

序号	第一作者单位	发文量/篇	5 年总被引频次/次	篇均被引频次/次	序号	第一作者单位	发文量/篇	5 年总被引频次/次	篇均被引频次/次
1	中国水利水电科学研究院	589	2066	3.51	3	中国科学院地理科学与资源研究所	80	667	8.34
2	南京水利科学研究院	376	1162	3.09	4	长江水利委员会长江科学院	251	582	2.32

续表

序号	第一作者单位	发文量/篇	5 年总被引频次/次	篇均被引频次/次	序号	第一作者单位	发文量/篇	5 年总被引频次/次	篇均被引频次/次
5	中国科学院新疆生态与地理研究所	12	88	7.33	8	中国科学院青藏高原研究所	3	57	19.00
6	中国科学院西北生态环境资源研究院	14	69	4.93	9	中国科学院南京地理与湖泊研究所	13	48	3.69
7	交通运输部天津水运工程科学研究院	29	68	2.34	10	中国科学院力学研究所	11	39	3.55

第 74 章　2024 年交通运输领域高被引分析

74.1　领域论文概况

2019—2023 年，交通运输领域共发表学术论文 60039 篇，由来自 6477 所机构的 43642 位学者作为第一作者发表。上述论文中，有 31033 篇被引用，整体被引率为 51.7%，总被引频次为 97447 次，篇均被引 1.62 次；其中，高被引论文有 751 篇，高被引论文篇均被引 13.77 次（表 74-1）。

表 74-1　2019—2023 年交通运输领域论文分布情况

年份	论文数量/篇	总被引频次/次	被引率/%	高被引论文数量/篇	高被引论文被引频次/次
2019	11047	33635	77.2	122	3215
2020	11755	29373	71.1	135	3028
2021	12276	22674	63.4	125	2325
2022	12477	10242	41.8	124	1146
2023	12484	1523	9.2	245	625
合计	60039	97447	51.7	751	10339

74.2　高被引论文分析

2019—2023 年，交通运输领域总被引频次最高的论文为 2021 年《中国公路学报》编辑部发表的《中国桥梁工程学术研究综述·2021》（总被引频次为 120 次），刊载各年高被引论文 Top 5 数量最多的期刊为《中国公路学报》（11 篇），详见表 74-2。

表 74-2　2019—2023 年交通运输领域高被引论文 Top 5（按各年总被引频次排序）

序号	论文题名	第一作者	期刊名称	发表年份	总被引频次/次
1	先进高强度汽车钢的发展趋势与挑战	王存宇	钢铁	2019	83
2	大数据背景下的桥梁结构健康监测研究现状与展望	孙利民	中国公路学报	2019	72
3	基于 LSTM 网络的驾驶意图识别及车辆轨迹预测	季学武	中国公路学报	2019	72
4	基于场景的自动驾驶汽车虚拟测试研究进展	朱冰	中国公路学报	2019	61
5	桥梁结构日照温度作用研究综述	刘永健	土木工程学报	2019	52

续表

序号	论文题名	第一作者	期刊名称	发表年份	总被引频次/次
6	中国路面工程学术研究综述 · 2020	《中国公路学报》编辑部	中国公路学报	2020	90
7	中国公路隧道近 10 年的发展趋势与思考	洪开荣	中国公路学报	2020	65
8	无人驾驶车辆的运动控制发展现状综述	熊璐	机械工程学报	2020	61
9	中国隧道建设面临的若干挑战与技术突破	陈湘生	中国公路学报	2020	56
10	基于蒙特卡罗算法的电动汽车充电负荷预测及系统开发	常小强	高压电器	2020	51
11	中国桥梁工程学术研究综述 · 2021	《中国公路学报》编辑部	中国公路学报	2021	120
12	中国铁路隧道发展与展望（含截至 2020 年底中国铁路隧道统计数据）	田四明	隧道建设（中英文）	2021	54
13	高速磁悬浮轨道交通研究进展	熊嘉阳	交通运输工程学报	2021	49
14	上海土体小应变硬化模型整套参数取值方法及工程验证	顾晓强	岩土力学	2021	41
15	中低速磁浮车辆研究综述	马卫华	交通运输工程学报	2021	33
16	中国交通隧道工程学术研究综述 · 2022	《中国公路学报》编辑部	中国公路学报	2022	66
17	磁悬浮列车发展现状与展望	邓自刚	西南交通大学学报	2022	24
18	面向自动驾驶的仿真场景自动生成方法综述	邓伟文	中国公路学报	2022	18
19	2021 年世界城市轨道交通运营统计与分析综述	韩宝明	都市快轨交通	2022	18
20	基于无人机倾斜摄影的公路边坡三维重建与灾害识别方法	余加勇	中国公路学报	2022	17

续表

序号	论文题名	第一作者	期刊名称	发表年份	总被引频次/次
21	2022年中国内地城市轨道交通线路概况	侯秀芳	都市快轨交通	2023	9
22	交通隧道工程碳排放核算及研究进展分析	郭春	现代隧道技术	2023	9
23	基于YOLOv5和U-Net3+的桥梁裂缝智能识别与测量	余加勇	湖南大学学报（自然科学版）	2023	8
24	IntelliWay-变耦合模块化智慧高速公路系统一体化架构及测评体系	赵祥模	中国公路学报	2023	8
25	基于移动节点辅助定位的UWB室内定位方法	徐建华	中国惯性技术学报	2023	6

74.3 研究主题关联分析

在交通运输领域，751篇高被引论文共被引用了10339次。通过分析施引文献关键词的词频及关键词之间的共现关系，获得交通运输领域的热点主题和主题关联，如图74-1所示。由图可知："电动汽车""桥梁工程""斜拉桥"等关键词的文献词频较高，是交通运输领域的研究热点。本领域形成8个研究主题簇，分别以"有限元法""悬索桥"为中心；以"桥梁工程""有限元分析"为中心；以"深度学习""神经网络"为中心；以"斜拉桥""结构设计"为中心；以"道路工程"为中心；以"电动汽车""城市交通"为中心；以"隧道工程""模型试验"为中心；以"智能交通""城市轨道交通"为中心。

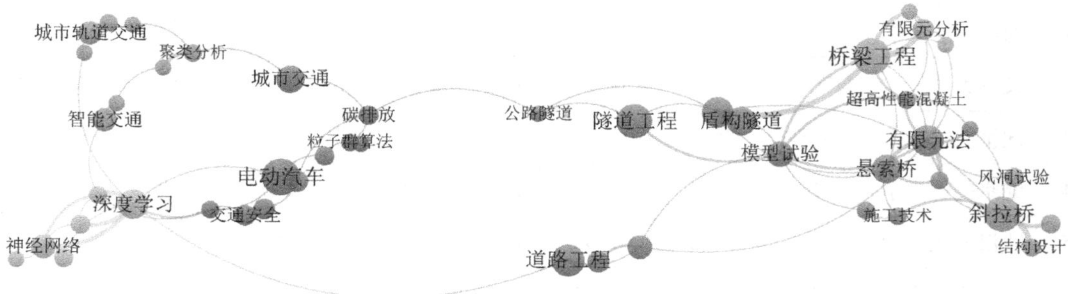

图74-1 交通运输领域的热点主题和主题关联

74.4 高被引作者分析

2019—2023年交通运输领域论文总被引频次Top 10的作者见表74-3。其中发文5年总被引频次居前3位的作者分别是长安大学的冯忠居（142次）、西南交通大学的张清华（120次）、湖南大学的邵旭东（118次）。

表 74-3　交通运输领域高被引作者 Top 10（按 5 年总被引频次排序）

序号	作者	作者单位	发文量/篇	5 年总被引频次/次	篇均被引频次/次
1	冯忠居	长安大学	36	142	3.94
2	张清华	西南交通大学	24	120	5.00
3	邵旭东	湖南大学	20	118	5.90
4	朱冰	吉林大学	16	117	7.31
5	秦顺全	中铁大桥勘测设计院集团有限公司	4	116	29.00
6	张家旭	吉林大学	24	105	4.38
7	熊璐	同济大学	13	102	7.85
8	严健	西南交通大学	7	98	14.00
9	程杉	三峡大学	5	92	18.40
10	孙利民	同济大学	5	84	16.80

74.5 高被引机构分析

交通运输领域总被引频次 Top 20 高等院校、总被引频次 Top 10 科研院所的发文和被引情况分别见表 74-4、表 74-5。

表 74-4　交通运输领域高被引高等院校 Top 20（按 5 年总被引频次排序）

序号	第一作者单位	发文量/篇	5 年总被引频次/次	篇均被引频次/次	序号	第一作者单位	发文量/篇	5 年总被引频次/次	篇均被引频次/次
1	西南交通大学	2361	5852	2.48	11	湖南大学	485	1360	2.80
2	长安大学	1707	4058	2.38	12	东南大学	530	1351	2.55
3	同济大学	1448	3614	2.50	13	长沙理工大学	545	1306	2.40
4	北京交通大学	1352	3264	2.41	14	华南理工大学	538	1084	2.01
5	武汉理工大学	1586	2670	1.68	15	华东交通大学	548	990	1.81
6	重庆交通大学	1373	2437	1.77	16	北京工业大学	483	986	2.04
7	中南大学	956	1984	2.08	17	上海交通大学	651	982	1.51
8	大连海事大学	835	1797	2.15	18	江苏大学	436	971	2.23
9	兰州交通大学	847	1744	2.06	19	哈尔滨工程大学	460	811	1.76
10	吉林大学	559	1410	2.52	20	清华大学	283	754	2.66

表 74–5　交通运输领域高被引科研院所 Top 10（按 5 年总被引频次排序）

序号	第一作者单位	发文量/篇	5 年总被引频次/次	篇均被引频次/次	序号	第一作者单位	发文量/篇	5 年总被引频次/次	篇均被引频次/次
1	中国铁道科学研究院	454	893	1.97	6	中国城市规划设计研究院	51	70	1.37
2	交通运输部公路科学研究院	113	254	2.25	7	中国科学院声学研究所	34	63	1.85
3	交通运输部天津水运工程科学研究院	145	246	1.70	8	上海船舶运输科学研究所	29	31	1.07
4	中国科学院武汉岩土力学研究所	43	147	3.42	9	中国科学院力学研究所	15	30	2.00
5	南京水利科学研究院	97	131	1.35	10	中国科学院电工研究所	5	29	5.80

第 75 章　2024 年航空航天领域高被引分析

75.1　领域论文概况

2019—2023 年，航空航天领域共发表学术论文 27614 篇，由来自 2008 所机构的 21832 位学者作为第一作者发表。上述论文中，有 15001 篇被引用，整体被引率为 54.3%，总被引频次为 46539 次，篇均被引 1.69 次；其中，高被引论文有 408 篇，高被引论文篇均被引 11.74 次（表 75-1）。

表 75-1　2019—2023 年航空航天领域论文分布情况

年份	论文数量/篇	总被引频次/次	被引率/%	高被引论文数量/篇	高被引论文被引频次/次
2019	5151	16027	79.6	56	1389
2020	5152	13710	75.8	51	1310
2021	5457	10457	66.7	58	1020
2022	5950	5430	45.4	69	633
2023	5904	915	11.0	174	437
合计	27614	46539	54.3	408	4789

75.2　高被引论文分析

2019—2023 年，航空航天领域总被引频次最高的论文为 2019 年裴洪发表的《基于机器学习的设备剩余寿命预测方法综述》（总被引频次为 93 次），刊载各年高被引论文 Top 5 数量最多的期刊为《航空学报》（16 篇），详见表 75-2。

表 75-2　2019—2023 年航空航天领域高被引论文 Top 5（按各年总被引频次排序）

序号	论文题名	第一作者	期刊名称	发表年份	总被引频次/次
1	基于机器学习的设备剩余寿命预测方法综述	裴洪	机械工程学报	2019	93
2	大型柔性航天器动力学与振动控制研究进展	曹登庆	力学学报	2019	50
3	基于经验模态分解和支持向量机的滚动轴承故障诊断	徐可	控制理论与应用	2019	46
4	数字孪生驱动的装配工艺设计现状及关键实现技术研究	郭飞燕	机械工程学报	2019	42
5	航空发动机钛材料磨削技术研究现状及展望	丁文锋	航空学报	2019	41

续表

序号	论文题名	第一作者	期刊名称	发表年份	总被引频次/次
6	小型固定翼无人机集群综述和未来发展	王祥科	航空学报	2020	55
7	基于代理模型的高效全局气动优化设计方法研究进展	韩忠华	航空学报	2020	47
8	关于未来战斗机发展的若干讨论	杨伟	航空学报	2020	47
9	数字孪生及其在航空航天中的应用	孟松鹤	航空学报	2020	46
10	数字孪生卫星：概念、关键技术及应用	刘蔚然	计算机集成制造系统	2020	45
11	智能赋能流体力学展望	张伟伟	航空学报	2021	39
12	基于深度学习的无人机航拍目标检测研究综述	江波	航空学报	2021	39
13	无人机集群任务规划方法研究综述	贾高伟	系统工程与电子技术	2021	32
14	飞机结构数字孪生关键建模仿真技术	董雷霆	航空学报	2021	27
15	空间机械臂技术综述及展望	刘宏	航空学报	2021	26
16	等离子体合成射流激励器及其流动控制技术研究进展	周岩	航空学报	2022	23
17	薄壁件铣削过程加工变形研究进展	岳彩旭	航空学报	2022	17
18	增材制造——面向航空航天制造的变革性技术	李涤尘	航空学报	2022	17
19	Unmanned aerial vehicles: control methods and future challenges	Zongyu Zuo	自动化学报（英文版）	2022	17
20	基于多传感器融合卷积神经网络的航空发动机轴承故障诊断	杨洁	中国电机工程学报	2022	16
21	基于改进 YOLOv5 的无人机实时密集小目标检测算法	奉志强	航空学报	2023	10
22	基于 Transformer 模型的滚动轴承剩余使用寿命预测方法	周哲韬	北京航空航天大学学报	2023	9
23	SST 湍流模型改进研究综述	曾宇	航空学报	2023	6
24	基于深度强化学习的智能空战决策与仿真	周攀	航空学报	2023	6

续表

序号	论文题名	第一作者	期刊名称	发表年份	总被引频次/次
25	飞机舵面液压系统高压泵空化流动特性与优化	索晓宇	航空学报	2023	5

75.3 研究主题关联分析

在航空航天领域，408 篇高被引论文共被引用了 4789 次。通过分析施引文献关键词的词频及关键词之间的共现关系，获得航空航天领域的热点主题和主题关联，如图 75-1 所示。由图可知："无人机""故障诊断""航空发动机"等关键词的文献词频较高，是航空航天领域的研究热点。本领域形成 10 个研究主题簇，分别以"无人机""A*算法"为中心；以"增材制造""轻量化"为中心；以"任务分配"为中心；以"故障诊断""运载火箭"为中心；以"深度学习""气动特性"为中心；以"航空发动机""数值模拟"为中心；以"无人机集群"为中心；以"流动控制""合成双射流"为中心；以"遗传算法"为中心；以"神经网络""表面粗糙度"为中心。

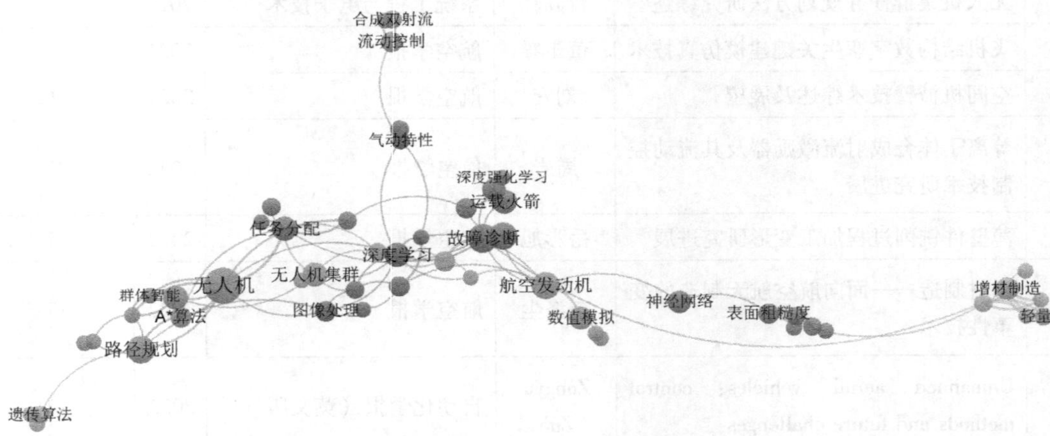

图 75-1 航空航天领域的热点主题和主题关联

75.4 高被引作者分析

2019—2023 年航空航天领域论文总被引频次 Top 10 的作者见表 75-3。其中发文 5 年总被引频次居前 3 位的作者分别是第二炮兵工程大学的裴洪（93 次）、中国民用航空飞行学院的潘卫军（89 次）、西北工业大学的严恭敏（88 次）。

表 75-3 航空航天领域高被引作者 Top 10（按 5 年总被引频次排序）

序号	作者	作者单位	发文量/篇	5 年总被引频次/次	篇均被引频次/次
1	裴洪	第二炮兵工程大学	1	93	93.00

续表

序号	作者	作者单位	发文量/篇	5 年总被引频次/次	篇均被引频次/次
2	潘卫军	中国民用航空飞行学院	37	89	2.41
3	严恭敏	西北工业大学	10	88	8.80
4	韩忠华	西北工业大学	4	83	20.75
5	宋征宇	中国运载火箭技术研究院	8	78	9.75
6	崔平远	北京理工大学	10	61	6.10
7	张兆宁	中国民航大学	17	57	3.35
8	王祥科	国防科技大学	1	55	55.00
9	陈侠	沈阳航空航天大学	10	54	5.40
10	黄云	重庆大学	4	53	13.25

75.5　高被引机构分析

航空航天领域总被引频次 Top 20 高等院校、总被引频次 Top 10 科研院所的发文和被引情况分别见表 75-4、表 75-5。

表 75-4　航空航天领域高被引高等院校 Top 20（按 5 年总被引频次排序）

序号	第一作者单位	发文量/篇	5 年总被引频次/次	篇均被引频次/次	序号	第一作者单位	发文量/篇	5 年总被引频次/次	篇均被引频次/次
1	南京航空航天大学	2306	3658	1.59	11	中国民用航空飞行学院	347	520	1.50
2	西北工业大学	1739	3583	2.06	12	沈阳航空航天大学	259	474	1.83
3	北京航空航天大学	1410	2928	2.08	13	西安交通大学	292	455	1.56
4	空军工程大学	610	1556	2.55	14	南京理工大学	314	451	1.44
5	哈尔滨工业大学	570	1311	2.30	15	第二炮兵工程大学	194	441	2.27
6	国防科技大学	599	1266	2.11	16	清华大学	213	431	2.02
7	中国民航大学	673	1120	1.66	17	大连理工大学	218	413	1.89
8	北京理工大学	548	1081	1.97	18	南昌航空大学	149	302	2.03
9	海军航空工程学院	413	782	1.89	19	天津大学	118	250	2.12
10	上海交通大学	342	549	1.61	20	浙江大学	153	232	1.52

表 75-5 航空航天领域高被引科研院所 Top 10（按 5 年总被引频次排序）

序号	第一作者单位	发文量/篇	5 年总被引频次/次	篇均被引频次/次	序号	第一作者单位	发文量/篇	5 年总被引频次/次	篇均被引频次/次
1	中国空气动力研究与发展中心	653	1255	1.92	6	中国科学院沈阳自动化研究所	31	107	3.45
2	中国科学院长春光学精密机械与物理研究所	93	232	2.49	7	北京跟踪与通信技术研究所	72	94	1.31
3	中国科学院力学研究所	107	216	2.02	8	解放军军事科学院	33	74	2.24
4	中国科学院国家空间科学中心	161	196	1.22	9	中国科学院上海微小卫星创新研究院	49	74	1.51
5	中国科学院工程热物理研究所	99	148	1.49	10	中国科学院空天信息创新研究院	35	71	2.03

第76章　2024年安全科学技术领域高被引分析

76.1　领域论文概况

2019—2023年，安全科学技术领域共发表学术论文1241篇，由来自521所机构的1113位学者作为第一作者发表。上述论文中，有797篇被引用，整体被引率为64.2%，总被引频次为3363次，篇均被引2.71次；其中，高被引论文有19篇，高被引论文篇均被引16.53次（表76-1）。

表76-1　2019—2023年安全科学技术领域论文分布情况

年份	论文数量/篇	总被引频次/次	被引率/%	高被引论文数量/篇	高被引论文被引频次/次
2019	250	1389	89.2	2	102
2020	240	833	81.3	2	98
2021	238	724	76.1	2	40
2022	305	355	51.5	9	61
2023	208	62	19.7	4	13
合计	1241	3363	64.2	19	314

76.2　高被引论文分析

2019—2023年，安全科学技术领域总被引频次最高的论文为2020年徐宗学发表的《中国城市洪涝致灾机理与风险评估研究进展》（总被引频次为79次），刊载各年高被引论文Top 5数量最多的期刊为《灾害学》（9篇），详见表76-2。

表76-2　2019—2023年安全科学技术领域高被引论文Top 5（按各年总被引频次排序）

序号	论文题名	第一作者	期刊名称	发表年份	总被引频次/次
1	堰塞金沙江上游的白格滑坡形成机制与过程分析	邓建辉	工程科学与技术	2019	64
2	西南地区山洪灾害时空分布特征及其影响因素	熊俊楠	地理学报	2019	38
3	近七十年中国干旱灾害时空格局及演变	倪深海	自然灾害学报	2019	32
4	广州东濠涌流域城市洪涝灾害情景模拟与风险评估	黄国如	水科学进展	2019	32
5	透视变化环境下的中国城市暴雨内涝灾害：形势、原因与政策建议	孔锋	水利水电技术	2019	28

续表

序号	论文题名	第一作者	期刊名称	发表年份	总被引频次/次
6	中国城市洪涝致灾机理与风险评估研究进展	徐宗学	水科学进展	2020	79
7	基于ROC曲线与确定性系数法集成模型的三峡库区奉节县滑坡易发性评价	刘月	安全与环境工程	2020	19
8	城市自然灾害风险评估研究综述	周姝天	灾害学	2020	17
9	洪涝灾害风险评估研究进展	李超超	灾害学	2020	16
10	基于GIS与改进层次分析法的奉节县滑坡易发性区划	许嘉慧	重庆师范大学学报（自然科学版）	2020	14
11	青海省河湟谷地地质灾害易发性评价	赵东亮	地质力学学报	2021	20
12	沟谷灾害链演化模式与风险防控对策	崔鹏	工程科学与技术	2021	20
13	峡口隧道间歇性岩溶涌突水过程及来源解析	罗明明	地质科技通报	2021	18
14	太行山东麓层状云微物理特征的飞机观测研究	杨洁帆	大气科学	2021	16
15	基于斜坡单元与组合赋权法的东川区地质灾害危险性评价	赵晓燕	云南大学学报（自然科学版）	2021	16
16	韧性城市视角下地铁洪涝灾害风险分析——基于Bow-Tie—贝叶斯网络模型	闫绪娴	灾害学	2022	11
17	基于三元链式传递结构的区域旱灾实际风险综合防范机制分析	金菊良	灾害学	2022	8
18	气候变化对东北地区粮食生产的影响及对策响应	崔宁波	灾害学	2022	6
19	干旱灾害风险管理的战略思考	徐翔宇	灾害学	2022	6
20	应对河南省特大洪涝灾害救援药品保障目录的研究与实践	刘阳	灾害学	2022	6
21	基于熵权法和TOPSIS模型的城市韧性评估——以长春市为例	张振	灾害学	2023	4
22	基于VIKOR方法的广东省城市洪涝灾害韧性评估	周铭毅	灾害学	2023	3

续表

序号	论文题名	第一作者	期刊名称	发表年份	总被引频次/次
23	耦合 Random Forest 算法与信息量模型的地质灾害易发性评价——以西藏自治区工布江达县为例	刘福臻	安全与环境学报	2023	3
24	基于主客观赋权法的福建省地质灾害易发性评价	周苏华	安全与环境学报	2023	3
25	多灾害作用下工程结构分析与设计方法研究进展	李钢	土木工程学报	2023	2

76.3 研究主题关联分析

在安全科学技术领域，19 篇高被引论文共被引用了 314 次。通过分析施引文献关键词的词频及关键词之间的共现关系，获得安全科学技术领域的热点主题和主题关联，如图 76-1 所示。由图可知："遥感""地理信息系统""支持向量机"等关键词的文献词频较高，是安全科学技术领域的研究热点。本领域形成 2 个研究主题簇，分别以"地理信息系统""支持向量机"为中心；以"遥感""大数据"为中心。

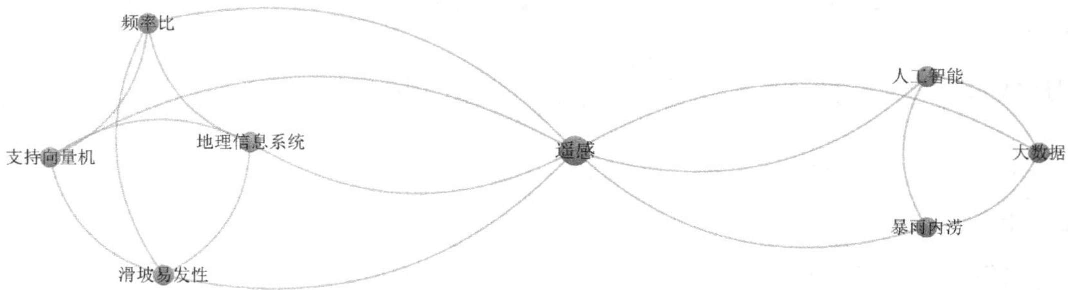

图 76-1　安全科学技术领域的热点主题和主题关联

76.4 高被引作者分析

2019—2023 年论文总被引频次 Top 10 的作者见表 76-3。其中发文 5 年总被引频次居前 3 位的作者分别是北京师范大学的徐宗学（79 次）、四川大学的邓建辉（79 次）、清华大学的孔锋（75 次）。

表 76-3　安全科学技术领域高被引作者 Top 10（按 5 年总被引频次排序）

序号	作者	作者单位	发文量/篇	5 年总被引频次/次	篇均被引频次/次
1	徐宗学	北京师范大学	1	79	79.00
2	邓建辉	四川大学	2	79	39.50

续表

序号	作者	作者单位	发文量/篇	5 年总被引频次/次	篇均被引频次/次
3	孔锋	清华大学	12	75	6.25
4	金菊良	合肥工业大学	6	52	8.67
5	熊俊楠	西南石油大学	2	42	21.00
6	崔鹏	中国科学院水利部成都山地灾害与环境研究所	2	41	20.50
7	黄国如	华南理工大学	2	39	19.50
8	李超超	宁夏大学	2	39	19.50
9	倪深海	南京水利科学研究院	1	32	32.00
10	田述军	西南科技大学	4	32	8.00

76.5 高被引机构分析

安全科学技术领域总被引频次 Top 20 高等院校、总被引频次 Top 10 科研院所的发文和被引情况分别见表 76-4、表 76-5。

表 76-4 安全科学技术领域高被引高等院校 Top 20（按 5 年总被引频次排序）

序号	第一作者单位	发文量/篇	5 年总被引频次/次	篇均被引频次/次	序号	第一作者单位	发文量/篇	5 年总被引频次/次	篇均被引频次/次
1	北京师范大学	53	208	3.92	11	长安大学	13	48	3.69
2	中国地质大学	59	171	2.90	12	中南大学	15	43	2.87
3	清华大学	23	109	4.74	13	天津大学	15	42	2.80
4	四川大学	15	95	6.33	14	华南理工大学	3	40	13.33
5	合肥工业大学	13	65	5.00	15	西南科技大学	7	39	5.57
6	河海大学	16	63	3.94	16	河南理工大学	9	39	4.33
7	西南石油大学	15	58	3.87	17	武汉理工大学	13	37	2.85
8	南京信息工程大学	12	55	4.58	18	天津城建大学	10	36	3.60
9	西安理工大学	9	52	5.78	19	中国海洋大学	15	33	2.20
10	宁夏大学	5	50	10.00	20	成都理工大学	10	31	3.10

表 76-5　安全科学技术领域高被引科研院所 Top 10（按 5 年总被引频次排序）

序号	第一作者单位	发文量/篇	5 年总被引频次/次	篇均被引频次/次	序号	第一作者单位	发文量/篇	5 年总被引频次/次	篇均被引频次/次
1	中国科学院水利部成都山地灾害与环境研究所	17	97	5.71	6	长江水利委员会长江科学院	5	21	4.20
2	中国科学院地理科学与资源研究所	14	58	4.14	7	中国地质调查局水文地质环境地质调查中心	2	20	10.00
3	中国水利水电科学研究院	10	36	3.60	8	中国科学院大气物理研究所	1	16	16.00
4	南京水利科学研究院	1	32	32.00	9	自然资源部第三海洋研究所	1	14	14.00
5	中国地震局工程力学研究所	8	30	3.75	10	国家气象信息中心	2	14	7.00

第 77 章　2024 年环境科学领域高被引分析

77.1　领域论文概况

2019—2023 年，环境科学领域共发表学术论文 75677 篇，由来自 8726 所机构的 62635 位学者作为第一作者发表。上述论文中，有 47032 篇被引用，整体被引率为 62.1%，总被引频次为 214207 次，篇均被引 2.83 次；其中，高被引论文有 770 篇，高被引论文篇均被引 29.72 次（表 77–1）。

表 77–1　2019—2023 年环境科学领域论文分布情况

年份	论文数量/篇	总被引频次/次	被引率/%	高被引论文数量/篇	高被引论文被引频次/次
2019	14465	70378	83.7	148	7281
2020	14700	63953	81.3	149	6473
2021	15214	50582	75.7	154	5144
2022	16031	25524	56.5	167	3211
2023	15267	3770	15.7	152	776
合计	75677	214207	62.1	770	22885

77.2　高被引论文分析

2019—2023 年，环境科学领域总被引频次最高的论文为 2019 年宋弘发表的《政府空气污染治理效应评估——来自中国“低碳城市”建设的经验研究》（总被引频次为 195 次），刊载各年高被引论文 Top 5 数量最多的期刊为《环境科学》（4 篇），详见表 77–2。

表 77–2　2019—2023 年环境科学领域高被引论文 Top 5（按各年总被引频次排序）

序号	论文题名	第一作者	期刊名称	发表年份	总被引频次/次
1	政府空气污染治理效应评估——来自中国“低碳城市”建设的经验研究	宋弘	管理世界	2019	195
2	近十年中国土壤重金属污染源解析研究进展	陈雅丽	农业环境科学学报	2019	149
3	我国 PM2.5 与臭氧污染协同控制策略研究	李红	环境科学研究	2019	118
4	环境规制、治理转型对绿色竞争力提升的复合效应——基于中国工业的经验证据	杜龙政	经济研究	2019	102

续表

序号	论文题名	第一作者	期刊名称	发表年份	总被引频次/次
5	中国碳减排实现的影响因素和当前挑战——基于技术进步的视角	杨莉莎	经济研究	2019	93
6	黄河流域新型城镇化与生态环境耦合的时空格局及影响因素	赵建吉	资源科学	2020	154
7	地方政府环境目标约束是否影响了产业转型升级？	余泳泽	经济研究	2020	120
8	基于生态安全格局的国土空间生态保护修复关键区域诊断与识别——以烟台市为例	方莹	自然资源学报	2020	112
9	中国农田土壤重金属空间分布特征及污染评价	陈文轩	环境科学	2020	108
10	基于土地利用格局重建的区域生境质量时空变化分析	张学儒	地理学报	2020	103
11	国内耦合协调度模型的误区及修正	王淑佳	自然资源学报	2021	156
12	珠三角地区城镇化与生态韧性的耦合协调研究	王少剑	地理学报	2021	85
13	碳约束条件下电力行业低碳转型路径研究	李政	中国电机工程学报	2021	80
14	国土空间生态修复亟待把握的几个要点	傅伯杰	中国科学院院刊	2021	72
15	中国电力系统低碳发展分析模型构建与转型路径比较	张运洲	中国电力	2021	69
16	数字经济发展对城市碳排放影响的空间效应	徐维祥	地理研究	2022	90
17	中国及全球陆地生态系统碳源汇特征及其对碳中和的贡献	杨元合	中国科学（生命科学）	2022	77
18	铜山矿区周边农田土壤重金属来源解析及污染评价	陈航	环境科学	2022	46
19	数字经济、绿色技术创新与碳排放——来自中国城市层面的经验证据	郭丰	陕西师范大学学报（哲学社会科学版）	2022	40

续表

序号	论文题名	第一作者	期刊名称	发表年份	总被引频次/次
20	中国陆地生态系统碳汇估算：方法、进展、展望	朴世龙	中国科学（地球科学）	2022	38
21	企业 ESG 表现与创新——来自 A 股上市公司的证据	方先明	经济研究	2023	23
22	我国智慧水务发展现状及趋势	王爱杰	环境工程	2023	14
23	基于 APCS-MLR 和 PMF 模型的煤矸山周边耕地土壤重金属污染特征及源解析	马杰	环境科学	2023	12
24	基于 MSPA 分析的福建省生态网络构建	陈瑾	生态学报	2023	12
25	“双碳”目标下：中国 CCUS 发展现状、存在问题及建议	赵震宇	环境科学	2023	11

77.3 研究主题关联分析

在环境科学领域，770 篇高被引论文共被引用了 22885 次。通过分析施引文献关键词的词频及关键词之间的共现关系，获得环境科学领域的热点主题和主题关联，如图 77–1 所示。由图可知：“重金属”“土地利用”“碳排放”等关键词的文献词频较高，是环境科学领域的研究热点。本领域形成 7 个研究主题簇，分别以“重金属”“微塑料”为中心；以“土地利用”“生态系统服务”为中心；以“污染特征”“挥发性有机物”为中心；以“时空变化”“三峡库区”为中心；以“生态安全格局”“生态廊道”为中心；以“碳排放”“影响因素”为中心；以“气候变化”为中心。

77.4 高被引作者分析

2019—2023 年环境科学领域论文总被引频次 Top 10 的作者见表 77–3。其中发文 5 年总被引频次居前 3 位的作者分别是安徽建筑大学的黄木易（308 次）、北京理工大学的李生才（306 次）、中山大学的王少剑（212 次）。

表 77–3 环境科学领域高被引作者 Top 10（按 5 年总被引频次排序）

序号	作者	作者单位	发文量/篇	5 年总被引频次/次	篇均被引频次/次
1	黄木易	安徽建筑大学	4	308	77.00
2	李生才	北京理工大学	61	306	5.02
3	王少剑	中山大学	4	212	53.00
4	宋弘	复旦大学	1	195	195.00

续表

序号	作者	作者单位	发文量/篇	5 年总被引频次/次	篇均被引频次/次
5	陈万旭	中国地质大学	5	188	37.60
6	宋英华	武汉理工大学	32	176	5.50
7	朱广伟	中国科学院南京地理与湖泊研究所	6	162	27.00
8	王淑佳	中山大学	1	156	156.00
9	赵建吉	河南大学	1	154	154.00
10	于贵瑞	中国科学院地理科学与资源研究所	14	154	11.00

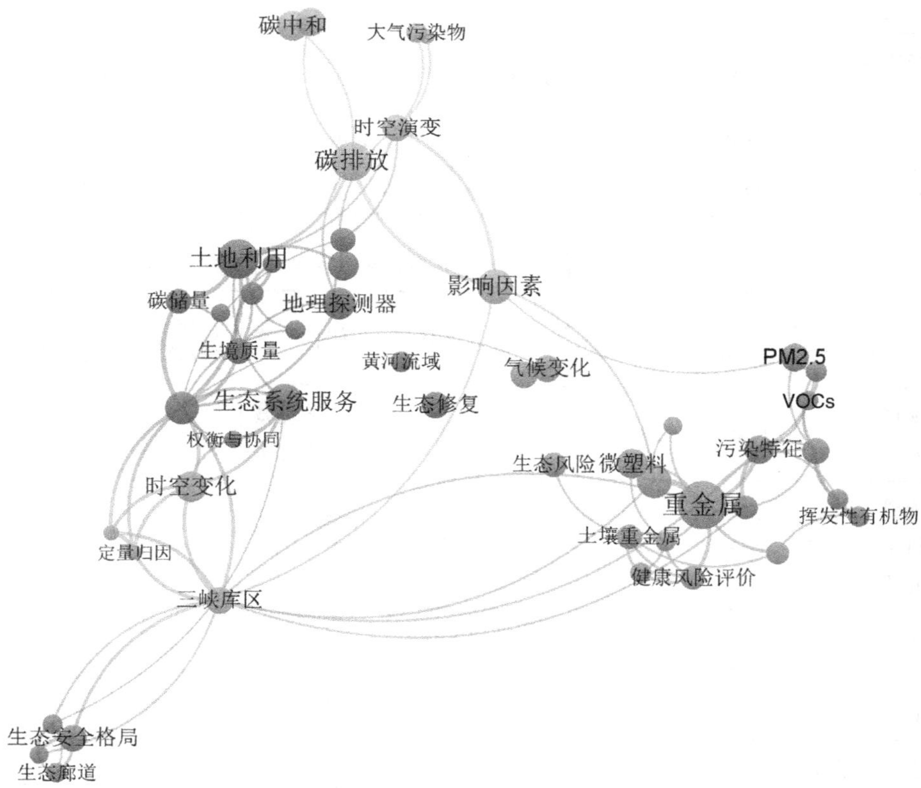

图 77-1　环境科学领域的热点主题和主题关联

77.5　高被引机构分析

环境科学领域总被引频次 Top 20 高等院校、总被引频次 Top 10 科研院所的发文和被引情况分别见表 77-4、表 77-5。

表 77-4 环境科学领域高被引高等院校 Top 20（按 5 年总被引频次排序）

序号	第一作者单位	发文量/篇	5 年总被引频次/次	篇均被引频次/次	序号	第一作者单位	发文量/篇	5 年总被引频次/次	篇均被引频次/次
1	中国地质大学	725	2825	3. 90	11	西南大学	350	1710	4. 89
2	清华大学	618	2396	3. 88	12	西北农林科技大学	255	1683	6. 60
3	中国矿业大学	690	2188	3. 17	13	中南大学	522	1655	3. 17
4	南京信息工程大学	560	2060	3. 68	14	河海大学	761	1649	2. 17
5	北京师范大学	477	2057	4. 31	15	贵州大学	438	1640	3. 74
6	北京大学	421	1988	4. 72	16	桂林理工大学	374	1430	3. 82
7	南京大学	538	1970	3. 66	17	浙江大学	474	1365	2. 88
8	西安建筑科技大学	759	1963	2. 59	18	同济大学	547	1331	2. 43
9	北京工业大学	519	1857	3. 58	19	郑州大学	301	1315	4. 37
10	西北师范大学	220	1712	7. 78	20	武汉理工大学	440	1298	2. 95

表 77-5 环境科学领域高被引科研院所 Top 10（按 5 年总被引频次排序）

序号	第一作者单位	发文量/篇	5 年总被引频次/次	篇均被引频次/次	序号	第一作者单位	发文量/篇	5 年总被引频次/次	篇均被引频次/次
1	中国环境科学研究院	1140	5315	4. 66	6	中国科学院城市环境研究所	139	592	4. 26
2	中国科学院地理科学与资源研究所	374	2588	6. 92	7	中国科学院大学	104	530	5. 10
3	中国科学院生态环境研究中心	616	2430	3. 94	8	中国林业科学研究院	119	519	4. 36
4	中国科学院南京地理与湖泊研究所	209	1639	7. 84	9	中国水利水电科学研究院	114	457	4. 01
5	中国科学院南京土壤研究所	151	669	4. 43	10	中国地质科学院地球物理地球化学勘查研究所	29	428	14. 76

第 78 章　2024 年管理学领域高被引分析

78.1　领域论文概况

2019—2023 年，管理学领域共发表学术论文 4956 篇，由来自 741 所机构的 3945 位学者作为第一作者发表。上述论文中，有 3177 篇被引用，整体被引率为 64.1%，总被引频次为 14296 次，篇均被引 2.88 次；其中，高被引论文有 58 篇，高被引论文篇均被引 38.90 次（表 78-1）。

表 78-1　2019—2023 年管理学领域论文分布情况

年份	论文数量/篇	总被引频次/次	被引率/%	高被引论文数量/篇	高被引论文被引频次/次
2019	1113	5063	80.2	12	773
2020	1032	4719	83.1	12	881
2021	1039	3072	75.5	10	407
2022	882	1240	56.9	9	140
2023	890	202	15.7	15	55
合计	4956	14296	64.1	58	2256

78.2　高被引论文分析

2019—2023 年，管理学领域总被引频次最高的论文为 2019 年张明发表的《组织与管理研究中 QCA 方法的应用：定位、策略和方向》（总被引频次为 292 次），刊载各年高被引论文 Top 5 数量最多的期刊为《管理学报》（10 篇），详见表 78-2。

表 78-2　2019—2023 年管理学领域高被引论文 Top 5（按各年总被引频次排序）

序号	论文题名	第一作者	期刊名称	发表年份	总被引频次/次
1	组织与管理研究中 QCA 方法的应用：定位、策略和方向	张明	管理学报	2019	292
2	高质量发展的内涵研究	赵剑波	经济与管理研究	2019	161
3	抓住机遇推进基础研究高质量发展	李静海	中国科学院院刊	2019	48
4	直播场景氛围线索对消费者冲动消费意愿的影响机制研究	龚潇潇	管理学报	2019	39
5	不同政府补贴策略对供应链绿色决策的影响研究	曹裕	管理学报	2019	34
6	从赋能到使能——数字化环境下的企业运营管理	陈剑	管理世界	2020	286

续表

序号	论文题名	第一作者	期刊名称	发表年份	总被引频次/次
7	大数据环境下的决策范式转变与使能创新	陈国青	管理世界	2020	108
8	中国企业的开放式创新：制度环境、“竞合”关系与创新绩效	杨震宁	管理世界	2020	97
9	网红直播对消费者购买意愿的影响及其机制研究	刘凤军	管理学报	2020	62
10	大数据的价值发现：4C 模型	刘业政	管理世界	2020	49
11	企业数字化转型的同群效应及其影响因素研究	陈庆江	管理学报	2021	79
12	数字创新生态系统：理论构建与未来研究	张超	科研管理	2021	67
13	数字化转型研究：演化和未来展望	严子淳	科研管理	2021	43
14	媒体关注对重污染企业绿色技术创新的影响研究	张玉明	管理学报	2021	43
15	企业数字化转型理论框架和研究展望	吴江	管理学报	2021	38
16	数据要素价值化动态过程机制研究	尹西明	科学学研究	2022	23
17	党组织治理对企业 ESG 表现的影响研究	柳学信	财经论丛（浙江财经学院学报）	2022	18
18	税收优惠对资源型企业数字化转型的影响研究	成琼文	管理学报	2022	17
19	企业制造过程与商业模式双重数字化转型研究	池仁勇	科学学研究	2022	16
20	环境规制、绿色创新与环境污染关系实证研究	郭凌军	管理学报	2022	15
21	数字化能力、价值共创与企业绩效：基于数据安全的调节作用	池仁勇	技术经济	2023	6
22	共建产学研创新联合体对科技中小企业创新绩效的影响研究	张羽飞	管理学报	2023	6
23	电商平台自营渠道引入决策：在线产品评论的价值	金亮	系统工程理论与实践	2023	5

续表

序号	论文题名	第一作者	期刊名称	发表年份	总被引频次/次
24	电商主播信息源活跃度对消费者购买意向的影响——基于 Hovland 说服理论的实验研究	刘承林	管理工程学报	2023	4
25	城市突发公共卫生事件的循证治理机制研究	温锋华	中国管理科学	2023	4

78.3　研究主题关联分析

在管理学领域，58 篇高被引论文共被引用了 2256 次。通过分析施引文献关键词的词频及关键词之间的共现关系，获得管理学领域的热点主题和主题关联，如图 78-1 所示。由图可知："数字化转型""案例研究""高质量发展"等关键词的文献词频较高，是管理学领域的研究热点。本领域形成 10 个研究主题簇，分别以"关系观"为中心；以"战略扩散"为中心；以"绿色创新"为中心；以"制度环境"为中心；以"人力资本结构升级"为中心；以"碳中和"为中心；以"数字化转型"为中心；以"高质量发展"为中心；以"商业模式创新""内容设计"为中心；以"案例研究""数智赋能"为中心。

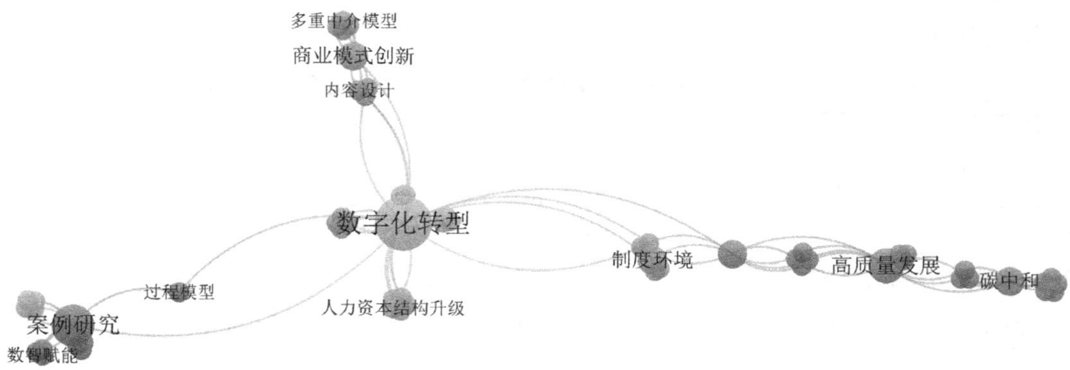

图 78-1　管理学领域的热点主题和主题关联

78.4　高被引作者分析

2019—2023 年管理学领域论文总被引频次 Top 10 的作者见表 78-3。其中发文 5 年总被引频次居前 3 位的作者分别是华南理工大学的张明（297 次）、清华大学的陈剑（286 次）、中国社会科学院工业经济研究所的赵剑波（161 次）。

表 78-3 管理学领域高被引作者 Top 10（按 5 年总被引频次排序）

序号	作者	作者单位	发文量/篇	5 年总被引频次/次	篇均被引频次/次
1	张明	华南理工大学	4	297	74.25
2	陈剑	清华大学	1	286	286.00
3	赵剑波	中国社会科学院工业经济研究所	1	161	161.00
4	陈国青	清华大学	4	128	32.00
5	杨震宁	对外经济贸易大学	1	97	97.00
6	盛昭瀚	南京大学	7	93	13.29
7	陈庆江	山东财经大学	2	81	40.50
8	张超	中国科学院科技战略咨询研究院	1	67	67.00
9	严若森	武汉大学	5	67	13.40
10	徐选华	中南大学	19	62	3.26

78.5 高被引机构分析

管理学领域总被引频次 Top 20 高等院校、总被引频次 Top 10 科研院所的发文和被引情况分别见表 78-4、表 78-5。

表 78-4 管理学领域高被引高等院校 Top 20（按 5 年总被引频次排序）

序号	第一作者单位	发文量/篇	5 年总被引频次/次	篇均被引频次/次	序号	第一作者单位	发文量/篇	5 年总被引频次/次	篇均被引频次/次
1	清华大学	72	735	10.21	11	华中科技大学	71	230	3.24
2	华南理工大学	83	582	7.01	12	同济大学	85	214	2.52
3	东北大学	153	426	2.78	13	大连理工大学	77	208	2.70
4	中国人民大学	88	333	3.78	14	上海大学	62	166	2.68
5	西安交通大学	109	333	3.06	15	西南交通大学	51	159	3.12
6	中南大学	92	307	3.34	16	南京航空航天大学	60	155	2.58
7	南京大学	75	303	4.04	17	合肥工业大学	24	148	6.17
8	南开大学	70	289	4.13	18	东北财经大学	55	146	2.65
9	武汉大学	67	267	3.99	19	复旦大学	32	141	4.41
10	吉林大学	62	241	3.89	20	对外经济贸易大学	12	134	11.17

表 78–5　管理学领域高被引科研院所 Top 10（按 5 年总被引频次排序）

序号	第一作者单位	发文量/篇	5 年总被引频次/次	篇均被引频次/次	序号	第一作者单位	发文量/篇	5 年总被引频次/次	篇均被引频次/次
1	中国科学院科技战略咨询研究院	40	225	5. 63	6	中国科学院数学与系统科学研究院	5	16	3. 20
2	中国科学院地理科学与资源研究所	11	108	9. 82	7	中国工程物理研究院	3	14	4. 67
3	中国科学院大学	37	101	2. 73	8	中国科学院地球化学研究所	2	12	6. 00
4	中国社会科学院研究生院	11	21	1. 91	9	中国疾病预防控制中心	1	11	11. 00
5	解放军军事科学院	2	17	8. 50	10	中国医学科学院北京协和医学院	2	10	5. 00